JOSÉ AFONSO DA SILVA

MANUAL DA CONSTITUIÇÃO DE 1988

MALHEIROS
EDITORES

MANUAL DA CONSTITUIÇÃO DE 1988
© JOSÉ AFONSO DA SILVA

ISBN: 85-7420-449-8

Direitos reservados desta edição por
MALHEIROS EDITORES LTDA.
Rua Paes de Araújo, 29, conjunto 171
CEP 04531-940 — São Paulo — SP
Tel.: (0xx11) 3078-7205
Fax: (0xx11) 3168-5495
URL: www.malheiroseditores.com.br
e-mail: malheiroseditores@zaz.com.br

Composição
Acqua Estúdio Gráfico Ltda.

Capa
Criação: Vânia Lúcia Amato
Arte: PC Editorial Ltda.

Impresso no Brasil
Printed in Brazil
9.2002

AO LEITOR

Como está dito logo no início da *Introdução*, este é um *Manual* elementar sobre a Constituição. É uma síntese do meu *Curso de Direito Constitucional Positivo*, já na 21ª edição, e de outros textos publicados anteriormente: *Aplicabilidade das Normas Constitucionais* (6ª edição), *Direito Ambiental Constitucional* (4ª edição), *Ordenação Constitucional da Cultura, Poder Constituinte e Poder Popular* (1ª ed., 2ª tir.) e *Manual do Vereador* (4ª edição). Todos eles serviram de base para a elaboração deste *Manual* que, aqui e ali, no entanto, traz alguma inovação. Por essa razão dispensei-me de citá-los no correr do *Manual*. Aliás, por ser um texto simples, evitei largas referências bibliográficas.

Ao final do *Manual* transcrevo o texto da Constituição de 1988, com notas de atualização de minha autoria, até a Emenda Constitucional n. 38, de 12.6.2002.

SUMÁRIO

AO LEITOR 5

INTRODUÇÃO 13

CAPÍTULO I – Dos Princípios Fundamentais 19

CAPÍTULO II – Dos Direitos e Garantias Fundamentais
    I – Do conceito e classificação dos direitos fundamentais ... 23
    II – Dos direitos individuais e suas garantias 25
    III – Dos direitos coletivos 45
    IV – Dos direitos sociais 50
    V – Do direito à nacionalidade 60
    VI – Dos direitos políticos 61

CAPÍTULO III – Da Organização do Estado
    I – Do conceito de Estado e forma do Estado brasileiro 72
    II – Da organização político-administrativa 75
    III – Da União 76
    IV – Dos Estados Federados 81
    V – Dos Municípios 85
    VI – Do Distrito Federal 92
    VII – Dos Territórios Federais 95
    VIII – Da intervenção nos Estados e Municípios 95
    IX – Da Administração Pública 100
    X – Dos servidores públicos 109

CAPÍTULO IV – Da Organização dos Poderes
    I – Do Poder Legislativo 127
    II – Do Poder Executivo 139
    III – Do Poder Judiciário 148
    IV – Das funções essenciais à Justiça 169

CAPÍTULO V – **Da Defesa do Estado e das Instituições Democráticas**
I – Do estado de defesa e do estado de sítio 173
II – Forças Armadas 180
III – Segurança Pública 181

CAPÍTULO VI – **Da Tributação e do Orçamento**
I – Do Sistema Tributário Nacional
   I.1 – Dos princípios gerais 186
   I.2 – Das limitações do poder de tributar 190
   I.3 – Dos impostos da União 194
   I.4 – Dos impostos dos Estados e do Distrito Federal .. 197
   I.5 – Do impostos dos Municípios 200
   I.6 – Da repartição das receitas tributárias 201
II – Das Finanças Públicas
   II.1 – Normas gerais 204
   II.2 – Dos orçamentos 205

CAPÍTULO VII – **Da Ordem Econômica e Financeira**
I – Dos princípios gerais da Ordem Econômica 212
II – Da política urbana 215
III – Da Política Agrícola e Fundiária e da Reforma Agrária 218
IV – Do Sistema Financeiro Nacional 221

CAPÍTULO VIII – **Da Ordem Social**
I – Da Seguridade Social 224
II – Da Educação, da Cultura e do Desporto 229
III – Da Ciência e Tecnologia 234
IV – Da Informação e Comunicação Social 235
V – Do Meio Ambiente 236
VI – Da Família, Criança, Adolescente e Idosos 238
VII – Dos Índios 240

CAPÍTULO IX – **Das Disposições Gerais e das Disposições Transitórias** 244

CONSTITUIÇÃO DA REPÚBLICA FEDERATIVA DO BRASIL [1]

PREÂMBULO 247
TÍTULO I – **DOS PRINCÍPIOS FUNDAMENTAIS** – arts. 1º a 4º 247
TÍTULO II – **DOS DIREITOS E GARANTIAS FUNDAMENTAIS**
  (arts. 5º a 17)
  CAPÍTULO I – DOS DIREITOS E DEVERES INDIVIDUAIS E
    COLETIVOS – art. 5º 248
  CAPÍTULO II – DOS DIREITOS SOCIAIS – arts. 6º a 11 253
  CAPÍTULO III – DA NACIONALIDADE – arts. 12 e 13 256
  CAPÍTULO IV – DOS DIREITOS POLÍTICOS – arts. 14 a 16 258
  CAPÍTULO V – DOS PARTIDOS POLÍTICOS – art. 17 260
TÍTULO III – **DA ORGANIZAÇÃO DO ESTADO** (arts. 18 a 43)
  CAPÍTULO I – DA ORGANIZAÇÃO POLÍTICO ADMINISTRATIVA
    – arts. 18 e 19 260
  CAPÍTULO II – DA UNIÃO – arts. 20 a 24 261
  CAPÍTULO III – DOS ESTADOS FEDERADOS – arts. 25 a 28 266
  CAPÍTULO IV – DOS MUNICÍPIOS – arts. 29 a 31 267
  CAPÍTULO V – DO DISTRITO FEDERAL E DOS TERRITÓRIOS
    (arts. 32 e 33)
    Seção I – Do Distrito Federal – art. 32 271
    Seção II – Dos Territórios – art. 33 271
  CAPÍTULO VI – DA INTERVENÇÃO – arts. 34 a 36 272
  CAPÍTULO VII – DA ADMINISTRAÇÃO PÚBLICA (arts. 37 a 43)
    Seção I – Disposições Gerais – arts. 37 e 38 273
    Seção II – Dos Servidores Públicos – arts. 39 a 41 279
    Seção III – Dos Militares dos Estados, do Distrito
      Federal e dos Territórios – art. 42 282
    Seção IV – Das Regiões – art. 43 283
TÍTULO IV – **DA ORGANIZAÇÃO DOS PODERES** (arts. 44 a 135)
  CAPÍTULO I – DO PODER LEGISLATIVO (arts. 44 a 75)
    Seção I – Do Congresso Nacional – arts. 44 a 47 283
    Seção II – Das atribuições do Congresso Nacional
      – arts. 48 a 50 284
    Seção III – Da Câmara dos Deputados – art. 51 286
    Seção IV – Do Senado Federal – art. 52 287
    Seção V – Dos Deputados e dos Senadores – arts. 53 a 56 288

1. Com notas de atualização em rodapé por JOSÉ AFONSO DA SILVA.

Seção VI – Das Reuniões – art. 57 290
Seção VII – Das Comissões – art. 58 291
Seção VIII – Do processo legislativo (arts. 59 a 69)
    Subseção I – Disposição geral – art. 59 292
    Subseção II – Da Emenda à Constituição – art. 60 292
    Subseção III – Das Leis – arts. 61 a 69 293
Seção IX – Da fiscalização contábil, financeira e
    orçamentária – arts. 70 a 75 297
Capítulo II – DO PODER EXECUTIVO (arts. 76 a 91)
    Seção I – Do Presidente e do Vice-Presidente da República
    – arts. 76 a 83 300
    Seção II – Das atribuições do Presidente da República –
    art. 84 301
    Seção III – Da Responsabilidade do Presidente da
    República – arts. 85 e 86 303
    Seção IV – Dos Ministros de Estado – arts. 87 e 88 303
    Seção V – Do Conselho da República e do Conselho de
    Defesa Nacional (arts. 89 a 91)
        Subseção I – Do Conselho da República – arts.
        89 e 90 304
        Subseção II – Do Conselho de Defesa Nacional –
        art. 91 305
Capítulo III – DO PODER JUDICIÁRIO (arts. 92 a 126)
    Seção I – Disposições Gerais – arts. 92 a 100 305
    Seção II – Do Supremo Tribunal Federal – arts. 101 a 103 .. 310
    Seção III – Do Superior Tribunal de Justiça – arts.
    104 e 105 313
    Seção IV – Dos Tribunais Regionais Federais e dos
    Juizes Federais – arts. 106 a 110 314
    Seção V – Dos Tribunais e Juízes do Trabalho –
    arts. 111 a 117 316
    Seção VI – Dos Tribunais e Juízes Eleitorais – arts.
    118 a 121 318
    Seção VII – Dos Tribunais e Juízes Militares – arts.
    122 a 124 320
    Seção VIII – Dos Tribunais e Juízes dos Estados –
    arts. 125 e 126 320
Capítulo IV – DAS FUNÇÕES ESSENCIAIS À JUSTIÇA
(arts. 127 a 135)
    Seção I – Do Ministério Público – arts. 127 a 130 321

SUMÁRIO   11

Seção II – DA ADVOCACIA PÚBLICA – arts. 131 e 132 323
Seção III – DA ADVOCACIA E DA DEFENSORIA PÚBLICA –
   arts. 133 a 135 324

TÍTULO V – **DA DEFESA DO ESTADO E DAS INSTITUIÇÕES DEMOCRÁTICAS** (arts. 136 a 144)
CAPÍTULO I – DO ESTADO DE DEFESA E DO ESTADO DE SÍTIO
   (arts. 136 a 141)
   Seção I – DO ESTADO DE DEFESA – art. 136 324
   Seção II – DO ESTADO DE SÍTIO – arts. 137 a 139 325
   Seção III – DISPOSIÇÕES GERAIS – arts. 140 e 141 326
CAPÍTULO II – DAS FORÇAS ARMADAS – arts. 142 e 143 326
CAPÍTULO III – DA SEGURANÇA PÚBLICA – art. 144 328

TÍTULO VI – **DA TRIBUTAÇÃO E DO ORÇAMENTO** (arts. 145 a 169)
CAPÍTULO I – DO SISTEMA TRIBUTÁRIO NACIONAL
   (arts. 145 a 162)
   Seção I – DOS PRINCÍPIOS GERAIS – arts. 145 a 149 329
   Seção II – DAS LIMITAÇÕES DO PODER DE TRIBUTAR –
      arts. 150 a 152 331
   Seção III – DOS IMPOSTOS DA UNIÃO – arts. 153 e 154 332
   Seção IV – DOS IMPOSTOS DOS ESTADOS E DO DISTRITO
      FEDERAL – art. 155 333
   Seção V – DOS IMPOSTOS DOS MUNICÍPIOS – art. 156 337
   Seção VI – DA REPARTIÇÃO DAS RECEITAS TRIBUTÁRIAS
      – arts. 157 a 162 338
CAPÍTULO II – DAS FINANÇAS PÚBLICAS (arts. 163 a 169)
   Seção I – NORMAS GERAIS – arts. 163 e 164 340
   Seção II – DOS ORÇAMENTOS – arts. 165 a 169 340

TÍTULO VII – **DA ORDEM ECONÔMICA E FINANCEIRA** (arts. 170 a 192)
CAPÍTULO I – DOS PRINCÍPIOS GERAIS DA ATIVIDADE
   ECONÔMICA – arts. 170 a 181 345
CAPÍTULO II – DA POLÍTICA URBANA – arts 182 e 183 349
CAPÍTULO III – DA POLÍTICA AGRÍCOLA E FUNDIÁRIA E
   DA REFORMA AGRÁRIA – arts. 184 a 191 350
CAPÍTULO IV – DO SISTEMA FINANCEIRO NACIONAL –
   art. 192 352

TÍTULO VIII – **DA ORDEM SOCIAL** (arts. 193 a 232)
CAPÍTULO I – DISPOSIÇÃO GERAL – art. 193 353

Capítulo II – DA SEGURIDADE SOCIAL (arts. 194 a 204)
Seção I – Disposições Gerais – arts. 194 e 195 353
Seção II – Da Saúde – arts. 196 a 200 355
Seção III – Da Previdência social – arts. 201 e 202 357
Seção IV – Da Assistência social – arts. 203 e 204 359
Capítulo III – DA EDUCAÇÃO, DA CULTURA E DO DESPORTO (arts. 205 a 217)
Seção I – Da Educação – arts. 205 a 214 360
Seção II – Da Cultura – arts. 215 e 216 363
Seção III – Do Desporto – art. 217 363
Capítulo IV – DA CIÊNCIA E TECNOLOGIA – arts. 218 e 219 364
Capítulo V – DA COMUNICAÇÃO SOCIAL – arts. 220 a 224 364
Capítulo VI – DO MEIO AMBIENTE – art. 225 366
Capítulo VII – DA FAMÍLIA, DA CRIANÇA, DO ADOLESCENTE E DO IDOSO – arts. 226 a 230 367
Capítulo VIII – DOS ÍNDIOS – arts. 231 e 232 369
Título IX – **DAS DISPOSIÇÕES CONSTITUCIONAIS GERAIS** (arts. 233 a 250) 370

ATO DAS DISPOSIÇÕES CONSTITUCIONAIS TRANSITÓRIAS
(arts. 1º a 89) 374

INTRODUÇÃO

1. Objetivo. Este é um *Manual* muito elementar sobre a Constituição de 1988. Pretende, apenas, mostrar o que ela significa, em termos simples e acessíveis ao povo. Divulgar seu conteúdo básico à grande massa constitui o objetivo deste livrinho.

2. Constituição. A palavra *constituição* tem vários sentidos. Fala-se, por exemplo, em constituição da matéria, constituição dos corpos físicos, constituição psicológica de alguém, constituição de uma comissão, constituição de rendas, constituição estatal – *constituição como lei fundamental de um Estado* (Constituição do Brasil, Constituição dos Estados Unidos, Constituição da França). Vale dizer, a palavra *constituição* tem a significação geral de *conjunto dos elementos essenciais de alguma coisa*, de *modo de ser de alguma coisa*, modo como essa coisa existe, se organiza, se estrutura. Assim, a Constituição brasileira revela o modo como o Brasil existe, se organiza, se estrutura, se governa.

A *constituição do Estado* (como a brasileira, a francesa, a italiana etc.), considerada sua lei fundamental, lei das leis, lei maior, consiste na organização de seus elementos essenciais, ou seja: *consiste num sistema de normas jurídicas, escritas ou costumeiras, que regulam a forma do Estado, a forma de seu governo, o modo de aquisição e exercício do poder, o estabelecimento de seus órgãos e os limites de sua ação.*

3. Precedentes históricos da Constituição de 1988. A Constituição de 5 de outubro de 1988 é a oitava Constituição brasileira. A primeira foi a Constituição Política do Império do Brasil, de 25 de março de 1824, outorgada por D. Pedro I, após dissolver pela força a Assembléia Constituinte; a segunda (e primeira da República) foi a Constituição dos Estados Unidos do Brasil, elaborada e promulgada pelo Congresso Constituinte em 24 de fevereiro de 1891, que durou até que, por ato da Revolução de 1930, foi revogada – especialmente pelo Decreto n. 19.398, de 11 de novembro de 1930, que instituiu o Governo Provisório da República, que passou a exercer, discricionariamente, todos os poderes; a terceira, a Constituição dos Estados Unidos do Brasil, elaborada pela Assembléia Constituinte, e promulgada em 16 de julho de 1934, que durou pouco mais de três anos, derrubada pelo golpe de Estado de Getúlio Vargas, em 1937; a quarta, a Constituição dos Estados Unidos do Brasil, outorgada por Getúlio Vargas no dia 10 de novembro de 1937, pela qual implantou a ditadura que perdurou por oito anos; a quinta, a Constituição dos Estados Unidos do Brasil, elaborada e promulgada em 18 de setembro de 1946, pelo Congresso Constituinte eleito a 2.12.1945 e instalado a 2.2.1946; foi a mais liberal e democrática; muito emendada e modificada regularmente e por via de atos institucionais; sofreu impactos de crises e investidas golpistas, até que o golpe de 1964 preparou sua substituição; a sexta, a Constituição do Brasil, outorgada em 24 de janeiro de 1967, para vigorar a partir de 15 de março do mesmo ano, pelo Comando da Revolução, por meio de atuação coativa do Congresso Nacional, que não tinha legitimidade para elaborar uma Constituição nova; durou pouco, substituída que foi pela chamada Emenda n. 1, de 17 de outubro de 1969, para vigorar a partir de 30 do mesmo mês e ano; em verdade, era uma Constituição nova, até no nome, Constituição da República Federativa do Brasil, de 17 de outubro de 1969; a oitava, finalmente, é a atual, objeto de nossas considerações neste *Manual*.

4. Formação da Constituição de 1988. No fim da década de 70 o regime autoritário de 1964 se esgotava na corrupção e no fracasso de sua ação governamental. Crescia a luta pela reconquista do Estado de Direito, mediante a elaboração de nova Constituição por uma Assembléia Nacional Constituinte livre e soberana. A luta pela eleição direta de Presidente da República, a partir de 1984, preconizava, em verdade, mudanças substanciais, mais do que simples forma eleitoral. Tancredo Neves, perdida a batalha das eleições diretas, candidata-se à Presidência pelas oposições, perante o Colégio Eleitoral, com a promessa de destruí-lo, fazer a transição do autoritarismo para a democracia, mediante a convocação de uma Assembléia Nacional Constituinte destinada a elaborar nova Constituição justa. Morre sem exercer o poder. O Vice-Presidente assume a Presidência. Convoca a Assembléia Constituinte, em forma de Congresso Constituinte.

Nomeia a Comissão Provisória de Estudos Constitucionais (conhecida como "Comissão Afonso Arinos"), para elaborar um Projeto de Constituição, a qual se desincumbiu de sua tarefa depois de um ano de trabalho intenso. Seu anteprojeto não agradou ao Presidente, que não o submeteu ao Congresso Constituinte, mas, em verdade, ele serviria, indubitavelmente, de base para o texto da Constituição de 1988. A estrutura e funcionamento da Constituinte seguiu o modelo da Comissão Afonso Arinos. O plano da Constituição de 1988 e sua temática encontrou no anteprojeto Afonso Arinos sua fonte primeira.

A Assembléia Nacional Constituinte (Congresso Constituinte) instalou-se no dia 1º de fevereiro de 1987. Dividiu-se em oito Comissões Temáticas, cada qual subdividida em três Subcomissões, e uma Comissão de Sistematização, à qual coube organizar o Projeto de Constituição a partir de anteprojetos elaborados nas Comissões, com o material vindo das respectivas Subcomissões. Assim se fez, em várias etapas, até que a Comissão de Sistematização aprovou um Projeto com base em Substitutivo do Relator, Dep. Bernardo Cabral, elaborado segundo os textos organizados nas Comissões.

O Projeto da Comissão de Sistematização chamou-se *Projeto de Constituição (A)*, e ficou pronto em novembro de 1987. Seu conteúdo não proveio apenas de Substitutivo do Relator elaborado com base no material vindo das Comissões. Houve prazos para apresentação de emendas pelos Constituintes e por iniciativa popular, tudo num total que beirou a oitenta mil emendas. Submetido ao Plenário da Constituinte, para a discussão e votação em primeiro turno, nos termos regimentais, ocorreram crises de procedimento, com mudança regimental, que abriu a possibilidade de cada constituinte apresentar mais quatro emendas, além de emendas coletivas. As discussões e negociações se prolongaram, até que, finalmente, se aprovou o Projeto em primeiro turno – formando-se daí o *Projeto de Constituição (B)*, em junho de 1988 –, a ser submetido a um segundo turno de discussão e votação. A esse Projeto não era possível apresentar emendas modificativas, apenas emendas supressivas ou de omissão ou para sanar contradição. Discutido e votado, o Relator redigiu o estabelecido, com redação e sugestões de redação, que apresentou à Comissão de Redação, que aprovou uma primeira redação final do texto, constituindo-se, então, o *Projeto de Constituição (C) – Redação Final*, em setembro de 1988. Abriu-se, então, prazo para apresentação de emendas de redação pelos Constituintes. Mais de oitocentas emendas foram apresentadas. Com esse material, o *Projeto C* voltou à Comissão de Redação para decidir sobre as emendas destacadas e emendas de linguagem apresentadas pelo Prof. Celso Cunha. No fim, formou-se o *Projeto de Constituição (D) – Redação Final*, aprovado nas reuniões de 19 e 20 de setembro de 1988, o qual, submetido à votação do Plenário da Constituinte, em 22 de setembro de 1988, foi aprovado em definitivo contra o voto do Partido dos Trabalhadores. Estava aprovada, assim, a Constituição de 1988, que viria a ser promulgada e publicada no dia 5 de outubro de 1988, quando, portanto, entrou em vigor, com o nome de *Constituição da República Federativa do Brasil*.

5. Características gerais da Constituição de 1988. É uma Constituição longa e minuciosa. Originariamente, compunha-se de 245 artigos na parte permanente e de 70 no Ato das Disposições Constitucionais Transitórias-ADCT. Mas ela sofreu 44 emendas que retalharam e ampliaram seu texto. Hoje, sua parte permanente conta já com 250 artigos e o ADCT com 89 artigos.

Compreende três partes: um *preâmbulo*, a *parte permanente* (*Constituição propriamente*) que vai do art. 1º ao art. 250, e o ADCT, com articulado próprio do arts. 1º ao 89. Na verdade, o número de artigos é artificial, porque a relatoria utilizou a técnica de transformar artigos em parágrafos ou incisos, com o que o texto pareceu mais curto. A rigor, se se tivesse usado técnica mais apurada na articulação, a Constituição teria, no mínimo, 400 artigos. Não é isso o que importa. O relevante é o conteúdo, não tanto a forma.

Trata-se de uma Constituição progressista. O "Código Fundamental Político mais liberal e avançado de quantos registra a história do País, do continente americano e do mundo inteiro", na opinião do jornal espanhol *Ya*, de 10 de outubro de 1988. Seus objetivos progressistas e democráticos são apontados já no *Preâmbulo*, quando declara que os representantes do povo brasileiro se reuniram em Assembléia Nacional Constituinte "para instituir um Estado Democrático, destinado a assegurar o exercício dos direitos sociais e individuais, a liberdade, a segurança, o bem-estar, o desenvolvimento, a igualdade e a justiça como valores supremos de uma sociedade fraterna, pluralista e sem preconceitos, fundada na harmonia social e comprometida, na ordem interna e internacional, com a solução pacífica das controvérsias". Ela, assim, visa a construir um Estado Democrático de Direito, fundado na dignidade da pessoa humana, na valorização do trabalho e no princípio democrático (art. 1º).

Capítulo I
DOS PRINCÍPIOS FUNDAMENTAIS

6. Noção. O Título I da Constituição contém os *princípios fundamentais* do sistema constitucional brasileiro: os princípios federalista, republicano, democrático, da divisão de poderes, da organização da sociedade e orientadores das relações internacionais (independência, autodeterminação dos povos, igualdade entre os Estados etc.).
Princípios fundamentais são regras básicas do ordenamento constitucional. Constituem a síntese de todas as demais normas da Constituição. Aqueles são matrizes destas, e estas revelam-se como desdobramentos daqueles. Os princípios fundamentais se irradiam e imantam o sistema de normas da Constituição, núcleos que condensam os valores constitucionais.

7. República Federativa do Brasil. Este é o nome do Estado brasileiro. Mas a expressão *República Federativa do Brasil* condensa, igualmente, o nome do País (*Brasil*), a forma do Estado brasileiro (*Federativa*) e a forma de governo do Brasil (*República*).

8. Federação. *República Federativa* significa que a Constituição manteve a forma de Estado Federal, instituída com a proclamação da República em 15 de novembro de 1889. *Federação* ou *Estado Federal* caracteriza-se pela união de coletividades públicas dotadas de autonomia político-constitucional. A *federação* compreende, pois, a *União* (governo federal), os *Estados federados* (Estados-membros ou simplesmente Estados), o *Distrito Federal* e, agora, também os *Municípios*, todos autônomos, ou seja, com governos próprios e competências exclusivas (arts. 1º e 18). As regras sobre a organização do Estado brasileiro constam dos arts. 18 a 43, onde a matéria será desenvolvida com mais pormenores.

9. República. A Constituição manteve a *forma de governo republicano*, que se rege pelo princípio da eletividade das autoridades governamentais e da temporariedade da investidura do Chefe de Estado. A Constituinte rejeitou proposta de restaurar a *forma monárquica de governo*, que vigeu no Brasil de 1822 a 1889. Vê-se daí que, hoje, admitem-se duas formas de governo: República e Monarquia. O Brasil é republicano. A organização dos poderes republicanos federais consta dos arts. 44 a 135.

10. Estado Democrático de Direito e o princípio democrático.

Trata-se de novo tipo de Estado, que não se limita a reunir os princípios do Estado de Direito e do Estado Democrático, porquanto revela conceito novo, que os supera, na medida em que incorpora um elemento revolucionário de transformação da realidade existente. O Estado de Direito foi um conceito tipicamente liberal, *Estado Liberal de Direito*, que se tornara insuficiente por sua ambigüidade e por seu formalismo, a ponto de postular-se uma nova idéia, que se consubstanciaria num pretenso Estado Material de Direito, mais preocupado com a realização da justiça social, transformando-se em *Estado Social de Direito*, onde o qualificativo *social* corrigiria o individualismo clássico liberal. Mas este nem sempre fora de conteúdo democrático. Vários Estados ditatoriais poderiam ser concebidos como Estados Sociais de Direito, que, por essa ambigüidade, se tornara inaceitável – ainda que revele um tipo de Estado tendente a criar situações de bem-estar.

A evolução chega, agora, ao *Estado Democrático de Direito*, que a Constituição acolhe no art. 1º como um conceito-chave do regime adotado. O *princípio democrático*, consubstanciado no parágrafo único do art. 1º, é o princípio fundamental do Estado Democrático de Direito. Mas a Democracia que este realiza há de ser um processo de convivência social numa sociedade livre, justa e solidária (art. 3º, II), em que o poder que emana do povo deve ser exercido em proveito do povo, diretamente ou por representantes eleitos; será *democracia re-*

presentativa e participativa, porque o povo é representado nos órgãos governamentais por seus representantes eleitos e porque envolve a participação direta dos cidadãos no processo decisório e na formação dos atos de governo (arts. 14, I a III, e 61, § 2º); e é *democracia pluralista*, porque respeita a pluralidade de idéias, culturas e etnias, e pressupõe o diálogo entre opiniões e pensamentos divergentes e a possibilidade de convivência de formas de organização e interesses diferentes da sociedade; revela-se como um tipo de Estado que busca liberar a pessoa humana das formas de opressão, o que não depende apenas do reconhecimento formal de certos direitos individuais, políticos e sociais, mas, especialmente, da vigência de condições econômicas suscetíveis de favorecer o seu pleno exercício e efetivar a justiça social.

11. Fundamentos do Estado brasileiro. A República Federativa do Brasil, segundo o art. 1º, tem como fundamentos: a *soberania*, que é o poder de autodeterminação nacional, poder político supremo e independente; a *cidadania*, que está no art. 1º num sentido mais amplo do que o de titular de direitos políticos, porque qualifica os participantes do Estado e significa, ainda, que o funcionamento do Estado estará submetido à vontade popular; a *dignidade da pessoa humana*, que é um valor supremo da pessoa, que atrai o conteúdo de todos os direitos fundamentais do homem, desde o direito à vida – por isso esse conceito permeia as instituições fundamentais da Constituição: a ordem econômica (art. 170), a ordem social (art. 193), o objetivo da educação (art. 205) –; os *valores sociais do trabalho e da livre iniciativa*, que são também fundamentos da ordem econômica (art. 170); e, finalmente, o *pluralismo político*, que revela um princípio da Democracia acolhido pela Constituição, cujo sentido já deixamos expresso.

12. Princípio da divisão de Poderes. Consta de seu art. 2º que *são Poderes da União o Legislativo, o Executivo e o Judiciário.*

Poder Legislativo, Poder Executivo e Poder Judiciário são expressões com duplo sentido. Exprimem, a um tempo, as funções legislativa, executiva e jurisdicional, e indicam os respectivos órgãos, conforme descrição e discriminação estabelecidas no título da *Orga-*

nização dos Poderes (respectivamente, nos arts. 45 a 77, 78 a 96, e 97 a 132).

Significa que o Poder estatal se manifesta por distintas funções: a *legislativa*, a *executiva* e a *jurisdicional*. A primeira consiste na edição de regras gerais, abstratas, impessoais e inovadoras da ordem jurídica, denominadas *leis*; a segunda resolve os problemas concretos, individualizados, no exercício da Administração, de acordo com as leis; a terceira tem por objeto aplicar o Direito aos casos concretos para dirimir conflitos de interesses. Quando essas funções são atribuídas a órgãos diferentes, independentes, autônomos e harmônicos entre si, temos a divisão ou separação de Poderes. Desde Montesquieu o princípio da divisão de Poderes constitui uma técnica de organização dos Poderes governamentais (Poder Legislativo, Poder Executivo e Poder Judiciário) nos Estados Democráticos. Se as funções couberem a um órgão apenas, ou a órgãos subordinados a um outro, tem-se *concentração de Poderes*, como foi no Estado de monarquia absoluta e é nas ditaduras, em que o ditador controla todas as funções estatais.

13. Objetivos fundamentais do Estado brasileiro. A Constituição, no art. 3º, consigna como objetivos fundamentais da República Federativa do Brasil, vale dizer, do Estado brasileiro: construir uma sociedade livre, justa e solidária; garantir o desenvolvimento nacional; erradicar a pobreza e a marginalização, reduzir as desigualdades sociais e regionais; e promover o bem de todos, sem preconceitos de origem, raça, sexo, cor, idade e de outras formas de discriminação.

14. Princípios regedores das relações internacionais. A República Federativa do Brasil rege-se nas suas relações internacionais pelos princípios da independência nacional, da prevalência dos direitos humanos, da autodeterminação dos povos, da não-intervenção, da igualdade entre os Estados, da defesa da paz, da solução pacífica dos conflitos, do repúdio ao terrorismo e ao racismo, da cooperação entre os povos para o progresso da humanidade e da concessão de asilo político, e buscará a integração econômica, política, social e cultural dos povos da América Latina, visando à formação de uma comunidade latino-americana de nações.

Capítulo II
DOS DIREITOS E GARANTIAS FUNDAMENTAIS

I. Do conceito e da classificação dos direitos fundamentais

15. Declarações de direitos. O Título II da Constituição contém a *declaração dos direitos fundamentais do homem e suas garantias*. O reconhecimento dos direitos fundamentais do homem em declarações constitucionais (depois da *Magna Carta* (1215-1225), da *Petition of Rights* (1628), do *Habeas Corpus Amendment Act* (1679) e do *Bill of Rights* (1688), ingleses) começou com a *Declaração de Direitos do Bom Povo de Virgínia*, em 1776, uma das treze ex-colônias inglesas na América do Norte. Depois, veio a *Declaração de Direitos* aditada, entre 1791 e 1795, à Constituição dos Estados Unidos da América do Norte. Logo apareceu a mais importante delas, porque de vocação mundialista: a *Declaração dos Direitos do Homem e do Cidadão*, adotada pela Assembléia Constituinte francesa em 27.8.1789.

As constituições, de feição democrática, dos séculos XIX e XX, costumam trazer um título em que enunciam os direitos fundamentais do homem. As do século XIX, entre elas as brasileiras de 1824 e de 1891, se limitavam ao reconhecimento dos direitos individuais e políticos. As do século passado, desde a do México de 1917 (ainda em vigor) e a da Alemanha, de Weimar (1919), em geral, abrem, também, um título sobre a ordem econômica e social; assim as brasileiras, desde a de 1934.

O movimento mais importante nessa matéria é o da *universalização das declarações de direitos*, que já deu origem à *Declaração Universal dos Direitos Humanos*, aprovada pela Assembléia Geral da ONU na noite de 10.12.1948. Depois vieram a *Convenção de Salva-*

guarda dos Direitos do Homem e das Liberdades Fundamentais, por influência do Conselho da Europa (4.11.1950), uma *Comissão Européia de Direitos do Homem* e um *Tribunal Europeu de Direitos do Homem*. Surgiram também, no continente americano, a *Declaração Americana dos Direitos e Deveres do Homem* (maio de 1948), uma *Comissão Interamericana de Direitos Humanos* (1960), uma *Convenção Americana sobre Direitos Humanos* (1970) e a *Corte Interamericana de Direitos Humanos*, todas com eficácia muito precária.

16. Conceito de direitos fundamentais. As dificuldades para definir um conceito sintético dos direitos fundamentais do homem decorrem, principalmente, da circunstância de se empregarem várias expressões para designá-los, tais como: *direitos naturais, direitos humanos, direitos do homem, direitos individuais, direitos públicos subjetivos, liberdades fundamentais, liberdades públicas, direitos fundamentais do homem* ou *direitos humanos fundamentais*.

A Constituição resolveu, em parte, esse problema porque adotou a expressão *direitos fundamentais*, como rubrica do Título II, e *direitos fundamentais da pessoa humana*, no art. 17, o que equivale dizer *direitos fundamentais do homem*, ou *direitos humanos fundamentais*, ou *direitos fundamentais humanos*. Foi além, porque empregou a expressão no sentido abrangente de direitos individuais, sociais, de nacionalidade e políticos. Aí temos uma base para a classificação desses direitos.

Direitos fundamentais do homem é expressão que designa, em nível do Direito Constitucional positivo, *aquelas prerrogativas e instituições que ele concretiza em garantias de uma convivência digna, livre e igual de todas as pessoas*. No qualificativo *fundamentais* acha-se a indicação de que se trata de situações jurídicas, sem as quais a pessoa humana não se realiza, não convive e, às vezes, nem sobrevive; fundamentais do *homem*, no sentido de que a todos, por igual, devem ser, não apenas formalmente reconhecidos, mas concreta e materialmente efetivados.

17. Classificação. A classificação que decorre do texto constitucional é a que os agrupa com base no critério de seu conteúdo, que, ao mesmo tempo, se refere à natureza do bem protegido e do objeto de tutela, que são, na ordem da previsão constitucional: a) direitos fundamentais do *homem-indivíduo*; b) direitos fundamentais do *homem-membro de uma coletividade*; c) direitos fundamentais do *homem-social*; d) direitos fundamentais do *homem-nacional*; e) direitos fundamentais do *homem-cidadão*, do *homem-ser-político*; f) direitos fundamentais do *homem-solidário*. Em síntese, podemos classificar os direitos fundamentais da pessoa humana, nos termos de nossa Constituição, nos seguintes grupos:

I – *direitos individuais* (arts. 5º e seguintes, de mistura com os quais estão as garantias individuais);

II – *direitos coletivos*;

III – *direitos de nacionalidade* (art. 12);

IV – *direitos políticos* (arts. 14 a 17);

V – *direitos sociais* (arts. 6º a 11);

VI – *direitos fundamentais do homem-solidário* (arts. 3º, 4º, VI, e 225)

II. Dos direitos individuais e suas garantias

18. *Conceito e classificação*. O art. 5º da Constituição arrola o que ela denomina de *direitos e deveres individuais e coletivos*. Não menciona as garantias individuas, mas elas também estão lá. O dispositivo assegura aos brasileiros e aos estrangeiros residentes no País a *inviolabilidade* do direito à *vida*, à *liberdade*, à *igualdade*, à *segurança* e à *propriedade*, nos termos dos incisos que seguem.

Direitos individuais, direitos fundamentais do homem-indivíduo, são aqueles que reconhecem autonomia aos particulares, garantindo a iniciativa e independência aos indivíduos diante dos demais membros da sociedade política e do próprio Estado.

A Constituição oferece-nos um critério para a *classificação dos direitos individuais*, quando assegura a inviolabilidade do direito à *vida*, à *igualdade*, à *liberdade*, à *segurança* e à *propriedade*. O critério é o do *objeto imediato* do direito assegurado.

A Constituição, contudo, admite outros direitos e garantias individuais, pois que a enumeração do art. 5º não é taxativa, já que o § 2º do art. 5º declara que "os direitos e garantias previstos neste artigo não excluem outros decorrentes dos princípios e do regime adotado pela Constituição e dos tratados internacionais em que a República Federativa do Brasil seja parte".

19. Direito à vida, à privacidade e à personalidade. *Vida*, no art. 5º, não será apenas elemento biológico de incessante auto-atividade funcional, mas processo biográfico, que se instaura com a concepção, transforma-se, progride, mantendo sua identidade, até mudar de estado, passando à morte. Tudo o que interfere nesse fluir espontâneo, contraria a vida. No conteúdo de seu conceito se envolvem o direito à dignidade da pessoa, o direito à integridade físico-corporal, o direito à integridade moral, o direito à existência e também o direito à privacidade.

A vida humana, objeto da inviolabilidade do art. 5º, compreende elementos materiais e imateriais. Por isso é que a Constituição condena agressões à integridade física e moral (art. 5º, XLIX), como condena a tortura, cuja prática constitui crime inafiançável e insuscetível de graça e anistia (art. 5º, XLIII) e o tratamento desumano ou degradante (art. 5º, III).

O *direito de existência* consiste no direito de estar vivo, de lutar pelo viver, de defender a própria vida, de permanecer vivo; direito de não ter interrompido o processo vital senão pela morte espontânea e inevitável. Existir é movimento espontâneo contrário ao estado de morte. Porque se assegura o direito à vida é que a legislação penal pune todas as formas de interrupção violenta do processo vital. Por essa razão, também, é que se reputa legítima a defesa contra agressões à vida, e, coerentemente, não admite a *pena de morte*, salvo em caso de guerra declarada (art. 5º, XLVII, "a"); mas nada disse sobre o *aborto* ou a *eutanásia*.

20. Direito à privacidade. Não consta da cabeça do art. 5º, mas é assegurado em vários incisos desse mesmo artigo, como o direito: a) à inviolabilidade da intimidade, da vida privada, da honra e da imagem pessoal (inciso X); b) à inviolabilidade da casa, considerada asilo do indivíduo, na qual ninguém poderá penetrar sem consentimento do morador, salvo em caso de flagrante delito ou desastre, ou para prestar socorro, ou, durante o dia, por determinação judicial (inciso XI); c) à inviolabilidade do sigilo da correspondência e das comunicações telegráficas, de dados e das comunicações telefônicas, permitida, contudo, as interceptações telefônicas por ordem judicial, nas hipóteses e na forma que a lei estabelecer (cf. Lei 9.296, de 1996), para fins de investigação criminal ou instrução processual penal. A justificativa dessa permissão acha-se no aumento dos seqüestros de pessoas, quando se usam telefones para comunicações e extorsões; entendeu o Constituinte que, aí, o telefone passa a ser instrumento auxiliar do crime e, por conseguinte, manter o sigilo absoluto, em tal caso, seria facilitar a prática do delito.

21. Direito de igualdade. Igualdade e justiça. Aristóteles vinculou a *idéia de igualdade à de justiça*, mas em sentido relativo e formal, pois não seria injusto tratar diferentemente o escravo e seu proprietário; sê-lo-ia se se tratassem senhores entre si, ou escravos entre si, desigualmente. Nesse sentido, a igualdade perante a lei corresponderia a tratar igualmente os iguais e desigualmente os desiguais, caracterizada, assim, como isonomia formal. Um princípio de igualdade real e de justiça material postula a igualização das condições dos desiguais.

Isonomia formal e material. Nossas Constituições, desde a do Império, inscreveram o princípio da *igualdade perante a lei*, enunciado que, na sua literalidade, se confunde com a mera *isonomia formal*, no sentido de que a lei e sua aplicação trata a todos igualmente, sem levar em conta as distinções de grupos.

A compreensão do dispositivo do art. 5º, segundo o qual *todos são iguais perante a lei, sem distinção de qualquer natureza*, há de ser diferente, pois o intérprete tem que aferi-lo juntamente com outras normas constitucionais, conforme apontamos e, especialmente, com as exigências da justiça social, objetivo da ordem econômica e da ordem social. Hipóteses de *isonomia material* constam dos incisos XXX e XXXI do art. 7º, que proíbem distinções fundadas em certos fatores, ao vedar "diferença de salários, de exercício de funções e de critério de admissão por motivo de sexo, idade, cor ou estado civil" e "qualquer discriminação no tocante a salário e critérios de admissão do trabalhador portador de deficiência"; e, ainda, do inciso XXXIV do mesmo artigo, sobre a "igualdade de direitos entre o trabalhador com vínculo empregatício permanente e o trabalhador avulso". Aliás, como vimos, é tarefa do Estado reduzir as desigualdades sociais e regionais (art. 3º, III).

A Constituição procura aproximar os dois tipos de isonomia: na medida em que não se limitara ao simples enunciado da igualdade perante a lei; menciona também igualdade entre homens e mulheres, e acrescenta vedações a distinções de qualquer natureza e qualquer forma de discriminação.

Igualdade perante a lei. O princípio tem como destinatário tanto o legislador como os aplicadores da lei. Vale dizer que o legislador não pode elaborar lei discriminativa; que a lei deve reger com disposições idênticas situações idênticas e distinguir as que sejam entre si distintas; e que o aplicador da lei está obrigado a aplicá-la de acordo com esses critérios. Mas a lei não deve tratar a todos de modo abstratamente igual, pois as pessoas ou situações são iguais ou desiguais de modo relativo, apenas sob certos aspectos, o que impõe confrontações e contrastes entre as situações no aspecto tomado como essencial ou relevante pela lei. Fundado nisso é que se torna legítimo à lei tutelar pessoas que se achem em posição econômica inferior, buscando realizar o princípio da igualização das desigualdades de fato ou artificialmente criadas pelo regime político, econômico e social.

Igualdade sem discriminação. O art. 5º confere a igualdade perante a lei, *sem discriminação de qualquer natureza.* As Constituições anteriores enumeravam as razões impeditivas de discrime: *sexo, raça, trabalho, credo religioso* e *convicções políticas.* Esses fatores continuam a ser encarecidos como possíveis fontes de discriminações odiosas e, por isso, desde logo, proibidas expressamente, como consta do art. 3º, IV, onde se dispõe que, entre os objetivos fundamentais da República Federativa do Brasil, está: promover o bem de todos, "sem preconceitos de origem, raça, sexo, cor, idade e quaisquer outras formas de discriminação". Proíbe-se, também, diferença de salários, de exercício de funções e de critério de admissão por motivo de *sexo, idade, cor, estado civil* ou *posse de deficiência* (art. 7º, XXX e XXXI). A Constituição assim o faz porque essas razões preconceituosas são as em que mais comumente se tomam como fundamento de discrime. Além disso, a Constituição se preocupa com a efetividade da vedação, determinando que a lei punirá qualquer discriminação atentatória dos direitos e liberdades fundamentais (art. 5º, XLI) e, ainda, dá específica atenção a alguns daqueles fatores de discriminação, para estatuir sanção correspondente, assim, ao afirmar que "a prática do racismo constitui crime inafiançável e imprescritível, sujeito à pena de reclusão, nos termos da lei" (art. 5º, XLII), ou para evitar dúvidas, como a norma do art. 12, § 2º, segundo a qual "a lei não poderá estabelecer distinção entre brasileiros natos e naturalizados, salvo nos casos previstos" na Constituição. O princípio do *voto igual para todos* também é destacado (art. 14).

Igualdade de homens e mulheres. Essa igualdade já se extrairia da regra geral da igualdade perante a lei. Já está também contemplada em todas as normas constitucionais que vedam discriminação em razão do sexo. Mas não é sem conseqüência que a Constituição decidiu destacar, em um inciso específico (art. 5º, I), que *homens e mulheres são iguais em direitos e obrigações*. Importa, antes de tudo, notar que é uma regra que resume décadas de lutas das mulheres contra discriminações. Mais relevante ainda é que não se trata aí de mera isonomia formal. Não é igualdade perante a lei, mas igualdade em direitos e obrigações. Significa que existem dois termos concretos de comparação: *homens* de um lado e *mulheres* de outro. Onde houver um homem e uma mulher, qualquer tratamento desigual entre eles, a propósito de situações pertinentes a ambos os sexos, constituirá uma infringência constitucional.

Aqui a igualdade não é apenas no confronto *marido* e *mulher*. Não se trata apenas da igualdade no lar e na família. Abrange também essa situação, que, no entanto, recebeu formulação específica no art. 229, § 5º: "Os direitos e deveres referentes à sociedade conjugal são exercidos igualmente pelo homem e pela mulher". Valem, no entanto, as discriminações feitas pela própria Constituição, sempre a favor da mulher: aposentadoria da mulher com menor tempo de contribuição e de idade que o homem (arts. 41, III, e 207, I a IV).

Tratamento desigual e inconstitucionalidade. São inconstitucionais as discriminações não autorizadas. A inconstitucionalidade resolve-se estendendo-se as vantagens e benefícios legítimos aos discriminados que o solicitarem, ou declarando a inconstitucionalidade do ato discriminatório que tenha imposto obrigação, dever, ônus, sanção ou qualquer sacrifício a pessoas ou grupos, discriminando-as em face de outros na mesma situação, que, assim, permaneceram em condições mais favoráveis.

22. Direito de liberdade. *O problema da liberdade.* Diz-se que o homem é criador e produto da história; ele se torna cada vez mais livre, no correr da história, na medida em que adquire mais conhecimento, amplia seu domínio sobre a natureza e compreende melhor as relações sociais; isso lhe dá condições objetivas e subjetivas para transformar a natureza real e social no interesse da expansão de sua personalidade. As discussões sobre livre arbítrio e determinismo não cabem aqui. Também não importa muito o tema da liberdade psicológica. O conhecimento objetivo é que fundamenta a correta escolha entre situações diversas. O fundamental é saber se, feita a escolha, a opção (*liberdade interna, subjetiva, sempre possível*), é possível determinar-se em função dela, isto é, se se tem condições objetivas para atuar no sentido da escolha feita; e aí é que se põe a questão da *liberdade externa, objetiva*, que consiste na expressão externa do querer individual, e implica o afastamento de obstáculos ou de coações, para que o homem possa agir livremente. Nesse sentido, fala-se em *liberdades* (no plural), *liberdades públicas* e *liberdades políticas*.

Conceito de liberdade. Com freqüência, a liberdade era definida num *sentido negativo*, como resistência à coação, em oposição à autoridade; outras vezes, em *sentido positivo*: é livre quem participa da autoridade – assim o povo seria livre, num regime democrático, enquanto partícipe do poder, que dele emana. Liberdade e autoridade são situações que se complementam. A autoridade é necessária à ordem social, condição mesma da liberdade, como esta é necessária à expansão individual. A liberdade pode ser entendida como ausência de toda coação *anormal, ilegítima* e *imoral*. Portanto, toda lei que limite a liberdade precisa ser normal, moral e legítima, no sentido de que seja consentida pelo povo. Mas não se esgota nesse sentido negativo. Seu conceito deve exprimir-se no sentido de *um poder de atuação do homem em busca de sua realização pessoal, de sua felicidade*, não numa acepção hedonística, mas num sentido político de convivência harmônica em sociedade. Propomos, assim, o conceito seguinte: *liberdade consiste na possibilidade de coordenação consciente dos meios necessários à realização da felicidade pessoal*. Tudo o que impedir aquela possibilidade de coordenação dos meios contraria o princípio da liberdade.

Formas de liberdade. Fala-se em muito em *liberdades* (no plural), o que não passa das várias expressões externas da liberdade. *Li-*

berdades são *formas da liberdade*; e, à vista da Constituição, podemos distinguir os seguintes grupos: I – *liberdade de ação em geral*; II – *liberdade da pessoa física*; III – *liberdade de pensamento*; IV – *liberdade de expressão coletiva* (direitos coletivos); V – *liberdade de ação profissional*; VI – *liberdade de conteúdo econômico e social*.

Liberdade de ação e legalidade. É a liberdade geral de atuar, que decorre do art. 5º, II, da Constituição: "ninguém será obrigado a fazer ou deixar de fazer alguma coisa senão em virtude de lei". Aí temos: a *liberdade de fazer*, a *liberdade de atuar* ou *liberdade de agir ou de abster-se*. O princípio é o de que *todos têm a liberdade de fazer e de não fazer o que bem entenda*, salvo quando a lei determine o contrário. O princípio fica ainda na dependência do que se tenha por *lei*, que, segundo Constituição, é o ato legislativo formado por órgãos compostos de representantes do povo, com participação direta deste ou não, segundo o processo nela própria estabelecido. Isto é, a *lei*, que obriga a fazer ou não fazer alguma coisa, para valer, há de ser legítima, ou seja, formada com base na soberania popular.

Nisso se manifesta – e é o que se extrai explicitamente do art. 5º, II – o *princípio da legalidade*, a que fica submetida a autoridade pública, a Administração, o exercício do poder. A autoridade é função da lei. Fora desta, não existe autoridade, mas arbítrio.

Liberdade da pessoa física. Esta foi a primeira forma de liberdade que o homem teve de conquistar. Ela se opõe ao estado de escravidão e de prisão, ou qualquer outro impedimento à locomoção da pessoa, incluindo a doença. *Consiste na possibilidade jurídica, que se reconhece a todas as pessoas, de atuar segundo sua vontade e de locomover-se desembaraçadamente dentro do território nacional, compreendida a possibilidade de sair e de entrar no território nacional*. Enfim, é liberdade de locomoção, liberdade de ir e vir, liberdade de circular, de permanecer, de estacionar. É o que está previsto no art. 5º, XV, que declara "livre a locomoção no território nacional em tempo de paz, podendo qualquer pessoa, nos termos da lei, nele entrar, permanecer ou dele sair com seus bens".

São duas situações: uma é a *liberdade de locomoção no território nacional*; a outra é a *liberdade de a pessoa entrar no território nacional, nele permanecer e dele sair com seus bens*. A primeira não necessita de autorização. A lei referida no dispositivo não se lhe aplica, mas apenas à segunda; envolve o direito de transitar através das fronteiras nacionais, de imigrar ou emigrar, de permanecer ou não no território nacional. *Em tempo de paz*, diz a Constituição, não quer dizer que *em tempo de guerra* não o possa, mas não será um direito, salvo se for brasileiro que esteja retornando à Pátria.

Foi a essa liberdade que, desde o século XVII, se deu uma garantia específica: o *habeas corpus*. A Constituição o prevê no mesmo art. 5º, LXVIII. Hoje o direito constitucional estatui várias garantias de vigência dessa liberdade, cujo conjunto constitui o que se chama *direito de segurança pessoal*, e constam dos incisos XLVI a LXX do art. 5º.

Liberdade de pensamento. Trata-se de liberdade de conteúdo intelectual e supõe o contacto do indivíduo com seus semelhantes. Direito de expressar o pensamento sobre qualquer objeto. Caracteriza-se como exteriorização do pensamento no seu sentido mais abrangente.

Manifesta-se sob várias formas. A primeira, porque primária e ponto de partida das demais, é a *liberdade de opinião*, direito que tem o indivíduo de adotar a atitude intelectual de sua escolha, quer um pensamento íntimo, quer uma tomada de posição pública; liberdade de pensar e dizer o que se creia verdadeiro. A Constituição a reconhece nessas duas dimensões: como pensamento íntimo, prevê a *inviolabilidade da liberdade de consciência e de crença* (art. 5º, VI), assim como a de *crença religiosa e de convicção filosófica ou política* (art. 5º, VIII), compreendida a liberdade de *escusa de consciência*, ou seja: direito de recusar prestar determinadas imposições que contrariem as convicções religiosas ou filosóficas do interessado. A dimensão externa se realiza pelas liberdades *de comunicação, de manifestação do pensamento, de informação, religiosa, de expressão da atividade intelectual, artística, científica e de comunicação, a de exercício de trabalho, ofício ou profissão*.

A *liberdade de comunicação* consiste num conjunto de direitos, formas, processos e veículos, que possibilitam a coordenação desembaraçada da criação, expressão e difusão do pensamento e da informação. É o que se extrai dos incisos IV, V, IX, XI e XV do art. 5º, combinados com os arts. 220 a 224 da Constituição. Compreende, pois, as formas de criação, expressão e manifestação do pensamento e de informação, e a organização dos meios de comunicação – esta sujeita a regime jurídico especial, conforme disposto no art. 220.

A *liberdade de manifestação do pensamento* está prevista no art. 5º, IV, e no art. 220; segundo este "a manifestação do pensamento, a criação, a expressão e a informação sob qualquer forma, processo ou veículo, não sofrerão qualquer restrição, observado o disposto nesta Constituição", *vedada qualquer forma de censura de natureza política, ideológica e artística* (§ 2º). Mas é vedado o anonimato e assegurado o direito de resposta, proporcional ao agravo, além da indenização por dano material, moral ou à imagem. Por outro lado, essa liberdade compreende também o direito de ter o pensamento em segredo, ou seja, o direito de não manifestá-lo e o direito de ficar calado (art. 5º, LXIII).

Liberdade de informação compreende a *liberdade de informar* e a *liberdade de ser informado*. O acesso de todos à informação, resguardado o sigilo da fonte, quando necessário ao exercício profissional, é assegurado no art. 5º, XIV. A Constituição dá especial destaque à *liberdade de informação jornalística*, que não se resume mais à simples liberdade de imprensa, pois esta está ligada à publicação de *veículo impresso* de comunicação. A *informação jornalística* alcança qualquer forma de difusão de notícias, comentários e opiniões, por qualquer veículo de comunicação social, e pode ser veiculada por meios de comunicação impressos ou de difusão sonora, de sons e de imagens (arts. 220, § 6º, 221 e 222).

A *liberdade religiosa* compreende três formas de expressão (três *liberdades*): a) a *liberdade de crença*; b) a *liberdade de culto*; e c) a *liberdade de organização religiosa*, todas garantidas pela Constituição. A primeira, como vimos antes, no art. 5º, VI, que declara *inviolável a liberdade de crença*; e aí mesmo se assegura a segunda: *o livre exercício dos cultos religiosos e a proteção, na forma da lei, dos locais de culto e a suas liturgias*; a terceira diz respeito à possibilidade de estabelecimento e organização das igrejas e suas relações com o Estado, vigorando, a este propósito, o sistema de separação, com possibilidade de colaboração entre Igreja e Estado: de acordo com o art. 19, I, *é vedado à União, aos Estados, ao Direito Federal e aos Municípios* "estabelecer cultos religiosos ou igrejas, subvencioná-los, embaraçar-lhes o exercício ou manter com eles ou seus representantes relações de dependência ou aliança, ressalvada, na forma da lei, a colaboração de interesse público". Assegura-se, ainda, nos termos da lei, (art. 5º, VII), a prestação de *assistência religiosa* nas entidades civis e militares de internação coletiva (Forças Armadas, penitenciárias, casas de detenção, casas de internação de menores etc.); o *ensino religioso*, de matrícula facultativa, deve constituir disciplina dos horários normais das *escolas públicas* de ensino fundamental (art. 210, § 1º). E o casamento religioso terá efeito civil, nos termos da lei (art. 226, § 2º)

A *liberdade da expressão da atividade intelectual, artística, científica e de comunicação* (desta última já tratamos) é assegurada no art. 5º, IX, da Constituição. As manifestações intelectuais, artísticas e científicas são formas de difusão e manifestação do pensamento, tomado esse termo em sentido abrangente dos sentimentos e dos conhecimentos intelectuais, conceptuais e intuitivos. Certas manifestações artísticas, contudo, ficam sujeitas a uma regulamentação especial, consoante prevê o art. 220, § 3º, que declara competir à lei federal: "I – regular as diversões e espetáculos públicos, cabendo ao Poder Público informar sobre a natureza deles, as faixas etárias a que não se recomendem, locais e horários nos quais sua apresentação se mostre inadequada; II – estabelecer os meios legais que garantam à pessoa e à família a possibilidade de se defenderem de programas ou programações de rádio e televisão que contrariem o disposto no art. 221, bem como da propaganda de produtos, práticas e serviços que possam ser nocivos à saúde e ao meio ambiente".

Cumpre, finalmente, lembrar aqui a proteção especial que a Constituição oferece aos produtores de obras intelectuais, artísticas e científicas. A primeira é tradicional: a garantia do direito exclusivo de utilização, publicação ou reprodução de suas obras, transmissíveis aos herdeiros pelo tempo que a lei fixar (art. 5º, XXVII – é o direito autoral). Outras duas são inovações, asseguradas nos termos da lei: a) proteção às participações individuais em obras coletivas e à reprodução da imagem e voz humanas, inclusive nas atividades desportivas; b) aos criadores, aos interpretes e às respectivas representações sindicais e associativas, o direito de fiscalização do aproveitamento econômico das obras que criarem ou de que participarem (art. 5º, XXVIII).

A *liberdade de expressão cultural* sem censura, sem limites – uma vivência plena dos valores do espírito humano em sua projeção criativa, em sua produção de objetos que revelem o sentido dessas projeções da vida do ser humano –, é garantida nos arts. 215 e 216. E a *liberdade de transmissão e de recepção do conhecimento* é uma das formas de comunicação e de manifestação do pensamento, tanto que todos podem comunicar e manifestar seu pensamento e seu conhecimento pela imprensa, pela radiodifusão, pelos livros e conferências. Mas a Constituição a destacou, em relação ao exercício do magistério, quando põe como um dos princípios do ensino a *liberdade de aprender, ensinar, pesquisar e divulgar o pensamento, a arte e o saber*, dentro de uma visão *pluralista de idéias, de concepções pedagógicas e de instituições públicas e privadas do ensino* (art. 206, II e III).

Liberdade de ação profissional. É assegurada no art. 5º, XIII, segundo o qual "é livre o exercício de qualquer trabalho, ofício ou profissão, atendidas as qualificações profissionais que a lei estabelecer". Significa que toda pessoa é livre para escolher seu trabalho, seu ofício ou profissão, bem como de exercê-lo sem interferência do poder público. Algumas profissões (médico, advogado, dentista etc.) são reguladas em lei, que estabelece requisitos e qualificações para seu exercício, de sorte que a liberdade de seu exercício fica condicionada ao preenchimento dessas exigências.

Uma forma especial dessa liberdade é a *acessibilidade à função pública* – só admitida a brasileiros (natos ou naturalizados; em alguns casos, só a natos, art. 12, § 3º), assim como aos estrangeiros, na forma da lei (art. 37, I) – mas que também depende do preenchimento de requisitos previstos em lei, compreendido o concurso público.

23. Direito de propriedade. *Propriedade em geral.* A Constituição *garante o direito de propriedade*, mas, paralelamente, estabelece que a propriedade atenderá a sua função social (art. 5º, XXII e XXIII, e art. 170, II e III), de onde se conclui que o direito de propriedade garantido é tão-só o da propriedade que atenda sua função social. Tanto é assim, que a própria Constituição autoriza a desapropriação-sanção, mediante pagamento da indenização em títulos da dívida pública, de propriedade urbana ou rural quando não cumpram sua função social (art. 182, § 4º e art. 184). Outras normas que interferem com a propriedade estão nos arts. 5º, incisos XXIV a XXX, e 170, II e III, 176 a 178, 182 a 186, 191 e 222.

Propriedades especiais. Além do disposto no art. 5º, XXII, que garante a propriedade como instituição, existem outras, que asseguram tipos especiais de propriedade, como a *propriedade de recursos minerais* (art. 176), a *propriedade urbana* e a *propriedade rural* (arts. 182, § 4º, e 184) e a *propriedade de empresa jornalística e de radiodifusão sonora e de sons e imagens* (art. 222). Aqui vamos examinar apenas as propriedades especiais referidas entre os incisos do art. 5º: a *propriedade autoral*, a *propriedade de inventos e de marcas* e a *propriedade-bem de família*.

A *propriedade autoral* decorre do disposto no art. 5º, XXVII, segundo o qual "aos autores pertence o direito exclusivo de utilizar, publicar e reproduzir suas obras", sem especificar, como faziam as Constituições anteriores. Mas, compreendido em conexão com o disposto no inciso IX do mesmo artigo, conclui-se que são *obras literárias, artísticas, científicas e de comunicação*. Enfim, aí se asseguram os *direitos do autor* de obra intelectual, reconhecendo-lhe, vitaliciamente, o chamado *direito de propriedade intelectual*, que compreende *direitos morais* e *patrimoniais*. A segunda norma declara que esse *direito é transmissível aos herdeiros pelo tempo que a lei fixar* (cf. Lei 9.610, de 1998).

A *propriedade de inventos e de marcas* consta do art. 5º, XXIX, segundo o qual a lei assegurará aos autores de inventos industriais, privilégio temporário para sua utilização, bem como proteção às criações industriais, à propriedade das marcas, aos nomes de empresas e a outros signos distintivos, tendo em vista o interesse social e o desenvolvimento tecnológico e econômico do País. Trata-se de propriedade que, por sua natureza empresarial, deveria ter sido prevista entre as normas da ordem econômica, pois não é típico direito individual, a não ser, talvez, o direito do inventor. Veja-se que o direito aí reconhecido depende de lei. Sua garantia, portanto, é relativa. A lei é que o estabelecerá (cf. Lei 9.279, de 1996).

A *propriedade como bem de família* fora prevista no art. 70 do Código Civil de 1916, mas não "pegou". Agora, o art. 5º, XXVI, agasalhou um tipo bem semelhante ao bem de família, decorrente de proposta do Senador Nelson Carneiro, segundo o qual "a pequena propriedade rural, assim definida em lei, desde que trabalhada pela família, não será objeto de penhora para pagamento de débitos decorrentes de sua atividade produtiva, dispondo a lei sobre os meios de financiar o seu desenvolvimento". Aí, também, o interesse é de proteger um patrimônio necessário à manutenção e sobrevivência da família.

Direito de herança. O art. 5º, XXX, garante o direito de herança em geral – o que seria desnecessário prever como direito individual autônomo, porque se trata de uma das faculdades do direito de propriedade; sendo esta garantida, automaticamente ele também o será. Mas há um aspecto que sempre foi tradição sua consignação em norma constitucional: *a sucessão de bens de estrangeiros situado no País que* "será regulado por lei brasileira em benefício do cônjuge ou dos filhos brasileiros, sempre que não lhe seja mais favorável a lei pessoa do 'de cujus'".

Função social da propriedade. A Constituição insiste em caracterizar a propriedade como função social. Disse que ela a atenderá, no art. 5º, XXIII. No art. 170, III, a *função social da propriedade* é colocada como um dos princípios da ordem econômica, que tem por fim assegurar a todos existência digna, conforme os ditames da justiça social. No art. 182 define a função social da propriedade urbana, enquanto no art. 186 o faz em relação à propriedade rural, de tal sorte que esse princípio aparece, agora, no nível constitucional, como elemento conformador do direito de propriedade. Constitui o regime jurídico da propriedade, não de suas limitações, que se fundamentam noutros pressupostos. Implica a transformação da propriedade capitalista, como elemento qualificante na predeterminação dos modos de aquisição, gozo e utilização dos bens. Interfere com a estrutura interna do conceito de propriedade, não simplesmente com a atividade do proprietário ou com o exercício desse direito.

24. *Direito à segurança.* A cabeça do art. 5º inclui o *direito à segurança* como uma categoria dos direitos individuais assegurados pela Constituição, ao lado dos direitos à vida, à liberdade, à igualdade e à propriedade. Não existe propriamente *um* direito à segurança. Existem, na verdade, um conjunto de regras constitucionais que indicam meios, instrumentos e procedimentos destinados a assegurar o respeito e a efetividade do gozo dos direitos individuais. São direitos instrumentais, porque constituem instrumentos para fazer valer outros direitos da pessoa. Por isso se dá a eles o nome genérico de *garantias*; e, como são garantias dos direitos individuais, fala-se em *garantias individuais*, que podemos agrupar nas categorias: a) garantia da legalidade; b) garantia da proteção judiciária; c) garantia dos direitos subjetivos; d) garantias penais; e) remédios constitucionais – dos quais trataremos separadamente em seguida.

25. *Garantia da legalidade*. O *princípio da legalidade* está previsto no art. 5º, II, segundo o qual "ninguém será obrigado a fazer ou deixar de fazer alguma coisa senão em virtude de lei". Significa, em síntese, que o Poder Público não pode exigir qualquer ação, nem impor qualquer abstenção, nem proibir nada aos administrados, *senão em virtude de lei*. Significa isso que toda atividade estatal fica sujeita à *lei*, entendida como expressão da vontade geral, que só se materializa num regime de divisão de poderes em que ela seja o ato formalmente criado pelos órgãos de representação popular, de acordo com o processo legislativo estabelecido na Constituição.

Quer dizer: só a lei obriga. Não qualquer lei, mas a *lei legítima*, a lei feita de acordo com a Constituição. Se não for assim, pode ela ser impugnada perante o Poder Judiciário, sob o argumento de que é *lei inconstitucional*.

A palavra *lei*, para a realização plena do princípio da legalidade, se aplica, em rigor técnico, à *lei formal*, isto é, ao ato legislativo emanado dos órgãos de representação popular e elaborado de conformidade com o processo legislativo previsto na Constituição (arts. 59 a 69). Há, porém, casos em que a referência à lei na Constituição, quer para satisfazer tão-só às exigências do princípio da legalidade, quer para atender hipóteses de reserva, não exclui a possibilidade de que a matéria seja regulada por um "ato equiparado". E *ato equiparado à lei formal*, no sistema constitucional brasileiro atual, será apenas a *lei delegada* (art. 68) e as *medidas provisórias, convertidas em lei* (art. 62), as quais, contudo, só podem substituir a lei formal em relação àquelas matérias estritamente indicadas nos dispositivos referidos.

Além da regra geral contida no art. 5º, II, a Constituição refere-se a alguns casos de legalidade específica, como no mesmo art. 5º, XXXIX, sobre prévia definição legal do crime e da pena (princípio *nullum crimen nulla poena sine lege*), o art. 37 sobre a obediência da Administração Pública ao princípio da legalidade, e o art. 150, I, sobre a legalidade tributária.

26. Garantia da proteção judiciária. Essa garantia fundamenta-se no princípio da separação de poderes, reconhecido como garantia das garantias. Correlacionam-se, aí, várias garantias: as da independência e imparcialidade do juiz, a do juiz natural ou constitucional, a do direito de ação e de defesa, tudo consoante dispõe o art. 5º, XXXV, LIV e LV.

O art. 5º, XXXV, declara: "a lei não excluirá da apreciação do Poder Judiciário lesão ou ameaça a direito". A primeira garantia que o texto revela é a de que cabe ao Poder Judiciário o monopólio da jurisdição. A segunda garantia consiste no direito de invocar a atividade jurisdicional sempre que se tenha como lesado, ou simplesmente ameaçado, um direito, individual ou não. Assegura, aí, o direito de ação e o direito de defesa. Invocar a jurisdição para a tutela de direito é, também, direito daquele contra quem se age, contra quem se propõe a ação. Garante-se a plenitude da defesa, agora mais incisivamente assegurada no inciso LV do mesmo artigo: "aos litigantes, em processo judicial ou administrativo, e aos acusados em geral são assegurados o contraditório e ampla defesa, com os meios e recursos a ela inerentes".

O princípio do *devido processo legal* entra agora no Direito Constitucional positivo com um enunciado que vem da Magna Carta inglesa: "ninguém será privado da liberdade ou de seus bens sem o devido processo legal" (art. 5º, LIV). Combinado com o direito de acesso à Justiça (art. 5º, XXXV), o contraditório e a plenitude da defesa (art. 5º, LV), e a garantia de que ninguém pode ser processado nem sentenciado senão pela autoridade competente (juiz natural, art. 5º, LIII), fecha-se o ciclo das garantias processuais.

27. Garantia dos direitos subjetivos. Essa garantia relaciona-se com a sucessão de leis no tempo e à necessidade de assegurar o valor da *segurança jurídica*, que consiste no conjunto de condições que dão aos indivíduos a certeza de que os atos e negócios realizados sob o império de uma lei devem perdurar, ainda quando essa lei for revogada e substituída por outra. Quer dizer que o *direito adquirido* ou a *coisa julgada* ou um *ato jurídico perfeito e acabado*, com base numa lei, não podem ser alterados por lei posterior, porque tais situações jurídicas já se incorporaram definitivamente no patrimônio de seu titular. É isso que o art. 5º, XXXVI, garante, quando declara: "a lei não prejudicará o direito adquirido, o ato jurídico perfeito e a coisa julgada".

28. Garantias penais. Constam do art. 5º, XXXVII a XLVII, mais a hipótese do inciso LXXV, sem falar no *habeas corpus*, incluído entre os remédios constitucionais (v. *infra*). Essas garantias penais ou criminais protegem o indivíduo contra atuações arbitrárias, e podem ser agrupadas nas categorias seguintes:

28.1 Garantias jurisdicionais penais:

a) *garantia da inexistência de juízo ou tribunal de exceção* (inc. XXXVII), acolhendo-se aí o princípio do *juiz natural*, pré-constituído, pelo qual é vedada a constituição de juiz *ad hoc* para o julgamento de determinada causa; admite-se, contudo, o foro privilegiado, mas apenas os indicados na própria Constituição, como o privilégio de Prefeito, de ser julgado perante o Tribunal de Justiça (art. 29, VIII), o de Deputados Federais, de Senadores e do Presidente da República, de serem processados e julgados pelo Supremo Tribunal Federal;

b) *garantia de julgamento pelo tribunal do júri nos crimes dolosos contra a vida* – e, ainda assim, com as *garantias* subsidiárias da plenitude de defesa, do sigilo das votações dos jurados e da soberania dos veredictos (inc. XXXVIII), valendo dizer: outro tribunal não pode reformar o mérito da decisão do júri; pode anular o processo por vício de forma, não mudar o mérito do julgamento;

c) *garantia do juiz competente* (incs. LIII e LXI), segundo a qual ninguém será processado nem sentenciado senão pela autoridade competente, nem preso senão por ordem escrita e fundamentada de autoridade judiciária competente, salvo flagrante delito e nos casos de transgressão militar ou crime propriamente militar definidos em lei.

28.2 Garantias criminais preventivas:

a) *anterioridade da lei penal* (inc. XXXIX), de acordo com a qual não há crime sem lei anterior que o defina (regra do *nullum crimen sine lege*), nem pena sem prévia cominação legal (regra da *nulla poena sine lege*), proscrevendo assim ordenamentos *ex post facto*;

b) *garantia da irretroatividade da lei penal, salvo quando beneficiar o réu* (inc. XL);

c) *garantia de legalidade* e da *comunicabilidade* da prisão, por isso que "a prisão ilegal será imediatamente relaxada pela autoridade competente" (inc. LXIII), e para maior eficácia desta garantia, confere-se ao "preso o direito à identificação dos responsáveis por sua prisão ou por seu interrogatório" (inc. LXIV).

28.3 Garantias relativas à aplicação da pena:

a) *individualização da pena* (inc. XLVI), ou seja, a aplicação da pena deve ajustar-se à situação de cada imputado;

b) *personalização da pena* (inc. XLV), vale dizer: a pena não passará da pessoa do delinqüente, no sentido de que não atingirá a ninguém de sua família nem a terceiro – garantia, pois, de que ninguém pode sofrer sanção por fato alheio, salvo a possibilidade de extensão aos sucessores, e contra eles executada, nos termos da lei, a obrigação de reparar o dano e a decretação de perdimento de bens, até o limite do valor do patrimônio transferido;

c) *proibição de prisão civil por dívida*, salvo a do responsável pelo inadimplemento voluntário e inescusável de obrigação alimentícia e a do depositário infiel (inc. LXVII);

d) *proibição de extradição de brasileiro* – salvo o naturalizado, em caso de crime comum, praticado antes da naturalização, ou de comprovado envolvimento em tráfico ilícito de entorpecentes e drogas afins, na forma da lei (inc. LI);

e) *proibição de extradição de estrangeiro por crime político ou de opinião* (inc. LII), o que discutimos ao tratar das condições jurídicas dos estrangeiros;

f) *proibição de determinadas penas* (inc. XLVI): de morte (salvo em caso de guerra declarada), de caráter perpétuo, de trabalhos forçados, de banimento e cruéis.

28.4 Garantias processuais penais. De certo modo, as anteriores também o são; mais especificamente, porém, podem ser citadas as seguintes:

a) *instrução penal contraditória* (inc. LV) que tem como conteúdo essencial a garantia da plenitude ou ampla defesa, com os meios e recursos a ela inerentes (incs. XXXV, "a", e LV);

b) *garantia do devido processo legal* (inc. LIV), segundo a qual ninguém será privado da liberdade ou de seus bens sem o devido processo legal – mas que, em verdade, tem sentido muito mais abrangente, pois significa, também, que alguém só pode ser julgado e condenado por juiz competente previamente estabelecido na ordem judiciária e por crime que previamente também seja definido como tal em lei, sendo, assim, garantia conexa com a do juiz competente e à da anterioridade da lei penal;

c) *garantia da ação privada* (inc. LIX), que garante ao interessado promover a ação privada nos crimes de ação pública, se esta não for intentada no prazo legal; aqui, em certo sentido, tem-se uma forma de controle do Ministério Público, que, em deixando de cumprir sua atribuição, fica sujeito à substituição pelo interessado (vítima ou seu representante).

28.5 Garantias da presunção de inocência, segundo as quais ninguém será considerado culpado até o trânsito em julgado da sentença penal condenatória (inc. XVII) e o civilmente identificado não será submetido à identificação criminal, salvo nas hipóteses previstas em lei (inc. LVIII). Na verdade o texto inicial dizia "salvo nas hipóteses *excepcionais* previstas em lei", mas uma proposta de redação do primeiro para o segundo turno eliminou o vocábulo, importante, "excepcionais".

A garantia de inocência e de que ninguém deve sofrer sanção sem culpa é que fundamenta a prescrição do inc. LXXV, segundo o qual "o Estado indenizará o condenado por erro judiciário, assim como o que ficar preso além do tempo fixado na sentença".

28.6 Garantias da incolumidade física e moral:

a) *vedação de tratamento desumano e degradante* (inc. III);

b) *vedação e punição da tortura*: ninguém será submetido à tortura (inc. III) e a prática desta será considerada, pela lei, crime inafiançável e insuscetível de graça ou anistia (inc. XLIII).

28.7 Garantias penais da não discriminação (incs. XLI e XLII), valendo dizer: "a lei punirá qualquer discriminação atentatória dos direitos e liberdades fundamentais" e "a prática do racismo constitui crime inafiançável e imprescritível, sujeito à pena de reclusão, nos termos da lei".

28.8 Garantia penal da ordem constitucional democrática: é a que consta do inc. XLIV do art. 5º: "constitui crime inafiançável e imprescritível a ação de grupos armados, civis ou militares, contra a ordem constitucional e o Estado Democrático".

29. Remédios constitucionais. São *meios* postos à disposição dos indivíduos e cidadãos para provocar a intervenção das autoridades competentes, visando a *sanar, corrigir,* ilegalidade e abuso de poder em prejuízo de direitos e interesses individuais, tais como: a) o *direito de petição*; b) o *"habeas corpus"*; c) o *mandado de segurança*; d) o *mandado de injunção*; e) o *"habeas data"*. Alguns revelam-se meios de provocar a atividade jurisdicional, e, então, têm natureza de ação: são *ações constitucionais*.

Direito de petição. Define-se como o direito que pertence a uma pessoa de invocar a atenção dos Poderes Públicos, seja para denunciar uma lesão concreta, e pedir a reorientação da situação, seja para solicitar uma modificação do direito em vigor no sentido mais favorável à liberdade. Ele está consignado no art. 5º, XXXIV, "a", que assegura a todos *o direito de petição aos Poderes Públicos em defesa de direitos ou contra ilegalidade ou abuso de poder*. Há, nele, uma dimensão coletiva consistente na busca ou defesa de direitos ou interesses gerais da coletividade.

Direito a certidões. Está previsto no art. 5º, XXXIV, "b", que assegura a todos, independentemente do pagamento de taxas, *a obtenção de certidões em repartições públicas, para defesa de direitos e esclarecimento de interesse pessoal*. Esta é uma garantia que, não raro, acaba por realizar-se por via de outro remédio – o mandado de segurança –, quando o pedido é negado ou simplesmente não é decidido.

"Habeas corpus". É um remédio destinado a tutelar o direito de liberdade de locomoção, liberdade de ir, vir, parar e ficar. Tem natu-

reza de *ação constitucional penal*, ou seja, constitui um meio de invocar o Poder Judiciário por alguém que esteja sofrendo, ou ameaçado de sofrer, violência ou coação em sua liberdade de locomoção, por ilegalidade ou abuso de poder (art. 5º, LXVIII).

Mandado de segurança. A Constituição contempla duas formas de *mandado de segurança*: a) o *mandado de segurança individual* (art. 5º, LXIX), tal como previram as Constituições anteriores, desde a de 1934, com a finalidade de proteger *direito subjetivo individual líquido e certo*; e b) o *mandado de segurança coletivo* (art. 5º, LXX). O primeiro, *garantia individual*, será estudado aqui. Do segundo, *garantia coletiva*, cuidaremos mais abaixo.

Dispõe a Constituição no art. 5º, LXIX: "conceder-se-á mandado de segurança para proteger direito líquido e certo, não amparado por 'habeas corpus' ou 'habeas data', quando o responsável pela ilegalidade ou abuso de poder for autoridade pública ou agente de pessoa jurídica no exercício de atribuições do Poder Público". Visa, como se nota, a amparar *direito pessoal líquido e certo*, direito reconhecido de plano, manifesto, induvidoso. Só o próprio titular desse direito tem legitimidade para impetrar o mandado de segurança individual, que é oponível contra qualquer autoridade pública ou contra agente de pessoa jurídica no exercício de atribuições públicas, com o objetivo de corrigir ato ou omissão ilegal ou decorrente de abuso de poder.

Mandado de injunção. É uma nova garantia instituída no art. 5º, LXXI, com o seguinte enunciado: "conceder-se-á mandado de injunção sempre que a falta de norma regulamentadora torne inviável o exercício dos direitos e liberdades constitucionais e das prerrogativas inerentes à nacionalidade, à soberania e à cidadania".

Constitui um remédio ou ação constitucional posto à disposição de quem se considere titular de qualquer daqueles direitos, liberdades ou prerrogativas, inviáveis por falta de norma regulamentadora exigida ou suposta pela Constituição. Sua principal *finalidade* consiste, assim, em conferir imediata aplicabilidade à norma constitucional portadora daqueles direitos e prerrogativas, inerte em virtude de ausência de regulamentação.

Daí *seu objeto*: assegurar o exercício: 1) de *qualquer direito constitucional* (individual, coletivo, político ou social) não regulamentado; 2) de *liberdade constitucional* não regulamentada, sendo de notar que as liberdades são previstas em normas constitucionais normalmente de aplicabilidade imediata, independentemente de regulamentação

Seus *pressupostos* são: a) a *falta de norma regulamentadora* do direito, liberdade ou prerrogativa reclamada; b) *ser o impetrante beneficiário* direto do direito, liberdade ou prerrogativa que postula em juízo.

A sentença que decidi-lo deverá outorgar diretamente o direito reclamado. O impetrante age na busca direta do direito constitucional em seu favor, independentemente da regulamentação. Compete ao juiz definir as condições para a satisfação direta do direito reclamado e determiná-la imperativamente.

Não importa a natureza do direito que a norma constitucional confira; desde que seu exercício dependa de norma regulamentadora, e desde que esta falte, o interessado é legitimado a propor o mandado de injunção, quer a obrigação de prestar o direito seja do Poder Público, quer incumba a particulares.

"*Habeas data*". É um remédio constitucional que tem por objeto proteger a esfera íntima dos indivíduos contra: a) usos abusivos de registros de dados pessoais coletados por meios fraudulentos, desleais ou ilícitos; b) introdução nesses registros de dados sensíveis (assim chamados os de origem racial, opinião política, filosófica ou religiosa, filiação partidária e sindical, orientação sexual etc.); c) conservação de dados falsos ou com fins diversos dos autorizados em lei. Está assegurado no art. 5º, LXXII, pelo qual se concederá *habeas data*: "a) para assegurar o conhecimento de informações relativas à pessoa do impetrante, constantes de registros ou bancos de dados de entidades governamentais ou de caráter público; b) para a retificação de dados, quando não se prefira fazê-lo por processo sigiloso, judicial ou administrativo".

Vê-se que o direito de conhecer e retificar os dados, assim como o de interpor o *habeas data*, para fazer valer esse direito, quando não espontaneamente prestado, é *personalíssimo* do titular dos dados, do impetrante, que, no entanto, pode ser brasileiro ou estrangeiro. Ninguém poderá fazê-lo por ele, nem seus herdeiros ou sucessores.

III. Dos direitos coletivos

30. Direitos coletivos. Os *direitos coletivos*, como espécie dos direitos fundamentais do homem, começam a se forjar e a merecer consideração constitucional. Mas a Constituição não os indicou especificamente, apenas titulou o capítulo como *direitos e deveres individuais e coletivos*. Nem todos os direitos coletivos foram, porém, incluídos no capítulo. Alguns constam dos capítulos dos direitos sociais e da ordem social. Aqui, só se inscrevem os direitos coletivos *à informação, à representação associativa, do consumidor, de reunião e de associação*, de que cuidaremos em seguida.

31. Direito à informação. A Constituição distingue entre liberdade de informação (que já estudamos) e direito à informação. No capítulo da comunicação (arts. 220 a 224), preordena a liberdade de informar, completada com a liberdade de manifestação do pensamento (art. 5º, IV). No art. 5º, XIV e XXXIII, temos a dimensão coletiva do direito à informação; o primeiro declara *assegurado a todos o acesso à informação* – daí porque a liberdade de informação deixou de ser mera função individual para tornar-se função social. O inciso XXXIII trata de direito à informação mais específico, quando estatui que "todos têm direito a receber dos órgãos públicos informações de interesse particular, ou de interesse coletivo ou geral, que serão prestadas no prazo da lei, sob pena de responsabilidade, ressalvadas aquelas cujo sigilo seja imprescindível à segurança da sociedade e do Estado". Aí, como se vê do enunciado, amalgamam-se interesses particulares, coletivos e gerais, donde se tem que não se trata de mero direito individual.

32. Direito de representação coletiva. A Constituição prevê que *entidades associativas, quando expressamente autorizadas* (certamente em seus estatutos), *têm legitimidade para representar seus filiados em juízo ou fora dele* (art. 5º, XXI), legitimidade essa também reconhecida aos sindicatos (art. 8º, III).

33. Direito dos consumidores. A Constituição foi tímida no dispor sobre a proteção dos consumidores. Apenas estabeleceu que *o Estado proverá, na forma da lei, a defesa do consumidor* (art. 5º,

XXXII) e que esta constitui um princípio da ordem econômica (art. 170, V), além da determinação de que "o Congresso Nacional, dentro de cento e vinte dias da promulgação da Constituição, elaborará o código de defesa do consumidor" (art. 48 das Disposições Transitórias). Tem, contudo, importância fundamental sua inserção entre os direitos fundamentais. Com isso, elevam-se os consumidores à categoria de titulares de direitos constitucionais fundamentais, o que, combinado com o disposto no art. 170, V, tem o relevante efeito de legitimar todas as medidas de intervenção estatal necessárias a assegurar a proteção prevista.

34. Liberdade de reunião. Está prevista no art. 5º, XVI, nos termos seguintes: "todos podem reunir-se pacificamente, sem armas, em locais abertos ao público, independentemente de autorização, desde que não frustrem outra reunião anteriormente convocada para o mesmo local, sendo apenas exigido prévio aviso à autoridade competente". Aí a *liberdade de reunião* está plena e eficazmente assegurada; não mais se exige lei que determine os casos em que será necessária a comunicação prévia à autoridade, bem como a designação, por esta, do local da reunião. Nem se autoriza mais a autoridade a intervir para manter a ordem, o que era utilizado para dificultar o exercício da liberdade de reunião e, até, para o exercício do arbítrio de autoridade. Agora, apenas cabe um *aviso*, mero aviso, à autoridade que terá o dever de ofício de garantir a realização da reunião. Não tem a autoridade que designar local, nem sequer aconselhar outro local, salvo se comprovadamente já estiver ciente, por aviso insofismável, de que outra reunião já fora convocada para o mesmo lugar. *Sem armas* significa sem armas brancas ou de fogo que denotem, a um simples relance de olhos, atitudes belicosas ou sediciosas. *Locais abertos ao público*, apenas porque as reuniões *privadas* são amplamente livres, amparadas por outros direitos individuais.

35. Liberdade de associação. É reconhecida e garantida nos incisos XVII a XXI do art. 5º, onde se estatui que "é plena a liberdade de associação para fins lícitos, vedada a de caráter paramilitar"; que "a criação de associações e, na forma da lei, a de cooperativas independem de autorização, sendo vedada a interferência estatal em seu funcionamento"; que "as associações só poderão ser compulsoriamente dissolvidas ou ter suas atividades suspensas por decisão judicial, exigindo-se, no primeiro caso, o trânsito em julgado"; que "ninguém poderá ser compelido a associar-se ou a permanecer associado", e que "as entidades associativas, quando expressamente autorizadas, têm legitimidade para representar seus filiados judicial ou extrajudicialmente" – o que comentamos no momento em que estudamos o direito coletivo de representação associativa

A liberdade de associação, de acordo com o dispositivo constitucional em exame, contém quatro direitos: *o de criar associação*, que não depende de autorização; *o de aderir a qualquer associação*, pois ninguém poderá ser obrigado a associar-se; *o de desligar-se da associação*, porque ninguém poderá ser compelido a permanecer associado; e *o de dissolver espontaneamente a associação*, já que não se pode compelir a associação a existir.

Duas *garantias coletivas* (correlatas ao direito coletivo de associar-se) são estatuídas em favor da liberdade de associar-se: a) veda-se a interferência estatal no funcionamento das associações, bem como, nos termos da lei, de cooperativa; b) as associações só poderão ser compulsoriamente dissolvidas ou ter suas atividades suspensas por decisão judicial, exigindo-se, no primeiro caso, trânsito em julgado.

Há duas restrições expressas à liberdade de associar-se: veda-se associação que não seja para fins lícitos ou que tenham caráter paramilitar. E é aí que se encontra a sindicabilidade, que autoriza a dissolução por via judicial. No mais têm as associações o *direito de existir, permanecer, desenvolver-se e expandir-se livremente*.

36. *Garantias dos direitos coletivos*. Consideraremos três garantias dos direitos coletivos: o mandado de segurança coletivo, o mandado de injunção coletivo e a ação popular.

Mandado de segurança coletivo. A Constituição institui o *mandado de segurança coletivo* no art. 5º, LXX, do seguinte modo: "o mandado de segurança coletivo pode ser impetrado por: a) partido político com representação no Congresso Nacional; b) organização sindical, entidade de classe ou associação legalmente constituída e em funcionamento há pelo menos um ano, em defesa dos interesses de seus membros ou associados".

O conceito de *mandado de segurança coletivo* assenta-se em dois elementos: um, *institucional*, caracterizado pela atribuição da legitimação processual a *partidos políticos* e a *organização sindical, entidade de classe ou associação*, para a defesa de interesses de seus membros ou associados; outro, *objetivo*, consubstanciado no uso do remédio para a defesa de interesses coletivos. Os partidos políticos podem requerer mandado de segurança coletivo, quer em defesa de direito subjetivo individual de seus membros, quer em defesa de interesses legítimos, difusos ou coletivos. Já as demais entidades associativas só podem requerê-lo na defesa de direitos e interesses individuais e coletivos de seus membros e associados.

Mandado de injunção coletivo. Já estudamos o mandado de injunção, e não é o caso de voltar a ele aqui, senão para esclarecer que também pode ser um *remédio coletivo*, já que pode ser impetrado por sindicato (art. 8º, III) no interesse de direitos constitucionais de categorias de trabalhadores quando a falta de norma regulamentadora desses direitos inviabilize seu exercício. Por exemplo, a participação nos lucros das empresas é direito que a Constituição reconhece aos trabalhadores no art. 7º, XI, dependente de regulamentação legal. Se essa regulamentação não viesse, o direito aí previsto ficaria inviabilizado, e isso seria pressuposto do mandado de injunção. Como, segundo o art. 8º, III, os sindicatos são partes legítimas para defender direitos e interesses da categoria, o mandado de injunção, utilizado em tal situação, como o proposto por qualquer outra entidade associativa nos termos do art. 5º, XXI, assume a natureza de coletivo.

Ação popular. Consta do art. 5º, LXXIII, nos termos seguintes: "qualquer cidadão é parte legítima para propor ação popular que vise a anular ato lesivo ao patrimônio público ou de entidade de que o Estado participe, à moralidade administrativa, ao meio ambiente e ao patrimônio histórico e cultural, ficando o autor, salvo comprovada má-fé, isento de custas judiciais e do ônus da sucumbência".

O nome *ação popular* deriva do fato de atribuir-se ao povo, ou a parcela dele, legitimidade para pleitear, por qualquer de seus membros, a tutela jurisdicional de interesse que não lhe pertence, pessoalmente, mas à coletividade. O que lhe dá conotação essencial é a natureza impessoal do interesse defendido por meio dela: *interesse da coletividade*. Ela há de visar à defesa de direito ou interesse público.

O qualificativo *popular* prende-se a isto: *defesa da coisa pública, coisa do povo* (*publicum*, de *populicum*, de *populum*).

Ela dá a oportunidade de o cidadão exercer diretamente a função fiscalizadora, que, por regra, é feita por meio de seus representantes nas Casas Legislativas. Mas ela é também uma *ação judicial*, porquanto consiste num meio de invocar o Judiciário visando à correção de nulidade de ato lesivo: a) ao patrimônio público ou de entidade de que o Estado participe; b) à moralidade administrativa; c) ao meio ambiente; e d) ao patrimônio histórico e cultural. Sua finalidade é, pois, *corretiva*, não propriamente preventiva, mas a lei pode dar, como deu, a possibilidade de suspensão liminar do ato impugnado para prevenir a lesão.

Contudo, ela se manifesta como uma *garantia coletiva* na medida em que o *autor popular* invoca a atividade jurisdicional, por meio dela, na defesa da coisa pública, visando à *tutela de interesses coletivos*, não de interesse pessoal.

Quando a Constituição diz que *qualquer cidadão* pode propor ação popular, está restringindo a legitimidade para a ação apenas ao *nacional no gozo dos direitos políticos*, ao mesmo tempo em que a recusa aos estrangeiros e às pessoas jurídicas, entre estas os partidos políticos.

Ela é, pois, um remédio constitucional destinado à *defesa do interesse da coletividade, mediante a provocação do controle jurisdicional corretivo de atos lesivos do patrimônio público, da moralidade administrativa, do meio ambiente e do patrimônio histórico e cultural.*

IV. Dos direitos sociais

37. Conceito e classificação dos direitos sociais. Os *direitos sociais*, como dimensão dos direitos fundamentais do homem, são prestações positivas estatais, enunciadas em normas constitucionais, que possibilitam melhores condições de vida aos mais fracos, direitos que tendem a realizar a igualização de situações sociais desiguais.

O art. 6º diz que são *direitos sociais*: a educação, a saúde, o trabalho, a moradia, o lazer, a segurança, a previdência social, a proteção à maternidade e à infância e a assistência aos desamparados, cujo conteúdo a Constituição descreve no Título *Da Ordem Social*, entre os arts. 193 a 230. Já o arts. 7º a 11 cuidam dos direitos dos trabalhadores urbanos e rurais. À vista desses dispositivos, e sem preocupação de fazer classificação rígida, agrupá-los-emos nas cinco classes seguintes: a) *direitos sociais relativos ao trabalhador*; b) *direitos sociais relativos à seguridade*, compreendendo os direitos à saúde, à previdência e assistência social; c) *direitos sociais relativos à educação e à cultura*; d) *direitos sociais relativos à família, criança, adolescente e idoso*; e e) *direitos sociais relativos ao meio ambiente*. Mas aqui só trataremos dos direitos sociais relativos aos trabalhadores, que são de duas ordens: a) *direitos dos trabalhadores em suas relações individuais de trabalho* ou, simplesmente, *direitos individuais dos trabalhadores* (art. 7º); e b) *direitos coletivos dos trabalhadores* (arts. 9º a 11). A apreciação dos demais será feita quando estudarmos os temas da ordem social (arts. 193 e seguintes).

38. Direitos sociais dos trabalhadores. O art. 7º garante aos trabalhadores *urbanos* e *rurais*, os seguintes direitos, dentre outros que visem à melhoria de sua condição social, e que podem ser agrupados do seguinte modo:

38.1 Direitos relativos à relação de emprego. A *garantia do emprego*, que significa o direito de o trabalhador conservar sua *relação de emprego contra despedida arbitrária ou sem justa causa, nos termos de lei complementar, que preverá indenização compensatória, dentre outros direitos*. A Constituição não conferiu uma garantia absoluta do emprego. Apenas protege a relação de emprego contra despedida arbitrária ou sem justa causa e, assim mesmo, *nos termos de lei complementar*. A intenção do constituinte foi no sentido de que a lei complementar é que decidirá sobre todo o conteúdo do dispositivo e, em tal hipótese, sua aplicabilidade efetiva fica dependendo da elaboração dessa lei, que definirá o que seja despedida arbitrária ou sem justa causa, bem como a compensação indenizatória, independente do fundo de garantia, e também outros direitos dos trabalhadores não previstos, já, no texto constitucional.

Relacionada com a garantia de emprego, é a *garantia de tempo de serviço*, prevista, agora, não como alternativa à estabilidade, mas como um direito autônomo. Seus objetivos e natureza não podem ser mais a de *proteger o empregado despedido dos malefícios do desemprego, facilitando ao empregador a possibilidade de despedi-lo*, como a doutrina dizia antes. Terá, daqui por diante, natureza de patrimônio individual do trabalhador. Servirá para suprir despesas extraordinárias que o simples salário não se revele suficiente: aquisição de casa própria, despesas com doenças graves, casamento etc.

Ao lado disso, fica o *seguro-desemprego*, no caso de desemprego involuntário, que será financiado pelo Programa de Integração Social e Programa de Formação do Patrimônio do Servidor Público – PIS/PASEP, assim como por uma contribuição adicional da empresa cujo índice de rotatividade da força de trabalho superar o índice médio da rotatividade do setor, na forma estabelecida por lei, conforme disposto no art. 239, regulado pela Lei 7.998, de 11.1.1990 (regula o Programa do Seguro-Desemprego, o Abono Salarial e institui o Fundo de Amparo ao Trabalhador-FAT).

Ainda correlacionado ao tema da garantia de emprego é o *aviso prévio* proporcional ao tempo de serviço, sendo, no mínimo, de trinta dias, nos termos da lei (art. 7º, XXI); ele objetiva possibilitar ao trabalhador condições de obtenção de outro emprego antes do desligamento definitivo da empresa.

38.2 Direitos relativos às condições de trabalho. As condições dignas de trabalho constituem objetivo dos direitos dos trabalhadores. Por meio delas é que eles alcançam a melhoria de sua condição social (art. 7º, *caput*), configurando, tudo, o conteúdo das *relações de trabalho*, que são de dois tipos: *individuais* ou *coletivas*. Até agora, a relação de trabalho, entre nós, tem-se fundado quase somente no chamado *contrato individual de trabalho*, que põe em confronto duas partes desiguais: o patrão forte e o trabalhador necessitado.

A Constituição de 1988 prestigia as relações coletivas de trabalho. *Reconhece, como um direito dos trabalhadores, as convenções e acordos coletivos de trabalho*. Ao firmar a autonomia sindical (art. 8º) e assegurar o direito de greve, em termos amplos (art. 9º), cria as bases para o desenvolvimento das convenções e acordos coletivos de trabalho. Muitos dos direitos reconhecidos aos trabalhadores podem ser alterados por via de convenções ou acordo coletivo; assim, a irredutibilidade de salário; a compensação de horário e a redução da jornada de trabalho; a jornada em turnos ininterruptos de revezamento (art. 7º, VI, XIII e XIV).

A Constituição estabelece as condições das relações de trabalho, visando a proteger o trabalhador, quanto a valores mínimos e certas condições de salário (art. 7º, IV a X) e, especialmente, para assegurar a isonomia material, proibindo: a) diferença de salários, de exercício de funções e de critérios de admissão por motivos de sexo, idade, cor ou estado civil; b) discriminação, no tocante a salário e critério de admissão, do trabalhador portador de deficiência; c) distinção entre trabalho manual, técnico e intelectual, ou entre os profissionais respectivos, e garantindo a igualdade de direitos entre o trabalhador com vínculo empregatício permanente e o trabalhador avulso (art. 7º, XXX a XXXII e XXXIV); assim para garantir equilíbrio entre trabalho e descanso, quando estabelece (art. 7º, XIII a XV e XVII a XIX): a) duração do trabalho normal não superior a oito horas diárias e quarenta e quatro semanais, facultada a compensação de horários e a redução da jornada, mediante acordo ou convenção coletiva de trabalho; b) jornada de seis horas para o trabalho realizado em turnos ininterruptos de revezamento, salvo negociação coletiva, vale dizer, se a empresa é daquelas que se mantém em funcionamento todos os dias vinte e quatro horas por dia, ininterruptamente, tem que ter turnos de revezamento de seus trabalhadores; em tal caso, a jornada será de seis horas, e não de oito; terá que ter quatro turmas de revezamento, não apenas três, como até então; c) repouso semanal, férias, licenças etc., como veremos adiante.

38.3 Direitos relativos ao salário. O sistema de salário constitui fundamental exigência para o estabelecimento de condições dignas de trabalho. Quanto a isso, há dois aspectos básicos: o da *fixação* e o da *proteção do salário do trabalhador.*

Quanto à fixação, a Constituição vigente, ao contrário das anteriores, oferece várias regras e condições, tais como: a) *salário mínimo*, fixado em lei, nacionalmente unificado, capaz de atender às necessidades vitais básicas do trabalhador e de sua família, com moradia, alimentação, educação, saúde, lazer, vestuário, higiene, transporte e previdência social, com reajustes periódicos que lhe preservem o poder aquisitivo, sendo vedada sua vinculação para qualquer fim; b) *piso salarial* proporcional à extensão e à complexidade do trabalho; c) *salário, nunca inferior ao mínimo*, para os que percebem remuneração variável – caso dos garçons, oficiais de barbeiros, p. ex., que têm sua remuneração composta de salário, paga pelo empregador, e gorjetas –, aquele não poderá mais ser inferior ao salário mínimo; d) *décimo terceiro salário* com base na remuneração integral ou no valor da aposentadoria, pago por ocasião das festas natalinas, para que o trabalhador tenha recursos para festejar o Natal e Ano-Bom; e) determinação de que "a remuneração do trabalho noturno seja superior à do diurno"; f) determinação de que "a remuneração do serviço extraordinário seja superior, no mínimo, em 50% à do trabalho normal"; g) *salário família* para os dependentes do trabalhador de baixa renda; h) respeito ao *princípio da isonomia salarial*, já mencionado; i) pode-se incluir, aqui, também, o "adicional de remuneração para as atividades penosas, insalubres ou perigosas, na forma da lei" (art. 7º, IV, V, VII, VIII, IX, XII, XXIII e XXX a XXXIV).

Quanto à *proteção do salário*, consta agora explicitamente da Constituição. Em certo sentido, aliás, o próprio salário mínimo e o piso salarial constituem formas de proteção salarial. Mas dois preceitos são específicos nesse sentido: o do art. 7º, VI, segundo o qual o *salário é irredutível* – mas a norma constitucional não quis ser rígida; permitiu que possa ser reduzido por cláusula de convenção ou acordo coletivo –; e o do inc. X do mesmo artigo, que prevê a "proteção do salário na forma da lei, constituindo crime sua retenção dolosa" – a lei é que indica a forma dessa proteção, e já o faz de vários modos: contra o empregador, contra os credores do empregador, contra o empregado e contra os credores do empregado; por isso é que, além de irredutíveis, os salários são impenhoráveis, irrenunciáveis e constituem créditos privilegiados na falência e na concordata do empregador. A segunda parte do dispositivo já define como crime a retenção dolosa do salário, o que, nos termos da legislação penal vigente, caracteriza apropriação indébita.

Direitos relativos ao repouso. O repouso do trabalhador é outro elemento que se inclui entre as condições dignas de trabalho. Fora desumano o sistema de submeter os trabalhadores a trabalho contínuo em todos os dias da semana e do ano, sem previsão de repouso semanal remunerado, sem férias e outras formas de descanso. Atenta a isso é que a Constituição assegura: a) *repouso semanal remunerado*, preferencialmente aos domingos; b) *gozo de férias anuais*, remuneradas com, pelo menos, um terço a mais do que o salário normal, e que devem ser pagas antes de seu início, pois visa, com o terço a mais, a possibilitar ao trabalhador efetivo gozo do período de descanso. Não se especifica, no nível constitucional, quantos dias; mas a lei reconhece o direito a trinta dias, por princípio; c) *licença à gestante*, sem prejuízo do emprego e do salário, com duração de cento e vinte dias; d) *licença-paternidade*, nos termos fixados em lei – mas até que esta venha a disciplinar a matéria, a licença será de cinco dias (art. 10, § 1º, do ADCT); essa licença vincula-se ao parto da mulher do beneficiado, por isso deve ser outorgada a partir do dia do evento (art. 7º, XV e XVII a XIX).

Finalmente, cumpre lembrar o direito à inatividade remunerada, consubstanciado na *aposentadoria*, indicada no art. 7º, XXIV, mas disciplinada no art. 202, como uma das prestações da previdência social, referida entre os demais direitos sociais no art. 6º.

Proteção dos trabalhadores. A Constituição ampliou as hipóteses de *proteção dos trabalhadores*. A primeira que aparece, na ordem do art. 7º, é a do inc. XX: *proteção do mercado de trabalho da mulher*, mediante incentivos específicos, nos termos da lei. Isso tem por fim dar à mulher condições de competitividade no mercado de trabalho, sem discriminações. A segunda, que já constava de normas constitucionais anteriores, é a do inc. XXII: forma de *segurança do trabalho*, mediante a *redução dos riscos inerentes ao trabalho, por meio de normas de saúde, higiene e segurança*. A terceira é a importante inovação do inc. XXVII, que prevê a *proteção em face da automação, na forma da lei*; embora dependendo de lei, essas normas criam condições de defesa do trabalhador diante do grande avanço da tecnologia, que o ameaça, pela substituição da mão de obra humana pela de robôs, com vantagens para empresários e desvantagens para a classe trabalhadora; o texto possibilitará a repartição das vantagens entre aqueles e estes. A quarta é a do inc. XXVIII que estabelece o "seguro contra acidentes de trabalho, a cargo do empregador, sem excluir a indenização a que este está obrigado, quando incorrer em dolo ou culpa".

Direitos relativos aos dependentes do trabalhador. Entre os direitos dos trabalhadores, há uns que são destinados a seus dependentes, como: a) o *salário-família*, que a Constituição agora prevê ser pago *em razão do dependente do trabalhador de baixa renda nos termos da lei* (art. 7º, XII); b) a *assistência gratuita aos filhos e dependentes do trabalhador desde o nascimento até seis anos de idade em creches e pré-escolas* (inc. XV). São direitos que talvez devessem estar previstos entre os demais direitos sociais, como a obrigação de o empregador oferecer ensino fundamental a seus empregados e dependentes, ou pagar, para tanto, o salário-educação (art. 212, § 5º).

Participação nos lucros e co-gestão. O art. 7º, XI, manteve o direito de participação nos lucros das empresas, que vem da Constituição de 1946, mas que não fora aplicado, por falta de lei que o regulamentasse. O enunciado da norma agora é um pouco diferente, mas, quanto à eficácia e aplicabilidade, continua a depender de lei. Diz que é direito dos "trabalhadores a participação nos lucros, ou resultados, desvinculada da remuneração, e, excepcionalmente, a participação na gestão da empresa, conforme definido em lei". O texto reconhece, assim, que os trabalhadores são elementos exteriores à empresa, como mera força de trabalho adquirida por salário, sendo de esperar que, com a Constituição, a legislação venha a ser condizente com a valorização social do trabalho como condição de dignidade da pessoa humana (arts. 1º e 170).

A norma sugere duas formas de participação: a) *participação nos lucros* ou *nos resultados*; e b) *participação na gestão*. Ambas correlacionam-se com o fim da ordem econômica, de assegurar a todos existência digna, conforme os ditames da justiça social. Trata-se de promessa constitucional e, portanto, de norma de eficácia limitada e aplicabilidade diferida, que existe desde 1946, dependente de lei para efetivar-se.

Sempre se alegaram dificuldades na estruturação da participação nos lucros das empresas. Para tanto, contudo, bastaria que a lei determinasse a separação da parte dos lucros para a formação de uma *reserva de participação* em cada empresa, que seria repartida, em cada exercício, alguns dias após o balanço, entre os trabalhadores na proporção dos respectivos salários. Essa reserva, como tantas outras da empresa, seria deduzida dos lucros para efeitos do imposto sobre a renda. O trabalhador que quisesse poderia receber sua parte em ações da empresa. É claro que a fiscalização do procedimento, além de feita pelos agentes do imposto sobre a renda, teria que caber à *coletividade de trabalho* (conjunto dos trabalhadores subordinados à empresa), por meio do representante eleito por ela, nos termos previstos no art. 11.

Não foi, porém, esse o caminho seguido pelo legislador, que regulou a matéria por Medidas Provisórias sucessivamente reeditadas e sempre com redação diferente. A última reedição foi a de n. 1.982-77/2000, convertida na Lei 10.101, de 19.12.2000, que dispõe sobre a participação dos trabalhadores nos lucros ou resultados da empresa, fundada, porém, em negociação entre empresa e empregados, por um dos seguintes procedimentos, escolhidos pelas partes, de comum acordo, conforme se lê no seu art. 2º: a) comissão escolhida pelas partes, integrada, também, por um representante indicado pelo sindicato da respectiva categoria; b) convenção ou acordo coletivo, devendo constar dos instrumentos da negociação regras claras e objetivas quanto à fixação dos direitos substantivos da participação e das regras adjetivas, inclusive mecanismos de aferição das informações pertinentes ao cumprimento do acordado, periodicidade da distribuição, período de vigência e prazos para revisão do acordo, podendo ser considerados, entre outros, os seguintes critérios: a) índice de produtividade, qualidade ou lucratividade da empresa; b) programas de metas, resultados e prazos, pactuados previamente. Não se equiparam a empresas as pessoas físicas nem as entidades sem fins lucrativos nas condições estabelecidas no § 3º do art. 2º da lei. Declara-se que a participação não substitui nem complementa a remuneração devida ao trabalhador. A verdade, no entanto, é que essa é uma típica legislação simbólica, ou seja, destinada não tanto a instrumentar normativamente a matéria, mas a dar satisfação política aos destinatários da norma constitucional.

O texto fala em participação nos *lucros*, ou *resultados*. São diferentes? Certamente, são diferentes. *Resultados consistem na equação positiva ou negativa entre todos os ganhos e perdas* (operacionais e não-operacionais) da empresa no exercício. Os resultados podem ser, portanto, positivos ou negativos. Neles entram, p. ex., a correção monetária, a reavaliação de bens. *Lucro bruto* é a diferença entre a receita líquida e custos da produção dos bens e serviços da empresa. *Lucro líquido* é isso mais ganhos líquidos eventuais menos provisões, doações, fundos etc.

A *participação na gestão das empresas* é admitida apenas *excepcionalmente*. Não se sabe bem porque o *excepcionalmente*, nem qual o seu alcance. Excepcionalmente, em função de quê? Nesses termos, essa participação não chega a ser, sequer, uma possibilidade de *cogestão*, que importará real poder de co-decisão, sem que, necessariamente, os trabalhadores, por seus representantes, tenham que integrar a diretoria da empresa. Não raro se propõe a implementação do texto constitucional mediante a eleição, em assembléia dos acionistas, de um ou dois trabalhadores da empresa para integrar sua diretoria. Aí, não ocorre a participação de trabalhadores na gestão da empresa, pois o eleito é representante dos acionistas. Outra forma às vezes sugerida é a da escolha de um ou dois membros da diretoria, dentre os trabalhadores da empresa, por eleição destes. Isso também não é satisfatório.

Participação na gestão da empresa só ocorrerá quando a coletividade trabalhadora da empresa, por si ou por uma comissão, um conselho, um delegado ou um representante, fazendo parte ou não dos órgãos diretivos dela, disponha de algum poder de co-decisão ou pelo menos de controle. Para que não se deforme a relação coletiva do trabalho, com a fragmentação da organização dos trabalhadores, cumpre não esquecer que o sindicato não pode ser despojado do monopólio de representação das categorias profissionais no plano destas, como no da empresa. Vale dizer, os conselhos ou comissões de fábrica ou de empresa, que a Constituição não previu (mas não proíbe), não hão de substituir os sindicatos; hão que agir nos quadros destes, pelo quê a participação na gestão e nos lucros da empresa precisa estar acoplada às convenções coletivas de trabalho, ao fortalecimento da estrutura sindical.

39. Direitos coletivos dos trabalhadores. Os *direitos coletivos dos trabalhadores* são a *liberdade de associação profissional ou sindical*, o *direito de greve*, o *direito de substituição processual*, o *direito de participação laboral* e o *direito de representação na empresa*.

Associação e sindicato. O art. 8º menciona dois tipos de associação: a *profissional* e a *sindical*. A diferença está em que *a sindical* é uma associação profissional com prerrogativas especiais, tais como: a) defender os direitos e interesses coletivos ou individuais da categoria, até em questões judiciais e administrativas; b) participar de negociações coletivas de trabalho e celebrar convenções e acordos coletivos; c) eleger ou designar representantes da respectiva categoria; d) impor contribuições a todos aqueles que participam das categorias econômicas ou profissionais representadas. Já a *associação profissional* não sindical se limita aos fins de estudo, defesa e coordenação dos interesses econômicos e profissionais de seus associados.

Direito de greve. A "greve é o exercício de um poder de fato dos trabalhadores com o fim de realizar uma abstenção coletiva do trabalho subordinado".[1] Inicia-se com base num procedimento jurídico: acordo dos trabalhadores em assembléia sindical – por isso é que se diz tratar-se de "abstenção coletiva concertada".[2] Ela, assim, se desencadeia e se desenvolve sob a égide do poder de representação do sindicato, pois é um instrumento dos trabalhadores coletivamente organizados para a realização de melhores condições de trabalho para toda a categoria profissional envolvida. Daí, também, a idéia de que a greve atua através de um *procedimento* que tem por escopo a formação de um futuro contrato coletivo de trabalho.[3] Vê-se, pois, que ela não é um simples direito fundamental dos trabalhadores, mas um direito fundamental de natureza instrumental e, desse modo, se insere no conceito de *garantia constitucional*, porque funciona como meio, posto pela Constituição, à disposição dos trabalhadores, não como um bem auferível em si, mas como um recurso de última instância para a concretização de seus direitos e interesses.

A Constituição assegura o *direito de greve*, por si própria (art. 9º). Não o subordinou a eventual previsão em lei. É certo que isso não impede que lei defina os procedimentos de seu exercício, como exigência de assembléia sindical que a declare, de quórum para decidi-la e para definir abusos e respectivas penas. Mas a lei não pode restringir o direito mesmo, nem quanto à oportunidade de exercê-lo, nem sobre os interesses que, por meio dele, devam ser defendidos. Tais decisões competem aos trabalhadores, e só a eles (art. 9º). Quer dizer, os trabalhadores podem decretar *greves reivindicativas*, objetivando a melhoria das condições de trabalho, ou *greves de solidariedade*, em apoio a outras categorias ou grupos reprimidos, ou *greves políticas*, com o fim de conseguir as transformações econômico-sociais que a

---

1. Cf. Giuliano Mazzoni, *Relações coletivas de trabalho*, pp. 223 e 224.
2. Idem, p. 234.
3. Idem, p. 244.

sociedade requeira, ou *greves de protesto*. Também não há mais limitações quanto à natureza da atividade ou serviços, como no sistema revogado, que vedava greve nas atividades ou serviços essenciais. A esse propósito, só cabe à lei definir quais serviços e atividades sejam essenciais, e dispor sobre o atendimento das necessidades inadiáveis da comunidade (art. 9º, § 1º). Finalmente, os abusos cometidos sujeitam os responsáveis às penas da lei (art. 9º, § 2º).

Substituição processual. Direito de substituição processual, no caso, consiste no poder que a Constituição conferiu aos sindicatos de ingressar em juízo na defesa de direitos e interesses coletivos e individuais da categoria. É algo diferente da representação nas negociações ou nos dissídios coletivos de trabalho. Claro que, aqui, o sindicato está no exercício de prerrogativa que lhe é conatural. O ingresso em juízo – em qualquer juízo, ou mesmo na Administração –, para defender direito ou interesses individuais, especialmente, mas também coletivos, da categoria é atribuição inusitada, embora de extraordinário alcance social. Trata-se, a nosso ver, de *substituição processual*, já que ele ingressa em nome próprio na defesa de interesses alheios.

Participação laboral. Não é um direito típico dos trabalhadores, porque também cabe aos empregadores. É direito coletivo de natureza social, previsto no art. 10, segundo o qual é assegurada a participação dos trabalhadores e empregadores nos colegiados dos órgãos públicos em que seus interesses profissionais ou previdenciários sejam objeto de discussão.

Direito de representação na empresa. Está consubstanciado no art. 11, segundo o qual, nas empresas de mais de duzentos empregados, é assegurada a eleição de um representante destes com a finalidade exclusiva de promover-lhes o entendimento direto com os empregadores. Não se conseguiu introduzir na Constituição mais do que isso em matéria de delegado de fábrica. Houve tentativa de reconhecer, em nível constitucional, as comissões de fábrica, mas, no fim, a idéia foi abandonada; mas, por certo, não está proibida.

V. Do direito à nacionalidade

40. Direitos à nacionalidade. O direito à nacionalidade sempre foi um tema do direito constitucional brasileiro. A nacionalidade brasileira pode ser originária (brasileiro nato) ou derivada (brasileiro naturalizado). A Constituição define a condição de *brasileiro nato* com base no critério do *ius soli*, ou seja, brasileiro nato é quem nasce no território da República Federativa do Brasil, assim como quem nasce no estrangeiro de mãe ou pai brasileiro, desde que qualquer deles esteja a serviço da República Federativa do Brasil, e, ainda, os filhos de pai brasileiro ou mãe brasileira, desde que venham a residir no Brasil e optem, a qualquer tempo, pela nacionalidade brasileira. Disciplina também a condição de *brasileiro naturalizado* – estrangeiro que, na forma da lei, adquire a nacionalidade brasileira, naturalizando-se brasileiro ou brasileira.

VI. Dos direitos políticos

41. Conceito. Os *direitos políticos positivos* consistem no conjunto de normas que asseguram o direito subjetivo de participação no processo político e nos órgãos governamentais. Eles garantem a participação do povo no poder de dominação política por meio das diversas modalidades de direito de sufrágio: direito de voto nas eleições, direito de elegibilidade (direito de ser votado), direito de voto nos plebiscitos e referendos, assim como por outros direitos de participação popular: o direito de iniciativa popular, o direito de propor ação popular e o direito de organizar e participar de partidos políticos.

42. Instituições. As instituições fundamentais dos direitos políticos positivos são as que configuram o direito eleitoral, tais como o *direito de sufrágio*, com seus dois aspectos: *ativo* (direito de votar) e *passivo* (direito de ser votado); os *sistemas* e *procedimentos eleitorais*.

As palavras *sufrágio* e *voto* são empregadas comumente como sinônimas. A Constituição, no entanto, dá-lhes sentidos diferentes, especialmente no seu art. 14, por onde se vê que o *sufrágio* é *universal* e o *voto* é *direto*, *secreto* e tem valor *igual*.

43. Capacidade eleitoral. Eleitores são todos os brasileiros (natos e naturalizados, de qualquer sexo) que, à data da eleição, contem dezesseis anos de idade, alistados na forma da lei (art. 14, § 1º).

Pelo exposto, podemos concluir que as condições requeridas no art. 14 constitucional, para que alguém se torne eleitor, são: I – *nacionalidade brasileira;* II – *idade mínima de dezesseis anos;* III – *alistamento na forma da lei.* Cumpre notar que a alistabilidade, embora obrigatória para os maiores de dezoito anos, é, sobretudo, um *direito subjetivo* de quantos, sendo brasileiros, tenham atingido a idade de dezesseis anos. Estes, como os analfabetos e os maiores de setenta anos de idade, não estão obrigados a se alistarem eleitores, mas não poderão ser impedidos de fazê-lo, se preencherem as demais condições de alistabilidade. É que esta constitui um princípio dos direitos políticos, que decorre do art. 14, § 1º. A inalistabilidade, como restrição ao direito de se alistar, é exceção que somente se dará no caso estritamente previsto na Constituição: apenas os *conscritos*, enquanto prestem serviço militar obrigatório.

Em suma, a capacidade eleitoral ativa depende do preenchimento das condições indicadas acima: *nacionalidade brasileira, idade mínima de dezesseis anos, posse de título eleitoral e não ser conscrito em serviço militar obrigatório.*

44. Obrigatoriedade do voto. A Constituição declara, contudo, que o alistamento e o *voto são obrigatórios para os maiores de dezoito anos* (art. 14, § 1º, I). Por isso, a legislação eleitoral impõe sanções ao eleitor que deixe de votar, sem justificação perante a Justiça Eleitoral, incorrendo em multa e ficando privado de vários direitos dependentes do gozo dos direitos políticos.

45. Condições de elegibilidade. A Constituição arrola no art. 14, § 3º, as condições de elegibilidade, *na forma da lei* – isso porque algumas das condições indicadas dependem da forma estabelecida em lei (tais são as hipóteses indicadas nos ns. II a V *infra*). As condições previstas são as seguintes: I – nacionalidade brasileira, sendo que, só para Presidente e Vice-Presidente da República, se exige a condição de *brasileiro nato*; II – pleno exercício dos direitos políticos; III – alistamento eleitoral (que já consta do anterior); IV – domicílio eleitoral na circunscrição; V – filiação partidária; VI – idade mínima de: a) 35 anos para Presidente, Vice-Presidente da República e Senador Federal; b) 30 anos para Governador e Vice-Governador de

Estado e do Distrito Federal; c) 21 anos para Deputado Federal, Deputado Estadual ou Distrital (Deputado do Distrito Federal), Prefeito, Vice-Prefeito e juiz de paz; d) 18 anos para Vereador; VII – não incorrer numa inelegibilidade específica, que não esteja arrolada no art. 14, § 3º, mas que deve ser lembrada aqui, porque as inelegibilidades constam dos §§ 4º a 7º e 9º. do mesmo artigo, além de outras que podem ser previstas em lei complementar.

46. Sistema eleitoral. O Direito Constitucional brasileiro vigente consagra o *sistema majoritário* – a) *por maioria absoluta* (com dois turnos, se preciso, em termos que veremos), para a eleição de Presidente e Vice-Presidente da República (art. 77), de Governador e Vice-Governador de Estado (art. 28) e de Prefeito e Vice-Prefeito Municipal (art. 29, II); b) *por maioria relativa*, para a eleição de Senadores Federais – e o *sistema proporcional* (art. 45), para eleição de Deputados Federais, Estaduais e Distritais, e de Vereadores Municipais.

47. Sistema proporcional. Pelo *sistema proporcional* pretende-se que a representação, em determinado território (circunscrição), se distribua em proporção às correntes ideológicas ou de interesse integradas nos partidos políticos concorrentes. Cumpre notar que o sistema suscita os problemas de saber *quem é considerado eleito* e qual o *número de eleitos por partido*. Para solucionar esses dois problemas fundamentais, é necessário determinar: a) o número de votos válidos; b) o quociente eleitoral; c) o quociente partidário; d) a técnica de distribuição dos restos ou sobras; e) a designação dos eleitos.

Votos válidos. Para a determinação do quociente eleitoral, contam-se, como válidos, os votos dados à legenda partidária (votação apenas no nome do partido), os votos de todos os candidatos e os votos em branco (os votos nulos não entram na contagem).

Quociente eleitoral. Determina-se o quociente eleitoral, dividindo-se o número de votos válidos pelo número de lugares a preencher na Câmara dos Deputados, ou na Assembléia Legislativa estadual, ou na Câmara Municipal, conforme o caso, desprezada a fração igual ou inferior a meio, arredondando-se, para 1, a fração superior a meio.

Quociente partidário. Obtém-se o quociente partidário de cada partido (que é igual ao número de lugares cabíveis a cada um) dividindo-se o número de votos obtidos pela legenda (incluindo os conferidos aos candidatos por ela registrados) pelo quociente eleitoral, desprezada a fração.

Distribuição dos restos. Feitas as operações supra-indicadas, ficar-se-á sabendo quantos candidatos elegeu cada partido. Acontece que podem sobrar lugares a serem preenchidos, em conseqüência de restos de votos em cada legenda, não suficientes, de per si, para fazer mais um eleito. Há vários métodos para a distribuição dos lugares restantes entre os partidos que concorrem à eleição. Para solucionar esse *problema da distribuição dos restos ou das sobras,* o direito brasileiro adotou o método da *maior média,* que consiste no seguinte: *adiciona-se mais um lugar aos que foram obtidos por cada um dos partidos; depois, toma-se o número de votos válidos atribuídos a cada partido e divide-se por aquela soma; o primeiro lugar a preencher caberá ao partido que obtiver a maior média; repita-se a mesma operação tantas vezes quantos forem os lugares restantes que devam ser preenchidos, até sua total distribuição entre os diversos partidos* (Código Eleitoral, art. 109).

Note-se, porém, que, somente concorrerão a essa distribuição os partidos que tiverem quociente eleitoral, isto é, o número de votos suficiente para a eleição de pelo menos um candidato.

Cumpre, ainda, observar que os lugares a preencher em cada Câmara são distribuídos por circunscrição, de tal sorte que as operações referidas acima são feitas em referência a cada uma delas. Isso, no entanto, só tem importância quanto às cadeiras a serem preenchidas na Câmara dos Deputados, que são distribuídas em proporção à população de cada circunscrição eleitoral, que corresponde a cada Estado e ao Distrito Federal. Fixado, para cada eleição, o número de Deputados Federais a serem eleitos por Estados e Distrito Federal (art. 45, § 1º, da CF), aqueles elementos da representação proporcional – ou seja: votos válidos, lugares a preencher, quociente eleitoral, quociente partidário, distribuição de restos – apuram-se em cada uma delas. Com relação às Assembléias Legislativas e às Câmaras Municipais, a questão é mais simples porque o território do Estado ou do Município funciona, respectivamente, como circunscrição das correspondentes eleições.

Determinação dos eleitos. Definido o número de cadeiras de cada partido, surge o problema da determinação dos eleitos, o que é simples, pois *o preenchimento dos lugares, com que cada partido for contemplado, far-se-á segundo a ordem de votação dos seus candidatos* (Código Eleitoral, art. 109, §1º). Quer dizer: os candidatos mais votados, em cada legenda, serão os eleitos, para ocupar as cadeiras que lhe toquem. No caso de empate, haver-se-á por eleito o candidato mais idoso (Código Eleitoral, art. 110).

Falta de quociente eleitoral. Pode acontecer que nenhum partido consiga obter o quociente eleitoral. Ocorrendo isso, considerar-se-ão eleitos, até serem preenchidos todos os lugares, os candidatos mais votados. É solução dada pelo art. 111 do Código Eleitoral, o que é uma aplicação do princípio majoritário, que, agora, parece inteiramente inconstitucional, pois a Constituição não faz concessão no caso. A solução correta será considerar nula a eleição e fazer outra.

48. *Inelegibilidades.* *Inelegibilidade* revela impedimento à capacidade eleitoral passiva (direito de ser votado). Obsta, pois, a elegibilidade. Podem ser consideradas sob dois critérios, no tocante à sua abrangência: *absolutas* e *relativas*.

Inelegibilidades absolutas. Implicam impedimento eleitoral para *qualquer cargo eletivo*. É excepcional, e só é legítima quando estabelecida na própria Constituição. E esta somente consigna, como tal, a que decorre da *inalistabilidade* e a dos *analfabetos*, quando, no art. 14, § 4º, declara que *são inelegíveis os inalistáveis* e *os analfabetos*. Uma é específica para um tipo de cidadãos alistados eleitores, a quem, apesar disso, a Constituição nega o direito de elegibilidade: os *analfabetos*. Outra é genérica, apanhando quem quer que esteja em situação de alistabilidade – tais são: os menores de 16 anos (ou de 18 não alistados), os conscritos e os que estiverem privados, temporária ou definitivamente, de seus direitos políticos.

Inelegibilidades relativas. Constituem restrições à elegibilidade para determinados mandatos em razão de situações especiais em que, no momento da eleição, se encontre o cidadão. Não entraremos aqui no casuísmo da lei complementar existente, que, em boa parte, ficou superada com as novas normas constitucionais, segundo as quais são (relativamente) inelegíveis:

I – *por motivos funcionais*:

1) *para os mesmos cargos, num terceiro período subseqüente*: a) o Presidente da República; b) os Governadores de Estado e do Distri-

to Federal; c) os Prefeitos; d) quem os houver sucedido, ou substituído nos seis meses anteriores ao pleito. A EC 16/97 abriu a possibilidade desses titulares de mandatos executivos pleitearem um novo mandato sucessivo para o mesmo cargo, mas só por mais um único mandato subseqüente, valendo dizer que a inelegibilidade especial perdura para um terceiro mandato imediato. Trata-se, pois, de *privação da elegibilidade para o mesmo cargo que pela segundo vez está sendo ocupado pelo interessado*. Uma recondução é possível. Uma segunda é vedada. O de que se trata é mesmo de *proibição de uma segunda reeleição*; basta, para que se componha a inelegibilidade em causa, que o *titular*, originário ou sucessor, tenha exercido, *por um instante*, o cargo, no período de seu segundo mandato, ou o *substituto*, em qualquer momento, dentro dos seis meses anteriores ao pleito; se apenas tomar posse e não entrar em exercício do cargo, não se compõe a inelegibilidade. Cumpre observar que o Vice-Presidente da República, o Vice-Governador de Estado ou do Distrito Federal e o Vice-Prefeito de Município não estão proibidos de pleitear a reeleição, indefinidamente, como também podem candidatar-se, sem restrição alguma, à vaga dos respectivos titulares, salvo se os sucederam (assim, passando a titular) ou os substituíram nos últimos seis meses antes do pleito do segundo mandato.

2) *para concorrerem a outros cargos*, o Presidente da República, os Governadores de Estado e do Distrito Federal e os Prefeitos, salvo desincompatibilização, mediante renúncia aos respectivos mandatos, até seis meses antes do pleito; confirma-se aqui que os Vices são elegíveis a qualquer mandato, sem necessidade de renunciarem;

II – *por motivo de parentesco* – no território de circunscrição do titular (o art. 14, § 7º, diz, erroneamente, *no território da jurisdição do titular*, porquanto, em relação a vínculo político-eleitoral, não se trata de jurisdição, mas de circunscrição), *os cônjuges e os parentes consangüíneos ou afins, até o segundo grau ou por adoção*, do Presidente da República, de Governador de Estado ou Território, ou do Distrito Federal, de Prefeito ou de quem os haja substituído dentro dos seis meses anteriores ao pleito, salvo se já titular de mandato eletivo e candidato à reeleição. Essa inelegibilidade aproxima-se da absoluta, especialmente quanto ao cônjuge e aos parentes do Presidente da República, não titulares de mandato, que não podem pleitear eleição para cargo ou mandato algum. A diferença está em que ela decorre de situação especial com possibilidade de desaparecer pela vontade das pessoas envolvidas (a renúncia do Presidente, seis meses antes do pleito, desvencilha, da restrição, seu cônjuge e parentes) e com prazo certo para terminar;

III – *por motivo de domicílio*, pois, como vimos, o *domicílio eleitoral na circunscrição* é uma das condições de elegibilidade, *na forma da lei* (art. 14, § 3º, IV, CF). Logo, *é inelegível* para mandato ou cargo eletivo em circunscrição em que não seja domiciliado pelo tempo exigido em lei.

49. Partidos políticos. Função dos partidos. A doutrina, no geral, admite que os partidos têm por função fundamental organizar a vontade popular e exprimi-la na busca do poder, visando à aplicação de seu programa de governo. Por isso, todo partido político deveria estruturar-se à vista de uma ideologia definida e com um programa de ação destinado à satisfação dos interesses do povo.

As normas constitucionais e legais vigentes permitem-nos verificar que a função dos partidos brasileiros consiste em assegurar – resguardados a soberania nacional, o regime democrático e o pluripartidarismo –, a autenticidade do sistema representativo, e a defender os direitos fundamentais da pessoa humana (CF, art. 17, e Lei 9.096, de 1995, art. 2º). A função deles vai além, pois existem para propagar determinada concepção de Estado, de sociedade e de governo, que intentam consubstanciar pela execução de um programa.

Natureza. A Constituição definiu-os como *pessoa jurídica de direito privado*, ao teor do art. 17, § 2º, segundo o qual "os partidos políticos, após adquirirem personalidade jurídica, na forma da lei civil, registrarão seus estatutos no Tribunal Superior Eleitoral". Fica, pois, superado o disposto no art. 2º da Lei 5.682/71, que lhes reconhecia a *natureza de pessoa jurídica de direito público interno*.

Liberdade partidária. A Constituição vigente liberou a criação, organização e funcionamento de agremiações partidárias, numa concepção minimalista, sem *controle quantitativo* (embora o possibilite por lei ordinária), mas com previsão de mecanismos de *controle qualitativo* (ideológico), mantido o *controle financeiro*. É o que se extrai do seu art. 17: "É livre a criação, fusão, incorporação e extinção de partidos políticos, resguardados a soberania nacional, o regime democrático, o pluripartidarismo, os direitos fundamentais da pessoa humana", condicionados, no entanto, a serem de caráter nacional, a não receberem recursos financeiros de entidade ou governo estrangeiros ou de subordinação a estes, a prestarem contas à Justiça Eleitoral e a terem funcionamento parlamentar de acordo com a lei. Esses aspectos serão examinados no correr desta exposição. O que importa agora é constatar que a liberdade partidária envolve: a de criá-los, transformá-los e extinguí-los, assim como, evidentemente, a de aderir ou não a um partido, de permanecer filiado ou de desligar-se dele. Mas também cabe ao partido, na sua autonomia, prevista no § 1º do art. 17, aceitar ou não proposta de filiação. Mais importante ainda é que a estrutura de poder não poderá interferir nos partidos, para extingui-los, por exemplo, como várias vezes aconteceu.

Condicionamentos à liberdade partidária. Não é, porém, absoluta a liberdade partidária. Fica ela condicionada a vários princípios que confluem, em essência, para seu compromisso com o *regime democrático*, no sentido posto pela Constituição, consoante mostramos noutro lugar. É isso que significa sua obrigação de resguardar a soberania nacional, o regime democrático, o pluripartidarismo e os direitos fundamentais da pessoa humana.

Mas a liberdade de criar partido ainda é condicionada a que seja de *caráter nacional*; vale dizer, ninguém pode pretender criar partido de vocação estadual ou local. A Constituição, contudo, não indicou quando o partido será considerado nacional. As normas constitucionais revogadas impunham critérios para que assim fosse tido. Era uma regra de funcionamento, segundo a qual os partidos dependiam da obtenção de 3% do eleitorado nacional, distribuídos, pelo menos, em cinco Estados, com um mínimo de 2% em cada um deles. A Constituição de 1988 não o disse; deixou essa questão para a lei, quando estabeleceu, como um dos preceitos a serem por eles observados, "funcionamento parlamentar de acordo com a lei" – que é a Lei 9.096, de 1995. Esta é que vai definir o caráter nacional dos partidos, indicando critérios e exigências a serem preenchidos para tanto, a fim de que não pululem agremiações políticas de caráter puramente local, como temos vistos nas últimas eleições.

O condicionamento mais severo consta do art. 17, § 4º, que veda a utilização pelos partidos políticos de organização paramilitar.

Autonomia e democracia partidária. Outra importante regra da organização e do funcionamento dos partidos encontra-se no art. 17, § 1º: "É assegurada aos partidos políticos *autonomia* para definir sua estrutura interna, organização e funcionamento, devendo seus estatutos estabelecer normas de fidelidade e disciplina partidária". Destaque-se aí o *princípio da autonomia partidária*, que é uma conquista sem precedentes, de tal sorte que a lei tem muito pouco a fazer em matéria de estrutura interna, organização e funcionamento dos partidos. Estes podem estabelecer os órgãos internos que lhes aprouverem. Podem estabelecer as regras que quiserem sobre seu funcionamento. Podem escolher o sistema que melhor lhes parecer para a designação de seus candidatos: convenção mediante delegados eleitos apenas para o ato, ou com mandatos; escolha de candidatos mediante votação da militância. Podem estabelecer os requisitos que entenderem sobre filiação e militância. Podem disciplinar do melhor modo, a seu juízo, seus órgãos dirigentes. Podem determinar o tempo que julgarem mais apropriado para a duração do mandato de seus dirigentes.

A idéia que sai do texto constitucional é a de que os partidos hão de se organizar e funcionar em harmonia com o regime democrático, e que sua estrutura interna também fica sujeita ao mesmo princípio. A autonomia é conferida na suposição de que cada partido busque, de acordo com suas concepções, realizar uma estrutura interna democrática. Seria incompreensível que uma instituição resguarde o regime democrático se internamente não observe o mesmo regime.

Disciplina e fidelidade partidária. Passam a ser, pela Constituição vigente, não uma determinante da lei, mas uma determinante estatutária (art. 17, § 1º). Não são, porém, meras faculdades dos estatutos. Eles terão que prevê-las, dando conseqüências ao seu descumprimento e desrespeito. A disciplina não há de entender-se como obediência cega aos ditames dos órgãos partidários, mas respeito e acatamento ao programa e aos objetivos do partido, às regras de seu estatuto, ao cumprimento de seus deveres e à probidade no exercício de mandatos ou funções partidárias, e, num partido de estrutura interna democrática, por certo que a disciplina compreende a aceitação das decisões discutidas e tomadas pela maioria de seus filiados-militantes.

O ato indisciplinar mais sério é o da *infidelidade partidária*, que se manifesta de dois modos: a) oposição, por atitude ou pelo voto, a diretrizes *legitimamente* estabelecidas pelo partido; b) apoio ostensivo ou disfarçado a candidatos de outra agremiação.

Os estatutos dos partidos estão autorizados a estatuírem sanções para os atos de indisciplina e de infidelidade, que poderão ir da simples advertência até à exclusão. Mas a Constituição não permite a perda do mandato por infidelidade partidária. Ao contrário, até o veda, quando, no art. 15, declara vedada a cassação de direitos políticos, só admitidas a perda e a suspensão deles nos estritos casos indicados no mesmo artigo.

Sistema de controles dos partidos brasileiros. A Constituição praticamente não impôs *controle quantitativo aos partidos*, mas contém a possibilidade de que venha a existir por via de lei, quando, entre os preceitos a serem observados, coloca o de "funcionamento parlamentar de acordo com a lei". É que o controle quantitativo se realiza pela instituição de mecanismos normativos que limitam as possibilidades de ampliação, *ad libitum*, dos partidos políticos, e atua não no momento da organização, mas no seu funcionamento, e pode consistir na exigência de que obtenham, em eleições gerais, para a Câmara dos Deputados, o apoio, expresso em votos, de uma percentagem mínima do eleitorado nacional em certo número de Estados, a fim, também, de vigorar na prática o caráter de "nacionais".

Controle qualitativo (controle ideológico) é expressamente consignado na Constituição, em função do regime democrático. Os princípios que cabem aos partidos resguardar – regime democrático, pluripartidarismo e direitos fundamentais da pessoa humana –, constituem, como vimos, condicionamentos à liberdade partidária. Funcionam, por isso, como forma de controle ideológico, controle qualitativo, de tal sorte que será ilegítimo um partido que, porventura, pleiteie um sistema de unipartidarismo ou um regime de governo que não o que se fundamente no princípio de que o poder emana do povo, que o exerce por seus representantes ou diretamente, base da democracia adotada pela Constituição, ou que sustente um monismo político, em vez do pluralismo, que é um dos fundamentos da República Federativa do Brasil.

Controle qualitativo ainda é o da vedação de utilização pelos partidos políticos de organização paramilitar, que significa repelir partidos fascistas, nazistas ou integralistas do tipo dos que vigoraram na Itália de Mussolini, na Alemanha de Hitler e no Brasil de Plínio Salgado.

Resta o *controle financeiro*, que também está estabelecido no art. 17, II e III. O primeiro inciso proíbe o recebimento pelos partidos de recursos financeiros de entidade ou governo estrangeiros, ou de subordinação a estes; por certo, aí temos um preceito que constitui um desdobramento do dever de resguardo da soberania nacional. O segundo impõe aos partidos o dever de prestar contas de sua administração financeira à Justiça Eleitoral. Em compensação, prevê-se no art. 17, § 3º, que têm eles direito a recursos do fundo partidário, que a lei já regula (Lei 4.740/65, arts. 95 a 109).

Capítulo III
DA ORGANIZAÇÃO DO ESTADO

I. Do conceito de Estado e da forma do Estado brasileiro

50. Conceito. Estado é, na justa definição de Balladore Pallieri, uma ordenação que tem por fim específico e essencial a regulamentação global das relações sociais entre os membros de uma dada população sobre um dado território,[1] na qual a palavra *ordenação* expressa a idéia de poder soberano, institucionalizado. O Estado, como se nota, constitui-se de quatro elementos essenciais: um poder soberano de um povo situado num território com certas finalidades. E a Constituição, como dissemos antes, é o conjunto de normas que organizam estes elementos constitutivos do Estado: povo, território, poder e fins.

Uma coletividade territorial, pois, só adquire a qualificação de Estado quando conquista sua capacidade de autodeterminação, com a independência em relação a outros Estados. Foi o que se deu com o Estado brasileiro, proclamado independente em 1822, assumindo a condição de ente com poder soberano num território de mais de oito milhões e meio de quilômetros quadrados, com população superior hoje a cento e sessenta milhões de pessoas, com os fundamentos, objetivos (finalidades) e estrutura previstos nos arts. 1º, 2º e 3º da Constituição.

51. Forma de Estado. O modo de exercício do poder político em função do território dá origem ao conceito de *forma de Estado*.[2] Se

---
1. Cf. *Diritto Costituzionale*, p. 14.
2. Cumpre observar que o conceito de forma de Estado, aqui, é o estrutural, como se vê do texto. Fala-se em *forma de Estado* em outros sentidos, que, em ver-

existe unidade de poder sobre o território, pessoas e bens, tem-se um *Estado unitário*. Se, ao contrário, o poder se reparte, se divide, no espaço territorial (divisão espacial de poderes), gerando uma multiplicidade de organizações governamentais, distribuídas regionalmente, encontramo-nos diante de uma *forma de Estado composto*, denominado *Estado federal* ou *Federação de Estados*.

O Brasil é uma *República Federativa*, formada pela união indissolúvel dos Estados e Municípios e do Distrito Federal, e se constitui em Estado Democrático de Direito, tendo como fundamento a soberania, a cidadania, a dignidade da pessoa humana, os valores sociais do trabalho e da livre iniciativa e o pluralismo político (Constituição, art. 1º). *República Federativa do Brasil* é expressão normativa que condensa o nome do Estado brasileiro – *República Federativa do Brasil* – o nome do país – *Brasil* –, a forma de Estado, mediante o qualificativo *Federativa*, que indica tratar-se de Estado Federal, e a forma de governo – *República*.

52. Estado Federal. O Brasil é um Estado Federal, é uma Federação de Estados. O Brasil assumiu a *forma* de *Estado federal*, em 1889, com a proclamação da República. A Constituição de 1988 recebeu-a da evolução histórica do ordenamento jurídico. Ela não instituiu a federação. Manteve-a mediante a declaração, constante do art. 1º, que configura o Brasil como uma *República Federativa*. Vale afirmar que a *forma do Estado brasileiro* é a *federal*, cujas características se encontram nos arts. 18 a 43.

A *federação* consiste na *união* de coletividades regionais autônomas que a doutrina chama de *Estados federados* (nome adotado pela Constituição: cap. III do tít. III), *Estados-membros* ou simplesmente *Estados* (muito usado na Constituição).[3] Veremos que, nessa composição, às vezes, entram outros elementos, como os *Territórios Federais*

dade, são tipos históricos de Estado: *Estado patrimonial, Estado de polícia* e *Estado de Direito*; ou forma de regime político: *Estado de democracia clássica, Estado autoritário* e *Estado de democracia progressiva* ou *marxista*. Sobre o tema, cf. Paolo Biscaretti di Ruffia, *Diritto Costituzionale*, 7ª ed., Nápoles, Casa Editrice Dott. Eugenio Jovene, 1965, pp. 177 e ss.

3. Essas coletividades denominam-se *Estados* no Brasil, Estados Unidos, México e Venezuela; *Províncias*, na Argentina; *Cantões*, na Suíça; *Länders*, na Alemanha; denominavam-se *Repúblicas*, na antiga União Soviética.

e o *Distrito Federal*, e, no sistema brasileiro, há que se destacar, ainda, os Municípios, agora também incluídos na estrutura político-administrativa da Federação brasileira (arts. 1º e 18). O cerne do conceito de Estado federal está na configuração de dois tipos de entidades: a *União* e as coletividades regionais autônomas (*Estados federados*).

No Estado federal há que distinguir *soberania* e *autonomia*, e seus respectivos titulares. Houve muita discussão sobre a natureza jurídica do Estado federal, mas, hoje, já está definido que o Estado federal, o todo, como pessoa reconhecida pelo Direito Internacional, é o único titular da *soberania*, considerada *poder supremo consistente na capacidade de autodeterminação*. Os Estados federados são titulares tão-só de autonomia, compreendida como *governo próprio dentro do círculo de competências traçadas pela Constituição Federal*.

A *autonomia federativa* assenta-se em dois elementos básicos: a) na *existência de órgãos governamentais próprios*, isto é, que não dependam dos órgãos federais quanto à forma de seleção e investidura; b) na *posse de competências exclusivas*, um mínimo, ao menos, que não seja ridiculamente reduzido. Esses pressupostos da autonomia federativa estão configurados na Constituição (arts. 18 a 43).

A *repartição de competências* entre a União e os Estados-membros constitui o fulcro do Estado Federal, e dá origem a uma estrutura estatal complexa, que apresenta, a um tempo, aspectos unitário e federativo. É *unitário*, enquanto possui *um único território*, que, embora dividido entre os Estados-membros, está submetido ao poder da União no exercício da competência federal, e, ainda, *uma só população*, formando um único corpo nacional, enquanto regida pela Constituição e legislação federais. É *federativo* (associativo), enquanto cabe aos Estados-membros participar na formação da vontade dos órgãos federais (especialmente no Senado Federal, que se compõe de representantes dos Estados (art. 46 da Constituição) e, também, pela participação das Assembléias Legislativas estaduais no processo de formação das emendas constitucionais (art. 60, III), e enquanto lhes é conferida competência para dispor sobre as matérias que lhes reserva a Constituição Federal, com incidência nos respectivos territórios e populações. Com isso constituem-se, no Estado federal, duas esferas governamentais sobre a mesma população e o mesmo território: a da União e a de cada Estado-membro. No Brasil, ainda há a esfera governamental dos Municípios.

Mas o Estado federal é considerado uma unidade nas relações internacionais.

Apresenta-se, pois, como *um Estado que, embora aparecendo único nas relações internacionais, é constituído por Estados-membros dotados de autonomia, notadamente quanto ao exercício de capacidade normativa sobre matérias reservadas à sua competência.* O Estado federal brasileiro está constitucionalmente concebido como a união indissolúvel dos Estados, Municípios e Distrito Federal (art. 1º).

II. Da organização político-administrativa

53. Organização político-administrativa da República Federativa do Brasil. Compreende a *União*, os *Estados*, o *Distrito Federal* e os *Municípios*. A Constituição, aí, quis destacar as entidades que integram a estrutura federativa brasileira: os *componentes do nosso Estado Federal* (art. 18): a) União; b) Estados; c) Distrito Federal; e d) Municípios – todos autônomos, nos termos da Constituição.

Brasília é a Capital Federal (art. 18, § 1º). Com sua característica de cidade inventada, realiza o simbolismo da *civitas civitatum*, na magnífica visão da Esplanada dos Ministérios, que culmina na Praça dos Três Poderes, com destaque para o poder de representação popular, o Congresso Nacional, com suas duas torres e as abóbadas invertidas dos plenários da Câmara dos Deputados e do Senado Federal. Sublima o simbolismo a posição dos Ministérios do Exterior e da Justiça ocupando os cantos inferiores da Praça dos Três Poderes, a indicar as duas vertentes de irradiação do poder político: de um lado, seu relacionamento com outros povos, que se canaliza mediante o primeiro daqueles Ministérios, e, de outro lado, a sua primazia interna, que se manifesta na manutenção da ordem jurídica, sob o segundo.

54. Vedações constitucionais. É vedado à União, aos Estados, ao Distrito Federal e aos Municípios: I – estabelecer cultos religiosos ou igrejas, subvencioná-los, embaraçar-lhes o funcionamento ou manter com eles ou seus representantes relações de dependência ou aliança, ressalvada, na forma da lei, a colaboração de interesse público: II – recusar fé aos documentos públicos; III – criar distinções entre brasileiros ou preferências entre si.

III. Da União

55. Conceito e natureza da União. A União surge, no Direito Constitucional, ao lado dos Estados federados, como entidade essencialmente federativa. O designativo *União* bem poderia levar a pensar nela como uma associação das demais entidades autônomas; mas a leitura do art. 1º da Constituição dissuade esse entendimento ao declarar que a República Federativa do Brasil é que se forma da *união* dos Estados, Municípios e Distrito Federal. Sucede que aí fica parecendo que a União se confunde com a República Federativa do Brasil, já que não é mencionada no dispositivo. Desfaz-se tal impressão com o exame do art. 18, que estabelece que a organização político-administrativa da República Federativa do Brasil compreende a *União*, os Estados, o Distrito Federal e os Municípios, todos autônomos, nos termos da Constituição. Aí, ela é considerada como uma das entidades que compõem a República Federativa.

A *União* é a entidade federal formada pela reunião das partes componentes, constituindo pessoa jurídica de Direito Público interno, autônoma em relação às unidades federadas (ela é unidade federativa, mas não é unidade federada) e a que cabe exercer as prerrogativas da soberania do Estado brasileiro. *Estado federal*, com o nome de *República Federativa do Brasil*, é o todo, ou seja, o complexo constituído da União, dos Estados, do Distrito Federal e dos Municípios, dotado de personalidade jurídica de Direito Público internacional.

56. Bens da União. Ainda como pessoa jurídica de Direito Público interno, a União é titular de direito real, e pode ser titular de direitos pessoais. O art. 99, III, do novo Código Civil, declara que os bens públicos dominiais são os que constituem o patrimônio da *União*, dos Estados, ou dos Municípios, *como objeto de direito pessoal, ou real de cada uma dessas entidades.* E o art. 20 da Constituição estatui que são *bens da União*: 1) os que atualmente lhe pertencem e os que lhe vierem a ser atribuídos; 2) as terras devolutas indispensáveis à defesa das fronteiras, das fortificações e construções militares, das vias federais de comunicação e à preservação ambiental, definidas em lei; 3) os lagos, rios e quaisquer correntes de água em terrenos de seu domínio, ou que banhem mais de um Estado, sirvam de limites com outros países, ou se estendam a território estrangeiro ou dele provenham, bem como os terrenos marginais e as praias fluviais; 4) as ilhas fluviais e lacustres nas zonas limítrofes com outros países; as praias marítimas; as ilhas oceânicas e as costeiras, excluídas, destas, as áreas referidas no art. 26, II; 5) os recursos naturais da plataforma continental e da zona econômica exclusiva; 6) o mar territorial; 7) os terrenos de marinha e seus acrescidos; 8) os potenciais de energia hidráulica; 9) os recursos minerais, inclusive os do subsolo; 10) as cavidades naturais subterrâneas e os sítios arqueológicos e pré-históricos; 11) as terras tradicionalmente ocupadas pelos índios.

57. *Competências da União*. Competências são as diversas modalidades de poder de que se servem os órgãos ou entidades estatais para realizar suas funções. *Competência* consiste na esfera delimitada de poder que se outorga a um órgão ou entidade estatal, mediante a especificação de matérias sobre as quais se exerce o poder de governo. A União ficou bem aquinhoada na partilha das competências federativas. Dispõe de *competência material exclusiva* conforme ampla enumeração de assuntos no art. 21, de *competência legislativa privativa* consoante discriminação constante do art. 22, de *competência comum* com Estados, Distrito Federal e Municípios, arrolada no art. 23 e, ainda, de *competência legislativa concorrente* com os Estados sobre temas especificados no art. 24.

As áreas de competência da União podem distinguir-se em: *internacional, política, administrativa, prestação de serviços, urbanística, econômica, social, financeira* e *legislativa,*

58. *Competência legislativa privativa da União*. Toda a matéria de competência da União é suscetível de regulamentação mediante lei (ressalvado o disposto nos arts. 49, 51 e 52), conforme dispõe o art. 48 da Constituição. Mas os art. 22 especifica seu campo de competência legislativa, que consideraremos em três grupos: *direito material não-administrativo, direito material administrativo* e *direito processual.*

1) *Direito material não administrativo*: civil, comercial (incluindo comércio exterior e interestadual, e propaganda comercial), penal, político-eleitoral (incluindo nacionalidade, cidadania e naturalização), agrário, marítimo, aeronáutico, espacial e do trabalho; popula-

ções indígenas; condições para o exercício de profissões; seguridade social.

2) *Direito material administrativo*: a) desapropriação; b) requisições civis e militares, em caso de iminente perigo e em tempo de guerra; c) água, energia, informática, telecomunicações e radiodifusão; d) serviço postal; e) sistema monetário (administrativo-monetário) e de medidas, títulos e garantias dos metais; f) política de crédito, câmbio, seguros e transferências de valores (administrativo-monetário); g) diretrizes da política nacional de transportes (administrativo-urbanístico); h) jazidas, minas, outros recursos minerais e metalurgia (administrativo-minerário); i) regime dos portos, navegação lacustre, fluvial, marítima, aérea e aeroespacial; j) trânsito e transporte; k) emigração e imigração, entrada, extradição e expulsão de estrangeiros; l) organização do sistema nacional de emprego (administrativo-social); m) organização judiciária, do Ministério Público e da Defensoria Pública do Distrito Federal e dos Territórios, bem como a organização administrativa destes; n) sistema estatístico, sistema cartográfico e de geologia nacionais; o) sistemas de poupança, captação de recursos e garantia da poupança popular (administrativo-monetário); p) sistema de consórcios e sorteios (administrativo-monetário); q) competência da polícia federal e das polícias rodoviária e ferroviária federaisl; r) registros públicos; s) atividades nucleares de qualquer natureza; t) defesa territorial, defesa aeroespacial, defesa marítima, defesa civil e mobilização nacional.

3) *Direito processual*: civil, penal e trabalhista.

59. Competência comum da União, dos Estados, do Distrito Federal e dos Municípios. Muitos dos assuntos do setor social, especialmente, referidos antes como de competência da União, não lhe cabem com exclusividade. A Constituição abriu a possibilidade de Estados, Distrito Federal e Municípios compartilharem com ela da prestação de serviços nessas matérias, mas, principalmente, destacou um dispositivo (art. 23), onde arrola temas de competência comum, tais como: a) zelar pela guarda da Constituição, das leis e das instituições democráticas, e conservar o patrimônio público; b) cuidar da saúde e assistência pública, da proteção e garantia das pessoas portadoras de deficiência; c) proteger os documentos, as obras e outros bens de valor histórico, artístico e cultural, os monumentos, as paisagens naturais notáveis e os sítios arqueológicos; d) impedir a evasão, a destruição e a descaracterização de obras de arte e de outros bens de valor histórico, artístico ou cultural; e) proporcionar os meios de acesso à cultura, à educação e à ciência; f) proteger o meio ambiente e combater a poluição em qualquer de suas formas; g) preservar as florestas, a fauna e a flora; h) fomentar a produção agropecuária e organizar o abastecimento alimentar; i) promover programas de construção de moradias e a melhoria das condições habitacionais e de saneamento básico; j) combater as causas da pobreza e os fatores de marginalização, promovendo a integração social dos setores desfavorecidos; k) registrar, acompanhar e fiscalizar as concessões de direitos de pesquisa e exploração de recursos hídricos e minerais em seus territórios; l) estabelecer e implantar política de educação para a segurança do trânsito.

60. Competência legislativa concorrente da União, Estados e Distrito Federal. Enumerada no art. 24, I a XVI, compreende a legislação sobre: Direito Tributário, Financeiro, Penitenciário, Econômico e Urbanístico; orçamento; juntas comerciais; custas dos serviços forenses; produção e consumo; florestas, caça, pesca, fauna, conservação da natureza, defesa do solo e dos recursos naturais, proteção do meio ambiente e controle da poluição; proteção ao patrimônio histórico, cultural, artístico, turístico e paisagístico; responsabilidade por dano ao meio ambiente, ao consumidor, a bens e direitos de valor artístico, estético, histórico, turístico e paisagístico; educação, cultura, ensino e desporto; criação, funcionamento e processo do juizado de pequenas causas; procedimentos em matéria processual; previdência social; proteção e defesa da saúde; assistência jurídica e defensoria pública; proteção e integração social das pessoas portadoras de deficiência; proteção à infância e à juventude; organização, garantias, direitos e deveres das polícias civis.

A legislação concorrente da União sobre as matérias indicadas supra se limitará a estabelecer *normas gerais*. Nisso a Constituição foi, às vezes, redundante. Por exemplo, no art. 22, XXIV, dá como privativo da União legislar sobre *diretrizes e bases da educação nacional*, enquanto, no art. 24, IX, combinado com o § 1º, declara caber-lhe legislar sobre *normas gerais de educação*. Não há nisso incoerência, como pode parecer. Legislar sobre *diretrizes e bases* da educação nacional e sobre *normas gerais* de educação somam, no fundo, a mesma coisa. A tradição arrastou os educadores da Constituinte a manter a regra que vem de 1946, que dava competência à União para *legislar sobre diretrizes e bases da educação nacional*, mas também não poderiam deixar de incluir na competência comum *legislar sobre educação*, situação em que a União só tem poderes para fixar normas gerais. Tudo somado, dá na mesma, com um dispositivo a mais sem necessidade.

Por outro lado, foi omissa, quando deu à União competência privativa para legislar sobre *normas gerais*: a) de organização, efetivos, material bélico, garantias, convocação e mobilização das polícias militares e corpo de bombeiros (art. 22, XXI); b) de licitação e contratação, em todas as modalidades, nas diversas esferas de governo, para a Administração pública, direta, autárquica e fundacional, obedecido o disposto no art. 37, XXI, e para as empresas públicas e sociedades de economia mista, nos termos do art. 173, § 1º, III (art. 22, XXVII). No entanto, não inseriu a matéria no art. 24, para indicar que Estados podem legislar também sobre essas matérias, como fez, por exemplo, relativamente à polícia civil. Não é, porém, porque não consta na competência comum que Estados e Distrito Federal (este não sobre polícia militar, que não é dele) não podem legislar suplementarmente sobre esses assuntos. Podem, e é de sua competência fazê-lo, pois, nos termos do § 2º do art. 24, a competência da União para legislar sobre *normas gerais* não exclui (na verdade, até pressupõe) a competência *suplementar* dos Estados (e também do Distrito Federal, embora não se diga aí). E isso abrange não apenas as normas gerais, referidas no § 1º desse mesmo artigo no tocante à matéria neste relacionada, mas também as *normas gerais* indicadas em outros dispositivos constitucionais – porque, justamente, a característica da *legislação principiológica* (normas gerais, diretrizes, bases), na repartição de competências federativas, consiste em sua correlação com competência suplementar (complementar e supletiva) dos Estados.

Tanto isso é uma técnica de repartição de competência federativa que os §§ 3º e 4º complementam sua normatividade, estabelecendo, em primeiro lugar, que, inexistindo lei federal sobre normas gerais, os Estados exercerão a competência legislativa plena, para atender a suas peculiaridades; e, em segundo lugar, que a superveniência de lei federal sobre normas gerais suspende a eficácia da lei estadual, no que lhe for contrária. Note-se bem, o Constituinte foi técnico: a lei federal superveniente *não revoga* a lei estadual *nem a derroga* no aspecto contraditório; esta apenas perde sua aplicabilidade, porque fica com sua *eficácia suspensa*. Quer dizer, também: sendo revogada a lei federal pura e simplesmente, a lei estadual recobra sua eficácia e passa, outra vez, a incidir.

IV. Dos Estados Federados

61. Formação dos Estados. Os Estados constituem instituições típicas do Estado Federal. São eles as entidades-componentes, que dão a estrutura conceitual dessa forma de Estado. Sem Estados federados não se conhece federação, chamem-se Estados (EUA, Venezuela, Brasil), Províncias (Argentina), Cantões (Suíça), *Länder* (Alemanha). Não é o nome que lhes dá a natureza, mas o regime de autonomia.

Os Estados-membros surgiram no sistema brasileiro com o Decreto n. 1, de 15.11.1889, pelo qual ficou proclamada a forma de governo da nação brasileira como *República Federativa* e pelo qual se declarou que as então Províncias do Brasil, reunidas pelo laço da federação, ficavam constituídas em *Estados Unidos do Brasil*.

Não há mais como formar novos Estados, senão pela divisão de outro ou outros. A Constituição prevê a possibilidade de transformação deles por incorporação entre si, por subdivisão ou desmembramento, quer para se anexarem a outros, quer para formarem novos Estados, quer, ainda, para formarem Territórios Federais, mediante aprovação da população diretamente interessada, através de plebiscito, e do Congresso Nacional, por lei complementar, ouvidas as respectivas Assembléias Legislativas (art. 18, § 3º, combinado com o art. 48, VI).

O plebiscito será convocado por decreto legislativo do Congresso Nacional e realizado, na mesma data e horário, em cada um dos Estados, pela Justiça Eleitoral. Proclamado o resultado da consulta plebiscitária, será apresentado o projeto de lei complementar respectivo perante qualquer das Casas do Congresso Nacional, a que compete proceder à audiência das Assembléias Legislativas dos Estados envolvidos. Estas opinarão, sem caráter vinculativo, sobre a matéria, e fornecerão ao Congresso Nacional os detalhamentos técnicos concernentes aos aspectos administrativos, financeiros, sociais e econômicos da área geopolítica afetada. Aprovada a lei complementar fica definida a alteração estadual que lhe foi objeto.[4]

62. Autonomia. A Constituição Federal assegura *autonomia* aos Estados federados, que se consubstancia na sua capacidade de auto-organização, de autolegislação, de autogoverno e de auto-administração (arts. 18, e 25 a 28).

A *capacidade de auto-organização e de autolegislação* está consagrada na cabeça do art. 25, segundo o qual *os Estados se organizam e se regem pelas Constituições e leis que adotarem, observados os princípios desta Constituição.*

A *capacidade de autogoverno* encontra seu fundamento explícito nos arts. 27, 28 e 125, ao disporem sobre os princípios de organização dos poderes estaduais, respectivamente: *Poder Legislativo,* que se expressa por Assembléia Legislativa; *Poder Executivo,* exercido pelo Governador; e *Poder Judiciário,* que repousa no Tribunal de Justiça e outros tribunais e juízes.

A *capacidade de auto-administração* decorre das normas que distribuem as competências entre União, Estados e Municípios, especialmente do art. 25, § 1º, segundo o qual "são reservadas aos Estados as competências que não lhes sejam vedadas por esta Constituição", que contém, como se nota, o princípio de que, na partilha federativa das competências, aos Estados cabem os poderes remanescentes, aqueles que sobram da enumeração dos poderes da União (arts. 21 e 22, especialmente) e dos indicados aos Municípios (art. 30).

63. Auto-organização. É, pelo visto, o primeiro elemento da autonomia estadual, e se concretiza na capacidade de dar-se a própria Constituição. É o que exprime o art. 25: *os Estados organizam-se pelas Constituições que adotarem.* "Toda Constituição pressupõe a existência de um Poder capaz de formulá-la, de um Poder que não é instituído por ela, mas que a institui, de um Poder que, através

---

4. Essas regras são da Lei 9.709, de 18.11.1998, que regulamenta o disposto nos incs. I, II e III do art. 14 da Constituição, a respeito do plebiscito, referendo e iniciativa popular.

dela, institui os demais poderes".⁵ Significa dizer que as Constituições estaduais implicam a existência de um Poder especial que, por meio delas, organiza, forma, *constitui* os respectivos Estados federados – e é o *Poder Constituinte*, pertinente ao povo de cada uma dessas unidades federadas –, de onde surge o primeiro problema relativo à organização, qual seja, o da natureza e limites do Constituinte estadual.

Há grave controvérsia doutrinária a respeito da natureza do Poder Constituinte estadual. Uns lhe negam verdadeiro caráter constituinte, porque é demasiadamente limitado, o que não se compadece com o conceito de Poder Constituinte, que, em princípio, se tem por juridicamente ilimitado. Outros entendem tratar-se de constituinte de segundo grau, subordinado, secundário e condicionado. Manoel Gonçalves Ferreira Filho chama-o *Poder Constituinte Decorrente*, "aquele que, decorrendo do originário, não se destina a rever sua obra mas a institucionalizar coletividades, com caráter de estados, que a Constituição preveja".⁶ Quer isso dizer que o Poder Constituinte das unidades federadas é criação do Poder Constituinte Originário.

64. Forma de expressão do Constituinte Estadual. O Poder Constituinte das unidades federadas se expressa comumente por via de procedimento democrático, por via de representação popular: seja *Convenção* (como nos EUA) ou *Assembléia Estadual Constituinte*, com ou sem participação popular direta.

No Brasil, o Constituinte Estadual sempre se exprimiu por via de *Assembléia Constituinte Estadual*. Quando assim não se procedeu, foi porque a Constituição Federal, proveniente de movimento autoritário, determinara que os Estados reformassem suas Constituições para adaptá-las àquela (CF de 1967, art. 188), ou, ainda pior, mandara que suas disposições se incorporassem ao Direito Constitucional legislado dos Estados (CF de 1969, art. 200).

5. Cf. Anna Cândida da Cunha Ferraz, *Poder constituinte do Estado-membro*, p. 57.
6. Cf. Manoel Gonçalves Ferreira Filho, *Curso de Direito Constitucional*, p. 25; idem, *Direito Constitucional comparado: I – O Poder Constituinte*, pp. 177 e ss.; Nelson Nogueira Saldanha, *O Poder Constituinte: tentativa de estudo sociológico e jurídico*, pp. 52 e 53, e Carlos Sánchez Viamonte, ob. cit., p. 359.

A Constituição de 1988, nesse particular, também, não é muito democrática, porque não previu a convocação de Assembléias Constituintes com poderes especiais para elaborarem suas Constituições. Por ela, a Assembléia Nacional Constituinte reconheceu às Assembléias Legislativas, eleitas com ela em 1986, *poderes constituintes*, para elaborar a Constituição do Estado (ADCT, art. 11). Em todo caso, como aquela fora eleita com poderes constituintes para fazer a Constituição Federal, e, na mesma eleição, também se elegeram os Deputados Estaduais que seriam incumbidos da tarefa constituinte estadual, a questão da legitimidade fica menos comprometida.

65. Competências. A Constituição manteve a técnica tradicional, que vem do Direito Constitucional americano, de enumerar os poderes (competências) da União, cabendo aos Estados os *poderes reservados*, isto é, os *poderes remanescentes*. A expressão *poderes* (ou competências) *reservados* é adequada à Federação americana, porque lá foram os Estados independentes que se uniram para a formação do Estado federal, abrindo mão de poderes soberanos, *reservando*, no entanto, o quanto entenderam satisfatório à sua existência autônoma. No Brasil não foi assim. Ao contrário, o Estado unitário descentralizou-se em Unidades federadas autônomas, *enumerando* para o governo central (federal) os poderes que se entenderam convenientes, deixando o *resto*, a *sobra* (isto é: o que remanescia da enumeração dos poderes da União e da indicação dos poderes municipais), para os Estados. Por isso, para o sistema federativo brasileiro, a expressão *poderes* (ou competências) *remanescentes* é mais indicada do que poderes (ou competências) *reservados*. Mas esta foi a terminologia adotada pela Constituição, no seu art. 25, § 1º, que dispõe: "São reservadas aos Estados as competências que não lhes sejam vedadas por esta Constituição".

As Constituições anteriores *reservavam* aos Estados as competências que lhes não fossem vedadas, explícitas ou implicitamente, nelas. O texto vigente, como se nota, não menciona "explícita ou implicitamente", o que não importa, porque a vedação sempre será explícita ou implícita. Em verdade, não são só competências que não lhes sejam vedadas, que lhes cabem, pois também lhes competem competências enumeradas em comum com a União e os Municípios (art. 23), assim como a competência exclusiva referida no art. 25, §§ 2º e 3º.

V. Dos Municípios

66. Os Municípios na Federação. A Constituição consagrou a tese daqueles que sustentavam que o Município brasileiro é "entidade de terceiro grau, integrante e necessária ao *nosso* sistema federativo."[7] *Data venia*, essa é uma tese equivocada, que parte de premissas que não podem levar à conclusão pretendida. Não é porque uma entidade territorial tenha autonomia político-constitucional que, necessariamente, integre o conceito de entidade federativa. Nem o Município é essencial ao conceito de federação brasileira. Não existe federação de Municípios. Existe federação de Estados. Estes é que são essenciais ao conceito de qualquer federação. Não se vá, depois, querer criar uma câmara de representantes dos Municípios. Em que muda a federação brasileira com o incluir os Municípios como um de seus componentes? Não muda nada. Passaram os Municípios a ser entidades federativas? Certamente que não, pois não temos uma federação de Municípios. Não é uma união de Municípios que forma a federação. Se houvesse uma federação de Municípios, estes assumiriam a natureza de Estados-membros, mas poderiam ser Estados-membros (de segunda classe?) dentro dos Estados federados? Onde estaria a autonomia federativa de uns ou de outros, pois esta pressupõe território próprio, não compartilhado.

Dizer que a República Federativa do Brasil é formada de união indissolúvel dos Municípios é algo sem sentido, porque, se assim fora, ter-se-ia que admitir que a Constituição está provendo contra uma hipotética secessão municipal. Acontece que a sanção correspondente a tal hipótese é a intervenção federal, que não existe em relação aos Municípios. A intervenção neles é da competência dos Estados, o que mostra serem ainda vinculados a estes. Prova que continuam a ser divisões político-administrativas dos Estados, não da União. Se fossem divisões políticas do território da União, como ficariam os Estados, cujo território é integralmente repartido entre os seus Municí-

---

7. Cf. Hely Lopes Meirelles, *Direito Municipal brasileiro*, 7ª ed., São Paulo, Malheiros Editores, 1993, p. 39 (12ª ed., 2001, p. 44). Foi tese também sustentada pelo Instituto Brasileiro de Administração Municipal-IBAM, cujo Presidente, Dr. Diogo Lordello de Mello, em pronunciamento perante a Subcomissão dos Municípios e Regiões, na reunião de 22.4.1987, propôs, entre várias sugestões, "a inclusão expressa do município como parte integrante da Federação" (cf. *Diário da Assembléia Nacional Constituinte*, Suplemento n. 62, p. 25).

pios? Ficariam sem território próprio? Então, que entidades seriam os Estados? Não resta dúvida, que ficamos com uma federação muito complexa, com entidades superpostas.

67. Criação, incorporação, fusão e desmembramento de Municípios. A criação, incorporação, fusão e desmembramento de Municípios far-se-ão por *lei estadual*, dentro de período determinado por *lei complementar federal* (art. 18, § 4º, redação da EC-15/96), e dependerão de plebiscito (que é sempre consulta prévia) das *populações diretamente interessadas*. A Constituição, aqui, diferentemente do que fez em relação aos Estados, usou "populações" no plural, a querer dizer que serão consultadas a população da área a ser desmembrada e a da área de que se desmembra, ao contrário do que ocorreu sempre, quando o plebiscito importava apenas na consulta da população da área cuja emancipação se pleiteava.

68. Conceito e posição. O Município brasileiro é entidade estatal integrante da Federação, dotada de autonomia política, administrativa e financeira. Essa é uma peculiaridade do Município brasileiro. A inclusão do Município na estrutura da Federação teria que vir acompanhada de conseqüências, tais como o reconhecimento constitucional de sua capacidade de auto-organização mediante cartas próprias e a ampliação de sua competência, com a liberação de controles que o sistema, até agora vigente, lhes impunha, especialmente por via de leis orgânicas estabelecidas pelos Estados.

69. Autonomia municipal. É assegurada pelos arts. 18 e 29, e garantida contra os Estados no art. 34, VII, "c", da Constituição. *Autonomia* significa capacidade ou poder de gerir os próprios negócios, dentro de um círculo prefixado por entidade superior. As Constituições, até agora, outorgavam aos Municípios só *governo próprio e a competência exclusiva*, que correspondem ao mínimo para que uma entidade territorial tenha autonomia constitucional.

Agora foi-lhes reconhecido o poder de *auto-organização*, ao lado do *governo próprio* e de *competências exclusivas*. A autonomia municipal, assim, assenta em quatro capacidades:

a) *capacidade de auto-organização*, mediante a elaboração de lei orgânica própria;

b) *capacidade de autogoverno*, pela eletividade do Prefeito e dos Vereadores às respectivas Câmaras Municipais;

c) *capacidade normativa própria*, ou capacidade de autolegislação, mediante a competência de elaboração de leis municipais sobre áreas que são reservadas à sua competência exclusiva e suplementar;

d) *capacidade de auto-administração* (administração própria, para manter e prestar os serviços de interesse local).

Nessas quatro capacidades, encontram-se caracterizadas a *autonomia política* (capacidades de auto-organização e de autogoverno), a *autonomia normativa* (capacidade de fazer leis próprias sobre matéria de sua competência), a *autonomia administrativa* (administração própria e organização dos serviços locais) e a *autonomia financeira* (capacidade de decretação de seus tributos e aplicação de suas rendas, que é uma característica da auto-administração).

70. Auto-organização. O art. 29 da Constituição estatui que "o Município se regerá por lei orgânica, votada em dois turnos, com o interstício mínimo de dez dias, e aprovada por dois terços dos membros da Câmara Municipal, que a promulgará, atendidos os princípios estabelecidos nesta Constituição e na Constituição do respectivo Estado".

Em que consiste a *Lei Orgânica própria*? Qual o seu conteúdo?

Ela é uma espécie de constituição municipal. Cuidará de discriminar a matéria de competência exclusiva do Município, observadas as peculiaridades locais, bem como a competência comum que a Constituição lhe reserva juntamente com a União, os Estados e o Distrito Federal (art. 23). Indicará, dentre a matéria de sua competência, aquela que lhe cabe legislar com exclusividade e a que lhe seja reservado legislar supletivamente.

A própria Constituição já indicou o *conteúdo básico da Lei Orgânica*, que terá que compreender, além das regras de eletividade do Prefeito, do Vice-Prefeito e dos Vereadores, normas sobre (art. 29): a) a posse do Prefeito e dos Vereadores e seus compromissos; b) inviolabilidade dos Vereadores por suas opiniões, palavras e votos no exercício do mandato, na circunscrição do Município; c) proibições e incompatibilidades, no exercício da vereança, similares, no que couber, ao disposto na Constituição Federal para os membros do Congresso Nacional e, na Constituição do respectivo Estado, para os membros da Assembléia Legislativa; d) organização das funções legislativa e fiscalizadora da Câmara Municipal; e) cooperação das associações representativas de bairro com o planejamento municipal; f) iniciativa legislativa popular sobre matéria de interesse específico do Município, da cidade ou de bairros, através da manifestação de, pelo menos, 5% do eleitorado; g) perda do mandato do Prefeito, incluindo como uma de suas causas o fato de ele assumir outro cargo ou função na administração pública direta ou indireta, ressalvada a posse em virtude de concurso público e observado o disposto no art. 38, I, IV e V.

71. Competência municipal. O art. 30 da Constituição já discrimina as bases da competência dos Municípios, tais como: 1) legislar sobre assuntos de interesse local, o que consubstancia a área de competência legislativa exclusiva, incluindo aí, por conseguinte, a legislação tributária e financeira; 2) suplementar a legislação federal e a estadual no que couber; aí, certamente, competirá aos Municípios legislar supletivamente sobre: 2.a) proteção do patrimônio histórico, cultural, artístico, turístico e paisagístico; 2.b) responsabilidade por dano ao meio ambiente, ao consumidor, a bens e direitos de valor artístico, estético, histórico, turístico e paisagístico local; 2.c) educação, cultura, ensino e saúde, no que tange à prestação desses serviços no âmbito local; 2.d) direito urbanístico local etc.; 3) instituir e arrecadar os tributos de sua competência, bem como aplicar suas rendas, sem prejuízo da obrigatoriedade de prestar contas e publicar balancetes nos prazos fixados em lei; 4) criar, organizar e suprimir distritos, observada a legislação estadual; 5) organizar e prestar diretamente, ou sob regime de concessão ou permissão, os serviços públicos de interesse local; 6) manter, com a cooperação técnica e financeira da União e do Estado, programas de educação pré-escolar e de ensino fundamental; 7) prestar, com a cooperação técnica e financeira da União e dos Estados, serviços de atendimento à saúde da população; 8) promover, no que couber, o adequado ordenamento territorial, mediante planejamento e controle do uso, parcelamento e ocupação do solo urbano; aliás, o plano urbanístico (plano diretor) será obrigatório para os Municípios com mais de vinte mil habitantes (art. 182, § 1º); 9) promover a proteção do patrimônio histórico-cultural local, observada a legislação e a ação fiscalizadora federal e estadual.

Acrescente-se a isso sua competência exclusiva: a) em matéria administrativa, para ordenar sua Administração, como melhor lhe parecer; b) em matéria financeira, para organizar suas finanças, elaborar sua lei de diretrizes orçamentárias, sua lei orçamentária anual e sua lei do plano plurianual; c) para instituir seus tributos nos termos dos arts. 145 e 156.

Além disso, estão previstas, no art. 23, áreas de *competência comum* com a União e os Estados, que já indicamos ao tratar da competência da União, sendo desnecessário repetir a enumeração aqui.

Enfim, os Municípios poderão manter guardas municipais destinadas à proteção das instalações e dos serviços municipais (art. 144, § 8º). É mera faculdade. Não serão obrigados a manter tais guardas.

72. Governo municipal. O *governo municipal* é constituído só de Poder Executivo, exercido pelo *Prefeito*, e de Poder Legislativo, exercido pela *Câmara Municipal.* Os Municípios não têm órgão jurisdicional próprio. O Poder Judiciário que atua nos Municípios (constituídos em comarca) é o estadual. Aos Municípios, pois, só foram atribuídas duas funções governamentais básicas: a *função legislativa* e a *função executiva,* no que tange à matéria de sua competência. *Legislação* e *Administração* constituem as funções fundamentais que integram a competência municipal. A primeira exercida pela Câmara Municipal, composta de Vereadores representantes dos munícipes; a segunda compreende as atribuições do Prefeito.

Eleição. O Prefeito e o Vice-Prefeito (como os Vereadores) serão eleitos no primeiro domingo de outubro do ano anterior ao término do mandato dos que devem suceder, para um mandato de quatro anos, e tomarão posse no dia 1º de janeiro do ano subseqüente, aplicadas as regras do art. 77, no caso de Municípios com mais de duzentos mil eleitores (art. 29, I e II). Quer dizer: nestes, a eleição do Prefeito e do Vice-Prefeito atenderá o princípio da maioria absoluta; se nenhum candidato obtiver a maioria absoluta na primeira votação, renovar-se-á a eleição, no último domingo do mesmo mês de outubro, concorrendo ao segundo escrutínio somente os dois candidatos mais votados no primeiro, considerando-se eleito aquele que obtiver a maioria dos votos válidos. Se houver desistência de um dos dois candidatos mais votados, sua substituição caberá ao terceiro, e assim sucessivamente. Nos Municípios com menos de duzentos mil eleitores, será eleito o candidato que tiver a maior votação, independentemente de ter ou não maioria absoluta.

Substitutos. Com o Prefeito é eleito um Vice-Prefeito, como seu substituto no caso de impedimentos ocasionais e seu sucessor no caso de vaga. Cabe à Lei Orgânica estatuir sobre os substitutos eventuais do Prefeito, quando ele e o Vice estiverem, concomitantemente, impedidos, bem como estabelecer regras sobre quem assumirá a Prefeitura na hipótese de vacância de ambos os cargos. O normal é conferir ao Presidente da Câmara Municipal a competência para essas atribuições; mas não é raro ocorrer impedimento também do Presidente da Câmara, pelo quê a Lei Orgânica deverá indicar quem responde pela Prefeitura. Em tal caso, tem sido atribuída essa incumbência ao Secretário dos Negócios (ou Assuntos) Jurídicos, onde houver, ou ao Secretário da Prefeitura nas estruturas municipais mais simples. Cada Lei Orgânica disporá segundo a realidade local.

Funções da Câmara Municipal. A *Câmara Municipal*, que é o órgão do Poder Legislativo local, deverá ter também suas atribuições discriminadas pela lei orgânica do respectivo Município, as quais se desdobram em cinco grupos:

1) a *função legislativa*, que é exercida com a participação do Prefeito. No exercício dessa função é que ela legisla sobre as matérias de competência do Município. Por meio dela se estabelecem, como todos sabem, as leis municipais, e se cumpre, no âmbito local, o princípio da legalidade a que se submete a Administração. A lei orgânica do Município deverá indicar as matérias de competência legislativa da Câmara. Deverá também estabelecer o processo legislativo das leis em geral assim como do orçamento;

2) a *função meramente deliberativa*, por meio da qual a Câmara exerce atribuições de sua competência privativa, que envolvem a prática de atos concretos, de resoluções referendárias, de aprovação, de autorização, de fixação de situações, de julgamento técnico, que independem de sanção do Prefeito, as quais também deverão ser indicadas pela lei orgânica própria;

3) a *função fiscalizadora*, de grande relevância, tanto que a Constituição declara que a fiscalização financeira e orçamentária do Município será exercida pela Câmara Municipal, mediante controle externo, com auxílio do Tribunal de Contas do Estado ou do Conselho ou Tribunal de Contas dos Municípios, onde houver (art. 31), e, ainda, acrescenta que as contas dos Municípios ficarão, durante sessenta dias, anualmente, à disposição dos contribuintes, para exame e apreciação, e qualquer cidadão poderá questionar-lhes a legitimidade, nos termos da lei (art. 31, § 3º). Mas a atividade fiscalizadora da Câmara efetiva-se mediante vários mecanismos, tais como pedido de informações ao Prefeito, convocação de auxiliares diretos deste, investigação mediante comissão especial de inquérito, tomada e julgamento das contas do Prefeito, observando-se que só pelo voto de dois terços de seus membros pode ela rejeitar o parecer prévio do Tribunal de Contas competente;

4) a *função julgadora*, pela qual a Câmara exerce um juízo político, quando lhe cabe julgar o Prefeito e os Vereadores por infrações político-administrativas;

5) *o poder de emenda da Lei Orgânica municipal*, nos termos por ela própria estabelecidos, observado o quórum de dois terços dos membros da Câmara (art. 29), pelo quê a Lei Orgânica se vê dotada de certa rigidez, de tal sorte que as leis locais que a contrariarem serão ilegítimas e inválidas, desde que assim sejam declaradas pelo Judiciário.

Composição. A Câmara compõe-se de Vereadores, cujo número será fixado pela Constituição do respectivo Estado, proporcionalmente à população do Município, sendo o mínimo de 9 e o máximo de 21 nos Municípios de até um milhão de habitantes; o mínimo de 33 e o máximo de 41 nos Municípios de até 5 milhões de habitantes, e o mínimo de 42 e o máximo de 55 nos Municípios de mais de 5 milhões de habitantes.

Inviolabilidade dos Vereadores. Estabelece-se expressamente a *inviolabilidade* dos Vereadores por suas opiniões, palavras e votos no exercício do mandato, no território do Município. A *inviolabilidade*, como se sabe, significa que o beneficiado fica isento da incidência de norma penal definidora de crime. Vale dizer que, dentro do Município, o Vereador não comete crime de opinião. E, é claro, se não o comete, não poderá ser processado por aquelas ações. Contudo, não se previu a *imunidade processual* dos Vereadores em relação a outras infrações penais. Logo, se cometer qualquer crime, ficará sujeito ao respectivo processo, independentemente de autorização de sua Câmara.

Subsídios. Finalmente, Prefeitos, Vice-Prefeitos e Vereadores (e Secretários Municipais) têm direito a remuneração, em forma de *subsídios*, nos termos do art. 39, § 4º, da Constituição (EC-19/98) sujeita aos impostos gerais, inclusive o de renda e os extraordinários, tal como qualquer outro contribuinte, com observância do que dispõem os arts. 37, XI, 150, II, 153, III e 153, § 2º, I. O subsídio do Prefeito e do Vice-Prefeito será fixado por lei de iniciativa da Câmara Municipal. Assim também estava previsto para o subsídio dos Vereadores, por força da EC-19/98. Contudo, a EC-25, de 14.2.2000, alterou essa disposição para determinar que o subsídio dos Vereadores será fixado pelas respectivas Câmaras Municipais (não mais por lei de iniciativa da Câmara) em cada legislatura, para a subseqüente, observados os critérios estabelecidos na respectiva Lei Orgânica e os seguintes limites máximos: em Municípios de até dez mil habitantes, o subsídio corresponderá a 20% do subsídio dos Deputados Estaduais; em Município de dez mil e um a cinqüenta mil habitantes, essa proporção será de 30%; em Municípios de cinqüenta mil e um a cem mil habitantes, a proporção será de 40%; em Municípios de cem mil e um a trezentos mil habitantes, a proporção será de 50%; em Municípios de trezentos mil e um a quinhentos mil, a proporção será de 60%; em Municípios de mais de quinhentos mil habitantes, a proporção será de 75%.

VI. Do Distrito Federal

73. Conceito e natureza. A Constituição, nos arts. 1º e 18, incluiu o Distrito Federal entre os componentes da República Federativa do Brasil, considerado como *unidade federada*. Não é Estado. Não é Município. Em certo aspecto, é mais do que o Estado, porque lhe cabem competências legislativas e tributárias reservadas aos Estados e Municípios (arts. 32, § 1º, e 147). Sob outros aspectos, é menos do que os Estados, porque algumas de suas instituições fundamentais são tuteladas pela União (Poder Judiciário, Ministério Público, Defensoria Pública e Polícia). É nele que se situa a Capital Federal (Brasília).

74. *Função.* Tem como *função* primeira servir de sede ao governo federal. Goza de autonomia político-constitucional, logo não pode mais ser considerado simples autarquia territorial, como o entendíamos no regime constitucional anterior. Parece que basta concebê-lo como uma *unidade federada* com autonomia parcialmente tutelada.

75. *Autonomia.* A *autonomia* do Distrito Federal está, em termos, reconhecida no art. 32, onde se declara que se regerá por Lei Orgânica própria (n. 76, *infra*), como nos Municípios. O § 1º do citado artigo prevê as áreas de competência do Distrito Federal, enquanto os §§ 2º e 3º definem as regras de eleição do Governador, Vice-Governador e Deputados Distritais. Aí temos a base de uma *autonomia* que compreende, em princípio, as capacidades de *auto-organização, autogoverno, autolegislação* e *auto-administração* sobre áreas de competência exclusiva.

76. *Auto-organização.* A capacidade de auto-organização do Distrito Federal efetiva-se mediante a elaboração de sua Lei Orgânica, a ser votada em dois turnos com interstício mínimo de dez dias, e se considerará aprovada por dois terços da Câmara Legislativa, que a promulgará, atendidos os princípios estabelecidos na Constituição (art. 32). Essa Lei Orgânica definirá os princípios básicos da organização dessa unidade federada, suas competências e a organização de seus Poderes governamentais, em situação muito semelhante ao que se passa nos Municípios.

77. *Competências.* Ao Distrito Federal, como lembramos acima, são atribuídas as competências tributárias e legislativas que são reservadas aos Estados e Municípios (arts. 32 e 147). Isso quer dizer que ele dispõe de uma área de competências remanescentes correspondente à dos Estados, segundo o art. 25, § 1º; assim também lhe cabe explorar diretamente, ou mediante concessão a empresas distritais, com exclusividade de distribuição, os serviços locais de gás canalizado (art. 25, § 2º). Competem-lhe as matérias relacionadas no art. 30, como de competência municipal, assim como instituir os tributos dos arts. 145, 155 e 156, e participar das receitas referidas nos arts. 157, 159, I, "a" e "c" (pois pertence ao Centro-Oeste) e II. Mas está vedado a ele dividir-se em Municípios (art. 32).

78. *Governo*. A *Câmara Legislativa*, que exerce o Poder Legislativo do Distrito Federal, e *Governador*, que exerce as funções de Poder Executivo.

A *Câmara Legislativa* compõe-se de *Deputados Distritais*, em número que corresponda ao triplo de sua representação na Câmara dos Deputados. Como esta é de oito, são vinte e quatro os integrantes do Legislativo distrital, para um mandato de quatro anos.

O *Governador* é eleito na mesma época em que são eleitos os Governadores dos Estados. Sua eleição, para um mandato de quatro anos, com possibilidade de reeleição, se realiza noventa dias antes do término do mandato de seus antecessores, tomando posse no dia 1º de janeiro do ano subseqüente, e obedece ao princípio da maioria absoluta, tal como a eleição do Presidente da República, porque se lhe aplica o disposto no art. 77.

Substitutos do Governador. Com o Governador, elege-se o Vice-Governador, que, como acontece nos Estados, o substitui nos impedimentos ocasionais e o sucede no caso de vacância.

Não cabe à Constituição Federal indicar os substitutos eventuais do Governador do Distrito Federal, do mesmo modo que não o faz em relação aos Governadores estaduais. A Lei Orgânica do Distrito Federal é que definirá quem assume o cargo na hipótese de impedimento ou de vacância dos cargos de Governador e de Vice-Governador.

O *Poder Judiciário* no Distrito Federal, em verdade, não é dele, pois, nos termos do art. 21, XIII, compete à União *organizar e manter* o Poder Judiciário *do* Distrito Federal – "do", no texto constitucional, não indica uma relação de pertinência, mas de simples localização, significando aquele que atua no território da unidade federada. Se é à União que cabe organizar e manter, isso significa que o órgão é dela, embora destinado ao Distrito Federal. Nesse particular, a autonomia deste ficou razoavelmente diminuída, como já observamos antes, uma vez que o Poder Judiciário que nele atua continuará na mesma situação do regime constitucional anterior, tanto que está igualmente previsto que é da competência da União legislar sobre a organização judiciária do Distrito Federal, como dissemos *supra* (art. 22, XVII).

VII. Dos Territórios Federais

79. Noção e surgimento dos Territórios Federais. *Territórios Federais* são porções do território nacional que surgem por diferentes razões, como foi o caso do antigo Território do Acre (hoje, Estado do Acre), que se originou de um acordo com a Bolívia, pelo qual esta cedeu ao Brasil aquela porção de território, dela desmembrado e que passou a integrar o território brasileiro, não como um Estado-membro da Federação, mas como um território subordinado ao Governo Federal. Depois, outros Territórios Federais (Ponta Porã, Roraima, Amapá etc.) surgiram de parte de Estados-membros (Paraná, Amazonas etc.). A Constituição ainda permite que Estados possam desmembrar-se para formarem Territórios Federais (art. 18, § 3º).

Hoje, não há mais Territórios Federais, porque a própria Constituição transformou em Estados os de Roraima e Amapá, únicos que ainda existiam (art. 14 do ADCT). Mas ela reconhece a possibilidade de sua criação, pela forma indicada *supra*, assim como a sua ulterior transformação em novo Estado ou sua reintegração no Estado de origem, consoante regulamentação por lei complementar (art. 18 § 2º). Sua organização administrativa e judiciária por lei ordinária é disciplinada no art. 33.

80. Posição dos Territórios. Os *Territórios Federais* não são mais considerados como componentes da federação, como equivocadamente o eram nas Constituições precedentes. A Constituição lhes dá posição correta, de acordo com sua natureza de mera autarquia – simples descentralização administrativa-territorial da União –, quando os declara integrantes desta (art. 18, § 2º).

VIII. Da intervenção nos Estados e Municípios

81. Conceito e natureza. A intervenção é *ato político* que *consiste na incursão da entidade interventora nos negócios da entidade que a suporta*. Constitui o *punctum dolens* do Estado federal, onde se entrecruzam as *tendências unitaristas* e as *tendências desagregantes*.[8]

---

8. Cf. Pontes de Miranda, *Comentários à Constituição de 1967 com a Emenda n. 1 de 1969*, São Paulo, Ed. RT, 1970, pp. 200, 201 e 207.

Intervenção é antítese da autonomia. Por ela afasta-se momentaneamente a atuação autônoma do Estado, Distrito Federal ou Município que a tenha sofrido. Uma vez que a Constituição assegura a essas entidades a autonomia, como princípio básico da forma de Estado adotada, decorre daí que a intervenção é medida excepcional, e só há de ocorrer nos casos nela taxativamente estabelecidos e indicados, como exceção ao *princípio da não intervenção*, conforme o art. 34: "A União *não* intervirá nos Estados *nem* no Distrito Federal, *exceto para* (...)", e o art. 35: "O Estado *não* intervirá em seus Municípios, *nem* a União nos Municípios localizados em Território Federal, *exceto quando* (...)", arrolando-se em seguida os casos em que é facultada a intervenção, estreitamente considerados.

82. Intervenção federal nos Estados e Distrito Federal. É da competência da União, nos casos expressamente autorizados no art. 34 da Constituição, e por decreto do Presidente da República. Vale dizer, a intervenção depende de pressupostos de fundo e de forma.

Casos de intervenção. O *pressupostos de fundo da intervenção federal* nos Estados constituem situações críticas, que põem em risco a segurança do Estado, o equilíbrio federativo, as finanças estaduais e a estabilidade da ordem constitucional. Trata-se de um instituto típico da estrutura do Estado federal que tem por finalidade: 1) a *defesa do Estado* (País), quando, nos casos do art. 34, I e II, é autorizada a intervenção para: 1.a) manter a integridade nacional; 1.b) repelir invasão estrangeira; 2) a *defesa do princípio federativo*, quando, nos casos do mesmo art. 34, II, III e IV, é facultada a intervenção para: 2.a) repelir invasão de uma unidade da Federação em outra; 2.b) pôr termo a grave comprometimento da ordem pública; 2.c) garantir o livre exercício de qualquer dos Poderes nas unidades da Federação; 3) a *defesa das finanças estaduais*, quando, nos casos do art. 34, V, é permitida a intervenção para reorganização das finanças da unidade da Federação que: 3.a) suspender o pagamento da dívida fundada por mais de dois anos consecutivos, salvo força maior; 3.b) deixar de entregar aos Municípios receitas tributárias fixadas na Constituição, dentro dos prazos estabelecidos em lei; 4) a *defesa da ordem constitucional*, quando o art. 34 autoriza a intervenção: 4.a) no caso do inciso VI, para prover a execução de lei federal, ordem ou decisão judicial; 4.b) no caso do inciso VII, para exigir a observância dos seguintes princípios constitucionais: 4.b.1) forma republicana, sistema representativo, regime democrático; 4.b.2) direitos da pessoa humana; 4.b.3) autonomia municipal; 4.b.4) prestação de contas da administração pública, direta e indireta; 4.b.5) aplicação do mínimo exigido da receita resultante de impostos estaduais, compreendida a proveniente de transferências, na manutenção e desenvolvimento do ensino e nas ações e serviços públicos de saúde (EC-29/2000).

O ato de intervenção: limites e requisitos. A intervenção federal efetiva-se *por decreto* do Presidente da República, o qual especificará a sua *amplitude, prazo* e *condições* de execução e, *se couber*, nomeará o *interventor* (art. 36, § 1º).

O decreto de intervenção dependerá dos seguintes *pressupostos formais*: 1) nos casos dos incisos I, II, III e V do art. 34, da simples verificação dos motivos que a autorizam; 2) no caso do inciso IV do art. 34, de *solicitação* do Poder Legislativo ou do Poder Executivo coacto ou impedido, ou de *requisição* do Supremo Tribunal Federal, se a coação for exercida contra o Poder Judiciário; 3) no caso de desobediência a ordem ou decisão judicial (inciso VI do art. 34), de *requisição* do Supremo Tribunal Federal, do Superior Tribunal de Justiça ou do Tribunal Superior Eleitoral – segundo a matéria, não se diz no texto, mas, evidentemente, de conformidade com as regras de competência jurisdicional *ratione materiæ*; 4) no caso do inciso VII do art. 34, de *provimento*, pelo Supremo Tribunal Federal, de representação do Procurador-Geral da República, representação essa que caracteriza a *ação direta de inconstitucionalidade interventiva*; 5) no caso de recusa à execução de lei federal (art. 34, VI), de *provimento*, pelo Superior Tribunal de Justiça, de representação do Procurador-Geral da República; aqui não se trata de obter declaração de inconstitucionalidade – portanto essa representação tem natureza diversa da referida no inciso III do art. 36; seu objeto consiste em garantir a executoriedade da lei federal pelas autoridades estaduais – digamos que seja uma ação de executoriedade da lei.

Nos casos dos incisos VI e VII do art. 34, o decreto de intervenção limitar-se-á a suspender a execução do ato impugnado, se essa medida bastar ao restabelecimento da normalidade, isto é, se for suficiente para eliminar a infração àqueles princípios constitucionais neles arrolados. Se, porém, a simples suspensão do ato não for bastante, efetivar-se-á a intervenção.

Controle político da intervenção. O decreto de intervenção será submetido à apreciação do Congresso Nacional no prazo de vinte e quatro horas, e, se ele estiver em recesso, será convocado extraordinariamente, no mesmo prazo, para conhecer do ato interventivo, dispensada a exigência se a suspensão do ato impugnado houver produzido seus efeitos nos casos de provimento a representação do Procurador-Geral da República (art. 36, §§ 1º a 3º).

É despiciendo dizer que o Congresso Nacional não se limitará a tomar ciência do ato de intervenção, pois o decreto interventivo lhe será submetido para *apreciação*, o que envolve julgamento de aprovação e de rejeição, como, aliás, está expressamente estabelecido no art. 49, IV, que lhe dá competência exclusiva para *aprovar* ou *suspender* a intervenção.

Se *suspender a intervenção*, esta passará a ser ato inconstitucional, e deverá cessar imediatamente, pois, se for mantida, constituirá atentado contra os poderes constitucionais do Estado, caracterizando o crime de responsabilidade do Presidente da República previsto no art. 85, II, da Constituição, o qual fica sujeito ao processo e sanções correspondentes.

Controle jurisdicional. Não o há sobre o ato de intervenção nem sobre esta, porque se trata de ato de natureza política, insuscetível de controle jurisdicional, salvo manifesta infringência às normas constitucionais, mormente naqueles casos em que a intervenção dependa de *solicitação* do poder coacto ou impedido, ou de *requisição* dos Tribunais, e elas não tenham sido feitas ou tenham sido feitas irregularmente. Outra hipótese de apreciação jurisdicional da intervenção se dará quando ela tenha sido suspensa pelo Congresso Nacional e persista, pois, nesse caso, como dissemos acima, o ato perderá legitimidade e se tornará inconstitucional, sendo pertinente recorrer-se ao Judiciário para garantir o exercício dos poderes estaduais. Haverá também controle jurisdicional em relação aos atos do interventor.

Cessação da intervenção: conseqüências. Cessados os motivos da intervenção, as autoridades afastadas de seus cargos a eles voltarão, salvo impedimento legal (art. 36, § 4º). Vale dizer que a intervenção é *ato temporário*, cuja duração há que ficar estabelecida no decreto interventivo, como já dissemos, nos termos do § 1º daquele mesmo artigo. O afastamento das autoridades visa a permitir a reposição da normalidade constitucional. Pode ocorrer que, terminado o prazo da intervenção, e cessados os seus motivos, as autoridades afastadas estejam legalmente impedidas de voltar às respectivas funções, seja porque já findou seu mandato, seja porque este foi cassado ou declarado extinto, ou porque tenham renunciado (ou até morrido); ou tenham tido suspensos ou perdido, nos termos da própria Constituição, seus direitos políticos, o que impede a reassunção dos cargos. Em tais casos, salvo na primeira hipótese, deverão assumi-los aqueles que a Constituição estadual indicar como sucessor: Vice-Governador ou Presidente da Assembléia Legislativa.

O interventor. É *figura constitucional* e *autoridade federal,* cujas atribuições dependem do *ato interventivo* e das *instruções* que receber da autoridade interventora. Suas funções, limitadas ao ato de intervenção, são *federais.* Mas também pratica atos de governo estadual, dando continuidade à administração do Estado nos termos da Constituição e das leis deste.

Quando, na qualidade de interventor, executa atos e profere decisões que prejudiquem a terceiros, a responsabilidade civil pelos danos causados (art. 37, § 6º) é da União. Mas, no exercício normal e regular da Administração estadual, tal responsabilidade é de imputar-se ao Estado.

83. Intervenção nos Municípios. O Município, como toda entidade dotada de autonomia, fica também sujeito à intervenção, na forma e nos casos previstos na Constituição. É esta mesma que regula os casos e o processo de intervenção dos Estados em seus Municípios e da União nos Municípios localizados nos Territórios Federais (art. 35 – quando forem criados outros, porque os dois únicos Territórios que existiam se transformaram em Estados). Não resta mais nada às Constituições Estaduais nessa matéria, ao contrário do que acontecia sob a égide da Constituição precedente.

Toda a doutrina sobre princípios, natureza, pressupostos de fundo e de forma, controle político e jurisdicional, nomeação e responsabilidade de interventor, referida à intervenção federal nos Estados, tem, *mutatis mutandis,* validade aqui, o que nos poupa de repeti-la.

Motivos para a intervenção nos Municípios. O princípio aqui é também o da não intervenção, de sorte que esta só poderá licitamente ocorrer nos estritos casos indicados no art. 35, a saber, quando: 1) deixar de ser paga, sem motivo de força maior, por dois anos consecutivos, a dívida fundada; 2) não forem prestadas contas devidas, na forma da lei (arts. 30, III, e 31); 3) não tiver sido aplicado o mínimo exigido da receita municipal na manutenção do ensino (art. 212) e nas ações e serviços públicos de saúde (EC-29/2000); 4) o Tribunal de Justiça der provimento a representação para assegurar a observância de princípios indicados na Constituição estadual, ou para prover a execução de lei, de ordem ou de decisão judicial, limitando-se o decreto de intervenção a suspender o ato impugnado, se essa medida bastar ao restabelecimento da normalidade. Acrescente-se apenas que a representação ao Tribunal de Justiça, como peça inicial da ação interventiva no Município, cabe ao Procurador-Geral da Justiça que funcione junto dele.

Competência para intervir. Compete ao Estado a intervenção em Municípios que se localizem em seu território, que se faz por *decreto* do respectivo Governador, enquanto a intervenção em Município de Território Federal, como já mencionamos, é da competência da União, por *decreto* do Presidente da República. Em qualquer caso, o decreto conterá a designação do interventor (se for o caso), o prazo de duração e os limites da medida, e será submetido à apreciação da Assembléia Legislativa (ou do Congresso Nacional, se Município de Território), no prazo de vinte e quatro horas, devendo ser convocada (ou convocado) extraordinariamente, em igual prazo, se estiver em recesso.

O interventor substituirá o Prefeito e administrará o Município durante o período de intervenção, visando a restabelecer a normalidade, prestando contas de seus atos ao Governador (ou ao Presidente da República, se Município de Território), e, de sua administração financeira, ao Tribunal de Contas do Estado (ou da União, idem), bem como responderá pelos excessos que cometer. Cessados os motivos da intervenção, as autoridades municipais afastadas de suas funções, a elas retornarão, quando for o caso, sem prejuízo da apuração administrativa, civil, ou criminal decorrente de seus atos.

IX. *Da Administração Pública*

84. Conceito. Administração Pública é o conjunto de meios institucionais, materiais, financeiros e humanos preordenados à execução das decisões políticas. Essa é uma noção simples de Administração Pública que destaca, em primeiro lugar, que é subordinada ao Poder político; em segundo lugar, que é meio e, portanto, algo de que se serve para atingir fins definidos e, em terceiro lugar, denota os seus dois aspectos: um conjunto de órgãos a serviço do Poder político e as operações, as atividades administrativas.

O art. 37 da Constituição emprega a expressão *Administração Pública* nos dois sentidos. Como *conjunto orgânico*, ao falar em Administração Pública *direta* e *indireta* de qualquer dos Poderes da *União*, dos *Estados*, do *Distrito Federal* e dos *Municípios*. Como *atividade administrativa*, quando determina sua submissão aos princípios de *legalidade, impessoalidade, moralidade, publicidade, eficiência*, da *licitação* e os de *organização do pessoal administrativo*. Aqui vamos cuidar do primeiro aspecto, relativo à organização da Administração. O outro será objeto de consideração nos próximos capítulos.

85. Administração direta, indireta e fundacional. A complexidade aumenta se nos lembrarmos que cada qual dessas Administrações pode descentralizar-se, de onde a formação, de um lado, de *administração centralizada*, como conjunto de órgãos administrativos subordinados diretamente ao Poder Executivo de cada uma daquelas esferas governamentais autônomas – chamada, por isso, *Administração direta* –, e, de outro lado, de *administração descentralizada*, como órgãos integrados nas muitas entidades personalizadas de prestação de serviços ou exploração de atividades econômicas, vinculadas a cada um dos Poderes Executivos daquelas mesmas esferas governamentais – dita, por isso, *Administração indireta*, e ainda a *fundacional*.

A Constituição considera entidades da administração indireta as *autarquias*, as *empresas públicas* e as *sociedades de economia mista*; não assim as *fundações* instituídas pelo Poder Público, pois sempre menciona estas especificadamente quando usa a expressão administração indireta. *Entidade fundacional* ou *administração fundacional* são expressões sinônimas de fundação instituída pelo Poder Público. Numas duas vezes, a Constituição emprega a expressão *fundação pública* ou *fundações públicas*. Na maior parte das vezes, contudo, emprega a expressão *fundações instituídas e mantidas* pelo Poder Público. Parece-nos, porém, que essas expressões são empregadas no mesmo sentido, tendo, assim, como fundações públicas aquelas instituídas e mantidas pelo Poder Público.

A regra que a Constituição estabelece é a de que *somente* por lei específica poderá ser *criada* autarquia e *autorizada* a instituição de empresas públicas, de sociedades de economia mista e de fundações, cabendo à lei complementar, neste último caso, definir as áreas de sua atuação. Assim se exprime o art. 37, XIX, com o novo enunciado oferecido pela EC-19/98. É de se observar: a) o novo texto corrige o anterior, no sentido de que a lei *cria* autarquia, mas apenas *autoriza* o Poder Executivo a criar empresas públicas, sociedades de economia mista e fundações; b) não fala mais, como antes, em fundação pública, mas apenas em *fundações*, e, agora, sem nenhuma dúvida, o termo envolve a idéia e todas as hipóteses de fundação instituída e mantida pelo Poder Público, já que se diz que a lei *autoriza a instituição delas*. A questão que sempre fica é a de saber se são ou não fundações públicas. São fundações instituídas pelo Poder Público, e assim são de caráter público. A cláusula "neste último caso" refere-se, ao que nos parece, apenas às fundações, valendo dizer que só em relação a elas a lei complementar referida vai definir a área de atuação. Isso porque, no respeitante às empresas públicas e sociedades de economia mista, o regime jurídico é definido no art. 173, onde se exige simples lei ordinária.

Diz o art. 37, XX, que "depende de autorização legislativa, em cada caso, a criação de subsidiárias das entidades mencionadas no inciso anterior, assim como a participação de qualquer delas em empresa privada". O *inciso anterior* menciona autarquia, empresa pública, sociedade de economia mista e fundação, mas deve-se entender *subsidiárias* apenas de empresas públicas e de sociedades de economia mista, porque não é próprio de autarquia e fundação pública terem subsidiárias.

86. Princípios. A Administração Pública é informada por diversos princípios gerais, destinados, de um lado, a orientar a ação do administrador na prática dos atos administrativos e, de outro lado, a garantir a *boa administração*, que se consubstancia na correta gestão dos negócios públicos e no manejo dos recursos públicos (dinheiro, bens e serviços) no interesse coletivo, com o que também se assegura aos administrados o seu direito a práticas administrativas honestas e probas.

Os princípios explicitados no *caput* do art. 37 são os da *legalidade*, da *impessoalidade*, da *moralidade*, da *publicidade* e da *eficiência*. Outros se extraem dos incisos e parágrafos do mesmo artigo, como o da *licitação*, o da *prescritibilidade dos ilícitos administrativos* e o da *responsabilidade civil das pessoas jurídicas de direito público* (inc. XXI e §§ 1º a 6º). O da *finalidade* não foi explicitado, nem era necessário, porque, a rigor, ele é ínsito no princípio da legalidade.

Princípios da legalidade. Já tratamos desse princípio no Capítulo II, n. 25. Vimos ali que ele significa, em síntese, que o Poder Público não pode exigir qualquer ação, nem impor qualquer abstenção, nem proibir nada aos administrados, *senão em virtude de lei*. Aqui, ele é mencionado numa referência especial, qual seja o de que as atividades da Administração Pública direta ou indireta têm também que se fazer em obediência á lei. Os regulamentos administrativos, e qualquer outro ato administrativo, se subordinam estritamente aos ditames da lei. A desobediência à lei gera atos administrativos nulos.

Princípio da impessoalidade. Esse princípio significa que os atos e provimentos administrativos são imputáveis não ao funcionário que os pratica mas ao órgão ou entidade administrativa em nome do qual age o funcionário. Este é um mero agente da Administração Pública, de sorte que não é ele o autor institucional do ato. Ele é apenas o órgão que formalmente manifesta a vontade estatal. Por conseguinte, o administrado não se confronta com o funcionário *x* ou *y*, que expediu o ato, mas com a entidade cuja vontade foi manifestada por ele. É que a "primeira regra do estilo administrativo é a objetividade", que exprime que a atividade administrativa há de ser neutra, tendo apenas como objetivo realizar o interesse público. Conjuntam-se, assim, impessoalidade e legalidade, porque a objetividade significa atendimento puro e simples dos ditames legais e a neutralidade significa que a atividade administrativa, ao atender o princípio da legalidade, não pode desviar-se da realização do interesse público.

Princípio da moralidade e da probidade administrativas. A *moralidade* é definida como um dos princípios da Administração Pública (art. 37). Já discutimos o tema quando tratamos da ação popular, e vimos que a Constituição quer que a imoralidade administrativa, em si, seja fundamento de nulidade do ato viciado. A idéia subjacente ao princípio é a de que moralidade administrativa não é *moralidade comum*, mas *moralidade jurídica*. Essa consideração não significa, necessariamente, que o ato legal seja honesto. Significa, como disse Hauriou, que a moralidade administrativa consiste no conjunto de "regras de conduta tiradas da disciplina interior da Administração".[9]

Princípio da publicidade. A *publicidade* sempre foi tida como um princípio administrativo, porque se entende que o Poder Público, por ser público, deve agir com a maior transparência possível, a fim de que os administrados tenham, a toda hora, conhecimento do que os administradores estão fazendo. Especialmente se exige que se publiquem atos que devam surtir efeitos externos, fora dos órgãos da Administração. Contudo, a publicidade dos atos, programas, obras, serviços e campanhas dos órgãos públicos deverá ter caráter educativo, informativo ou de orientação social, dela não podendo constar nomes, símbolos ou imagens que caracterizem promoção pessoal de autoridades ou servidores públicos (art. 37, § 1º).

Princípio da eficiência. Eficiência não é um conceito jurídico, mas econômico; não qualifica normas, qualifica atividades. Numa idéia muito geral, *eficiência* significa fazer acontecer com racionalidade, o que implica medir os custos que a satisfação das necessidades públicas importam em relação ao grau de utilidade alcançado. Assim, o *princípio da eficiência*, introduzido no art. 37 da Constituição pela EC-19/98, orienta a atividade administrativa no sentido de conseguir os melhores resultados com os meios escassos de que se dispõe e a menor custo. Rege-se, pois, pela regra da consecução do maior benefício com o menor custo possível. Portanto, o princípio da eficiência administrativa tem como conteúdo a relação entre meios e resultados.

A *eficiência administrativa* se obtém pelo melhor emprego dos recursos e meios (humanos, materiais e institucionais) para melhor satisfazer às necessidades coletivas num regime de igualdade dos usuários. Logo, o *princípio da eficiência administrativa* consiste na orga-

---

9. Cf. Maurice Hauriou, *Précis de Droit Administratif et de Droit Public*, 10ª ed., Paris, Sirey, 1921, p. 424; Hely Lopes Meirelles, *Direito Administrativo Brasileiro*, 27ª ed., São Paulo, Malheiros Editores, 2002, p. 87.

nização racional dos meios e recursos humanos, materiais e institucionais, para a prestação de serviços públicos de qualidade em condições econômicas e de igualdade dos consumidores. O princípio investe as regras de competência, pois o bom desempenho das atribuições de cada órgão ou entidade pública é fator de eficiência em cada área da função governamental. Mas investe também a atuação funcional, de sorte que todo agente público tem o dever de eficiência, que lhe impõe realizar suas atribuições com presteza, perfeição e rendimento funcional, não sendo suficiente desempenhar a atividade administrativa com legalidade e moralidade, exigindo-se resultados positivos para o serviço público e satisfatório atendimento das necessidades da comunidade e de seus membros.[10]

Princípio da licitação pública. Licitação é um procedimento administrativo destinado a provocar propostas e a escolher proponentes de contratos de execução de obras, serviços, compras ou de alienações do Poder Público. O *princípio da licitação* significa que essas contratações ficam sujeitas, como regra, ao procedimento de seleção de propostas mais vantajosas para a Administração Pública. Constitui um princípio instrumental de realização dos princípios da moralidade administrativa e do tratamento isonômico dos eventuais contratantes com o Poder Público.

O art. 37, XXI, alberga o princípio nos termos seguintes: "ressalvados os casos especificados na legislação, as obras, serviços, compras e alienações serão contratados mediante processo de licitação pública que assegure igualdade de condições a todos os concorrentes, com cláusulas que estabeleçam obrigações de pagamento, mantidas as condições efetivas da proposta, nos termos da lei, o qual somente permitirá as exigências de qualificação técnica e econômica indispensáveis à garantia do cumprimento das obrigações". A ressalva inicial possibilita à lei definir hipóteses específicas de inexigibilidade e de dispensa de licitação.

87. Participação do usuário na Administração Pública.
O princípio da participação do usuário na administração pública foi introduzido pela EC-19/98, com o novo enunciado do § 3º do art. 37, que

---

10. Cf. Hely Lopes Meirelles, *Direito Administrativo Brasileiro*, cit., p. 94.

vamos apenas reproduzir, porque a efetivação do princípio depende de lei. Diz o texto: "A lei disciplinará as formas de participação do usuário na administração pública direta e indireta, regulando especialmente: I – as reclamações relativas à prestação dos serviços públicos em geral, asseguradas a manutenção de serviços de atendimento ao usuário e a avaliação periódica, externa e interna, da qualidade dos serviços; II – o acesso dos usuários a registros administrativos e a informações sobre atos de governo, observado o disposto no art. 5º, X [*respeito à privacidade*] e XXXIII [*direito de receber dos órgãos públicos informações de seu interesse ou de interesse coletivo ou geral*]; III – a disciplina da representação contra o exercício negligente ou abusivo de cargo, emprego ou função na administração pública".

88. Improbidade administrativa. A *probidade administrativa* é uma forma de moralidade administrativa que mereceu consideração especial da Constituição, que pune o ímprobo com a suspensão de direitos políticos (art. 37, § 4º). A *probidade administrativa* consiste no dever de o "funcionário servir a Administração com honestidade, procedendo no exercício das suas funções, sem aproveitar os poderes ou facilidades delas decorrentes em proveito pessoal ou de outrem a quem queira favorecer".[11] O desrespeito a esse dever é que caracteriza a improbidade administrativa. Cuida-se de uma imoralidade administrativa qualificada. A improbidade administrativa é uma imoralidade qualificada pelo dano ao erário e correspondente vantagem ao ímprobo ou a outrem.

89. Prescrição de sanções por atos ilícitos de agentes públicos. A lei estabelecerá prazo de prescrição para ilícitos praticados por qualquer agente, servidor ou não, que causem prejuízo ao erário, ressalvadas as respectivas ações de ressarcimento. O prazo de prescrição é o lapso de tempo dentro do qual a Administração pode punir o agente que tenha praticado ilícitos. Ocorrida a prescrição, ou seja, passado aquele prazo, a Administração não pode mais punir o agente, em-

---

11. Cf. Marcello Caetano, *Manual de Direito Administrativo*, 1ª ed. brasileira, t. II/684, Rio de Janeiro, Forense, 1970.

bora ainda possa mover ação de ressarcimento de prejuízo que tenha provindo da prática do ilícito.

90. Responsabilidade civil da Administração. "As pessoas jurídicas de direito público e as de direito privado prestadoras de serviços públicos responderão pelos danos que seus agentes, nessa qualidade, causarem a terceiros, assegurado o direito de regresso contra o responsável nos casos de dolo ou culpa" (art. 37, § 6º).

Responsabilidade civil significa a obrigação de reparar os danos ou prejuízos de natureza patrimonial (e, às vezes, moral) que uma pessoa cause a outrem.

O direito brasileiro inscreveu cedo a obrigação de a Fazenda Pública compor os danos que os seus servidores, nesta qualidade, causem a terceiros, pouco importando decorra o prejuízo de atividade regular ou irregular do agente. Agora, a Constituição vai além, porque equipara, para tal fim, à pessoa jurídica de direito público aquelas, de direito privado, que prestem serviços públicos (como são as concessionárias, as permissionárias e as autorizatárias de serviços públicos), de tal sorte que os agentes (presidentes, superintendentes, diretores, empregados em geral) dessas empresas ficam na mesma posição dos agentes públicos no que tange à responsabilidade pelos danos causados a terceiros. Não se cogitará da existência ou não de culpa ou dolo do agente para caracterizar o direito do prejudicado à composição do prejuízo, pois a obrigação de ressarci-los, por parte da Administração ou entidade equiparada, fundamenta-se na doutrina do risco administrativo.

91. Autonomia gerencial. A autonomia gerencial, orçamentária e financeira dos órgãos e entidades da administração direta e indireta (diz o § 8º do art. 37, introduzido pela EC-19/98) poderá ser ampliada mediante contrato, a ser firmado entre seus administradores e o poder público, que tenha por objeto a fixação de metas de desempenho para o órgão ou entidade, cabendo à lei dispor sobre: I – o prazo de duração do contrato; II – os controles e critérios de avaliação de desempenho, direitos, obrigações e responsabilidades dos dirigentes; III – a remuneração do pessoal.

Cria-se aqui uma forma de contrato administrativo inusitado, entre administradores de órgãos do poder público com o próprio poder público. Quanto ao contrato das entidades não há maiores problemas, porque entidades são órgãos públicos ou parapúblicos (paraestatais) com personalidade jurídica, de modo que têm a possibilidade de celebrar contratos e outros ajustes com o poder público, entendido poder da administração centralizada. Mas os demais órgãos não dispõe de personalidade jurídica para que seus administradores possam, em seu nome, celebrar contrato com o poder público no qual se inserem. Tudo isso vai ter que ser definido pela lei referida no texto. A lei poderá outorgar aos administradores de tais órgãos uma competência especial, que lhes permita celebrar o contrato. Veremos como o legislador ordinário vai imaginar isso.

92. Servidores investidos em cargos eletivos. O servidor público *federal*, *estadual* ou *municipal*, da Administração *direta*, *autárquica* e *fundacional*, eleito para cumprir mandato eletivo, o exercerá com observância das seguintes regras:

1) Se se tratar de *mandato eletivo federal* (Deputado Federal, Senador, Presidente e Vice-Presidente da República), *estadual* (Deputado Estadual, Governador e Vice-Governador do Estado) ou *distrital* (Deputado, Governador e Vice-Governador do Distrito Federal), o servidor ficará afastado do seu *cargo*, *emprego* ou *função* (art. 38, I). O afastamento é automático; não depende de requerimento do eleito nem de ato declaratório da autoridade competente, embora seja recomendável uma comunicação do servidor eleito para fins de prontuário. Quando deve dar-se o afastamento? Recorra-se às regras de incompatibilidade do art. 54, I, "b", e se concluirá que a resposta é: *desde a diplomação*, para parlamentares e *desde a posse*, para cargo do Executivo. No caso, o afastamento é com prejuízo dos vencimentos, pois não há autorização constitucional para opção entre vencimentos e remuneração do mandato.

2) Se a investidura for no *mandato de Prefeito*, o servidor será afastado do cargo, emprego ou função, sendo-lhe facultado optar pela sua remuneração. Aqui, o afastamento se verifica com a posse, já que o dispositivo constitucional (art. 38, II) usa o termo "investido no mandato de Prefeito", que significa "assumido" o cargo, emprego ou fun-

ção, pois investidura efetiva-se com a posse – não valendo, a esse propósito, norma de Constituição estadual ou de lei orgânica de Município com solução diversa. Aqui, como o dispositivo diz "será afastado", torna-se necessário, especialmente se for servidor federal ou estadual, o pedido e o ato de afastamento; mas este não poderá ser negado, e se o interessado tomar posse sem o ato de afastamento nem por isso comete infração, devendo, apenas, fazer a comunicação do fato ou ser convidado a regularizar a situação.

3) Em se tratando de servidor investido no mandato de Vereador, havendo compatibilidade de horário, exercerá cumulativamente o mandato com o cargo, emprego ou função. O servidor perceberá as vantagens deste ou desta (vencimentos etc.) sem prejuízo da remuneração do cargo eletivo. Não ocorrendo a compatibilidade de horário, ficará afastado de seu cargo, emprego ou função, facultando-se-lhe optar entre a remuneração de sua situação funcional e a do mandato. O afastamento, também aqui, se verifica com a posse (art. 38, III).

Em qualquer das hipóteses em que se exija o afastamento do servidor para o exercício de mandato eletivo, seu tempo de serviço será contado *para todos os efeitos legais*, exceto para promoção por merecimento. Vale dizer: conta-se o tempo para aposentadoria, disponibilidade, adicionais, licença prêmio, sexta parte (onde houver), benefícios previdenciários, caso em que os valores serão determinados como se no exercício estivesse, e para qualquer outra vantagem pecuniária ou funcional (art. 38, IV e V).

X. *Dos Servidores públicos*

93. Agentes públicos. O Estado se exprime por seus *órgãos*, que são *instrumentos* ou *meios de ação* pelos quais se coloca em condições de querer, de atuar e de relacionar-se com outros sujeitos de direito. O elemento subjetivo do órgão público – *o titular* – denomina-se genericamente *agente público*, que, dada a diferença de natureza das competências e atribuições a ele cometidas, se distingue em: *agentes políticos*, titulares de cargos que compõem a estrutura fundamental do governo, e *agentes administrativos*, titulares de cargo, emprego ou função pública, compreendendo todos aqueles que mantêm com o Poder Público relação de trabalho, não eventual, sob vínculo de dependência, caracterizando-se, assim, pela *profissionalidade* e relação de subordinação hierárquica.

Os *agentes administrativos* se repartem em dois grandes grupos: 1) os *servidores públicos*, que compreendem quatro categorias (art. 37, I e IX): a) servidores investidos em cargos (*funcionários públicos*); b) servidores públicos investidos em empregos (*empregados públicos*); c) servidores admitidos em funções públicas (*servidores públicos em sentido estrito*); e d) servidores contratados por tempo determinado (*prestacionistas de serviço público temporário*); 2) os *militares*, que compreendem os membros das Polícias Militares e Corpos de Bombeiros Militares (art. 42) e os das Forças Armadas (art. 142, § 3º).

A EC-18/98 eliminou a terminologia *servidores civis* e *servidores militares*, o que, a rigor, não muda nada, porque a distinção está subentendida, já que *militares* também são servidores públicos.

94. Acessibilidade à função administrativa. A *função administrativa* é exercida por agentes administrativos, ou seja, nos termos da Constituição, por *servidores públicos*, mediante a ocupação de um cargo, emprego, função autônoma (chamada função pública) ou por contratação.

Assumir uma dessas posições corresponde a ter acesso à função administrativa, para desempenhar uma atividade ou prestar serviços à Administração como servidor público.

A Constituição estatui que "os cargos, empregos e funções são acessíveis aos brasileiros que preencham os requisitos estabelecidos em lei, assim como aos estrangeiros, na forma da lei" (art. 37, I, e EC-19/98).

Investidura em cargo ou emprego. O princípio da acessibilidade aos *cargos e empregos públicos* visa, essencialmente, a realizar o princípio do mérito, que se apura mediante *investidura* por *concurso público* de provas ou de provas e títulos, de acordo com a natureza e a complexidade do cargo ou emprego, na forma prevista em lei, ressalvadas as nomeações para cargo em comissão declarado em lei de livre nomeação e exoneração (art. 37, II). As funções de confiança, previstas no art. 37, V, como os cargos em comissão (também de confiança), destinados apenas às atribuições de direção, chefia e assessoramento, não comportam concurso público, estatuindo-se apenas que aquelas sejam exercidas por servidores ocupantes de cargos efetivos, e estes preenchidos por servidores de carreira, nos casos, condições e percentuais mínimos previstos em lei. Prevê-se, também, a possibilidade de a lei estabelecer outros critérios de admissão para o preenchimento de certa percentagem de cargos ou empregos públicos por pessoas portadoras de deficiência (art. 37, VIII).

A exigência de aprovação prévia em concurso público implica a classificação dos candidatos e nomeação na ordem prioritária dessa classificação. Não basta, pois, estar aprovado em concurso para ter direito à investidura. Necessário também é que esteja classificado e na posição correspondente às vagas existentes, durante o período de validade do concurso, que será de *até* dois anos, prorrogável uma vez, por igual período (art. 37, III). O texto diz "*até* dois anos", o que vale dizer que pode não ter prazo algum, ou seja, o concurso pode ter sido realizado para o preenchimento das vagas existentes no momento de sua abertura, constante do edital. Isso parece significar que o prazo de validade de concurso não é um direito subjetivo de eventuais candidatos a cargos e empregos públicos.

Contratação de pessoal temporário. O art. 37, IX, prevê que a *lei* estabelecerá os casos de contratação por tempo determinado para atender a necessidade temporária de excepcional interesse público. Essa é uma forma de prestação de serviço público diferente do exercício de cargo, de emprego e de função. O contratado é, assim, um prestacionista de serviços temporários.

95. Sistema remuneratório dos agentes públicos. *Espécies remuneratórias*. A EC-19/98 modificou o sistema remuneratório dos agentes públicos, com a criação do *subsídio*, como forma de remunerar agentes políticos e certas categorias de agentes administrativos civis e os militares. Usa a expressão *espécies remuneratórias*, como gênero que compreende: o subsídio, o vencimento (singular), os vencimentos (plural) e a remuneração.

Subsídio. O subsídio é obrigatório ou facultativo. É *obrigatório* para detentores de *mandato eletivo* federal, estadual e municipal (Presidente e Vice-Presidente da República, Governador e Vice-Governador de Estado e do Distrito Federal e Prefeitos Municipais; Senadores, Deputados e Vereadores), para Ministros de Estado, Secretários de Estado e de Municípios, membros do Poder Judiciário (Ministros, Desembargadores e Juízes), membros dos Tribunais de Contas (por força das remissões contidas nos arts. 73, § 3º, e 75), membros do Ministério Público Federal e Estadual, Advogados da União, Procuradores de Estado e do Distrito Federal, Defensores Públicos e dos servidores policiais (civis ou militares).[12] É *facultativo* como forma de remuneração de servidores públicos organizados em carreira, se assim dispuser a lei – federal, estadual ou municipal, conforme a regra de competência (art. 39, § 8º).

O subsídio é fixado em *parcela única*, "vedado o acréscimo de qualquer gratificação, adicional, abono, prêmio, verba de representação ou outra espécie remuneratória, obedecido, em qualquer caso, o disposto no art. 37, X e XI". A remissão a esses dois incisos do art. 37 significa que: a) o subsídio, excluídos os de mandato eletivo sujeito a regime próprio, só poderá ser fixado e alterado por *lei específica*; b) é assegurada sua revisão anual, que só poderá ser para aumentá-lo, nunca para reduzi-lo, pois sua irredutibilidade é também garantida no art. 37, XV, para ocupantes de cargos e empregos públicos, excluídos os subsídios de mandato eletivo; c) fica sujeito ao teto, que corresponde ao subsídio dos Ministros do Supremo Tribunal Federal.

O conceito de *parcela única* há de ser buscado no contexto temporal e histórico e no confronto do § 4º do art. 39 com outras disposições constitucionais, especialmente o § 3º do mesmo artigo. Sendo uma espécie remuneratória de trabalho permanente, significa que é pago periodicamente. Logo, a unicidade do subsídio correlaciona-se com essa periodicidade. A parcela é única em cada período, que, por regra, é o mês. Trata-se, pois, de *parcela única mensal*. Mas o conceito de parcela única só repele os acréscimos de espécies remuneratórias do trabalho normal do servidor. Não impede que ele aufira outras verbas pecuniárias que tenham fundamentos diversos, desde que consignados em normas constitucionais. Ora, o § 3º do art. 39, remetendo-se ao art. 7º, manda aplicar aos servidores ocupantes de *cargos públicos* (não ocupantes de mandato eletivo, de emprego ou de funções públicas) algumas vantagens pecuniárias, nele consigna-

---

12. Cf. arts. 227, § 2º; 28, § 2º; 29, V e VI; 39, § 4º; 48, XV; 49, VII e VIII; 93, V; 128, § 5º, I, "c"; 135, e 144, § 9º, de acordo com enunciado da EC-19/98.

das, que não entram naqueles títulos vedados. Essas vantagens são: o *décimo terceiro salário* (art. 7º, VIII), que não é acréscimo à remuneração mensal, mas um mês a mais de salário; *subsídio noturno maior do que o diurno* (art. 7º, IX, que determina que a remuneração do trabalho noturno seja superior ao diurno); *salário-família* (art. 7º, XII); o subsídio de serviço extraordinário superior, no mínimo em 50%, ao do normal (art. 7º, XVII); o subsídio do período de férias há de ser, pelo menos um terço, maior do que o salário normal (art. 7º, XVII). Como se vê, o subsídio, nesses casos, não deixa de ser em parcela única. Apenas será superior ao subsídio normal. Demais, o novo § 7º do art. 39 prevê a possibilidade de adicional e prêmio, no caso de economia com despesas correntes em cada órgão etc., quebrando, ele próprio, a unicidade estabelecida.

Vencimento e remuneração dos servidores. Essas espécies remuneratórias perduram como forma geral de estipendiar servidores públicos, já que os subsídios só se aplicam nas hipóteses estritamente indicadas.

Os termos *vencimento* (no singular), *vencimentos* (no plural) e *remuneração* dos servidores públicos não são sinônimos. *Vencimento*, no singular, é a retribuição devida ao funcionário pelo efetivo exercício do cargo, emprego ou função, correspondente ao símbolo ou ao nível e grau de progressão funcional ou ao padrão, fixado em lei. Nesse sentido, a palavra não é empregada uma só vez na Constituição. *Vencimentos*, no plural, consiste no *vencimento* (retribuição corresponde ao símbolo ou ao nível ou ao padrão fixado em lei) acrescido das *vantagens pecuniárias* fixas. *Remuneração* sempre significou, no serviço público, uma retribuição composta de uma parte fixa (geralmente no valor de dois terços do padrão do cargo, emprego ou função) e outra variável, em função da produtividade (quotas-partes de multas) ou outra circunstância. É tipo de retribuição aplicada a certos servidores do fisco (os *fiscais*) que, além de vencimentos (padrão mais adicionais etc.), tinham, ou têm, também o direito de receber quotas-partes de multas por eles aplicadas. Hoje se emprega o termo *remuneração* quando se quer abranger todos os valores, em pecúnia ou não, que o servidor percebe mensalmente em retribuição de seu trabalho.

Então, o termo *remuneração* pode ser empregado, e não raro está empregado, no sentido de *vencimentos*, mas este não é empregado em lugar de remuneração. Assim é que, em face da Constituição, é lícito dizer que o servidor tem direito a uma remuneração mensal pelo seu trabalho, que pode ser simplesmente os *vencimentos* (vencimento mais vantagens) ou a remuneração em sentido próprio: vencimentos (ou parte destes) acrescidos de quotas variáveis segundo critério legal; por exemplo, vencimentos e gratificação pelo comparecimento a reuniões de conselho, comissão etc. Quando a Constituição, no art. 39, § 5º, conforme redação da EC-19/98, declara que "lei da União, dos Estados, do Distrito Federal e dos Municípios poderá estabelecer a relação entre a maior e a menor remuneração dos servidores públicos, obedecido, em qualquer caso, o disposto no art. 37, XI", usou intencionalmente o termo *remuneração* para abranger todos os valores integrantes da retribuição dos civis, a fim de que nenhuma parcela fique fora da relação comparativa, obedecido o teto previsto no citado art. 37, XI, e também, agora, para indicar que os subsídios não estão abrangidos pela norma.

O dispositivo, em resumo, quer que a lei, em cada entidade da Federação, estabeleça, por exemplo, que a maior remuneração de servidor não seja superior a dez, quinze ou vinte vezes a menor, ou, então, que a escala de remuneração não guarde distância acima de certa percentagem. Mas a remissão ao art. 37, XI, invoca, para o caso, o respeito ao teto que, como visto acima, é o subsídio de Ministro do Supremo Tribunal Federal.

Por outro lado, é correto o emprego da palavra *vencimentos* no mesmo art. 37, XII e XV. O primeiro, ao dizer que *os vencimentos dos cargos do Poder Legislativo e do Poder Judiciário não poderão ser superiores aos pagos pelo Poder Executivo*; em verdade, esse referencial nunca foi obedecido. O segundo, com a redação da EC-19/98, ao estipular que "o subsídio e os vencimentos dos ocupantes de cargos e empregos públicos são irredutíveis, ressalvado o disposto nos incisos XI e XIV deste artigo e nos arts. 39, § 4º, 150, II, 153, III, e 153, § 2º".

De fato, só os *vencimentos* (vencimento e vantagens fixas) e o *subsídio* (parcela única) podem ser irredutíveis. Mas, qualquer que seja, sobre todas as suas parcelas somadas incidirá o imposto sobre a renda (arts. 150, II, e 153, III, § 2º, I). Os vencimentos irredutíveis significam que nem o padrão nem os adicionais ou outras vantagens fixas poderão ser reduzidos.

96. Vedação de acréscimos pecuniários. Os *acréscimos pecuniários* ao padrão de vencimento dos servidores públicos continuam admitidos pela Constituição, em relação a vencimentos e remuneração, não aos subsídios que não os admitem. Dos acréscimos se trata não tanto para erigi-los em direito dos servidores, mas para estabelecer limites, vedando seu cômputo ou acumulação para fins de concessão de acréscimos ulteriores, sob o mesmo título ou idêntico fundamento, onde eles existam. É a proibição dos chamados "repicão" e "repiquíssimo", que consistem na incidência de adicionais sobre adicionais, sobre sexta parte, sobre salário-família e reciprocamente.

97. Isonomia, paridade, vinculação e equiparação de vencimentos. A EC-19/98 eliminou a determinação especial de isonomia de vencimentos que constava do art. 39, § 1º. Isso não significa que a isonomia tenha deixado de existir nas relações funcionais. Não, porque o princípio geral continua intocável no *caput* do art. 5º, na tradicional forma da igualdade perante a lei. Se ocorrer nas relações funcionais, inclusive de vencimentos, remuneração ou mesmo subsídios, um tratamento desigual para situações iguais, aí terá aplicação o princípio da isonomia.

A isonomia se dá entre servidores do mesmo Poder e entre servidores de Poderes diferentes. Se isso é verdade, fica incompreensível a regra do art. 37, XII, que determina que os vencimentos (não fala em subsídio) dos cargos do Poder Legislativo e do Poder Judiciário não poderão ser superiores aos pagos pelo Poder Executivo. Isso significa que a aplicação da isonomia tem por referência os cargos do Executivo. Isto é, os servidores dos três Poderes têm direito à paridade isonômica de vencimentos, mas a parificação se faz com os cargos iguais ou assemelhados do Poder Executivo.

98. Equiparação, vinculação e paridade de vencimentos. Não há confundir *isonomia* e *paridade* com *equiparação* ou *vinculação* para efeitos de vencimentos. *Isonomia* é igualdade de espécies remuneratórias entre cargos de atribuições iguais ou assemelhadas. *Paridade* é um tipo especial de isonomia, é igualdade de vencimentos atribuídos a cargos de atribuições iguais ou assemelhadas pertencentes a quadros de Poderes diferentes. *Equiparação* é a comparação de cargos de denominação e atribuições diversas, considerando-os iguais para fins de se lhes conferirem os mesmos vencimentos; é *igualação* jurídico-formal de cargos ontologicamente desiguais, para o efeito de se lhes darem vencimentos idênticos, de tal sorte que, ao aumentar-se o padrão do cargo-paradigma, automaticamente o do outro ficará também majorado na mesma proporção. Na *isonomia* e na *paridade*, ao contrário, os cargos são ontologicamente iguais, daí devendo decorrer a igualdade de retribuição; isso está de acordo com o princípio geral da igualdade perante a lei: tratamento igual para situações reputadas iguais. É, em verdade, aplicação do princípio da isonomia material: trabalho igual deve ser igualmente remunerado. A *equiparação* quer tratamento igual para situações desiguais. *Vinculação* é relação de comparação vertical, diferente da equiparação, que é relação horizontal. Vincula-se um cargo inferior, isto é, de menores atribuições e menor complexidade, com outro superior, para efeito de retribuição, mantendo-se certa diferença de vencimentos entre um e outro, de sorte que, aumentando-se os vencimentos de um, o outro também fica automaticamente majorado, para guardar a mesma distância preestabelecida.[13]

O regime jurídico desses institutos é, por isso mesmo, diametralmente oposto. A *isonomia*, em qualquer de suas formas, incluída nela a paridade, é uma garantia constitucional e um direito do funcionário, ao passo que a vinculação e a equiparação de cargos, empregos ou funções, para efeito de remuneração, são vedadas pelo art. 37, XIII. O que, aqui, se veda é a vinculação ou equiparação de cargos, empregos ou funções para efeitos de remuneração.

99. Vedação de acumulações remuneradas. A Constituição, seguindo a tradição, veda as acumulações remuneradas de cargos, em-

---

13. *Jurisprudência*: Representação n. 1.370-GO, voto vencedor do Min. Célio Borja, *RTJ* 123/24 (jan./1988): "no conceito constitucional de vinculação de vencimentos está ínsita a idéia de automatismo nas modificações da retribuição de cargos ou empregos públicos, de molde a acarretar o aumento ou a redução de todos os que estão ligados ao cargo-paradigma, toda vez que a remuneração deste é alterada. O que o constituinte quis impedir foi a subtração aos administradores da pecúnia pública da faculdade de dosar despesas de pessoal, de acordo com as possibilidades do Erário e a oportuna avaliação da utilidade dos cargos para o serviço público e da justa retribuição dos ocupantes". O argumento vale para as equiparações.

pregos e funções na Administração direta e nas autarquias, fundações, empresas públicas, sociedades de economia mista, suas subsidiárias, e sociedades controladas, direta ou indiretamente, pelo poder público (EC-19/98), significando isso que, ressalvadas as exceções expressas (*infra*), não é permitido a um mesmo servidor acumular dois ou mais cargos ou funções ou empregos, nem cargo com função ou emprego, nem função com emprego, quer sejam um e outros da Administração direta ou indireta, quer sejam um daquela e outro desta (art. 37, XVI e XVII).

Autorizam-se, contudo, exceções, para possibilitar a acumulação nos seguintes casos: a) dois *cargos* de professor; b) um *cargo* de professor com outro técnico ou científico; c) dois *cargos* ou *empregos* privativos de profissionais da saúde, com profissões regulamentadas. As exceções, nos casos das letras "a" e "b", só se referem a *cargos*; no da letra "c", a *cargo* e *emprego*. Observe-se, também, que, em qualquer das hipóteses excepcionadas, a acumulação só será lícita havendo compatibilidade de horário, notando-se que a Constituição não exige mais a correlação de matérias entre os cargos acumuláveis de professores ou um de professor e outro técnico ou científico. Mas a remuneração ou subsídio dos cargos acumulados não pode ultrapassar o teto do art. 37, XI, quando ele for definido.

Igualmente, é vedada a percepção simultânea de proventos da aposentadoria do art. 40 (titulares de cargos efetivos da União, dos Estados, do Distrito Federal e dos Municípios e suas autarquias e fundações) ou dos arts. 42 (Polícia Militar) e 142 (Militares das Forças Armadas) com a remuneração de cargo, emprego ou função pública, ressalvados os cargos acumuláveis na forma da Constituição (cf. *supra*), os cargos eletivos e os cargos em comissão declarados em lei de livre nomeação e exoneração (EC-20/98), respeitado o teto do art. 37, XI.

100. Aposentadoria, pensão e seus proventos. *Direitos previdenciários do servidor público.* A aposentadoria, pensão e seus proventos são outros tantos direitos constitucionais dos servidores públicos. A EC-20/1998 mudou o texto original da Constituição, de modo que, agora, ela estabelece que, aos *servidores titulares de cargos efetivos da União, dos Estados, do Distrito Federal e dos Municípios*, incluídas suas autarquias e fundações, é assegurado o regime de previdência de caráter contributivo, observados os critérios que preservem o equilíbrio financeiro e atuarial. Destaque-se que o direito aí previsto só cabe ao funcionário público estritamente considerado, que é o "servidor titular de cargo efetivo" de que fala o texto constitucional, sujeito agora à contribuição previdenciária de que sempre esteve isento, em valor que preserve o equilíbrio financeiro e atuarial do sistema previdenciário.

Aposentadoria. A *aposentadoria* dos servidores abrangidos por esse regime previdenciário se dará: 1) por *invalidez permanente*, com *proventos integrais*, quando decorrente de acidente em serviço, moléstia profissional ou doença grave, contagiosa ou incurável, especificada em lei, e *proporcional ao tempo de contribuição* nos demais casos; 2) *compulsoriamente*, aos setenta anos de idade com *proventos proporcionais* ao tempo de contribuição; 3) *voluntariamente*, desde que cumprido tempo mínimo de dez anos de efetivo exercício no serviço público e cinco anos no cargo efetivo em que se dará a aposentadoria, observadas as seguintes condições: a) sessenta anos de idade e trinta e cinco de contribuição, se homem, e cinqüenta e cinco anos de idade e trinta de contribuição, se mulher, com *proventos integrais* (art. 40, § 1º, III, "a"); esses requisitos serão reduzidos de cinco anos, para o professor que comprove tempo de efetivo exercício exclusivamente nas funções de magistério na educação infantil e no ensino fundamental (art. 40, § 5º); b) sessenta e cinco anos de idade, se homem, e sessenta anos de idade, se mulher, com *proventos proporcionais ao tempo de contribuição* – note-se: a idade é que é o fator principal, como era no art. 40, § 1º, III, "d", do texto original, facultando-se a aposentadoria proporcional ao homem com sessenta e cinco anos de idade, e à mulher com sessenta anos; a proporcionalidade, por sua vez, se faz em relação ao tempo de contribuição, sem limitação; completada a idade prevista, o servidor ou servidora pode aposentar-se com proventos proporcionais ao tempo de contribuição, qualquer que seja esse tempo; eliminou-se a aposentadoria proporcional ao tempo de serviço que constava do citado art. 40, § 1º, III, "c".

Em princípio é vedada a adoção de requisitos e critérios diferentes dos acima indicados para a concessão de aposentadoria, mas lei complementar poderá definir atividades exercidas exclusivamente sob condições especiais que prejudiquem a saúde ou a integridade física, em relação às quais poderá estabelecer requisitos e critérios diferenciados para a concessão de aposentadoria. Lembre-se que o § 1º do art. 40, na redação originária, era específico, permitindo a redução de tempo de serviços de aposentadoria no caso de exercício de atividades consideradas *penosas, insalubres* ou *perigosas*. O texto da EC-20/98 é mais aberto, mas é razoável pensar que a lei complementar vai incluir as atividades penosas, insalubres e perigosas, que são as mais suscetíveis de prejudicar a saúde e a integridade física.

A EC-20/98 prevê a possibilidade de aposentadoria de quem ocupa, exclusivamente, cargo de provimento em comissão, de outros cargos temporários ou de emprego público (art. 40, § 13). Lembra-se que o originário § 2º desse artigo, remetia a solução do problema à lei ordinária. Agora, a norma constitucional regula diretamente o assunto, para declarar que esses servidores ficam sujeitos ao regime geral da previdência social (art. 201).

Será computável integralmente o *tempo de contribuição federal, estadual ou municipal* para efeito de aposentadoria e o tempo de serviço para efeito de disponibilidade, vedada qualquer forma de contagem de tempo de contribuição fictícia (art. 40, §§ 9º e 10, enunciado da EC-20/98). Apenas para a aposentadoria é assegurada a contagem recíproca do tempo de contribuição na atividade privada, rural e urbana, hipótese em que os sistemas de previdência social envolvidos se compensarão financeiramente, segundo critérios estabelecidos em lei (art. 201, § 9º).

A *aposentadoria*, como a *disponibilidade*, em qualquer de suas formas, é sempre remunerada, e é a própria Constituição que estabelece os requisitos dessa remuneração, que toma o nome de *proventos*. Há casos a que a Constituição confere *proventos integrais*, ou seja, correspondentes ao total da remuneração da atividade; em outros, ela só outorga *proventos proporcionais*, vale dizer, correspondentes a uma proporção da remuneração da atividade em relação ao tempo de contribuição do aposentado. Terá *proventos integrais* quem se aposentar: a) *por invalidez permanente*, em decorrência de acidente no serviço, moléstia profissional ou doença grave, contagiosa ou incurável; b) em geral, contar sessenta anos de idade e trinta e cinco anos de contribuição, se for homem, e cinqüenta e cinco anos de idade e trinta de contribuição, se mulher; c) em particular, cinqüenta e cinco anos de idade e trinta anos de contribuição, se professor, e cinqüenta anos de idade e vinte e cinco de contribuição, se professora. Em todos os demais casos, os proventos serão proporcionais ao tempo de contribuição, quer o servidor se aposente compulsoriamente, com menos tempo de contribuição do que o exigido para a aposentadoria voluntária, quer voluntariamente, na chamada aposentadoria proporcional autorizada no art. 40, § 1º, III, "b". Os proventos da aposentadoria, no momento da sua concessão, serão calculados com base na remuneração (ou do subsídio) do servidor no cargo efetivo em que se der a aposentadoria e, na forma da lei, corresponderão à totalidade da remuneração (ou do subsídio). A cláusula "na forma da lei" tem aplicação apenas na situação prevista no § 5º do art. 39, segundo o enunciado normativo dado pela EC-19/58, estatuindo que a lei poderá estabelecer a relação entre a maior e a menor remuneração dos servidores públicos, obedecido, em qualquer caso, o disposto no art. 37, XI. O que essa lei dispuser é que deve ser levado em conta na fixação da totalidade da remuneração para o cálculo dos proventos da aposentadoria, até porque estes, assim como as pensões, por ocasião de sua concessão, não poderão exceder à remuneração do respectivo servidor no cago efetivo em que se deu a aposentadoria, ou que serviu de referência para a concessão da pensão (art. 40, §§ 2º e 3º, segundo a EC-20/98). Demais, a própria Constituição, no § 11 do art. 40 (enunciado da EC-20/98), já estabelece que se aplica o limite do art. 37, XI (teto, segundo o subsídio dos Ministros do STF), à soma total dos proventos de inatividade, inclusive quando decorrentes da acumulação de cargos ou empregos públicos.

É garantia constitucional dos aposentados *a revisão de seus proventos* na mesma proporção e na mesma data, sempre que se modificar a remuneração (ou o subsídio) dos servidores em atividade, sendo também estendidos aos inativos e pensionistas quaisquer benefícios ou vantagens posteriormente concedidos aos servidores em atividade, inclusive quando decorrentes da transformação ou reclassificação do cargo ou função em que se deu a aposentadoria ou serviu de referência para a concessão da pensão, na forma da lei (art. 40, § 8º, EC-20/98).

Pensão. Finalmente, a Constituição se lembrou dos pensionistas, quando no art. 40, § 7º, determina que os *benefícios da pensão* por morte será igual ao valor dos proventos do servidor falecido ou ao valor dos proventos a que teria direito o servidor em atividade na data de seu falecimento, observado o disposto no § 3º do art. 40, ou seja, os requisitos previstos para a aquisição da aposentadoria que servirá de referência à pensão.

Regime de previdência complementar. O *regime de previdência de caráter contributivo*, que acabamos de ver, é, digamos assim, o regime *obrigatório* de previdência dos funcionários públicos efetivos. A ele estão obrigados a União, os Estados, o Distrito Federal e os Municípios em relação aos respectivos funcionários (servidores titulares de cargo efetivo, como diz a EC-20/98) com os níveis de proventos que indicamos acima.

Essas entidades da Federação, contudo, poderão instituir, como patrocinadoras, regime de *previdência complementar para os respectivos servidores*, observadas as normas gerais estabelecidas por lei complementar, de acordo com o disposto no art. 202.[14] É apenas uma faculdade que a Constituição reconhece a essas entidades (art. 40, §§ 14 a 16, segundo o enunciado da EC-20/98). Mas, se elas resolverem patrocinar entidades de previdência complementar, hão que fazê-lo sob a forma de fundação ou de sociedade civil sem fins lucrativos. As entidades assim patrocinadas pelo poder público são do tipo de entidade de previdência complementar fechada, porque destinadas apenas aos respectivos servidores.

Se esse regime complementar for instituído, o valor das aposentadorias e pensões a serem concedidas pelo regime contributivo obrigatório, referido mais acima, poderá ser fixado no limite máximo estabelecido para os benefícios do regime geral de previdência social de que trata o art. 201 (art. 40, § 14). Na verdade, a remissão simplesmente ao art. 201 é incompleta, porque o limite máximo, a que ele se refere, se encontra no art. 14 da EC-20/98, fixado em R$1.200,00, como veremos ao examinarmos as mudanças no regime geral da previdência social (arts.194, 195, 201 e 202).

Cumpre, finalmente, observar que o § 16 do art. 40 reserva o direito de opção pelo regime de previdência complementar ao servidor que tiver ingressado no serviço público até a data da publicação

---

14. É a Lei Complementar 108, de 29.5.2001, que regula as relações das entidades públicas com as respectivas entidades fechadas de previdência complementar para os respectivos servidores. Tal relação fica, contudo, sujeita aos princípios estabelecidos na Lei Complementar 109, também de 29.5.2001, que regula o regime de previdência privada referido no art. 202 da Constituição.

do ato de sua instituição. Somente poderá ser incluído nesse regime mediante prévia e expressa opção. Mas essa reserva de opção é conferida apenas aos servidores anteriores à instituição desse regime, o que vale dizer que os que ingressarem depois ficarão sujeitos à sua aceitação.

Ressalvas de direito preexistente. Não podemos entrar em pormenores aqui, mas queremos oferecer ao leitor a informação de que a EC-20/98 ressalvou direitos adquiridos e até direitos em processo de aquisição. Assim: a) art. 3º da EC-20/98: direito adquirido do servidor (civil ou militar) e do segurado que tenha cumprido os requisitos para obtenção do benefício (aposentadoria e pensão) no regime da lei anterior; b) art. 4º da EC-20/98: tempo de serviço, para efeito de aposentadoria, a ser computado como tempo de contribuição; c) art. 8º da EC-20/98: direito de aposentar-se voluntariamente, com proventos calculados nos termos do art. 40, § 3º, da Constituição, a quem tenha ingressado regularmente (por concurso público) em cargo efetivo na Administração Pública, direta, autárquica e fundacional, até a data de publicação da EC-20/98, quando o servidor, cumulativamente: c.1) tiver cinqüenta e três anos de idade, se homem, e quarenta e oito anos de idade, se mulher; c.2) tiver cinco anos de efetivo exercício no cargo em que se dará a aposentadoria; e c.3) contar tempo de contribuição igual, no mínimo, à soma de: c.3.1) trinta e cinco anos, se homem, e trinta anos, se mulher; ou c.3.2) um período adicional de contribuição equivalente a 20% do tempo que, na data da publicação da EC-20/98, faltaria para atingir o limite de tempo constante da alínea anterior.

101. Efetividade e estabilidade. O art. 41 da Constituição, com o enunciado dado pela EC-19/98 estatui que "são estáveis após três anos de efetivo exercício os servidores nomeados para cargo de provimento efetivo em virtude de concurso público".

Cargo de provimento efetivo é aquele que deve ser preenchido em caráter definitivo, referindo-se essa característica à titularidade do cargo, para indicar que a pessoa nele investida o será como seu titular definitivo. Opõe-se ao *cargo de provimento em comissão,* sempre ocupado em caráter transitório, querendo isso dizer que seu ocupante não é o seu titular definitivo, mas nele permanecerá apenas enquanto bem servir ou enquanto merecer a confiança da autoridade (daí, *cargo de confiança*) que o indicou ou nomeou, podendo ser exonerado à vontade deste.

A *efetividade* é um atributo do cargo, concernente à forma de seu provimento. Refere-se à titularidade do cargo definido em lei como de provimento em caráter efetivo. É vínculo do funcionário ao cargo; só o servidor efetivo pode ter *estabilidade*, que não se dá no cargo, mas no serviço público. É garantia do servidor, não atributo do cargo, e um direito que a Constituição assegura ao funcionário público.

São requisitos para adquirir a estabilidade: a) *nomeação por concurso* (art. 37, II) para cargo de provimento efetivo – de onde se vê que os nomeados para cargos em comissão, admitidos a funções, e os contratados, *nunca obtêm estabilidade*, podendo, pois, ser exonerados ou dispensados sem formalidade do processo administrativo; b) *exercício efetivo após três anos*. Não basta, pois, a nomeação em virtude de concurso. É necessário que o servidor esteja no exercício no cargo por mais de três anos – apenas um dia a mais –, sem interrupção, para o qual foi nomeado.

A investidura em cargo público é um procedimento administrativo complexo, que envolve várias operações sucessivas: realização de concurso, aprovação neste, nomeação na ordem de classificação, posse e entrada em exercício. Desta última é que começa a fluir o tempo de três anos para a aquisição da estabilidade. O período de três anos, para a aquisição da estabilidade, é entendido como de *estágio probatório* (ou *estágio confirmatório*), durante o qual a administração apura a conveniência de sua confirmação no serviço, mediante a aferição dos requisitos de assiduidade, aptidão, eficiência, idoneidade moral etc.

Perde o cargo o servidor estável nos seguintes casos: a) *por extinção ou declaração de sua desnecessidade*, ficando o servidor em disponibilidade, com remuneração proporcional ao tempo de serviço, até seu aproveitamento em outro cargo; esse aproveitamento é obrigatório; b) *por demissão*, mediante processo administrativo em que lhe seja assegurada ampla defesa, e, naturalmente, em virtude de sentença transitada em julgado, embora isso não seja mais expresso; c) *insuficiência de desempenho*, apurada por meio de avaliação periódica de desempenho, na forma da lei complementar, mediante processo administrativo em que sejam assegurados o contraditório e a ampla defesa (art. 41, § 1º, I, II e III, e art. 247, parágrafo único, introduzido pela EC-19/98); d) *por exoneração*, mediante *ato normativo motivado* com especificação da atividade funcional, o órgão ou unidade administrativa objeto da redução de pessoal, para cumprimento dos limites da despesa com pessoal ativo e inativo estabelecidos em lei complementar (art. 169, § 7º), desde que, para tanto, a redução em pelo menos 20% das despesas com cargos em comissão e funções de confiança não seja suficiente.

Cumpre não confundir, como não raro acontece, *demissão* com *exoneração*. Ambas são atos administrativos que implicam o desligamento do servidor do serviço público. Mas a *demissão* é penalidade aplicada em conseqüência de delitos administrativos. A *exoneração* não constitui penalidade. É concedida a pedido do servidor, ou ao arbítrio da administração, quando o servidor, exonerável *ad nutum*, não mais merece a confiança da autoridade competente ou se torna dispensável ao serviço, ou quando, ainda em estágio probatório, não preencheu os requisitos de confirmação.

102. Vitaliciedade. Conceito diverso da estabilidade é a *vitaliciedade* que a Constituição assegura a certos agentes públicos: magistrados, membros de Tribunal de Contas e membros do Ministério Público. É, a um tempo, atributo do cargo e garantia do titular, que nele tem direito de permanecer por toda a vida ou até que complete setenta anos de idade, quando se aposentará compulsoriamente. Essa garantia não impede a *perda do cargo* pelo vitalício em duas hipóteses: a) *extinção do cargo*, caso em que o titular ficará em disponibilidade com vencimentos integrais; b) *demissão*, o que só pode ocorrer em virtude de sentença judicial.

103. Sindicalização e greve de servidores públicos. Quanto à *sindicalização*, não há restrições. Declara-se que *é garantido ao servidor público civil o direito à livre associação sindical* (art. 37, VI); mas, quanto à *greve*, o texto constitucional não avançou senão timidamente, estabelecendo que *o direito de greve dos servidores públicos será exercido nos termos e nos limites definidos em lei específica*. Não obstante isso, é melhor constar o direito com esses condicionamentos do que não ser constitucionalmente reconhecido.

104. Direitos trabalhistas extensivos aos servidores. A declaração dos direitos e garantias dos servidores públicos civis completa-se com a disposição do art. 39, § 2º, que manda aplicar a eles vários direitos sociais previstos no art. 7º, para os trabalhadores rurais e urbanos. São os seguintes: a) *salário mínimo*, nas condições do inc. IV daquele artigo; b) *irredutibilidade de salário* (vencimentos ou subsídios), redundantemente, porque já garantida no art. 37, XV; c) *garantia de salário* (vencimentos ou subsídio), nunca inferior ao mínimo, para os que percebem remuneração variável (VII); d) *décimo terceiro salário* (vencimentos ou subsídio) com base na remuneração integral ou no valor da aposentadoria (VIII); e) *remuneração* (ou subsídio) *do trabalho noturno superior à do diurno* (IX); f) *salário-família* para os seus dependentes (XII); g) *duração do trabalho* normal não superior a oito horas diárias e quarenta e quatro semanais, facultada a compensação de horários e a redução da jornada, mediante acordo ou convenção coletiva, ou, em relação ao servidor, mediante lei (XIII); h) *repouso semanal remunerado*, preferencialmente aos domingos (XV); i) *remuneração do serviço extraordinário* superior, no mínimo em 50%, à do normal (XVI); j) *gozo de férias* anuais remuneradas com pelo menos um terço a mais do que o salário (vencimentos) normal (XVII); k) *licença à gestante*, sem prejuízo do emprego e do salário (vencimentos), com a duração de cento e vinte dias (XVIII); l) *licença-paternidade*, nos termos fixados em lei (cinco dias atualmente) (XIX); m) *proteção do mercado de trabalho da mulher*, mediante incentivos específicos, nos termos da lei (XX) – vale para garantir a mulher no serviço público e lhe dar condições de trabalho; n) *redução dos riscos inerentes ao trabalho*, por meio de normas de saúde, higiene e segurança (XXII); o) *adicional de remuneração* para as atividades penosas, insalubres ou perigosas, na forma da lei (XXIII); e p) *proibição de diferença de salários* (vencimentos), de exercício de funções e de critérios de admissão por motivo de sexo, idade, cor ou estado civil (XXX).

105. Militares dos Estados, do Distrito Federal e dos Territórios. Os membros das Polícias Militares e Corpos de Bombeiros Militares, instituições organizadas com base na hierarquia e disciplina, são militares dos Estados, do Distrito Federal e dos Territórios. A eles se aplicam, além do que vier a ser fixado em lei, as disposições do art. 14, § 8º, do art. 40, § 9º, e do art. 142, §§ 2º e 3º, cabendo à lei estadual especifica dispor sobre as matérias do art. 142, § 3º, X, sendo as patentes dos oficiais conferidas pelos respectivos governadores. A eles e a seus pensionistas aplica-se também o disposto no art. 40, §§ 7º e 8º.

Capítulo IV
DA ORGANIZAÇÃO DOS PODERES

I. Do Poder Legislativo

106. Congresso Nacional. O *Poder Legislativo* é exercido, na União, por um *Congresso Nacional* composto da Câmara dos Deputados e do Senado Federal (art. 44).

107. Atribuições do Congresso Nacional. O Congresso, como se vê, é *órgão legislativo* da União. Mas suas atribuições não se limitam à competência para elaborar leis. Exerce outras, de relevante importância, que podem ser agrupadas da seguinte maneira:

I – *atribuições legislativas*, pelas quais lhe cabe, com a sanção do Presidente da República, elaborar as leis sobre todas as matérias de competência da União (art. 48), conforme o *processo legislativo*, estabelecido nos arts. 61 a 69;

II – *atribuições meramente deliberativas*, envolvendo a prática de atos concretos, de resoluções referendárias, de autorizações, de aprovações, de sustação de atos, de fixação de situações e de julgamento político, consignados no art. 49, o que é feito por via de decreto legislativo ou de resoluções, segundo procedimento deliberativos especial de sua competência exclusiva, vale dizer, sem a participação do Presidente da República, e segundo regras regimentais;

III – *atribuições de fiscalização e controle*, que exerce por vários procedimentos, tais como: a) *pedidos de informação*, por escrito, encaminhados pelas Mesas aos Ministros, importando crime de responsabilidade a recusa ou o não-atendimento no prazo de trinta dias, bem como a prestação de informações falsas (art. 50); b) *comissão parlamentar de inquérito*, nos termos do art. 58, § 3º, criada pela Câmara dos Deputados e pelo Senado Federal, em conjunto ou separadamente, mediante requerimento de um terço de seus membros, com poderes de investigação próprios das autoridades judiciais, além de outros previstos nos regimentos das respectivas Casas, para a apuração de fato determinado e por prazo certo, sendo suas conclusões, se for o caso, encaminhadas ao Ministério Público, para que promova a responsabilidade civil ou criminal dos infratores; c) *controle externo* com auxílio do Tribunal de Contas, que compreende a fiscalização contábil, financeira, orçamentária, operacional e patrimonial da União e das entidades da Administração direta e indireta, quanto à legalidade, legitimidade, economicidade, aplicação das subvenções e renúncia de receitas, o julgamento das contas anuais do Presidente da República (arts. 66, § 1º, e 70 a 72); d) *fiscalização e controle dos atos do Poder Executivo*, incluídos os da Administração indireta (art. 49, X); e) *tomada de contas* pela Câmara dos Deputados, quando o Presidente da República não as prestar dentro de sessenta dias após a abertura da sessão legislativa, ou seja, até 15 de abril de cada ano (arts. 51, II, e 84, XXIV);

IV – *atribuições de julgamento de crimes de responsabilidade*, com a particularidade de que no julgamento do Presidente da República ou Ministros de Estado a Câmara dos Deputados funciona como *órgão de admissibilidade do processo* e o Senado Federal como *tribunal político*, sob a presidência do Presidente do Supremo Tribunal Federal (arts. 51, I, 52, I, e 86); no julgamento dos Ministros do Supremo Tribunal Federal, do Procurador-Geral da República e do Advogado-Geral da União o Senado Federal funciona, a um tempo, como *tribunal do processo* e *do julgamento* (art. 52, II);

V – *atribuições constituintes*, mediante elaboração de emendas à Constituição (art. 60).

108. Câmara dos Deputados. Compõe-se de representantes do povo, eleitos pelo sistema proporcional, em cada Estado, em cada Território e no Distrito Federal (art. 45), para um mandato de quatro anos.

Competência privativa (art. 51):

I – *autorizar, por dois terços de seus membros, a instauração de processo contra o Presidente e o Vice-Presidente da República e os*

Ministros de Estado; isso significa que a Câmara dos Deputados tem que emitir um juízo de procedibilidade, que o art. 86 chama de "admissão da acusação", para que esse processo por crime de responsabilidade contra as autoridades indicadas possa ter prosseguimento perante o Senado Federal (ou também o processo por crime comum contra o Presidente da República, perante o STF) (arts. 51, I, e 86);

II – *proceder à tomada de contas do Presidente da República, quando não prestadas ao Congresso Nacional dentro de sessenta dias após a abertura da sessão legislativa*; esclareça-se que a sessão legislativa, que é o período anual de funcionamento do Congresso (*infra*), se abre no dia 15 de fevereiro de cada ano (art. 57), e a obrigação do Presidente da República de prestar contas anualmente naquele prazo consta do art. 84, XXIV; se essa obrigação não for cumprida é que tem incidência o dispositivo que prevê a tomada de contas pela Câmara dos Deputados, o que não exclui outras sanções porventura cabíveis contra o Presidente;

III – *elaborar seu regimento interno*; este é o conjunto de regras que regem as atividades da Câmara;

IV – *dispor sobre sua organização, funcionamento, polícia, criação, transformação ou extinção dos cargos, empregos e funções de seus serviços, e a iniciativa de lei para a fixação da respectiva remuneração, observados os parâmetros estabelecidos na lei de diretrizes orçamentárias*; é nesse dispositivo que se encontra a base em que repousa a independência da Câmara dos Deputados em relação aos demais Poderes da República.

109. Senado Federal. Compõe-se de três representantes de cada Estado e do Distrito Federal, eleitos segundo o princípio majoritário, para um mandato de oito anos, renovável de quatro em quatro anos, alternadamente, por um e dois terços. Com cada senador elege-se um 1º e um 2º suplentes, que, nessa ordem, lhe são substitutos no caso de impedimento e sucessores no caso de vacância.

Competência privativa:

I – *processar e julgar o Presidente e o Vice-Presidente da República nos crimes de responsabilidade, bem como os Ministros de Estado e os Comandantes da Marinha, do Exército e da Aeronáutica nos crimes da mesma natureza conexos com aqueles* (nesse caso, como no seguinte, o Senado Federal funcionará sob a presidência do Presidente do Supremo Tribunal Federal, e se houver condenação esta só poderá ser proferida por dois terços dos votos dos membros daquela Casa, e a condenação se limitará à decretação da perda do cargo, com inabilitação, por oito anos, para o exercício de função pública, sem prejuízo das demais sanções jurídicas cabíveis; o caso exemplar foi do *impeachment* do Presidente Collor de Melo);

II – *processar e julgar os Ministros do Supremo Tribunal Federal, o Procurador-Geral da República e o Advogado-Geral da União nos crimes de responsabilidade* (v. comentário do inciso anterior);

III – *aprovar previamente, por voto secreto, após argüição pública, a escolha de magistrados nos casos determinados na* Constituição (arts. 101, parágrafo único, 104, parágrafo único, 111, § 1º, e 123), *de Ministros do Tribunal de Contas da União indicados pelo Presidente da República* (art. 73, § 2º, I), *de Governador de Território, de presidente e diretores do banco central* (com minúscula, para significar que será de qualquer banco, tenha o nome que tiver, que exerça as funções de banco central, que hoje é o Banco Central do Brasil), do Procurador-Geral da República (art. 128, § 1º) *e de titulares de outros cargos que a lei determinar* (abre-se aqui a possibilidade de ampliar esse controle prévio do Senado Federal sobre as nomeações para cargos na esfera federal);

IV – *aprovar previamente, por voto secreto, após argüição em sessão secreta, a escolha dos chefes de missão diplomática de caráter permanente*;

V – *autorizar operações externas de natureza financeira, de interesse da União, dos Estados, do Distrito Federal, dos Territórios e dos Municípios* (acrescentou-se o controle das operações financeiras externas da União entre os controles que incidiam apenas sobre as outras entidades);

VI – *fixar, por proposta do Presidente da República, limites globais para o montante da dívida consolidada da União, dos Estados, do Distrito Federal e dos Municípios* (trata-se do controle do endividamento dessas entidades, incluindo agora também o controle sobre o endividamento da União, já que antes só as outras entidades estavam sujeitas a esse controle);

VII – *dispor sobre limites globais e condições para as operações de crédito externo e interno da União, dos Estados, do Distrito Federal e dos Municípios, de suas autarquias e demais entidades controladas pelo Poder Público Federal* (controle sobre crédito público e também do endividamento das unidades indicadas, ampliando-se o controle à União e entidades autárquicas de todas elas e de outras entidades sob controle federal);

VIII – *dispor sobre limites e condições para a concessão de garantia da União em operações de crédito externo e interno* (ainda aqui, controle sobre o crédito público);

IX – *estabelecer limites globais e condições para o montante da dívida mobiliária dos Estados, Distrito Federal e Municípios* ("dívida mobiliária" é a formada pela emissão de títulos da dívida pública; aqui já não abrange a União);

X – *suspender a execução, no todo ou em parte, de lei declarada inconstitucional por decisão definitiva do Supremo Tribunal Federal* ("em parte" não há de ser entendido como poder de admitir apenas uma parte do que foi declarado inconstitucional. Se toda a lei foi declarada inconstitucional, a suspensão há de ser total, dela toda. O Senado não pode decidir fazê-lo apenas de parte; portanto, quando o texto fala "suspender em parte" significa que também só parte foi declarada inconstitucional. De outro lado, esse procedimento não tem cabimento quando a declaração de inconstitucionalidade decorreu de ação direta, nos termos do art. 103; é procedimento adequado à declaração de inconstitucionalidade *incidenter tantum*, ou seja, no caso concreto, segundo a técnica do controle difuso, pois que sua razão de ser está precisamente em fazer expandir, a todos, os efeitos da decisão, que, em si, só tem eficácia entre as partes; é a suspensão da execução da lei, já vimos, que confere efeitos *erga omnes* à sentença que decretou a inconstitucionalidade);

XI – *aprovar, por maioria absoluta e por voto secreto, a exoneração, de ofício, do Procurador-Geral da República antes do término de seu mandato*;

XII – *elaborar seu regimento interno* (conjunto de normas que regem o funcionamento do Senado Federal);

XIII – *dispor sobre sua organização, funcionamento, polícia, criação, transformação ou extinção dos cargos, empregos e funções de seus serviços e a iniciativa da lei para a fixação da respectiva remuneração, observados os parâmetros estabelecidos na lei de diretrizes orçamentárias* (o que se faz por meio de resolução, em boa parte no próprio regimento interno – que também se baixa por resolução –, menos a fixação de subsídio, nome da remuneração, o qual agora depende de lei, não mais de resolução, EC-19/98);

XIV – *eleger dois membros-cidadãos do Conselho da República*, nos termos do art. 89, VII.

110. Funcionamento do Congresso Nacional. O Congresso Nacional desenvolve suas atividades por *legislaturas* (art. 44: a legislatura dura quatro anos, e corresponde ao período de mandato dos deputados federais), *sessões legislativas ordinárias* (período anual em que deve estar reunido para os trabalhos legislativos, dividido em dois períodos, de 15 de fevereiro a 30 de junho e de 1º de agosto a 15 de dezembro – art. 57), *sessões legislativas extraordinárias* (quando convocado pelos Presidentes do Senado Federal, da Câmara dos Deputados ou da República para deliberar sobre matéria especificada, nos intervalos da sessão legislativa ordinária), *sessões ordinárias* (reuniões diárias de segunda a sexta-feira, para deliberar sobre a *ordem-do-dia*) e *sessões extraordinárias* (reuniões convocadas para horário diverso do das sessões ordinárias).

111. Processo legislativo. O *processo legislativo*, conforme o art. 59, compreende a elaboração de emendas à Constituição, leis complementares, leis ordinárias, leis delegadas, medidas provisórias, decretos legislativos e resoluções.

As emendas à Constituição podem ser propostas por um terço, no mínimo, dos membros da Câmara dos Deputados ou do Senado Federal, pelo Presidente da República ou mais da metade das Assembléias Legislativas dos Estados e Distrito Federal. A proposta será discutida e votada em cada Casa do Congresso Nacional, em dois turnos, considerando-se aprovada se obtiver, em ambos, três quintos dos votos dos respectivos membros. Não se admite emenda à Constituição na vigência de intervenção federal, de estado de defesa ou de estado de sítio, nem pode ser objeto de deliberação proposta de emenda tendente a abolir a forma federativa de Estado, o voto direto, secreto, universal e periódico, a separação dos Poderes, os direitos e garantias individuais.

O processo de formação das leis em geral comporta a iniciativa de qualquer membro ou Comissão da Câmara dos Deputados, do Senado Federal, do Presidente da República, do Supremo Tribunal Federal, dos Tribunais Superiores, do Procurador-Geral da República e a iniciativa popular, mas reserva ao Presidente da República a iniciativa exclusiva de leis que fixem ou modifiquem os efetivos das Forças Armadas ou que disponham sobre criação de funções públicas, matéria tributária, orçamentária e financeira em geral (arts. 61 e 62).

112. Fiscalização financeira. A fiscalização contábil, financeira, orçamentária, operacional e patrimonial da União e das entidades da Administração direta e indireta (o dispositivo está mal-redigido, porque "da União" já é "da Administração direta") será exercida pelo Congresso Nacional, mediante *controle externo*, e pelo *sistema de controle interno* de cada Poder.

Sistema de controle externo. A fiscalização contábil, financeira, orçamentária, operacional e patrimonial, mediante *controle externo*, é coerente com o Estado Democrático de Direito, porque a prestação de contas da Administração Pública é um princípio republicano, e a fiscalização das atividades financeiras e orçamentárias públicas constitui uma prerrogativa da soberania popular, e tem por *objetivo*, nos termos da Constituição, a apreciação das contas do Chefe do Poder Executivo, o desempenho das funções de auditoria financeira e orçamentária, a apreciação da legalidade dos atos de admissão de pessoal, bem como o julgamento das contas dos administradores e demais responsáveis por bens e valores públicos. Em suma, verificar a legalidade, a legitimidade e a economicidade dos atos contábeis, financeiros, orçamentários, operacionais e patrimoniais da Administração direta e indireta da União.

O controle externo é, pois, *função do Poder Legislativo*, sendo de competência do Congresso Nacional no âmbito federal, das Assembléias Legislativas nos Estados, da Câmara Legislativa no Distrito Federal e das Câmaras Municipais nos Municípios, com o *auxílio* dos respectivos Tribunais de Contas. Consiste, assim, na atuação da função fiscalizadora do povo, através de seus representantes, sobre a administração financeira e orçamentária. É, portanto, um controle de natureza política no Brasil, mas sujeito a prévia apreciação técnico-administrativa do Tribunal de Contas competente.

Sistema de controle interno. A Constituição estabelece que os Poderes Legislativo, Executivo e Judiciário manterão, de forma integrada, o controle interno. Trata-se de controle de natureza administrativa, exercido sobre funcionários encarregados de executar os programas orçamentários e da aplicação de dinheiro público, por seus superiores hierárquicos: Ministros, diretores, chefes de divisão etc., dentro das estruturas administrativas de qualquer dos Poderes, de sorte que não mais há um controle só do Poder Executivo, como diziam as Constituições passadas – e é lógico, porque, se a Constituição alarga a autonomia administrativa dos outros Poderes, é coerente que também exija, de cada um deles, o exercício do controle interno, que tem como uma de suas finalidades apoiar o controle externo no exercício de sua missão institucional.

Realmente, são *finalidades* do controle interno, constitucionalmente estabelecidas (art. 74): 1) avaliar o cumprimento das metas previstas no plano plurianual, a execução dos programas de governo e dos orçamentos da União; 2) comprovar a legalidade e avaliar os resultados, quanto à eficácia e eficiência, da gestão orçamentária, financeira e patrimonial nos órgãos e entidades da Administração Federal, bem como da aplicação de recursos públicos por entidades de direito privado; 3) exercer o controle das operações de crédito, avais e garantias, bem como dos direitos e haveres da União; e 4) apoiar o controle externo no exercício de sua missão institucional; por isso é que se exige dos responsáveis pelo controle interno, que dêem ciência, ao Tribunal de Contas, de toda e qualquer irregularidade ou ilegalidade de que vierem a ter conhecimento, sob pena de responsabilidade solidária (art. 74, § 1º).

113. Tribunal de Contas da União. Integrado por nove Ministros, tem sede no Distrito Federal, quadro próprio de pessoal e jurisdição em todo o território nacional. Para garantia de sua independência orgânica, a Constituição lhe confere o exercício das competências previstas para os tribunais judiciários, constantes do art. 96, no que couber, tais como: eleger seus órgãos diretivos; elaborar seu regimento interno; dispor sobre a competência e o funcionamento dos respectivos órgãos administrativos; organizar sua Secretaria e serviços auxiliares; prover, por concurso público de provas, ou de provas e títulos, obedecido o disposto no art. 169, parágrafo único, os cargos necessários à administração de seus órgãos, salvo, quanto ao concurso, os de confiança assim definidos em lei; conceder licença, férias e outros afastamentos a seus membros e aos servidores que lhe sejam subordinados; propor ao Congresso Nacional a criação e a extinção de cargos e a fixação de vencimentos de seus membros, e de serviços auxiliares (art. 73, c/c o art. 96).

Composição. Os *membros* do Tribunal de Contas da União, que recebem a designação de Ministros, são nomeados dentre brasileiros de idoneidade moral e reputação ilibada, de notórios conhecimentos jurídicos, contábeis, econômicos e financeiros ou de administração pública, com mais de trinta e cinco anos e menos de sessenta anos de idade e com mais de dez anos de exercício de função e de efetiva atividade profissional correspondentes às especialidades indicadas acima. Serão *escolhidos*: 1) *um terço* (três, portanto) pelo Presidente da República, com aprovação do Senado Federal, sendo dois alternadamente dentre auditores e membros do Ministério Público junto ao Tribunal, indicados em lista tríplice pelo Tribunal, segundo os critérios de antigüidade e merecimento; 2) *dois terços* (ou seja, *seis membros*) pelo Congresso Nacional. Terão as mesmas garantias, prerrogativas, impedimentos, vencimentos e vantagens dos Ministros do Superior Tribunal de Justiça e somente poderão aposentar-se com as vantagens do cargo quando o tiverem exercido efetivamente por mais de cinco anos. Vale dizer que são *vitalícios*, *inamovíveis*, e seus *vencimentos serão irredutíveis*, mas lhes é vedado, sob pena de perda do cargo: a) exercer, ainda que em disponibilidade, outro cargo ou função, salvo uma de magistério; b) receber, a qualquer título ou pretexto, custas ou participação em processos sujeitos a seu despacho e julgamento; c) dedicar-se à atividade político-partidária (art. 95).

Atribuições. Suas *atribuições*, nos termos do art. 71, incluem-se num dos seguintes grupos:

1) *emissão de parecer prévio* sobre as contas prestadas anualmente pelo Presidente da República, dentro de sessenta dias a contar de seu recebimento;

2) *julgamento das contas* dos administradores e demais responsáveis por dinheiros, bens e valores públicos, da Administração direta e indireta, incluídas as fundações e sociedades instituídas e mantidas pelo Poder Público Federal, e as contas daqueles que derem causa a perda, extravio ou outra irregularidade de que resulte prejuízo ao erário público. Não se trata de *função jurisdicional*, pois não julga pessoas nem dirime conflitos de interesses, mas apenas exerce um julgamento técnico de contas;

3) *apreciação, para fins de registro*, da "legalidade dos atos de admissão de pessoal, a qualquer título, na administração direta e indireta, *incluídas* as fundações instituídas e mantidas pelo Poder Público, *excetuadas* as nomeações para cargo de provimento em comissão, *bem como* as das concessões de aposentadorias, reformas e pensões, *ressalvadas* as melhorias posteriores que não alterem o fundamento legal do ato concessório".[1] Que significa "apreciar, para fins de registro"? Por certo isso não há de ter sentido puramente cartorário. O texto significa que, se os atos forem legais, o Tribunal determinará o registro; se forem ilegais, recusará o registro, assinará prazo para que o órgão ou entidade competente adote as providências necessárias ao exato cumprimento da lei (art. 71, IX), corrigindo e invalidando os atos viciados;

4) *inspeção e auditoria de natureza contábil, financeira, orçamentária, operacional e patrimonial*, por iniciativa própria, da Câmara dos Deputados, do Senado Federal, de comissões técnicas ou de inquérito, nas unidades administrativas de todos os Poderes, quer da Administração direta ou indireta, assim como nas fundações e sociedades instituídas ou mantidas pelo Poder Público;

---

1. É um texto feio, malfeito e mal-redigido. Faz-se um jogo de inclusão e de exclusão confuso. Primeiro forma-se uma cláusula principal: "apreciar (...) indiretas", a esta se adere uma cláusula inclusiva: "inclusive (...) Poder Público", e então se exclui algo, por uma cláusula de exclusão – de onde, de quê?: "excetuadas (...) comissão", e aí se apresenta outra cláusula de inclusão – onde, em quê?: "bem como (...) pensões", e nova cláusula de exclusão: "ressalvadas (...) concessório". Poderia, para melhorar um pouco, ter sido feito assim: "apreciar, para fim de registro, a legalidade: a) dos atos de admissão do pessoal, a qualquer título, na administração direta e indireta e nas fundações instituídas e mantidas pelo Poder Público, excetuadas as nomeações para cargo de provimento em comissão; b) das concessões de aposentadorias, reformas e pensões, ressalvadas as melhorias posteriores que não alterem o fundamento legal do ato concessório".

5) *fiscalização* das contas nacionais das empresas supranacionais de cujo capital social a União participe, de forma direta ou indireta, nos termos do tratado constitutivo, assim como da aplicação de qualquer recurso repassado pela União mediante convênio, acordo, ajuste ou outros instrumentos congêneres, a Estado, ao Distrito Federal ou a Município;

6) *prestação de informações* solicitadas pelo Congresso Nacional, por qualquer de suas Casas ou Comissões, sobre fiscalização de sua competência e sobre resultados de inspeções ou auditorias;

7) *aplicação de sanções previstas em lei* aos responsáveis, no caso de ilegalidade de despesa ou irregularidade de contas;

8) *assinação de prazos* a órgãos ou entidades para providências necessárias ao exato cumprimento da lei, quando verifique ocorrência de ilegalidade de atos ou procedimentos sob seu controle;

9) *sustação da execução de ato impugnado* se não tomadas, no prazo assinado, as providências para a correção de ilegalidades e irregularidades, comunicando a decisão à Câmara dos Deputados e ao Senado Federal;

10) *representação* à autoridade competente sobre irregularidades ou abusos apurados;

11) *elaboração de relatório* trimestral e anual a ser encaminhado ao Congresso Nacional, conforme consta do art. 71, § 4º.

Não lhe cabe, porém, sustar a execução de contrato. Se constatar ilegalidade ou irregularidade no processo de sua formação, ou em qualquer de suas cláusulas, deverá representar ao Congresso Nacional, solicitando a sustação, que, no caso, é ato de estrita competência deste. Nem é o caso de o Tribunal se dirigir ao Poder Executivo, pois também cabe ao Congresso solicitar, de imediato, ao Poder Executivo as medidas cabíveis. Mas, se o Congresso ou o Poder Executivo, no prazo de noventa dias, não efetivarem as medidas referidas acima, o Tribunal decidirá a respeito (art. 71, §§ 1º e 2º). A Constituição pára por aí, deixando ao intérprete algumas dúvidas. A primeira diz respeito à atitude do Congresso, que não é mero intermediário do Tribunal de Contas, no caso – como a imprecisão da norma pode dar a entender. Na verdade, ao Congresso cabe apreciar e decidir a solicitação de suspensão do contrato. Antes disso, solicita ao Executivo as medidas cabíveis, no prazo assinado. Depois disso, com ou sem as providências do Executivo, decidirá sobre a suspensão – suspendendo ou não, porque sua decisão não é jurídica, mas política, à vista da oportunidade e da conveniência. Se não suspender, a execução do contrato prossegue. Se suspender, comunicará ao Tribunal de Contas para a responsabilização pertinente. Se o Congresso ou o Poder Executivo, no prazo de noventa dias, não tomarem providências, ou seja, silenciarem, aí sim é que cabe ao Tribunal decidir a respeito. Outra questão deixada ao intérprete refere-se ao conteúdo dessa decisão, que, a nós, nos parece ser a de declaração da nulidade do contrato e eventual imputação de débito ou multa com eficácia de título executivo (art. 71, § 3º). E cabe ao Tribunal providenciar a cobrança, determinando à Advocacia-Geral da União o ajuizamento da execução, sob pena de responsabilidade.

Participação popular. Abre-se, agora, ao cidadão, aos partidos políticos, às associações e aos sindicatos a oportunidade de participar do controle externo da Administração Pública, conforme expressamente consta do § 2º do art. 74: "Qualquer cidadão, partido político, associação ou sindicato é parte legítima para, na forma da lei, denunciar irregularidades ou ilegalidades perante o Tribunal de Contas da União".

O parágrafo está mal-situado, pois, ligado ao controle externo, está vinculado ao artigo que trata do controle interno. Falha técnica.

"Cidadão" é o eleitor. "Na forma da lei", diz o texto, como se para esse tipo de denúncia aquelas partes legítimas dependessem de lei que as autorizasse. Ora, primeiro, existe o direito de petição, que independe de lei e pode ser utilizado no caso; segundo, porque a denúncia poderá ser feita sempre, e o Tribunal a terá na conta que merecer. Será realmente de pasmar se não tomar conhecimento do fato, só porque, eventualmente, não existe lei que autorize aquela legitimação para agir perante ele. Se ele pode tomar conhecimento e tomar as providências cabíveis *de ofício*, então não há como recusar conhecer da denúncia.

114. *Tribunais de Contas Estaduais e Municipais.* A Constituição não prevê, diretamente, a criação de Tribunais de Contas nos Estados, mas o faz indiretamente, nos arts. 31 e 75. Neste caso, sem deixar dúvidas quanto à obrigatoriedade de instituição de Tribunais de Contas pelos Estados para auxiliar o controle externo da Administração direta e indireta estadual, que é de competência da respectiva Assembléia Legislativa, já estatuindo que cada Constituição de Estado disporá sobre o respectivo Tribunal de Contas, que será integrado por sete conselheiros. Uniformiza tudo. Não importa que um Estado tenha trinta milhões de habitantes e uma Administração muito complexa, e o outro tenha apenas trezentos mil habitantes com Administração mais simples. São sete os membros, e acabou. Não são *até* sete. São sete, mesmo que o Estado ache muito.

No Município a fiscalização, mediante controle externo, será exercida pela Câmara Municipal e pelos sistemas de controle interno do Poder Executivo Municipal, na forma da lei. Aqui o controle interno é só do Executivo, não também da Câmara; mas nada impede que a lei o estenda a esta.

"O controle externo das Câmaras Municipais será exercido com o auxílio dos Tribunais de Contas dos Estados ou do Município ou dos Conselhos ou Tribunais de Contas dos Municípios, onde houver." É quase incompreensível o texto, e fica ainda mais difícil quando o § 4º do art. 31 veda a criação de Tribunais, Conselhos ou Órgãos de Contas Municipais. Vale dizer, o sentido do texto se extrai da situação existente. Em alguns Estados o controle das contas municipais é feito com o auxílio do próprio Tribunal de Contas Estadual. Isso permanece. Em outros criou-se um órgão especial para o controle dessas contas, e é o Conselho de Contas Municipais, que é, portanto, órgão estadual. Também perdurará como tal. Apenas dois Municípios possuem seus próprios Tribunais de Contas: o Município de São Paulo e o Município do Rio de Janeiro. Ficaram agora definitivamente institucionalizados por força do texto do art. 31, § 1º.

II. Do Poder Executivo

115. *Presidente da República*. O Poder Executivo é exercido pelo Presidente da República, auxiliado pelos Ministros de Estado (art. 76). Significa isso que a Constituição adota o *sistema de governo presidencialista*, em que o Presidente da República exerce o Poder Executivo, com amplas atribuições de Chefe de Estado, Chefe do Governo e Chefe da Administração Pública Federal, auxiliado pelos Ministros de Estado, que nomeia e exonera livremente (arts. 76 a 88).

Eleição e mandato. O Presidente é eleito juntamente com um Vice-Presidente da República, no primeiro domingo de outubro, em primeiro turno, e no último domingo do mesmo mês de outubro, em segundo turno, se houver, do ano anterior ao término do mandato presidencial vigente, para um mandato de quatro anos, permitida a reeleição para um único período subseqüente (arts. 14, § 5º, 77 e 82). Essa eleição está sujeita ao princípio da maioria absoluta. Vale dizer: será considerado eleito Presidente o candidato que, registrado por partido político, obtiver a maioria absoluta dos votos, não computados os em branco e os nulos; se nenhum candidato alcançar maioria absoluta na primeira votação, far-se-á nova eleição em até vinte dias após a proclamação do resultado, concorrendo os dois candidatos mais votados e considerando-se eleito aquele que obtiver a maioria dos votos válidos.

Posse. O Presidente e o Vice-Presidente da República tomarão posse no dia 1º de janeiro do ano seguinte ao de sua eleição, perante o Congresso Nacional, em sessão conjunta; e, se este não estiver reunido, será convocado extraordinariamente pelo Presidente do Senado Federal. Aí prestarão o compromisso de manter, defender e cumprir a Constituição, observar as leis, promover o bem geral do povo brasileiro, sustentar a união, a integridade e a independência do Brasil (cf. arts. 57, §§ 3º, III, e 6º, I, c/c o art. 78).

Se, decorridos dez dias da data fixada para a posse, o Presidente ou o Vice-Presidente, salvo motivo de força maior, não tiverem assumido o cargo, este será declarado vago (art. 78, parágrafo único). Quem pode declarar a vacância a Constituição não o diz, como faziam as anteriores, que o atribuíam ao Congresso Nacional. Se a Constituição não outorga esse poder a qualquer outro órgão, por sua natureza política só pode caber ao Congresso Nacional. O cargo será declarado vago se nenhum deles comparecer para a posse na Presidência. Se o Presidente não comparecer, mas comparecer o Vice, este assumirá o cargo de Presidente, definitivamente, se a ausência do Presidente, imotivada ou motivada, gerar a impossibilidade de sua investidura. Se nenhum dos dois comparecer será declarado vago o cargo pelo Congresso Nacional, fazendo-se nova eleição noventa dias após a vacância.

Substitutos e sucessores do Presidente. Ao Vice-Presidente cabe substituir o Presidente nos casos de impedimento (licença, doença, férias) e suceder-lhe no caso de vaga (art. 79, parágrafo único).

DA ORGANIZAÇÃO DOS PODERES

Outros substitutos do Presidente são: o Presidente da Câmara dos Deputados, o Presidente do Senado Federal e o Presidente do Supremo Tribunal Federal, que serão sucessivamente chamados ao exercício da Presidência da República se ocorrer o impedimento concomitante do Presidente e do Vice ou no caso de vacância de ambos os cargos.

Vacância. Será convocada eleição direta, para noventa dias depois da última vaga, se esta ocorrer antes de se iniciarem os dois últimos anos de mandato presidencial. Mas se a última vaga se der nos últimos dois anos a eleição será feita trinta dias depois, pelo Congresso Nacional, na forma da lei. Ou seja: vacância nos primeiros dois anos, eleição popular direta; vacância nos dois anos derradeiros, eleição indireta pelo Congresso Nacional. Em qualquer dos casos, os eleitos apenas completarão o período de seus antecessores, com eventual possibilidade de reeleição. Essa regra de "mandato-tampão", agora, é justificável em ambas as circunstâncias – na eleição indireta como na direta –, visto que a fixação de mandato para quatro anos teve a fundamentá-la o princípio da coincidência de mandatos federais e estaduais. Essa exigência requer que, havendo vacância, nos termos do art. 81, os novos eleitos apenas concluam o mandato presidencial em curso.

Subsídios. O Presidente e o Vice-Presidente da República têm direito a estipêndios mensais, em forma de *subsídios em parcela única*, pelo exercício de seus mandatos, que serão fixados pelo Congresso Nacional. De fato, a este cabe a competência exclusiva de fixar-lhes os subsídios (art. 49, VIII). Esse dispositivo, com o enunciado da EC-19/98, não estabelece o momento da fixação dos subsídios. Não se estipula, como foi da tradição constitucional, que os subsídios são fixados antes de findo o período governamental para vigorar no subseqüente. A providência tem, porém, que preceder o início do exercício financeiro; logo, haverá que ser tomada antes de encerrada a sessão legislativa ordinária. O Congresso não está obrigado a tomar a providência. Se não o fizer os subsídios do Presidente e do Vice continuarão os mesmos do exercício anterior. O texto emendado não repete a previsão original segundo a qual os estipêndios seriam revistos anualmente.

Esses subsídios estão, como qualquer outro rendimento do trabalho, sujeitos ao imposto sobre a renda e proventos de qualquer natureza, tudo com observância do que dispõem os arts. 150, II, e 153, III, § 2º, I, aos quais também remete o art. 49, VIII.

116. Perda do mandato do Presidente e do Vice. O Presidente e o Vice-Presidente da República perdem os respectivos mandatos nos seguintes casos:

1) *cassação*, em virtude de decisão do Senado Federal, nos processos de crime de responsabilidade, ou de decisão judicial, como pena acessória aplicada em processo de crime comum; note-se, contudo, que a Constituição não prevê crimes de responsabilidade para o Vice-Presidente, a despeito da referência do art. 52, I, porque, enquanto Vice, não pode praticar qualquer dos atos definidos como tais no art. 85; só será submetido ao julgamento do Senado quando assumir a Presidência e, aí, incorrer no crime (arts. 52, parágrafo único, e 86);

2) *extinção*, nos casos de morte, renúncia, perda ou suspensão dos direitos políticos e perda da nacionalidade brasileira;

3) *declaração de vacância do cargo pelo Congresso Nacional*, daquele ou de ambos quando não comparecerem para tomar posse dentro de dez dias da data para isso fixada; como a data fixada é 1º de janeiro, o prazo vence a 11 de janeiro, contando-se, de acordo com os princípios, a partir do dia seguinte (2 de janeiro, inclusive) (arts. 78 e 82); o não comparecimento no prazo indicado, salvo motivo de força maior, vale como renúncia, e, então, a hipótese é de extinção do mandato, e o ato congressual de seu reconhecimento é meramente declaratório;

4) *ausência do País, por mais de quinze dias, sem licença do Congresso Nacional*, nos termos do art. 83, que declara que não poderão eles, sem licença do Congresso Nacional, se ausentar do País por período superior a quinze dias, *sob pena de perda do cargo*. Quem é competente para aplicar a pena de perda do cargo nesse caso? Só pode ser o Congresso Nacional, porque, se a ele cabe dar a licença (arts. 49, III, e 83), a ele também competem a verificação do não-cumprimento da regra que a exige e, conseqüentemente, a aplicação da sanção correspondente. Demais, a ausência do País por mais de quinze dias, salvo motivo de força maior, equivale à renúncia. Trata-se, portanto, de hipótese de extinção de mandato.

117. Atribuições do Presidente da República. Compete privativamente ao Presidente da República: nomear e exonerar os ministros de Estado; exercer, com o auxílio dos ministros de Estado, a direção superior da Administração Federal; iniciar o processo legislativo, na forma e nos casos previstos na Constituição; sancionar, promulgar e fazer publicar as leis, bem como expedir decretos e regulamentos para sua fiel execução; vetar projetos de lei, total ou parcialmente; dispor sobre a organização e o funcionamento da Administração Federal, na forma da lei; manter relações com Estados estrangeiros e acreditar seus representantes diplomáticos; celebrar tratados, convenções e atos internacionais, sujeitos a referendo do Congresso Nacional (art. 49, I); decretar o estado de defesa e o estado de sítio; decretar a intervenção federal; remeter mensagem e plano de governo ao Congresso Nacional, por ocasião da abertura da sessão legislativa, expondo a situação do País e solicitando as providências que julgar necessárias; conceder indulto e comutar penas, com audiência, se necessário, dos órgãos instituídos em lei; exercer o comando supremo das Forças Armadas, promover seus oficiais-generais e nomeá-los para os cargos que lhes são privativos; nomear, após aprovação pelo Senado Federal, os ministros do Supremo Tribunal Federal e dos Tribunais Superiores, os governadores de Territórios, o Procurador-Geral da República, o presidente e os diretores do banco central e outros servidores, quando determinado em lei ("quando determinado em lei" só se refere aos "outros servidores"); nomear, observado o disposto no art. 73, os ministros do Tribunal de Contas da União; nomear os magistrados, nos casos previstos nesta Constituição (arts. 101, parágrafo único; 104, parágrafo único; 107; 111, § 1º; 118, II; 120, III; e 123); nomear o Advogado-Geral da União (art. 131, § 1º); nomear membros do Conselho da República, nos termos do art. 89, VII; convocar e presidir o Conselho da República e o Conselho de Defesa Nacional; declarar guerra, no caso de agressão estrangeira, autorizado pelo Congresso Nacional ou referendado por ele, quando ocorrida no intervalo das sessões legislativas, e, nas mesmas condições, decretar, total ou parcialmente, a mobilização nacional (art. 49, II); celebrar a paz, autorizado ou com referendo do Congresso Nacional (art. 49, II); conferir condecorações e distinções honoríficas; permitir, nos casos previstos em lei complementar, que forças estrangeiras transitem pelo território nacional ou nele permaneçam temporariamente (arts. 21, IV, e 49, II); enviar ao Congresso Nacional o plano plurianual, o projeto de lei de diretrizes orçamentárias e as propostas de orçamento previstos na Constituição; prestar, anualmente, ao Congresso Nacional, dentro de sessenta dias após a abertura da sessão legislativa, as contas referentes ao exercício anterior; prover e extinguir os cargos públicos federais, na forma da lei; editar medidas provisórias com força de lei, nos termos do art. 62; exercer outras atribuições previstas na Constituição (tais como: convocar extraordinariamente o Congresso Nacional – art. 57, § 6º, II; elaborar leis delegadas – art. 68).

São essas as atribuições enumeradas, como *privativas* do Presidente, no art. 84 da CF, cujo parágrafo único, no entanto, permite que ele delegue as mencionadas nos incisos VI (dispor sobre a organização e o funcionamento da Administração, na forma da lei), XII (conceder indulto e comutar penas, com audiência, se necessário, dos órgãos instituídos em lei) e XXV, primeira parte (prover os cargos públicos federais, na forma da lei), aos ministros de Estado, ao Procurador-Geral da República ou ao Advogado-Geral da União, que observarão, *evidentemente*, os limites traçados nas respectivas delegações.

Classificação das atribuições do Presidente da República. Como se viu, múltiplas se mostram as atribuições do Presidente da República. Nos dispositivos indicados só se consignam as atribuições privativas e de prática diuturna. Outras, porém, existem, por decorrência de sua posição constitucional.

Muitas tentativas têm sido feitas visando a classificá-las. Os critérios utilizados divergem; tampouco se trata de problema de grande relevo, para merecer maior preocupação, embora não seja destituído de valor didático apresentar classificação aceitável.

Achamos que as atribuições do Presidente da República se enquadram todas nestas três funções básicas do Poder Executivo:

1) *chefia do Estado*, com as matérias relacionadas no art. 84, VII, VIII, XVIII, segunda parte (convocar e presidir o Conselho de Defesa Nacional), XIV (apenas no que se refere à nomeação de ministros do Supremo Tribunal Federal e dos Tribunais Superiores, por ser função de magistratura suprema), XV (nomeação de um terço dos membros do TCU – órgão não executivo, nomeação sujeita ao controle do Senado, por isso não ato de chefia de governo, nem de chefia da administração), XVI, primeira parte (nomeação de magistrados: TRF, TRT, TRE; órgãos de outro Poder), XIX, XX, XXI e XXII;

2) *chefia do Governo*, com as matérias indicadas no art. 84, I, III, IV, V, IX, X, XI, XII ("conceder anistia e comutar pena" é atribuição

de magistratura suprema da Nação, sempre encarnada no Chefe de Estado, mas a Constituição autorizou sua delegação, o que a desqualifica para mera função de governo), XIII, XIV (menos quanto à nomeação dos ministros do STF e dos Tribunais Superiores), XVII (nomear membros do Conselho da República; não ato de mera chefia da administração, porque alguns são eleitos pelo Senado e pela Câmara dos Deputados), XVIII, primeira parte (convocar e presidir o Conselho da República), XXIII, XXIV e XXVII;

3) *chefia da Administração Federal*, com as matérias previstas no art. 84, II, VI, XVI, segunda parte (nomeação do Advogado-Geral da União, órgão do Poder Executivo), XXIV (também é, em certo sentido, ato de administração) e XXV.

118. Responsabilidade do Presidente da República. Nos regimes democráticos não existe governante irresponsável. Não há democracia representativa sem eleição. "Mas a só eleição, ainda que isenta, periódica e lisamente apurada, não esgota a realidade democrática, pois, além de mediata ou imediatamente resultante de sufrágio popular, as autoridades designadas para exercitar o governo devem responder pelo uso que dele fizerem uma vez que 'governo irresponsável, embora originário de eleição popular, pode ser tudo, menos governo democrático'".[2]

O Presidente da República poderá, pois, cometer crimes de responsabilidade e crimes comuns. Estes, definidos na legislação penal comum ou especial. Aqueles distinguem-se em *infrações políticas* – atentado contra a existência da União; contra o livre exercício do Poder Legislativo, do Poder Judiciário, do Ministério Público e dos Poderes constitucionais das unidades da Federação; contra o exercício dos direitos políticos, individuais e sociais; contra a segurança interna do País (art. 85, I a IV) – e *crimes funcionais*, como atentar contra a probidade na administração, a lei orçamentária e o cumprimento das leis e das decisões judiciais (art. 85, V a VII).

Todos esses crimes serão definidos em lei especial, que estabelecerá as normas de processo e julgamento (art. 85, parágrafo único – já existindo, a propósito, a Lei 1.079/50), respeitados, naturalmen-

2. Cf. Paulo Brossard de Souza Pinto, *O "Impeachment"*, p. 9.

te, as figuras típicas e os objetos materiais circunscritos nos incisos do art. 85.

O *processo dos crimes de responsabilidade e dos comuns* cometidos pelo Presidente da República divide-se em duas partes: *juízo de admissibilidade do processo* e *processo e julgamento*. A acusação pode ser articulada por qualquer brasileiro perante a Câmara dos Deputados. Esta conhecerá ou não da denúncia. Não conhecendo, será ela arquivada; conhecendo, declarará procedente ou não a acusação; julgando-a improcedente, também será arquivada. Se a declarar procedente pelo voto de dois terços de seus membros, *autorizará a instauração do processo* (arts. 51, I, e 86), passando, então, a matéria: a) à competência do Senado Federal, *se se tratar de crime de responsabilidade* (arts. 52, I, e 86); b) ao Supremo Tribunal Federal, *se o crime for comum* (art. 86).

Recebida a autorização da Câmara para *instaurar o processo*, o Senado Federal se transformará em tribunal de juízo político, sob a presidência do Presidente do Supremo Tribunal Federal. Não cabe ao Senado decidir se instaura ou não o processo. Quando o texto do art. 86 diz que, admitida a acusação por dois terços da Câmara, será o Presidente submetido a julgamento perante o Senado Federal nos crimes de responsabilidade, não deixa a este possibilidade de emitir juízo de conveniência de instaurar ou não o processo, pois que esse juízo de admissibilidade refoge à sua competência, e já foi feito por aquele a quem cabia. Instaurado o processo, a primeira conseqüência será a suspensão do Presidente de suas funções (art. 86, § 1º, I). O *processo* seguirá os trâmites legais, com oportunidade de ampla defesa ao imputado, concluindo pelo *julgamento*, que poderá ser absolutório, com o arquivamento do processo, ou condenatório, por dois terços dos votos do Senado, "limitando-se a decisão à perda do cargo, com inabilitação, por oito anos, para o exercício de função pública, sem prejuízo das demais sanções judiciais cabíveis" (art. 52, parágrafo único). É isso que caracteriza o chamado *impeachment*.

A regra, como se vê, declara que a decisão do Senado se limita à decretação da perda do cargo (a decisão decreta o *impeachment*), com inabilitação, por oito anos, para o exercício de função pública. A idéia subjacente era a de que "com inabilitação" importava uma conseqüência advinda da decretação da perda do cargo. Mas o Senado Federal, no caso Collor de Mello, deu outra interpretação ao texto, de onde proveio a compreensão de que a renúncia ao cargo durante o processo de julgamento não implica sustação deste, que prosseguirá para confirmar a inabilitação pelo prazo indicado. Deu-se à perda do cargo pela renúncia o mesmo efeito da perda por decisão do juízo político. Note-se que a inabilitação decorre, necessariamente, da pena de perda do cargo, pois o sistema atual não comporta apreciação quanto a saber se cabe ou não cabe a inabilitação. "Com inabilitação" é uma cláusula que significa decorrência necessária, não precisando ser expressamente estabelecida nem medida, pois o tempo também é prefixado pela própria Constituição. No caso Collor de Mello o Senado teve que se pronunciar exatamente porque a renúncia se dava precisamente no momento do julgamento e cumpria verificar, à falta de precedentes, se o processo se encerrava ou se prosseguia o julgamento, para concluir pela aplicação da pena de inabilitação para a função pública pelo prazo de oito anos. A decisão foi no sentido de que o julgamento prosseguia; e, prosseguindo, concluiu, como não poderia ser diferente, pela inabilitação, considerando decorrente esta da perda do cargo pela renúncia.

"As decisões do Senado são incontrastáveis, irrecorríveis, irrevisíveis, definitivas. Esta a lição, numerosa, de autores nacionais e estrangeiros" – ensina o Min. Paulo Brossard em sua original e pioneira monografia sobre o *impeachment*[3] e em vários votos emitidos no Supremo Tribunal Federal. Essa é a lição correta, pois a Constituição erigiu o Senado Federal, sob a presidência do Presidente do Supremo Tribunal Federal, em tribunal especial, para o julgamento político – que não é um tipo de julgamento próprio de tribunais jurisdicionais, porque estes não devem senão exercer a jurisdição técnico-jurídica. Apesar disso, no caso Collor de Mello vimos o Pretório Excelso conhecer de propostas de revisão ou de anulação das decisões do juízo político.

Enfim, tratando-se de crimes comuns, autorizado o processo pela Câmara, este será instaurado pelo Supremo Tribunal Federal, com o recebimento da denúncia ou queixa crime, com a conseqüência, também imediata, da suspensão do Presidente de suas funções (art. 86, § 1º, I), prosseguindo o processo nos termos do Regimento Interno daquele colendo Tribunal e da legislação processual penal pertinente. Nesse caso, a condenação do Presidente importa conseqüência de na-

---

3. Cf. ob. cit., p. 152, onde arrola inúmeros autores sobre o assunto.

tureza penal e somente por efeitos reflexos e indiretos implica perda do cargo, à vista do disposto no art. 15, III.

III. Do Poder Judiciário

119. Composição. Compreende o *Supremo Tribunal Federal*, tido como guarda da Constituição; o *Superior Tribunal de Justiça*; cinco *Tribunais Regionais Federais* e os *juízes federais* (Justiça Federal Comum); os *Tribunais* e *juízes do Trabalho*; os *Tribunais* e *juízes Eleitorais*; os *Tribunais* e *juízes Militares* (Justiças Federais especiais) e os *Tribunais* e *juízes dos Estados e do Distrito Federal e Territórios*. Temos, pois, órgãos da *Justiça Federal* e órgãos da *Justiça Estadual* (arts. 92 a 126), bem como órgãos das funções essenciais à Justiça (arts. 127 a 135).

120. Estatuto da Magistratura. Será estabelecido por *lei complementar* de iniciativa do Supremo Tribunal Federal e conterá regras sobre a carreira da Magistratura Nacional, observados os princípios constitucionais sobre o ingresso, a promoção, o acesso aos tribunais, os vencimentos, a aposentadoria e seus proventos, a publicidade dos julgamentos e a constituição de órgão especial nos tribunais.[4]

Carreira. O *ingresso* nas carreiras de qualquer Magistratura Nacional dar-se-á no cargo inicial, que é o de juiz substituto, mediante concurso público de provas e títulos, com a participação da Ordem dos Advogados do Brasil em todas as suas fases, obedecendo-se, nas nomeações, à ordem de classificação. Os magistrados serão *promovidos* de entrância para entrância, alternadamente, por antigüidade e merecimento, atendidas as seguintes normas: a) é *obrigatória a promoção* do juiz que figure por três vezes consecutivas ou cinco alternadas em lista de merecimento; b) a *promoção por merecimento* pressupõe dois anos de exercício na respectiva entrância e integrar o juiz a primeira quinta parte da lista de antigüidade desta, salvo se não houver, com tais requisitos, quem aceite o lugar – vale dizer que não é mais possível promover por merecimento juiz de posição qualquer no quadro da

---

4. Cf. Lei Complementar 35, de 14.3.1979 (Lei Orgânica da Magistratura Nacional).

Magistratura; além de ter merecimento, há que estar entre o quinto mais antigo; c) *aferição do merecimento* pelos critérios da presteza e segurança no exercício da jurisdição e pela freqüência e aproveitamento em cursos reconhecidos de aperfeiçoamento; tenta-se, aqui, dar alguma objetividade à aferição do mérito; d) na *apuração da antigüidade* o tribunal somente poderá *recusar o juiz mais antigo* pelo voto de dois terços de seus membros, conforme procedimento próprio, repetindo-se a votação até fixar-se a indicação. O Estatuto deverá prever *cursos oficiais de preparação e aperfeiçoamento de magistrados* como requisito para ingresso e promoção na carreira.

Acesso aos tribunais de segundo grau. Far-se-á por antigüidade e por merecimento, alternadamente, apurados na última entrância ou, onde houver, no Tribunal de Alçada, quando se tratar de promoção para o Tribunal de Justiça. Em qualquer hipótese aplicar-se-ão para o acesso as regras vistas acima para a promoção de magistrados, levando-se em conta, além do mais, sua *classe de origem*, situação que se verifica apenas no caso de acesso de um tribunal de segunda instância para outro, e significa que se a vaga era de juiz de carreira terá acesso a ela também um juiz de carreira; se era da classe dos advogados o acesso será do juiz que veio da classe dos advogados; se do Ministério Público o juiz dessa origem é que terá direito ao acesso. É que, nos termos do art. 94, um quinto dos lugares dos Tribunais Regionais Federais, dos Tribunais dos Estados e do Distrito Federal e Territórios será composto mediante acesso, a eles, de membros do Ministério Público Federal, Estadual e do Distrito Federal, respectivamente, com mais de dez anos de carreira, e de advogados de notório saber jurídico e de reputação ilibada, com mais de dez anos de efetividade profissional, indicados em lista sêxtupla pelos órgãos de representação das respectivas classes, ou seja, pela Associação do Ministério Público Federal, Estadual e do Distrito Federal, conforme o caso, e pelo Conselho Federal da Ordem dos Advogados do Brasil ou Conselho Seccional da Ordem, tratando-se de provimento do cargo de magistrado estadual. Recebida a lista sêxtupla, o tribunal formará lista tríplice, enviando-a ao Poder Executivo, que, nos vinte dias subseqüentes, escolherá um de seus integrantes para nomeação.

Subsídios. A *remuneração dos magistrados*, agora, assumiu a forma de *subsídios*, por força de mudanças introduzidas nos arts. 48, XV, 93, V, 95, III, e 96, II, "b", da CF pela EC-19/98; com os seguintes critérios: a) o subsídio dos ministros do Supremo Tribunal Federal será fixado por lei de iniciativa conjunta dos Presidentes da República, da Câmara dos Deputados, do Senado Federal e do Supremo Tribunal Federal, observado o que dispõem os arts. 39, § 4º, 150, II, 153, III, e 153, § 2º, I (sujeição à incidência do imposto de renda); b) a fixação dos subsídios dos membros dos Tribunais Superiores e dos Tribunais de Justiça dos Estados e dos juízes que lhes são vinculados será feita por lei específica, proposta por esses Tribunais ao respectivo Poder Legislativo; c) o subsídio dos ministros dos Tribunais Superiores corresponderá a 95% do subsídio mensal fixado para os ministros do Supremo Tribunal Federal, e os subsídios dos demais magistrados serão fixados em lei e escalonados, em nível federal e estadual, conforme as respectivas categorias de estrutura judiciária nacional, não podendo a diferença entre uma e outra ser superior a 10% ou inferior a 5%, nem exceder a 95% do subsídio mensal dos ministros dos Tribunais Superiores, obedecido, em qualquer caso, o disposto nos arts. 37, XI, e 39, § 4º (a remissão ao art. 37, XI, era desnecessária, porque o § 4º do art. 39, invocado, já o faz. Trata-se do teto, que também já está nos próprios critérios indicados, e da regra segundo a qual a remuneração e o subsídio hão de ser fixados por lei específica e sujeitos a revisão anual); d) os subsídios serão fixados em parcela única, não havendo mais adicionais, nem sexta-parte, nem qualquer outro acréscimo ou gratificação, salvo o décimo-terceiro salário, o salário-família, o acréscimo de 30% no subsídio do mês de férias, ajuda de custo e diárias para indenização de despesas comprovadas.

Inatividade do magistrado. Existem duas formas de inatividade: a *aposentadoria* e a *disponibilidade.* Agora, a *aposentadoria dos magistrados* (assim como a pensão de seus dependentes) subordina-se às normas do art. 40 da CF (EC-20/98), podendo ser, portanto: a) *por invalidez,* com proventos proporcionais ao tempo de contribuição, exceto se decorrente de acidente em serviço, moléstia profissional ou doença grave, contagiosa ou incurável, especificada em lei – casos em que os proventos serão integrais; b) *compulsória,* aos setenta anos de idade, com proventos proporcionais ao tempo de contribuição; c) *voluntária,* desde que cumprido tempo mínimo de dez anos de efetivo exercício no serviço público e cinco anos no cargo de magistrado, observadas as seguintes condições: c.1) sessenta anos de idade e trinta e cinco de contribuição, se homem, e cinqüenta e cinco anos de idade e trinta de contribuição, se mulher; c.2) sessenta e cinco anos de idade, se homem, e sessenta anos de idade, se mulher, com proventos proporcionais ao tempo de contribuição, aplicáveis, ainda, as demais regras dos parágrafos do art. 40.

Disponibilidade do magistrado. É penalidade administrativa aplicada no interesse público por decisão, mediante voto, de dois terços do respectivo tribunal (do *tribunal*, frise-se bem; não de eventual *órgão especial*, criado com base no art. 93, XI), assegurada ampla defesa. Prevê-se, também, agora, uma forma de *aposentadoria compulsória* no interesse público, nas mesmas condições da disponibilidade. Parece-nos que ela só pode recair em magistrado que já completara o tempo para aposentar-se e não o fizera, pois antes disso a inatividade compulsória há de ser a disponibilidade. Em qualquer caso, o inativo terá direito a *proventos integrais* – vale dizer, seus estipêndios de aposentado ou em disponibilidade serão correspondentes aos subsídios que percebia quando em atividade.

Publicidade e motivação das decisões. "Todos os *julgamentos* dos órgãos do Poder Judiciário serão *públicos*, e *fundamentadas* todas as decisões, sob pena de nulidade, podendo a lei, se o interesse público o exigir, limitar a presença, em determinados atos, às próprias partes e a seus advogados, ou somente a estes" (art. 93, IX). Não se exige que sejam públicos os julgamentos de natureza administrativa, mas se requer que as *decisões administrativas* dos tribunais sejam *motivadas*, o que é o mesmo que *fundamentadas*, sendo as disciplinares tomadas pelo voto da maioria absoluta de seus membros (do tribunal, não de órgão especial), exceto, evidentemente, aquelas que determinam *remoção*, *disponibilidade* ou *aposentadoria por interesse público*, que, como vimos, dependem do voto de dois terços dos membros do tribunal.

Órgão especial. Nos tribunais com número superior a vinte e cinco julgadores poderá ser constituído órgão especial, com o mínimo de onze e o máximo de vinte e cinco membros, para o exercício das atribuições administrativas e jurisdicionais de competência do tribunal pleno. Não é mais obrigatória a constituição de órgão especial, como se impunha no regime da Constituição anterior (art. 144, V). Agora sua instituição é facultativa: cumpre, apenas, indagar: facultativa para quem? Para o legislador ou para o próprio tribunal? Inclinamo-nos para a segunda solução, que dá mais liberdade e independência de organização interna aos tribunais, o que está em harmonia com os princípios da Constituição.

121. Garantias do Judiciário. A elevada missão, que interfere com a liberdade humana e se destina a tutelar os direitos subjetivos, só poderia ser confiada a um Poder do Estado, distinto do Legislativo e do Executivo, que fosse cercado de garantias constitucionais de independência. Essas garantias assim se discriminam: 1) *garantias institucionais*, as que protegem o Poder Judiciário como um todo, e que se desdobram em *garantias de autonomia orgânico-administrativa* e *financeira*; 2) *garantias funcionais* ou *de órgãos*, que asseguram a independência e a imparcialidade dos membros do Poder Judiciário, previstas, aliás, tanto em razão do próprio titular como em favor, ainda, da própria instituição.

Garantias institucionais. Desdobram-se em *garantia de autonomia orgânico-administrativa* e *garantia de autonomia financeira.*

A *garantia de autonomia orgânico-administrativa* consubstancia-se na competência privativa: 1) aos tribunais em geral, para: eleger seus órgãos diretivos; elaborar seus regimentos internos, com observância das normas de processo e das garantias processuais das partes, dispondo sobre a competência e o funcionamento de seus órgãos jurisdicionais e administrativos; organizar suas Secretarias e serviços auxiliares e os dos juízos que lhes forem vinculados, velando pelo exercício da atividade correicional respectiva; prover, na forma prevista na Constituição, os cargos de juiz de carreira da respectiva jurisdição; propor a criação de novas varas judiciárias (Propor a quem? Ao Legislativo competente); prover, por concurso público de provas, ou de provas e títulos, havendo (a) prévia dotação orçamentária suficiente para atender às projeções de despesa de pessoal e aos acréscimos dela decorrentes e (b) autorização específica em lei de diretrizes orçamentárias (art. 169, § 1º), os cargos necessários à administração da Justiça, exceto os de confiança assim definidos em lei; conceder licença, férias e outros afastamentos a seus membros e aos juízes e servidores que lhes forem imediatamente vinculados; 2) ao Supremo Tribunal Federal, aos Tribunais Superiores (STJ, TST, TSE, STM) e aos Tribunais de Justiça, para propor: a alteração do número de membros dos tribunais inferiores; a criação e a extinção de cargos e a fixação de vencimentos de seus membros, dos juízes, inclusive dos tribunais inferiores, onde houver, dos serviços auxiliares e os dos juízos que lhes forem vinculados; a criação ou extinção dos tribunais inferiores; a alteração da organização e da divisão judiciária; 3) aos Tribunais de Justiça, para julgar os juízes estaduais, do Distrito Federal e dos Territórios, bem como os membros do Ministério Público, nos crimes comuns e de responsabilidade, ressalvada a competência da Justiça Eleitoral.

A *garantia de autonomia financeira* consubstancia-se no poder que se reconheceu ao Poder Judiciário de elaboração do próprio orçamento, de acordo com o qual: 1) cabe aos tribunais elaborar suas propostas orçamentárias dentro dos limites estipulados conjuntamente com os demais Poderes na lei de diretrizes orçamentárias (arts. 99, § 1º, e 165, II); 2) compete o encaminhamento da proposta orçamentária, ouvidos os outros tribunais interessados: a) no âmbito da União, aos Presidentes do Supremo Tribunal Federal e dos Tribunais Superiores (STJ, TST, TSE e STM), com a aprovação dos respectivos tribunais; b) no âmbito dos Estados e no do Distrito Federal e Territórios, aos Presidentes dos Tribunais de Justiça, com aprovação dos respectivos tribunais.

Garantias funcionais do Judiciário. As garantias que a Constituição estabelece em favor dos juízes, para que possam manter sua independência e exercer a função jurisdicional com dignidade, desassombro e imparcialidade, podem ser agrupadas em duas categorias: a) *garantias de independência dos órgãos judiciários*; b) *garantias de imparcialidade dos órgãos judiciários.*

As *garantias de independência dos órgãos judiciários* são: *vitaliciedade, inamovibilidade* e *irredutibilidade de vencimentos.*

Vitaliciedade. Diz respeito à vinculação do titular ao cargo para o qual fora nomeado, por concurso ou por acesso de advogados e membros do Ministério Público aos tribunais, como já vimos. Não se trata de um privilégio, mas de uma condição para o exercício da função judicante, que exige garantias especiais de permanência e definitividade no cargo. É, assim, prerrogativa da instituição judiciária, não da pessoa do juiz. Uma vez tornado vitalício – isto é, titular do cargo por toda a vida –, o juiz dele só pode ser afastado por vontade própria e apenas o perderá por sentença judiciária ou aposentadoria compulsória ou disponibilidade.

Tornam-se vitalícios – 1) *a partir da posse*, se já não o eram: a) os ministros do Supremo Tribunal Federal; b) os ministros do Superior Tribunal Justiça; c) os juízes dos Tribunais Regionais Federais; d) os ministros e juízes togados do Tribunal Superior do Trabalho e dos Tribunais Regionais do Trabalho; e) os ministros do Superior Tribunal Militar; f) os desembargadores dos Tribunais de Justiça, os juízes dos Tribunais de Alçada e os juízes de segunda instância dos Tribunais Militares dos Estados; 2) *após dois anos de exercício*: os juízes togados de primeiro grau, dependendo a perda do cargo, neste período, de deliberação do tribunal a que estiverem vinculados. Quando vitalício, o magistrado só perderá o cargo por sentença transitada em julgado (art. 95, I).

Inamovibilidade. Refere-se à permanência do juiz no cargo para o qual foi nomeado, não podendo o tribunal, e menos ainda o Governo, designar-lhe outro lugar onde deva exercer suas funções (art. 95, II). Contudo, poderá ser removido por interesse público em decisão pelo voto de dois terços do tribunal a que estiver vinculado (art. 93, VIII).

Irredutibilidade do subsídio. Significa que o subsídio dos magistrados não pode ser diminuído nem mesmo em virtude de medida geral, mas a Constituição determina que fica sujeito aos limites máximos previstos no art. 37 e ao imposto de renda, como qualquer rendimento do trabalho, com a aplicação do disposto nos arts. 150, II, 153, III, e 153, § 2º, I (art. 95, III).

As *garantias de imparcialidade dos órgãos judiciários* aparecem na Constituição sob a forma de *vedações* aos juízes, denotando restrições formais a eles. Mas, em verdade, cuida-se, aí, ainda, de proteger sua independência e, conseqüentemente, a do próprio Poder Judiciário. Assim é que a Constituição, no art. 95, parágrafo único, veda-lhes: *exercer*, ainda que em disponibilidade, outro cargo ou função, salvo uma de magistério; *receber*, a qualquer título ou pretexto, custas ou participação em processo; *dedicar-se* à atividade político-partidária.

122. Supremo Tribunal Federal. Compõe-se de *onze ministros*, nomeados pelo Presidente da República, depois de aprovada a escolha pelo Senado Federal, dentre cidadãos (brasileiros natos) com mais de trinta e cinco e menos de sessenta e cinco anos de idade, de notável saber jurídico e reputação ilibada.

Competência. As matérias de competência do Supremo Tribunal Federal constam do art. 102, especificadas em três grupos: 1) as que lhe cabe *processar e julgar originariamente*, ou seja, como juízo único e definitivo, e são as questões relacionadas no inciso I; 2) as que lhe incumbe *julgar em recurso ordinário*, e são as indicadas no inciso II; 3) e, finalmente, as que lhe toca *julgar em recurso extraordinário*, e são as causas decididas em única ou última instância quando a decisão recorrida envolve uma das questões constitucionais referidas nas alíneas do inciso III.

As *atribuições judicantes* previstas nos incisos do art. 102 têm, quase todas, conteúdo de litígio constitucional. Logo, a atuação do Supremo Tribunal Federal, aí, se destina a compor lides constitucionais, mediante o exercício de *jurisdição constitucional*.[5] Esta, de fato, comporta conteúdos e objetivos diversos, que autorizam distinguir três modalidades que podem ser observadas na competência daquele Pretório Excelso:

1) *jurisdição constitucional com controle de constitucionalidade*, prevista no art. 102, I, "a" e "p", como competência originária do Supremo Tribunal Federal para processar e julgar a *ação direta de inconstitucionalidade de lei ou ato normativo federal ou estadual*, a *ação de declaração de constitucionalidade de lei ou ato normativo federal*, assim também o *pedido de medida cautelar nessa ação* e também a *ação direta de inconstitucionalidade interventiva proposta mediante representação do Ministério Público* (art. 34, III). É de se observar que não figura neste inciso a competência para o processo e julgamento da *ação direta de inconstitucionalidade por omissão*, que é admitida por via do disposto no § 2º do art. 103, e também não se outorga, aí, a competência ao Supremo Tribunal Federal para conhecer de argüição direta de inconstitucionalidade de leis ou atos norma-

---

5. Sobre a *jurisdição constitucional*, além da obra citada do professor Frederico Marques, nosso "Da jurisdição constitucional no Brasil e na América Latina", *RPGE* 13-15/105-171; idem, "Tribunais constitucionais e jurisdição constitucional", *RBEP* 60-61/495-524; Oscar Dias Corrêa, *Supremo Tribunal Federal: Corte Constitucional do Brasil*, Rio de Janeiro, Forense, 1987; Mauro Cappelletti, *La Giurisdizione Costituzionale delle Libertà*, Milano, Giuffrè, 1974; idem, *Il Controllo Giudiziario di Costituzionalità delle Leggi nel Diritto Comparato*, Milano, Giuffrè, 1972; idem, *La Justicia Constitucional: Estudios de Derecho Comparado*, México, UNAM/Facultad de Derecho, 1987.

tivos municipais. A segunda consta do mesmo art. 102, III, que dá competência ao Pretório Excelso para julgar em recurso extraordinário as causas decididas em única ou última instância *quando a decisão contrariar dispositivo da Constituição, ou declarar a inconstitucionalidade de tratado ou lei federal, ou julgar válida lei ou ato de governo local contestado em face da Constituição*;

2) *jurisdição constitucional da liberdade*,[6] assim chamado o exercício da jurisdição provocado por remédios constitucionais destinados à defesa dos direitos fundamentais. Como tal podemos incluir a competência do Supremo Tribunal Federal para *processar e julgar, originariamente*: a) o *habeas corpus*, quando o paciente for o Presidente da República, o Vice-Presidente, os membros do Congresso Nacional, seus próprios ministros ou o Procurador-Geral da República (art. 102, I, "d"); b) o *habeas corpus*, quando o coator ou o paciente for tribunal, autoridade ou funcionário cujos atos estejam sujeitos diretamente à sua jurisdição, quando se trate de crime sujeito a essa mesma jurisdição em uma única instância (art., 102, I, "i"); c) o *mandado de segurança* e o *habeas data* contra atos do Presidente da República, das Mesas da Câmara dos Deputados e do Senado Federal, do Tribunal de Contas da União, do Procurador-Geral da República e do próprio Supremo Tribunal Federal (art. 102, I, "d"); d) a extradição solicitada por Estado estrangeiro (art. 102, I, "g"); e) o *mandado de injunção*, nos termos do art. 102, I, "q". Entra também na categoria de jurisdição constitucional da liberdade a competência do Supremo Tribunal Federal para *julgar, em recurso ordinário* (art. 102, II, "a" e "b"), o *habeas corpus*, o *mandado de segurança*, o *habeas data* e o *mandado de injunção* decididos em única instância pelos Tribunais Superiores, ou do próprio Supremo Tribunal Federal, assim como, em certo sentido, o *crime político*;

3) *jurisdição constitucional sem controle de constitucionalidade*, assim entendido "o exercício de atribuições judicantes, para compor litígio de natureza constitucional, mas diverso do que existe no controle da constitucionalidade das leis".[7] Incluem-se nesse caso a competência do Supremo Tribunal Federal para processar e julgar: os *crimes de membros de outros Poderes*, previstos no art. 102, I, "b" e "c"; os

---

6. Sobre o tema, cf. Mauro Cappelletti, *La Giurisdizione* ..., 1974.
7. Cf. Frederico Marques, ob. cit., pp. 38-39.

litígios entre Estado estrangeiro ou organismo internacional e a União, o Estado, o Distrito Federal ou Território; as *causas* e os *conflitos* entre a União e os Estados, a União e o Distrito Federal, ou entre uns e outros, inclusive as respectivas entidades da Administração indireta (aqui, sua atuação é mais como *Tribunal da Federação* do que de jurisdição constitucional); a *revisão criminal* e a *ação rescisória* de seus julgados; a *reclamação* para a preservação de sua competência e garantia da autoridade de suas decisões; a *execução de sentença* nas causas de sua competência originária, facultada a delegação de atribuições para a prática de atos processuais (essas três últimas hipóteses entram como forma de exercício da jurisdição constitucional, porque visam à tutela e preservação da competência constitucional do próprio STF);[8] e, finalmente, os *conflitos de competência* entre o Superior Tribunal de Justiça e quaisquer tribunais, entre Tribunais Superiores, ou entre estes e qualquer outro tribunal.

Descumprimento de preceito constitucional fundamental. O § 1º do art. 102 contém uma disposição de grande relevância, assim enunciada: "A argüição de descumprimento de preceito fundamental, decorrente da Constituição, será apreciada pelo Supremo Tribunal Federal, na forma da lei" (cf. Lei 9.882/99). "Preceitos fundamentais" não é expressão sinônima de "princípios fundamentais". É mais ampla, abrange a estes e todas as prescrições que dão o sentido básico do regime constitucional, como são, por exemplo, as que apontam para a autonomia dos Estados e do Distrito Federal, e especialmente as designativas de *direitos e garantias fundamentais* (Tít. II).

123. *Superior Tribunal de Justiça.* Compõe-se de, no mínimo, trinta e três ministros, nomeados pelo Presidente da República dentre brasileiros com mais de trinta e cinco e menos de sessenta e cinco anos, de notável saber jurídico e reputação ilibada, depois de aprovada a escolha pelo Senado Federal, sendo: 1) um terço dentre juízes dos Tribunais Regionais Federais e um terço dentre desembargadores dos Tribunais de Justiça, indicados em lista tríplice elaborada pelo próprio Tribunal; 2) um terço, em partes iguais, dentre advogados e membros do Ministério Público Federal, Estadual, do Distrito

---

8. Cf. art. 102, I, "b" a "o".

Federal e Territórios, alternadamente, indicados em lista sêxtupla pelos órgãos de representação das respectivas classes, de acordo com o art. 94 (Associação do Ministério Público Federal – art. 128, I, "a" – e Conselho Federal da OAB), da qual o Tribunal formará lista tríplice, enviando-a ao Poder Executivo, que, nos vinte dias subseqüentes, escolherá um de seus integrantes para nomeação (art. 104).

Competência. Está distribuída em três áreas: 1) competência originária para processar e julgar as questões relacionadas no inciso I do art. 105; 2) competência para julgar, em recurso ordinário, as causas referidas no inciso II; 3) competência para julgar, em recurso especial, as causas indicadas no inciso III.

1) *Competência originária para*: 1.1) *processar e julgar o mandado de segurança* e o *habeas data* contra ato de Ministro de Estado ou do próprio Tribunal; o *habeas corpus*, quando o coator ou o paciente for qualquer das pessoas mencionadas no art. 105, I, "a", ou quando for ministro de Estado; o *mandado de injunção*; 1.2) *processar e julgar*, nos *crimes comuns*, os governadores dos Estados e do Distrito Federal; nos *crimes comuns* e *de responsabilidade*, os desembargadores dos Tribunais de Justiça dos Estados e do Distrito Federal, os membros dos Tribunais de Contas dos Estados e do Distrito Federal, os dos Tribunais Regionais Federais, dos Tribunais Regionais Eleitorais e do Trabalho, os membros dos Conselhos ou Tribunais de Contas dos Municípios e os do Ministério Público da União que oficiem perante tribunais; os *conflitos de jurisdição* entre quaisquer tribunais, ressalvado o disposto no art. 102, I, "o", bem como entre tribunal e juízes a ele não vinculados e entre juízes vinculados a tribunais diversos; as *revisões criminais* e as *ações rescisórias* de seus julgados; a *reclamação* para a preservação de sua competência e garantia da autoridade de suas decisões; os *conflitos de atribuições* entre autoridades administrativas e judiciárias da União, ou entre autoridades judiciárias de um Estado e administrativas de outro ou do Distrito Federal, ou entre as deste e da União.[9]

2) *Competência para julgar em recurso ordinário*: os *habeas corpus* e os *mandados de segurança* decididos em única ou última instância pelos Tribunais Regionais Federais ou pelos Tribunais dos Estados, do Distrito Federal e de Territórios, quando a decisão for de-

9. Cf. art. 105, I, "a", "d", "e", "f" e "g".

negatória. Em recurso ordinário, ainda lhe cabe a competência para julgar as causas em que forem partes Estado estrangeiro ou organismo internacional, de um lado, e, do outro, Município ou pessoa residente ou domiciliada no País.[10]

3) *Competência para julgar em recurso especial*: o que dá característica própria ao Superior Tribunal de Justiça são suas atribuições de *controle da inteireza positiva, da autoridade e da uniformidade de interpretação da lei federal*, consubstanciando-se, aí, jurisdição de tutela do princípio da incolumidade do direito objetivo que "constitui um valor jurídico – que resume certeza, garantia e ordem –, valor esse que impõe a necessidade de um órgão de cume e um instituto processual para sua real efetivação no plano processual".[11] Referimo-nos à sua competência para julgar, *em recurso especial*, as causas decididas, em única ou última instância, pelos Tribunais Regionais Federais ou pelos Tribunais dos Estados, do Distrito Federal e dos Territórios quando a decisão recorrida: a) *contrariar tratado ou lei federal, ou negar-lhes vigência*; b) *julgar válida lei ou ato de governo local contestado em face de lei federal*; c) *der a lei federal interpretação divergente da que lhe haja atribuído outro tribunal*.[12]

Conselho da Justiça Federal. Funciona junto ao Superior Tribunal de Justiça, cabendo-lhe, na forma da lei, exercer a supervisão administrativa e orçamentária da Justiça Federal de primeiro e segundo graus (art. 105, parágrafo único). Tem como Presidente o próprio Presidente do Superior Tribunal de Justiça e se compõe de Vice-Presidente, de três membros efetivos e de igual número de suplentes eleitos pelo Tribunal (Lei 7.746/89). Sua jurisdição é duplamente limitada: só incidirá sobre os Tribunais Regionais Federais e os juízes federais, e apenas sobre a gestão administrativa e orçamentária desses órgãos.

124. *Justiça Federal*. Assim se entendem os órgãos federais da Justiça Comum, que se compõem de cinco Tribunais Regionais Federais e juízes federais de primeiro grau distribuídos pelos Estados.

---

10. Cf. art. 105, I, "b", "c" e "h", e II, "a", "b" e "c".
11. Cf. nosso *Do Recurso Extraordinário no Direito Processual Brasileiro*, pp. 440, 441 e 444.
12. Essa foi a competência que atribuímos ao Superior Tribunal de Justiça em nossa proposta de sua criação. Cf. nossa ob. cit., p. 456.

124.1 Tribunais Regionais Federais

Compõem-se de, no mínimo, sete juízes, recrutados, quando possível, na respectiva região e nomeados pelo Presidente da República dentre brasileiros com mais de trinta e menos de sessenta e cinco anos, sendo: 1) um quinto dentre advogados com mais de dez anos de efetiva atividade profissional e membros do Ministério Público Federal com mais de dez anos de carreira, indicados na forma do art. 94; 2) os demais, dois quintos, mediante promoção de juízes federais com mais de cinco anos de exercício, alternadamente, por antigüidade e merecimento (art. 107).

O parágrafo único do art. 107 traz norma que merece pequena reflexão ao estabelecer que *a lei disciplinará a remoção ou a permuta de juízes dos Tribunais Regionais Federais e determinará sua jurisdição e sede*. Não obstante isso, o art. 27, § 6º, do Ato das Disposições Constitucionais Transitórias determinou a criação de cinco Tribunais Regionais Federais, com a *jurisdição e sede que lhes fixasse o Tribunal Federal de Recursos* – o que foi cumprido pela divisão do País em cinco Regiões com as respectivas sedes: 1ª, *Brasília*, com jurisdição sobre Goiás, Minas Gerais, Distrito Federal, Bahia, Mato Grosso, Pará, Amazonas, Rondônia, Amapá, Roraima, Piauí e Acre; 2ª, *Rio de Janeiro*, com jurisdição sobre os Estados do Rio de Janeiro e Espírito Santo; 3ª, *São Paulo*, com jurisdição sobre os Estados de São Paulo e Mato Grosso do Sul; 4ª, *Porto Alegre*, com jurisdição sobre os Estados do Rio Grande do Sul, Santa Catarina e Paraná; 5ª, *Recife*, com jurisdição sobre os Estados do Maranhão, Rio Grande do Norte, Paraíba, Pernambuco, Sergipe e Alagoas. Vale dizer, portanto, que a lei referida no questionado dispositivo só terá função, daqui para diante, quando for necessário instituir novos Tribunais Regionais Federais.

Competência. Compete aos Tribunais Regionais Federais (art. 108):

1) *processar e julgar originariamente*: a) nos *crimes comuns* e *de responsabilidade*, os magistrados federais da área de sua jurisdição, incluídos os da Justiça Militar e da Justiça do Trabalho e os membros do Ministério Público, ressalvada, quanto a estes, a competência da Justiça Eleitoral; b) as *revisões criminais* e as *ações rescisórias* de julgados seus ou dos juízes federais; c) os *mandados de segurança* e os *habeas data* contra ato do próprio Tribunal ou de juiz federal da

região; d) os *habeas corpus*, quando a autoridade coatora for juiz federal; e) os *conflitos de competência* entre juízes federais vinculados ao Tribunal;

2) *julgar, em grau de recurso*, as causas decididas pelos juízes federais e pelos juízes estaduais no exercício da competência federal na área de sua jurisdição.

124.2 Juízes federais

Assim se denominam os membros da Justiça Federal de primeira instância, reinstituída no Brasil em 1965. Ingressam no cargo inicial da carreira, que é o de juiz substituto, mediante concurso público de provas e títulos, com participação da Ordem dos Advogados do Brasil em todas as suas fases, obedecendo-se, nas nomeações, à ordem de classificação, conforme dispõe o art. 93, I, cujos incisos se aplicam à Justiça Federal. O concurso e a nomeação são da competência do Tribunal Regional Federal sob cuja jurisdição se achem os cargos a serem providos (art. 96, I, "c" e "e"). Prevê-se que a nomeação recairá em candidatos com mais de vinte e cinco anos, de reconhecida idoneidade moral, aprovados em concurso público de provas e títulos, além da satisfação de outros requisitos especificados em lei (Lei 5.677/71, art. 4º).

Competência. Compete aos juízes federais *processar e julgar*: as *causas* em que a União, entidade autárquica ou empresa pública federal forem interessadas na condição de autoras, rés, assistentes ou oponentes, exceto as de falência, as de acidentes de trabalho e as sujeitas à Justiça Eleitoral e à Justiça do Trabalho; as *causas* entre Estado estrangeiro ou organismo internacional e Município ou pessoa domiciliada ou residente no País, cabendo, neste caso, recurso para o Tribunal Regional Federal competente, nos termos do art. 108, e ainda recurso ordinário para o Superior Tribunal de Justiça (art. 105, II, "c"); essa é a interpretação literal do texto; melhor entendimento, contudo, deve ser o de suprimir a instância intermediária (apelação), para admitir apenas o recurso ordinário, entendimento que cabe à jurisprudência fixar; as *causas fundadas em tratado ou contrato* da União com Estado estrangeiro ou organismo internacional; as *causas* referentes à nacionalidade, inclusive a respectiva opção, e à naturalização; os *crimes políticos*, neste caso com possibilidade de apelação para o Tribunal Regional Federal da Região e recurso ordinário para o Supremo Tribunal Federal (art. 102, II, "b"); as *infrações penais* praticadas em detrimento de bens, serviços ou interesses da União ou de suas entidades autárquicas ou empresas públicas, excluídas as contravenções e ressalvada a competência da Justiça Militar e da Justiça Eleitoral; os *crimes previstos em tratado ou convenção internacional*, quando, iniciada a execução no País, o resultado tenha ocorrido ou deva ter ocorrido no exterior, ou reciprocamente; os *crimes contra a organização do trabalho* e, nos casos determinados por lei, *contra o sistema financeiro e a ordem econômico-financeira*; os *habeas corpus* em matéria criminal de sua competência ou quando o constrangimento provier de autoridade cujos atos não estejam diretamente sujeitos a outra jurisdição; os *mandados de segurança* e os *habeas data* contra ato de autoridade federal, excetuados os casos de competência dos tribunais federais; os *crimes cometidos a bordo de navios ou aeronaves*, ressalvada a competência da Justiça Militar; os *crimes de ingresso ou permanência irregular de estrangeiro*, a *execução de carta rogatória*, após o *exequatur*, e de *sentença estrangeira*, após a homologação; as *disputas sobre direitos indígenas* (art. 109).

124.3 Foro das causas de interesse da União

As causas em que a União for autora serão aforadas na seção judiciária onde a outra parte tiver domicílio. As intentadas contra a União poderão ser aforadas na seção judiciária em que for domiciliado o autor, naquela onde houver ocorrido o ato ou fato que deu origem à demanda ou onde esteja situada a coisa, ou, ainda, no Distrito Federal (art. 109, §§ 1º e 2º).

124.4 Organização da Justiça Federal de primeira instância

Cada Estado, bem como o Distrito Federal, constituirá uma seção judiciária que terá por sede a respectiva Capital, e varas localizadas segundo o estabelecido em lei.

125. Justiça do Trabalho. Sua *organização* compreende: a) o Tribunal Superior do Trabalho; b) os Tribunais Regionais do Trabalho; c) juízes do trabalho (art. 111/EC-24/99).

DA ORGANIZAÇÃO DOS PODERES

Tribunal Superior do Trabalho. Órgão de cúpula dessa Justiça especializada, compõe-se de dezessete ministros, togados e vitalícios, escolhidos dentre brasileiros com mais de trinta e cinco e menos de sessenta e cinco anos, nomeados pelo Presidente da República, após aprovação pelo Senado Federal, dos quais onze escolhidos dentre juízes dos Tribunais Regionais do Trabalho, integrantes da carreira da Magistratura Trabalhista, três dentre advogados e três dentre membros do Ministério Público do Trabalho (art. 111, § 1º/EC-24/99).

O Tribunal encaminhará ao Presidente da República listas tríplices, observando-se, quanto às vagas destinadas aos advogados e aos membros do Ministério Público, o disposto no art. 94; as listas tríplices para provimento de cargos destinados aos juízes da Magistratura Trabalhista de carreira deverão ser elaboradas pelos ministros togados e vitalícios (art. 111, § 2º/EC-24/99).

Tribunais Regionais do Trabalho. Haverá pelo menos um em cada Estado e Distrito Federal. Serão compostos de juízes nomeados pelo Presidente da República, observada a proporcionalidade estabelecida no § 2º do art. 111, que remete à aplicação do art. 94, que, por seu lado, declara que um quinto das vagas é destinado à classe dos advogados e aos membros do Ministério Público. A Constituição não dá o número de juízes dos Tribunais Regionais do Trabalho. Declara apenas que os magistrados desses Tribunais serão *juízes do trabalho*, escolhidos por promoção, alternadamente, por antiguidade e por merecimento, e *advogados* e *membros do Ministério Público* escolhidos com base em lista tríplice organizada pelo Tribunal, em cada Estado e Distrito Federal, com base em lista sêxtupla, organizada, respectivamente, pelo Conselho Seccional competente da Ordem dos Advogados do Brasil e pela Associação do Ministério Público do Trabalho (arts. 112 e 115/EC-24/99).

A lei instituirá as *Varas do Trabalho*, cuja jurisdição será exercida por um juiz singular (art. 116/EC-24/99). Nas comarcas onde elas não forem instituídas sua jurisdição poderá ser atribuída, pela lei, aos juízes de direito (art. 112/EC-24/99).

Competência. Compete à Justiça do Trabalho conciliar e julgar os *dissídios individuais e coletivos* entre trabalhadores e empregadores, abrangidos os entes de direito público externo e da Administração Pública direta e indireta dos Municípios, do Distrito Federal, dos Estados e da União, e, na forma da lei, outras controvérsias decorrentes da relação de trabalho, bem como os litígios que tenham origem no cumprimento de suas próprias sentenças, inclusive coletivas.

Por "entes de direito público externo" entendem-se as representações diplomáticas de outros países. Isso porque surgiram dúvidas, no regime anterior, sobre se empregados de embaixadas, quando brasileiros regidos pela legislação trabalhista, estavam ou não sujeitos à Justiça do Trabalho, à vista de alegações de imunidade diplomática. Agora fica claro que esta Justiça é competente para examinar e decidir as relações de trabalho de brasileiros com essas representações estrangeiras.

Diz-se, também, no art. 114, que estão abrangidos por essa jurisdição os dissídios entre trabalhadores e Administração Pública direta e indireta dos Municípios, do Distrito Federal, dos Estados e da União. Isso deve ser entendido em função de outras normas constitucionais, especialmente as que conferem autonomia às unidades da Federação para organizar seu funcionalismo, cuja relação estatutária não pode ficar sujeita à Justiça Trabalhista. Logo, aquela assertiva do art. 114 há de ser compreendida em termos, no sentido apenas de serem abrangidos os dissídios sujeitos às leis do trabalho, e jamais os regidos pelos estatutos do funcionalismo daquelas entidades públicas.

Dissídio individual é o que se funda no contrato individual de trabalho; os interesses nele envolvidos são concretos de um ou alguns e a sentença que o resolve tem eficácia apenas entre as partes da relação jurídica processual.

O *dissídio coletivo* visa a estabelecer normas e condições de trabalho; envolve interesse genérico e abstrato da categoria de trabalhadores; a sentença que o resolve tem por objetivo fixar essas normas e condições, e sua eficácia se estende a todos os membros da categoria, indistintamente. Pressupõe negociação coletiva intersindical. Mas esta poderá frustrar-se por dois modos: por não chegarem as partes a um acordo ou por se recusar uma delas à negociação. No primeiro caso as partes poderão eleger árbitros. Esta é uma faculdade que a Constituição agora prevê (art. 114, § 1º). Se uma das partes se recusar à negociação ou à arbitragem, será facultado aos respectivos sindicatos ajuizar dissídio coletivo, podendo a Justiça do Trabalho estabelecer normas e condições de trabalho, respeitadas as disposições convencionais e legais mínimas de proteção ao trabalho (art. 114, § 2º).

126. Justiça Eleitoral. A *organização* e a *competência* da Justiça Eleitoral serão dispostas em lei complementar (art. 121), mas a Constituição já oferece um esquema básico de sua estrutura. Assim é que ela se compõe de um *Tribunal Superior Eleitoral* (TSE), que é seu órgão de cúpula, de *Tribunais Regionais Eleitorais* (TREs), de *juízes eleitorais* e de *Juntas Eleitorais* (art. 118).

Tribunal Superior Eleitoral. Compõe-se de sete membros, no mínimo, escolhidos: 1) *mediante eleição*, pelo voto secreto: a) *três juízes* dentre os ministros do Supremo Tribunal Federal; b) *dois juízes* dentre os ministros do Superior Tribunal de Justiça; 2) *por nomeação do Presidente da República*, *dois juízes* dentre seis advogados de notável saber jurídico e idoneidade moral, indicados pelo Supremo Tribunal Federal (art. 119). A ele compete, *originariamente*, decidir sobre o registro de partidos políticos; os crimes eleitorais; *habeas corpus* e mandado de segurança em matéria eleitoral; as reclamações relativas a obrigações impostas por lei aos partidos políticos; as impugnações relativas à eleição do Presidente e Vice-Presidente da República etc.; e, *em grau de recurso*, julgar os que forem interpostos das decisões dos Tribunais Regionais Eleitorais (Código Eleitoral, art. 22).

Tribunais Regionais Eleitorais. Haverá um na Capital de cada Estado e no Distrito Federal, com jurisdição sobre a respectiva *circunscrição eleitoral*, que coincide com o território do Estado ou do Distrito Federal. Serão compostos: 1) *mediante eleição*, pelo voto secreto: a) de *dois juízes*, dentre os desembargadores do Tribunal de Justiça; b) de *dois juízes*, dentre juízes de direito, escolhidos pelo Tribunal de Justiça; 2) de *um juiz* do Tribunal Regional Federal com sede na Capital do Estado ou do Distrito Federal, ou, não havendo, de *juiz federal*, escolhido, em qualquer caso, pelo Tribunal Regional Federal respectivo; 3) *por nomeação do Presidente da República*, de *dois juízes*, dentre seis advogados de notável saber jurídico e idoneidade moral, indicados pelo Tribunal de Justiça (art. 120). A eles compete, *originariamente*, processar e julgar: os registros de diretórios estaduais e municipais de partidos políticos; os crimes eleitorais cometidos pelos juízes eleitorais etc.; e, *em grau de recurso*, os interpostos contra decisões de juízes e Juntas Eleitorais (Código Eleitoral, art. 29).

Juízes eleitorais. São os próprios *juízes de direito* da organização judiciária dos Estados ou do Distrito Federal, a que cabe a jurisdição de cada uma das *zonas eleitorais* em que é dividida a *circunscrição eleitoral*, com competência para decidir os conflitos eleitorais na respectiva zona; processar e julgar crimes eleitoras; decidir *habeas corpus*; conhecer das reclamações que lhes forem feitas, dirigir, enfim, os processos eleitorais e determinar a inclusão ou exclusão de eleitores; expedir títulos eleitorais; dividir a zona em *seções eleitorais*; ordenar o registro e cassação de registro de candidatos aos cargos eletivos municipais etc. (Código Eleitoral, art. 35).

Juntas eleitorais. São compostas por um juiz de direito, que será seu Presidente, e dois ou quatro cidadãos de notória idoneidade, nomeados sessenta dias antes da eleição, depois de aprovação do Presidente do Tribunal Regional competente. Dez dias antes da nomeação os nomes serão publicados no jornal oficial do Estado, podendo partido impugná-los em petição fundamentada. É de sua competência: apurar as eleições realizadas nas zonas eleitorais sob sua jurisdição; resolver as impugnações e demais incidentes verificados durante os trabalhos da contagem e da apuração; expedir os boletins de apuração; expedir os diplomas dos eleitos para cargos municipais.

127. Justiça Militar. A Justiça Militar compreende: o *Superior Tribunal Militar*, que é o órgão de cúpula dessa Justiça; os *Tribunais e juízes Militares* instituídos em lei, que são as Auditorias Militares, existentes nas circunscrições judiciárias, conforme dispõe a Lei de Organização Judiciária Militar (Decreto-lei 1.003/69).

O *Superior Tribunal Militar* compõe-se de *quinze ministros vitalícios*, nomeados pelo Presidente da República, depois de aprovada a indicação pelo Senado Federal, sendo *três* dentre oficiais-generais da Marinha, *quatro* dentre oficiais-generais do Exército, *três* dentre oficiais-generais da Aeronáutica, todos da ativa e do posto mais elevado da carreira, e *cinco* civis (art. 123).

Os *ministros civis* serão escolhidos pelo Presidente da República dentre brasileiros maiores de trinta e cinco anos, sendo: 1) *três* dentre advogados de notório saber jurídico e conduta ilibada, com mais de dez anos de efetiva atividade profissional; 2) *dois* por escolha paritária dentre juízes auditores e membros do Ministério Público da Justiça Militar.

A lei disporá sobre a organização, o funcionamento e *competência* da Justiça Militar. Mas a Constituição já determina que a ela compete processar e julgar os crimes militares definidos em lei. Vale dizer, portanto, que a lei nada mais pode fazer, quanto à competência, que repetir e desdobrar esse núcleo de competência já constitucionalmente estabelecido: *processar e julgar os crimes militares*.

128. Poder Judiciário Estadual. A Constituição, como já foi visto, inclui os tribunais e juízes estaduais entre os órgãos do Poder Judiciário Nacional (e não puramente Federal, por essa razão – art. 92, VII), mas declara que os Estados organizarão sua Justiça, observados os princípios estabelecidos na Constituição.

Órgãos da Justiça Estadual. O constituinte estadual é livre para estruturar sua Justiça, desde que preveja o *Tribunal de Justiça* como órgão de cúpula da organização judiciária estadual, crie os *Juizados Especiais* e a *Justiça de Paz*, designe *juiz de entrância especial* com competência para dirimir litígios agrários e mantenha o *Tribunal do Júri*, nos termos do art. 5º, XXXVIII, porque estão configurados na Constituição Federal, que até já lhes define algumas competências (arts. 93, III, 96, I e II, 98 e 125). Poderá criar ou não *Tribunal de Alçada*, criar ou não *Justiça Militar*, por proposta do Tribunal de Justiça, descentralizar seu sistema judiciário com tribunais de segunda instância em regiões do Interior.

Está igualmente previsto que cabe aos Estados a instituição de representação de inconstitucionalidade de leis ou atos normativos estaduais ou municipais em face da Constituição Estadual, vedada, porém, a atribuição de legitimação para agir a um único órgão. O que se quer, com isso, é abrir o leque da legitimação, tal como se fez em relação à ação direta de inconstitucionalidade prevista no art. 103 da CF. Não é obrigatório seguir o paralelismo do art. 103, mas certamente ali se oferece uma pauta que pode orientar o constituinte estadual, prevendo que serão partes legítimas para a ação de inconstitucionalidade referida, por exemplo, o governador do Estado, a Mesa da Assembléia Legislativa, o Procurador-Geral do Estado, o Procurador-Geral da Justiça, o Conselho Seccional da Ordem dos Advogados, partidos políticos com representação na Assembléia Legislativa, federação sindical e entidade de classe de âmbito estadual, bem como, especialmente em relação a leis ou atos municipais, o prefeito do Município, o Presidente da Câmara ou Mesa da Câmara do Município interessado, o Procurador-

Geral do Município, onde houver, e os partidos políticos com representação na Câmara do Município. É lícito à Constituição Estadual estender essa legitimação aos cidadãos estaduais e, no referente a leis e atos municipais, só os do Município interessado. Pode-se prever também (talvez se *deva*) a *ação de inconstitucionalidade por omissão* em face de determinações da Constituição Estadual.

Organização interna de tribunais e juízes estaduais. A Justiça Estadual compreende, como se viu, tribunais de segunda instância e juízes de primeira. O Tribunal de Justiça, órgão de cúpula da organização judiciária estadual, compõe-se de *desembargadores* em número e com as atribuições determinadas na Constituição e nas leis do Estado. Os Tribunais de Alçada, onde houver, compõem-se de *juízes*. Cabe ao Tribunal de Justiça propor à Assembléia Legislativa, observado o disposto no art. 169 da Constituição: a) a alteração do número de seus membros e o número dos membros dos tribunais inferiores (de Alçada, por exemplo, e de outros que vierem a ser instituídos no Estado); b) a criação e a extinção de cargos e a fixação de subsídios de seus membros, dos juízes, inclusive dos tribunais inferiores, onde houver, e remuneração dos serviços auxiliares e os dos juízos que lhes forem vinculados (secretarias, cartórios judiciais etc.) (art. 96).

A *competência* dos tribunais e juízes estaduais é matéria da Constituição e leis de organização judiciária do Estado, sendo estas de iniciativa do Tribunal de Justiça (art. 125, § 1º). Como vimos acima, a Constituição de 1988 indica algumas competências do Tribunal de Justiça (arts. 96 e 99).

Estatuto e garantias da Magistratura Estadual. Não há um estatuto autônomo da Magistratura Estadual. A lei complementar prevista no art. 93 da CF é que vai estabelecer o Estatuto da Magistratura Nacional, e assim também da Estadual e da do Distrito Federal e Territórios, às quais se aplicam as regras e princípios já vistos relativamente ao *ingresso* e *promoção* na carreira, ao *acesso* aos tribunais, aos *vencimentos*, à *aposentadoria, remoção* e *disponibilidade*, aos *proventos* da inatividade e à *publicidade* do julgamento e sua motivação, consoante os princípios enunciados nos incisos do art. 93.

129. Juizados Especiais e Justiça de Paz. *Juizados especiais:* A Constituição, no art. 98, I, impõe à União, no Distrito Federal e nos

Territórios (inexistentes agora), e aos Estados a criação de *Juizados Especiais*, providos por juízes togados, ou togados e leigos, competentes para a conciliação, o julgamento e a execução de causas cíveis de menor complexidade e infrações penais de menor potencial ofensivo, mediante os procedimentos oral e sumariíssimo, permitidos, nas hipóteses previstas em lei, a transação e o julgamento de recursos por turmas de juízes de primeiro grau. A EC-22/99, acrescentando parágrafo único ao art. 98, autoriza a criação de Juizados Especiais também na Justiça Federal.

Justiça de paz. Essa é outra Justiça que a Constituição determina seja criada pela União, no Distrito Federal e Territórios, e pelos Estados. É "remunerada, composta de *cidadãos eleitos pelo voto direto, universal e secreto*, com mandato de quatro anos e competência para, na forma da lei, celebrar casamentos, verificar, de ofício ou em face de impugnação apresentada, o processo de habilitação e exercer atribuições conciliatórias, sem caráter jurisdicional, além de outras previstas na legislação" (art. 98, II).

IV. Das funções essenciais à Justiça

130. *"Nemo iudex sine actore"*. Esta velha máxima, que significa, ao pé da letra, que "não há juiz sem autor", exprime muito mais do que um princípio jurídico, porque revela que a Justiça, como instituição judiciária, não funcionará se não for provocada, se alguém, um agente (autor, aquele que age) não lhe exigir que atue. Nisso se acha a justificativa das *funções essenciais à Justiça*, compostas por todas aquelas atividades profissionais, públicas ou privadas, sem as quais o Poder Judiciário não pode funcionar, ou funcionará muito mal. São procuratórias e propulsoras da atividade jurisdicional, institucionalizadas nos arts. 127 a 135 da CF de 1988, discriminadamente: o *Ministério Público*, a *Advocacia Pública* (*Advocacia-Geral da União*, os *Procuradores dos Estados e do Distrito Federal*), o *Advogado* e a *Defensoria Pública*.

131. **Ministério Público**. É instituição permanente, essencial à função jurisdicional do Estado, incumbindo-lhe a defesa da ordem jurídica, do regime democrático e dos interesses sociais e individuais

indisponíveis, fundado nos princípios institucionais da *unidade, indivisibilidade* e *independência funcional*, a cujos membros, organizados em carreira, são asseguradas as prerrogativas da *vitaliciedade, irredutibilidade de vencimentos* e *inamovibilidade* (art. 128, § 5º, I).

Diz o art. 128 que *o Ministério Público* abrange: 1) o Ministério Público da União, que compreende: a) o Ministério Público Federal; b) o Ministério Público do Trabalho; c) o Ministério Público Militar, d) o Ministério Público do Distrito Federal e dos Territórios; 2) o Ministério Público dos Estados. Mas o art. 130 admite um Ministério Público especial, não mencionado no art. 128, junto aos Tribunais de Contas, portanto junto a órgão não-jurisdicional.

O *Ministério Público da União* integra os demais Ministérios Públicos da órbita federal, sob a chefia unitária do Procurador-Geral da República, nomeado pelo Presidente da República dentre integrantes da carreira, maiores de trinta e cinco anos, após a aprovação de seu nome pela maioria absoluta dos membros do Senado Federal, para mandato de dois anos, permitida a recondução; mas para cada recondução repete-se o procedimento, de tal sorte que ela se efetiva por via de nova nomeação; não se limitou o número de reconduções (art. 128, § 1º). Já os *Ministérios Públicos dos Estados, do Distrito Federal* e *dos Territórios* formarão *lista tríplice* dentre integrantes da carreira, na forma da lei respectiva, para escolha do Procurador-Geral (*da Justiça*; a Constituição não o disse, mas não há razão para refugar o nome, que se harmoniza com as funções essenciais do Ministério Público: funcionar junto de tribunais de justiça), que será nomeado pelo chefe do Poder Executivo (governadores nos Estados, Presidente da República para o Distrito Federal e Territórios), para mandato de dois anos, permitida uma recondução (art. 128, § 3º). Aqui, vê-se: é só uma recondução, sem necessidade de repetir o procedimento de nova eleição, de lista tríplice; basta a renomeação pelo chefe do Executivo competente. No caso do Procurador-Geral da República a repetição do procedimento se faz necessária, porque o Senado tem que aprovar a recondução, que é, no caso, forma de nomeação.

As *funções institucionais* do Ministério Público estão relacionadas no art. 129, em que ele aparece como: *titular* da ação penal, da ação civil pública para a tutela dos interesses públicos, coletivos, sociais e difusos e da ação direta de inconstitucionalidade genérica e interventiva, nos termos da Constituição; *garantidor* do respeito aos Poderes Públicos e aos serviços de relevância pública; *defensor* dos direitos e interesses das populações indígenas, além de outras funções de *intervenção* em procedimentos administrativos, de *controle externo* da atividade policial, na forma da lei complementar, de *requisição* de diligências investigatórias e de *instauração* de inquérito policial, vedadas essas funções a quem não seja integrante da carreira, salvo quanto à legitimação para as ações civis, que não impede seu exercício por terceiros.[13] Ao Ministério Público junto aos Tribunais de Contas só compete o exercício de suas funções essenciais de *custos legis*, porque a representação das Fazendas Públicas, aí, como em qualquer outro caso, é função dos respectivos procuradores, nos termos dos arts. 131 e 132.

132. Advocacia Pública. As funções de *Advocacia Pública da União* foram outorgadas a uma nova instituição que a Constituição denominou *Advocacia-Geral da União*, prevista no art. 131, à qual cabem, diretamente ou através de órgãos vinculados: a) a representação da União em juízo e fora dele; b) a consultoria jurídica do Poder Executivo; c) o assessoramento do Poder Executivo. Mas o § 3º do artigo esclarece que *na execução da dívida ativa de natureza tributária* a representação da União cabe à Procuradoria da Fazenda Nacional, observado o disposto na lei (Lei Complementar 73/93).

A *Advocacia Pública dos Estados e Distrito Federal* é exercida pelas respectivas Procuradorias-Gerais, integradas por procuradores de Estado e do Distrito Federal, organizados em carreira a que têm acesso mediante concurso de provas e títulos, aos quais cabe exercer a representação judicial e a consultoria jurídica das respectivas unidades federadas.

133. Advocacia. "O advogado é indispensável à administração da justiça", diz a Constituição (art. 133), que apenas consagra, aqui, um princípio basilar do funcionamento do Poder Judiciário, cuja inércia requer um elemento técnico propulsor.

---

13. Chamamos a atenção do leitor para as disposições transitórias sobre o Ministério Público e seus membros, constantes do art. 29 do ADCT.

134. Defensorias Públicas e a defesa dos necessitados. Uma velha observação de Ovídio ainda vigora nos nossos dias, especialmente no Brasil: *Cura pauperibus clausa est* – ou, no vernáculo: "O tribunal está fechado para os pobres".[14] Os pobres ainda têm acesso muito precário à Justiça. Carecem de recursos para contratar advogados. A *assistência jurídica integral e gratuita aos que comprovarem insuficiência de recursos* vem configurada, relevantemente, como direito individual no art. 5º, LXXIV, da CF. Sua eficácia e efetiva aplicação, como outras prestações estatais, constituirão um meio de realizar o princípio da igualização das condições dos desiguais perante a Justiça.

Nesse sentido, é justo reconhecer que a Constituição deu um passo importante prevendo, em seu art. 134, a *Defensoria Pública* como *instituição* essencial à função jurisdicional, incumbida da orientação jurídica e defesa, em todos os graus, dos necessitados, na forma do art. 5º, LXXIV.

---

14. Cf. *Amores*, L. III, VIII, 55, cit. por Mauro Cappelletti, *Proceso, Ideología, Sociedad*, trad. de Santiago Sentís de Melendo e Tomás A. Bazhaf, Buenos Aires, Ediciones Jurídicas Europa-América, 1974, p. 155.

Capítulo V
DA DEFESA DO ESTADO E DAS INSTITUIÇÕES DEMOCRÁTICAS

I. Do estado de defesa e do estado de sítio

135. Tipos de estados de exceção. O *estado de sítio* é o tipo de estado de exceção que tradicionalmente vigorou no Brasil. A EC-11/78 à Constituição de 1946 inovou o sistema com a previsão de três instituições emergenciais: *medidas de emergência, estado de sítio* e *estado de emergência*. A Constituição vigente transformou estado de emergência em *estado de defesa* e manteve o *estado de sítio*.

136. Estado de defesa. *Estado de defesa* consiste na instauração de uma legalidade extraordinária, por certo tempo, em locais restritos e determinados, mediante decreto do Presidente da República, ouvidos o Conselho da República e o Conselho de Defesa Nacional, para preservar a ordem pública ou a paz social ameaçadas por grave e iminente instabilidade institucional ou atingidas por calamidades de grandes proporções na natureza.

Pressupostos. Os fundamentos para a instauração do *estado de defesa* acham-se estabelecidos no art. 136, e são de *fundo* e de *forma*.

Constituem *pressupostos de fundo* do estado de defesa: a) a existência de grave e iminente instabilidade institucional que ameace a ordem pública ou a paz social; ou b) a manifestação de calamidade de grandes proporções na natureza que atinja a mesma ordem pública ou a paz social. A calamidade é sempre um fato de desajuste no âmbito de sua verificação, mas, nos termos do texto constitucional, ela terá que ser de grandes proporções e, ainda, gerar situação de séria perturbação à ordem pública ou à paz social para servir de base à decretação do estado de defesa.

Os *pressupostos formais* do estado de defesa são: a) prévia manifestação dos Conselhos da República e de Defesa Nacional; b) decretação pelo Presidente da República, após a audiência desses dois Conselhos (arts. 90, I, 91, § 1º, II, e 136); c) determinação, no decreto, do tempo de sua *duração*, que não poderá ser superior a trinta dias, podendo ser prorrogado apenas uma vez, por igual período (ou por período menor, evidentemente), se persistirem as razões que justificaram sua decretação; d) especificação das áreas por ela abrangidas; e) indicação de medidas coercitivas, dentre as discriminadas no art. 136, § 1º. A audiência dos Conselhos da República e da Defesa Nacional é obrigatória, sob pena de inconstitucionalidade da medida. Contudo, tais Conselhos são apenas *consultivos*, o que vale dizer que sua opinião é de ser levada sempre em consideração, mas não será vinculativa. Portanto, se opinarem contra a decretação da medida, o Presidente da República ficará com a grave responsabilidade de, desatendendo-os, assim mesmo decretá-la, se assim entender indispensável. Se o fizer e o Congresso a aprovar nos termos dos arts. 49, IV, e 136, §§ 4º e 6º, tudo fica conforme com a Constituição. Se o Congresso rejeitar a medida poderá surgir hipótese de crime de responsabilidade do Presidente da República.

Efeitos e execução do estado de defesa. A decretação do estado de defesa importa, como primeira conseqüência, a adoção de legalidade especial para a área em questão, cujo conteúdo depende do decreto que o instaurar, respeitados os termos e limites da lei – donde se vê que a Constituição, ao mencionar esse aspecto (art. 136, § 1º), está a requerer a elaboração de uma lei que discipline a utilização desse estado de exceção. É que se prevê, aí, que o decreto indicará, nos termos e limites da lei, as medidas coercitivas a vigorarem durante o estado de defesa, dentre as relacionadas naquele dispositivo, a saber: 1) *restrições aos direitos* de: a) *reunião*, ainda que exercida no seio das associações; b) *sigilo de correspondência*; c) *sigilo de comunicação telegráfica e telefônica*; 2) *ocupação* e *uso* temporário de bens e serviços públicos, *na hipótese de calamidade pública*, respondendo a União pelos danos e custos decorrentes; 3) *prisão*: a) por crime contra o Estado, determinada pelo executor da medida, que deverá comunicá-la, com declaração do estado físico ou mental do detido, ao juiz competente; b) por outros motivos, nunca superior a dez dias, salvo autorização do Poder Judiciário.

Controles. O juízo de conveniência da decretação do estado de defesa cabe ao Presidente da República, quando ocorra pressuposto de fundo para tanto. Ele tem a faculdade de decretá-lo, ou não, mas se decidir fazê-lo terá que obedecer às normas constitucionais que o regem e à lei prevista no art. 136, § 1º, já referida. Vale dizer: o estado de defesa não é, e não pode ser, situação de arbítrio, mas situação constitucionalmente regrada. Por isso, fica sujeito a *controles político* e *jurisdicional*.

O *controle político* realiza-se em dois momentos pelo Congresso Nacional. O primeiro consiste na apreciação do decreto de instauração e de prorrogação do estado de defesa, que o Presidente da República terá que submeter a ele, dentro de vinte e quatro horas de sua edição, acompanhado da respectiva justificação. Se o Congresso estiver em recesso será convocado, extraordinariamente, no prazo de cinco dias. Em qualquer caso, deverá apreciar o decreto dentro de dez dias contados de seu recebimento, continuando em funcionamento enquanto o estado de defesa vigorar. A apreciação da medida concluirá por sua *aprovação* ou por sua *rejeição* (arts. 49, IV, e 136, § 7º). Se aprovado, seguirá sua execução com os efeitos que já apontamos. Se rejeitado, cessarão imediatamente seus efeitos, sem prejuízo da responsabilidade pelos ilícitos cometidos por seus executores (arts. 136, § 7º, e 141). O controle do Congresso Nacional no segundo momento é *sucessivo* (*a posteriori*), porque atuará após o término do estado de defesa e a cessação de seus efeitos, conforme dispõe o parágrafo único do art. 141, segundo o qual logo que cesse o estado de defesa "as medidas aplicadas em sua vigência serão relatadas pelo Presidente da República, em mensagem ao Congresso Nacional, com especificação e justificação das providências adotadas, com relação nominal dos atingidos e indicação das restrições aplicadas".

E se o Congresso não aceitar a justificação dada pelo Presidente da República, se ele chegar à conclusão de que houve arbítrio, excesso? Parece-nos que, em tal caso, ficará caracterizado algum crime de responsabilidade do Presidente, especialmente o atentado a direitos individuais, pelo quê pode ser ele submetido ao respectivo processo, previsto no art. 86 e regulado na Lei 1.079/50.

Prevê-se, ainda, um *controle político concomitante*, nos termos do art. 140, segundo o qual a Mesa do Congresso Nacional (art. 57, § 5º) designará Comissão composta de cinco de seus membros para acompanhar e fiscalizar a execução das medidas referentes ao estado de defesa. Membros da Mesa ou do Congresso? Parece-nos que membros da Mesa do Congresso, que é composta dos membros da Mesa do Senado Federal e da Câmara dos Deputados.

O *controle jurisdicional* consta, por exemplo, do art. 136, § 3º, onde se prevê que a prisão por crime contra o Estado, determinada pelo executor da medida, será por ele comunicada imediatamente ao juiz competente, que a relaxará, se não for legal, facultado ao preso requerer exame de corpo de delito à autoridade policial; essa comunicação será acompanhada de declaração do estado físico e mental do detido no momento de sua autuação. Também a prisão ou detenção de qualquer pessoa não poderá ser superior a dez dias, salvo autorização do Poder Judiciário; não havendo tal autorização, o constrangimento, além daquele período, é ilegal e passível de controle jurisdicional por via do *habeas corpus*. Demais, é vedada a incomunicabilidade do preso, o que vale dizer que a prisão fica sempre sujeita ao controle jurisdicional, para o cumprimento dessa vedação. Finalmente, cessado o estado de defesa, cessarão seus efeitos, mas sem prejuízo da responsabilidade pelos ilícitos cometidos por seus executores ou agentes. Isso quer dizer que existirá a possibilidade de controle jurisdicional sucessivo sobre a conduta dos executores ou agentes da medida.

137. Estado de sítio. Consiste *na instauração de uma legalidade extraordinária, por determinado tempo e em certa área* (que poderá ser o território nacional inteiro), *objetivando preservar ou restaurar a normalidade constitucional, perturbada por motivo de comoção grave de repercussão nacional ou por situação de beligerância com Estado estrangeiro*. A aplicação de medidas coercitivas e a suspensão de direitos e garantias constitucionais são apenas meios para a consecução de seus objetivos. São efeitos de sua decretação, a que dedicaremos as considerações que seguem.

Causas do estado de sítio são as situações críticas que indicam a *necessidade* da instauração de correspondente legalidade de exceção (extraordinária) para fazer frente à anormalidade manifestada. São as *condições de fato*, sem as quais o estado de sítio constituirá um abuso injustificado.

Pressupostos. A instauração do estado de sítio depende de *pressupostos de fundo* e *pressupostos formais*.

São *pressupostos de fundo* cuja ocorrência confere legitimidade às providências constitucionalmente estabelecidas: 1) *comoção grave de repercussão nacional ou ocorrência de fatos que comprovem a ineficácia de medidas tomadas durante o estado de defesa*; 2) *declaração de estado de guerra ou resposta a agressão armada estrangeira*. Há, portanto: a) *estado de sítio em caso de comoção grave de repercussão nacional*, portanto um estado de crise que seja de efetiva rebelião ou de revolução que ponha em perigo as instituições democráticas e a existência do governo fundado no consentimento popular; b) *estado de sítio em caso de ocorrência de fatos que comprovem a ineficácia de medidas tomadas durante o estado de defesa*, que corresponde, praticamente, à conversão deste em estado de sítio; c) *estado de sítio em caso de declaração de guerra*; d) *estado de sítio em caso de agressão armada* que exija pronta resposta, desembaraçada de situação interna que porventura a dificulte. Os dois últimos casos são de situação de guerra. No primeiro trata-se de estado de guerra juridicamente estabelecido, ou seja, guerra declarada nos termos dos arts. 49, II, e 84, XIX. No segundo, eventualmente em situação de guerra dependente de referendo do Congresso Nacional na conformidade dos mesmos artigos citados. *Guerra*, aí, pois, é sempre *guerra externa*, ou seja: só o estado de beligerância com Estado estrangeiro é que fundamenta o estado de sítio na hipótese.

São *pressupostos formais (requisitos)*: a) audiência do Conselho da República e do Conselho de Defesa Nacional; b) autorização, por voto da maioria absoluta do Congresso Nacional, para sua decretação em atendimento a solicitação fundamentada do Presidente da República; c) decreto do Presidente da República. Quer dizer, o estado de sítio é decretado pelo Presidente da República, ouvido aqueles dois Conselhos e autorizado pelo Congresso Nacional, que, se estiver em recesso, será imediatamente convocado pelo Presidente do Senado Federal para reunir-se dentro de cinco dias, a fim de apreciar a solicitação; e, concedendo-a, permanecerá em funcionamento até o término das medidas coercitivas (arts. 137 e 138, §§ 2º e 3º). É o *decreto* do Presidente da República que instaura a normatividade extraordinária do estado de sítio, pela indicação: a) de sua *duração*, que não poderá ser superior a trinta dias, nem prorrogada, de cada vez (o que permite mais de uma prorrogação), por prazo superior, quando se tratar de estado de sítio com base no inciso I do art. 137; e por todo o tempo que perdurar a guerra ou a agressão armada estrangeira, na hipótese do inciso II; b) das *normas necessárias à sua execução*, ou seja, as instruções que devem reger a conduta dos executores da medida; c) das *garantias constitucionais que ficarão suspensas*, dentre as autorizadas no art. 139. Publicado o decreto, o Presidente da República designará o executor das medidas específicas e as áreas abrangidas. Esses condicionamentos visam a situar o estado de sítio em limites estritamente necessários ao restabelecimento da normalidade, para que não se sirva dele como instrumento para obter resultado diametralmente contrário a seus *objetivos*, que são, pelo visto: a) preservar, manter e defender o Estado Democrático de Direito e, por conseguinte, as instituições democráticas; b) dar condições à livre mobilização de todos os meios necessários à defesa do Estado no caso de guerra.

Efeitos do estado de sítio. A decretação do estado de sítio importa, como primeira conseqüência, a substituição da legalidade constitucional comum por uma *legalidade constitucional extraordinária*. O conteúdo desta depende do decreto que instaura a medida, respeitados os limites indicados na Constituição. Tais limites, contudo, só são estabelecidos relativamente ao estado de sítio decretado por motivo de comoção grave ou ocorrência de fatos que comprovem a ineficácia do estado de defesa, conforme o disposto no art. 137, I. Na vigência deste estado de sítio só poderão ser tomadas contra as pessoas as seguintes medidas coercitivas:

1) obrigação de permanência em localidade determinada;

2) detenção em edifício não destinado a acusados ou condenados por crimes comuns, o que acaba por deter as pessoas em prisão dos quartéis da Marinha, do Exército ou da Aeronáutica;

3) restrições relativas à inviolabilidade da correspondência, ao sigilo das comunicações, à prestação de informações e à liberdade de imprensa, radiodifusão e televisão, na forma da lei, o que significa a necessidade de elaboração de uma lei que preveja a possibilidade e limites dessas restrições, que, como se nota, importam interceptação e censura aos meios de comunicação em geral; mas não se inclui nessas

restrições a difusão de pronunciamentos de parlamentares efetuados em suas Casas Legislativas, desde que liberada pela respectiva Mesa;

4) suspensão da liberdade de reunião;

5) busca e apreensão em domicílio, o que é uma derrogação da inviolabilidade do domicílio;

6) intervenção nas empresas de serviços públicos (empresas de telecomunicações, de transportes, de fornecimento de água etc.);

7) requisição de bens.

Cessado o estado de sítio, cessarão seus efeitos – sem prejuízo da responsabilidade pelos ilícitos cometidos por seus executores ou agentes –, que são, como foi dito, a legalidade extraordinária implantada com sua decretação e as providências de sua execução. Esta realiza-se por meio de delegado do Presidente da República, como executor das medidas específicas consubstanciadas no decreto, nomeado depois de sua publicação; mas nada impede seja nomeado no próprio decreto de instauração do estado de sítio. Em regra são nomeadas autoridades militares, que se incumbem de tomar as medidas coercitivas autorizadas no decreto.

Controles do estado de sítio. Tal como no estado de defesa, o juízo de conveniência da instauração do estado de sítio cabe ao Presidente da República quando ocorra um dos pressupostos de fundo que o justificam. Ele tem a faculdade de decretar, ou não, a medida; mas se o fizer, terá que observar as normas constitucionais que a regem. Vale dizer, o estado de sítio, tanto quanto o estado de defesa, não é, nem pode ser, uma situação de arbítrio, porque é uma situação constitucionalmente regrada. Por isso, fica sujeito a *controles político* e *jurisdicional*.

O *controle político* realiza-se pelo Congresso Nacional em três momentos: a) um *controle prévio*, porque a decretação do estado de sítio depende de sua prévia autorização (art. 137); b) um *controle concomitante*, porque, nos termos do art. 140, a Mesa do Congresso Nacional, ouvidos os líderes partidários, deverá designar comissão composta de cinco de seus membros ("seus" da Mesa, ao que nos parece) para acompanhar e fiscalizar a execução das medidas referentes ao estado de sítio, tal como em relação ao estado de defesa, consoante vimos; c) *sucessivo*, ou seja, após cessado o estado de sítio as medidas aplicadas em sua vigência serão relatadas pelo Presidente da

República, em mensagem ao Congresso Nacional, com especificação e justificação das providências adotadas, com relação nominal dos atingidos e indicação das restrições aplicadas.

O *controle jurisdicional* é amplo em relação aos limites de aplicação das restrições autorizadas. Se os executores ou agentes do estado de sítio cometerem abuso ou excesso de poder durante sua execução, é lógico que seus atos ficam sujeitos a correção por via jurisdicional, quer por via de mandado de segurança, quer por *habeas corpus*, quer por outro meio judicial hábil. Mesmo depois de cessado o estado de sítio e seus efeitos poderá ocorrer hipótese de responsabilização jurisdicional de seus executores ou agentes por condutas ou atos ilícitos cometidos durante a execução da medida, conforme estatui o art. 141.

Mais uma vez se vê que o estado de sítio, como o estado de defesa, está subordinado a normas legais. Ele gera uma legalidade extraordinária, mas não pode ser arbitrariedade. Por isso, qualquer pessoa prejudicada por medidas ou providências do Presidente da República ou de seus delegados, executores ou agentes, com inobservância das prescrições constitucionais não excepcionadas e das constantes do art. 139, tem o direito de recorrer ao Poder Judiciário para responsabilizá-los e pedir a reparação do dano que lhe tenha sido causado.

II. Forças Armadas

138. Destinação constitucional. A Constituição estabelece que as *Forças Armadas* são *instituições nacionais permanentes e regulares* que se *destinam à defesa da Pátria, à garantia dos poderes constitucionais e, por iniciativa de qualquer destes, da lei e da ordem* (art. 142). Sua missão essencial é a da defesa da Pátria e a garantia dos poderes constitucionais. Vale dizer, defesa contra agressões estrangeiras em caso de guerra externa e defesa das instituições democráticas, pois a isso corresponde a garantia dos poderes constitucionais, que, nos termos da Constituição, emanam do povo (art. 1º, parágrafo único). Só subsidiária e eventualmente lhes incumbe a *defesa da lei* e *da ordem*, porque essa defesa é de competência primária das *forças de segurança pública* (*infra*). Sua interferência na defesa da lei e da ordem depende, além do mais, de convocação dos legítimos representantes de qualquer dos poderes federais: Presidente da Mesa do Congresso Nacional, Presidente da República ou Presidente do Supremo Tribunal Federal. Ministro não é poder constitucional. Juiz de direito não é poder constitucional. Juiz federal não é poder constitucional.

As *Forças Armadas* são *instituições nacionais, permanentes e regulares*, organizadas com base na hierarquia e na disciplina, sob a autoridade suprema do Presidente da República (art. 142). *Hierarquia* é o vínculo de subordinação escalonada e graduada de inferior a superior. Elas, além da relação hierárquica interna a cada uma das Armas, subordinam-se em conjunto ao chefe do Poder Executivo Federal, que delas é o comandante supremo (art. 84, XIII). *Disciplina* é o poder que têm os superiores hierárquicos de impor condutas e dar ordens aos inferiores e, correlativamente, o dever de obediência dos inferiores em relação aos superiores.

139. Componentes das Forças Armadas. As Forças Armadas Brasileiras são constituídas pela *Marinha*, pelo *Exército* e pela *Aeronáutica* (art. 142). Cada uma dessas três forças goza de autonomia relativa, subordinadas respectivamente aos comandos da Marinha, do Exército e da Aeronáutica, integrados no Ministério da Defesa. Todas são, porém, entrosadas hierárquica e disciplinarmente, e devem ser obedientes a um centro comum, que é o seu comando supremo, exercido pelo Presidente da República.

III. Segurança Pública

140. Polícia e segurança pública. A *segurança pública* consiste numa situação de preservação ou restabelecimento dessa convivência social que permite que todos gozem de seus direitos e exerçam suas atividades sem perturbação de outrem, salvo nos limites de gozo e reivindicação de seus próprios direitos e defesa de seus legítimos interesses. Na sua dinâmica, é *uma atividade de vigilância, prevenção e repressão de condutas delituosas*. Mas a segurança pública não é só repressão e não é problema apenas de polícia, pois a Constituição estabelece que *a segurança é dever do Estado, direito e responsabilidade de todos* (art. 144). Daí decorre que a colaboração e a integração comunitária sejam os novos e importantes referenciais da segurança pública, consubstanciando a idéia de *polícia comunitária* com a necessária adequação da polícia às condições e às exigências de uma sociedade democrática, e, assim, de respeito aos direitos do cidadão, independentemente de sua condição social.

141. Organização da segurança pública. Segundo a Constituição, *a segurança pública é exercida para a preservação da ordem pública e da incolumidade das pessoas e do patrimônio através da polícia federal, da polícia rodoviária federal, da polícia ferroviária federal, das polícias civis, das polícias militares e corpos de bombeiros militares* (art. 144).

142. Órgãos da segurança pública. Como se indicou acima, a segurança pública é exercida por um conjunto de órgão policiais, federal e estaduais. Tem-se, como se vê, uma repartição de competências nessa matéria entre a União e os Estados, de tal sorte que o princípio que rege é o de que o problema da *segurança pública* é de competência e responsabilidade de cada unidade da Federação, tendo em vista as peculiaridades regionais e o fortalecimento do princípio federativo – como, aliás, é da tradição do sistema brasileiro. Mas a competência das polícias federais na matéria é limitada a questões estritamente enumeradas, de maneira que, afastadas essas áreas especificadas, a segurança pública é de competência da organização policial dos Estados, na forma prevista no art. 144, §§ 4º, 5º e 6º.

A *polícia de segurança*, em sentido estrito, é a *polícia ostensiva*, que tem por objetivo a preservação da ordem pública e, pois, "as medidas preventivas que em sua prudência julga necessárias para evitar o dano ou o perigo para as pessoas". Mas, apesar de toda vigilância, não é possível evitar o crime, sendo, pois, necessária a existência de um sistema que apure os fatos delituosos e cuide da perseguição aos seus agentes. Esse sistema envolve as atividades de investigação, de apuração das infrações penais, a indicação de sua autoria, assim como o processo judicial pertinente à punição do agente. É aí que entra a *polícia judiciária*, que tem por objetivo precisamente aquelas atividades de investigação, de apuração das infrações penais e de indicação de sua autoria, a fim de fornecer os elementos necessários ao Ministério Público em sua função repressiva das condutas criminosas, por via de ação penal pública.

143. Polícias federais. Estão mencionadas três polícias federais no art. 144, I a III: a *polícia federal* propriamente dita, a *polícia rodoviária federal* e a *polícia ferroviária federal.* Todas elas são organizadas e mantidas pela União (art. 21, XIV), que também organiza e mantém a polícia civil, a polícia militar e o corpo de bombeiros militar no Distrito Federal e nos Territórios. Todas elas hão de ser *instituídas em lei,* como *órgãos permanentes estruturados em carreira.*

A *polícia federal* (propriamente dita) destina-se:

1) a apurar infrações penais contra a ordem política e social (*não contra a ordem pública,* note-se) ou em detrimento de bens, serviços e interesses da União ou de suas entidades autárquicas e empresas públicas, assim como outras infrações cuja prática tenha repercussão interestadual ou internacional e exija repressão uniforme, segundo se dispuser em lei;

2) a prevenir e reprimir o tráfico ilícito de entorpecentes e drogas afins, o contrabando e o descaminho, sem prejuízo da ação fazendária e de outros órgãos públicos nas respectivas áreas de competência; *contrabando* e *descaminho* são duas modalidades de crimes parecidas mas não idênticas, embora comumente se chame tudo de *contrabando*; este consiste na introdução no território nacional, ou na retirada dele, de mercadorias proibidas; se se proíbe a importação ou a exportação de determinada mercadoria no interesse da política econômica, mas alguém, assim mesmo, atravessa as fronteiras nacionais com tal mercadoria, aí está cometendo o *crime de contrabando;* se essa pessoa, no entanto, introduz ou retira mercadorias cuja importação ou exportação é permitida mediante pagamento de tributos mas, no caso, elidiu o Fisco e não pagou o imposto pertinente, então cometeu o *crime de descaminho;*

3) a exercer as funções de polícia marítima, aérea e de fronteiras;

4) a exercer, com exclusividade, as funções de polícia judiciária da União.

A *polícia rodoviária federal* e a *polícia ferroviária federal* destinam-se, na forma da lei, ao patrulhamento ostensivo, respectivamente, das rodovias e das ferrovias federais. *Só das federais,* porque o patrulhamento das rodovias e ferrovias estaduais é matéria de competência das polícias dos Estados.

144. Polícias estaduais. São *polícias estaduais*, responsáveis pelo exercício das funções de segurança pública e de polícia judiciária: a *polícia civil*, a *polícia militar* e o *corpo de bombeiros militar*.

À *polícia civil*, dirigida por delegado de carreira, em cada Estado, incumbem as funções de *polícia judiciária*, nos termos já definidos antes, e a apuração de infrações penais, exceto: a) as de competência da polícia federal no âmbito restrito já assinalado; b) as militares.

À *polícia militar*, em cada Estado, cabem a *polícia ostensiva* e a *preservação da ordem pública*, enquanto ao *corpo de bombeiros militar* de cada Estado compete, além de outras definidas em lei, como a de prevenção e debelação de incêndios, a execução de atividades de defesa civil. Essas polícias militarizadas dos Estados são consideradas *forças auxiliares* do Exército e se subordinam, juntamente com as polícias civis, aos governadores dos Estados, do Distrito Federal e dos Territórios.

As polícias civis e militares do Distrito Federal e dos Territórios são, porém, organizadas e mantidas pela União (art. 21, XIV), mas as dos Estados são por estes organizadas e mantidas, obedecidas, no entanto, normas gerais federais previstas nos arts. 22, XXI, e 24, XVI, sobre a organização, efetivos, material bélico, garantias, convocação e mobilização das polícias militares e dos corpos de bombeiros e sobre organização, garantias, direitos e deveres das polícias civis. Estas últimas pela primeira vez ficam subordinadas a normas gerais federais, sem qualquer justificativa para tanto, a não ser meros interesses corporativos que fizeram introduzir tal dispositivo na Constituição.

145. Guardas municipais. Os constituintes recusaram várias propostas no sentido de instituir alguma forma de polícia municipal. Com isso, os Municípios não ficaram com específica responsabilidade pela segurança pública. Ficaram com a responsabilidade por ela na medida em que, sendo entidade estatal, não se podem eximir de ajudar os Estados no cumprimento dessa função. Contudo, não se lhes autorizou a instituição de órgão policial de segurança, e menos ainda de polícia judiciária.

A Constituição apenas lhes reconheceu a faculdade de constituir *guardas municipais* destinadas à proteção de seus bens, serviços e instalações, conforme dispuser a lei. Aí certamente está uma área que é de segurança pública – assegurar a incolumidade do patrimônio municipal, que envolve bens de uso comum do povo, bens de uso especial e bens patrimoniais –, mas não de polícia ostensiva, que é função de exclusiva competência da polícia militar.

Capítulo VI
DA TRIBUTAÇÃO E DO ORÇAMENTO

I. Do Sistema Tributário Nacional

I.1 Dos princípios gerais

146. Disposições gerais. A Constituição diz mal quando intitula de *princípios gerais* a Seção I do Capítulo I do Título VI, referindo-se ao *Sistema Tributário Nacional*. O que temos nessa primeira seção são disposições gerais sobre a tributação, que sintetizam as bases constitucionais do Sistema Tributário Nacional.

147. Tributo: impostos, taxas e contribuições. O *Sistema Tributário Nacional* compõe-se de *tributos*, que compreendem os *impostos*, as *taxas* e a *contribuição de melhoria* e as *contribuições sociais* (arts. 145 e 149). *Tributo é toda prestação pecuniária compulsória instituída em lei e cobrada mediante atividade administrativa vinculada, que não constitua sanção de ato ilícito* (CTN, art. 3º).

Imposto. É o *tributo* cuja obrigação tem por fato gerador uma situação independente de qualquer atividade estatal específica em favor do contribuinte ou relativa a ele. Isso quer dizer que o imposto é uma prestação pecuniária que incide sobre fatos descritos em lei só pela atuação do contribuinte. Daí provêm os diferentes tipos de impostos discriminados nos arts. 153, 155 e 156.

Taxas. São *tributos* cuja obrigação tem por fato gerador o exercício do poder de polícia ou a utilização, efetiva ou potencial, de serviços públicos específicos e divisíveis, prestados ao contribuinte ou postos à sua disposição. À diferença do imposto, como se nota, o fato gerador da taxa é uma situação dependente de atividade estatal: o exercício do poder de polícia ou a oferta de serviço público ao contribuinte. São cobradas pela União, Estados, Distrito Federal e Município em razão dos respectivos poderes de polícia ou dos respectivos serviços públicos prestados ou postos à disposição do contribuinte.

Contribuição de melhoria. É o *tributo* cuja obrigação tem por fato gerador a valorização de imóveis do contribuinte em decorrência da execução de obras públicas pela União, Estados, Distrito Federal ou Municípios.

148. Contribuições sociais. Também é da competência exclusiva da União instituir *contribuições sociais*, de *intervenção no domínio econômico* e de *interesse das categorias profissionais ou econômicas*, como instrumento de sua atuação nas respectivas áreas. Temos aí, portanto: a) *contribuições sociais*, como as da seguridade social e previdenciária (arts. 195, I a III, e 201), as do PIS/PASEP (art. 239), as do seguro-desemprego (art. 239, § 4º), entre outras que a União poderá instituir por lei; b) *contribuições de intervenção no domínio econômico*, como o chamado *confisco do café*, as do Instituto do Açúcar e do Álcool etc.; c) *contribuições de interesse das categorias profissionais*, assim as contribuições às entidades dos profissionais liberais, as contribuições sindicais previstas no final do inciso IV do art. 8º – não, porém, a que cabe à assembléia-geral para custeio do sistema confederativo da representação sindical referida no mesmo inciso, que, por isso, não é instituída pela União. As contribuições sociais e de intervenção no domínio econômico de que trata o art. 149, conforme redação da EC-33/2001, não incidirão sobre as receitas decorrentes de exportações; mas poderão incidir sobre a importação de petróleo e seus derivados, gás natural e seus derivados e álcool combustível; poderão ter alíquotas *ad valorem*, tendo por base o faturamento bruto ou o valor da operação e, no caso de importação, o valor aduaneiro, ou alíquota específica, tendo por base a medida adotada, equiparando-se, para tais efeitos, a pessoa natural destinatária das operações à pessoa jurídica, nos termos da lei, que também definirá as hipóteses em que as contribuições incidirão uma única vez. Essa Emenda ainda introduz o § 4º ao art. 177 para dizer que a contribuição de intervenção no domínio econômico relativa às atividades de importação ou comercialização de petróleo e seus derivados, gás natural e seus derivados e álcool combustível deverá atender aos seguintes requisitos: a) a alíquota da contribuição poderá ser: a.1) diferenciada por produto ou uso; a.2) reduzida e restabelecida por ato do Poder Executivo, não se lhe aplicando o princípio da anterioridade previsto no art. 150, III, "b"; b) os recursos arrecadados serão destinados: b.1) ao pagamento de subsídios a preços ou transporte de álcool combustível, gás natural e seus derivados e derivados de petróleo; b.2) ao financiamento de projetos ambientais relacionados com a indústria do petróleo e do gás; b.3) ao financiamento de programas de infra-estrutura de transporte. Trato da matéria aqui, porque certamente no art. 177 ela estaria deslocada, já que se trata de problema fiscal.

A Constituição autoriza Estados, Distrito Federal e Municípios a instituir *contribuição*, cobrada de seus servidores, para o custeio, em benefício destes, de sistema de previdência e assistência social. São *contribuições previdenciárias* de competência dessas entidades.

Essas contribuições submetem-se ao regime das normas gerais tributárias, ao princípio da reserva de lei e ao princípio da anualidade (lei prévia ao exercício em que serão cobradas). Significa dizer: não podem ser instituídas nem aumentadas senão por lei e não podem incidir senão sobre fatos geradores e exercício financeiro posteriores à sua instituição (arts. 146, III, e 150, I e III). Contudo, as contribuições da seguridade social (art. 195, I a III) não se subsumem ao disposto no art. 150, III, "b", porque o art. 195, § 6º, lhes dá outro regime, prevendo que poderão ser exigidas após decorridos *noventa dias* da data da publicação da lei que as houver instituído.

A doutrina entende que todas essas contribuições compulsórias têm natureza tributária, reputadas como *tributos parafiscais*, ou seja, tributos cuja arrecadação é da competência de entidades paraestatais ou autárquicas.

149. Empréstimo compulsório. O *empréstimo compulsório* só pode ser instituído pela União, mediante lei complementar, *no caso de investimento público de caráter urgente e de relevante interesse nacional* ou *para atender a despesas extraordinárias, decorrentes de calamidade pública, de guerra externa ou sua iminência* (art. 148).

O *empréstimo compulsório para investimento* (art. 148, II) não poderá ser cobrado no mesmo exercício financeiro em que haja sido publicada a lei que o houver instituído. Um dos requisitos de legitimidade deste empréstimo é a *urgência* do investimento que ele financiará, mas a Constituição, incoerentemente, impede sua arrecadação imediata, ao vedar sua cobrança no mesmo exercício de sua instituição. O *empréstimo* para os fins do art. 148, I, não está sujeito a essa limitação.

150. Normas de prevenção de conflitos tributários. Estamos chamando assim à disciplina normativa por *lei complementar* (art. 146). É função dessa *lei complementar tributária*: 1) dispor sobre *conflitos de competência*, em matéria tributária, entre União, Estados, Distrito Federal e Municípios; 2) regular as *limitações* constitucionais do *poder de tributar*; 3) estabelecer *normas gerais* de Direito Tributário sobre: a) definição de tributos e de suas espécies, bem como em relação aos impostos discriminados na Constituição, aos respectivos fatos geradores, bases de cálculo e contribuintes; b) obrigação, lançamento, crédito, prescrição e decadência tributários; c) adequado tratamento tributário ao ato cooperativo praticado pelas sociedades cooperativas; 4) instituir outros impostos da União, desde que sejam não-cumulativos e não tenham nem fato gerador nem base de cálculo idênticos aos discriminados nos arts. 153, 155 e 156; 5) definir produtos industrializados semi-elaborados a serem excluídos da não-incidência do imposto de circulação de mercadoria nas operações destinadas ao Exterior; 6) em relação ao imposto sobre circulação de mercadorias e prestação de serviços: a) definir seus contribuintes; b) dispor sobre substituição tributária; c) disciplinar o regime de compensação do imposto; d) fixar, para efeito de sua cobrança e definição do estabelecimento responsável, o local das operações relativas à circulação de mercadorias e das prestações de serviços; e) excluir da incidência do imposto, nas exportações para o Exterior, serviços e outros produtos além dos semi-elaborados mencionados no art. 155, X, "a"; f) prever casos de manutenção de crédito relativamente à remessa para outro Estado e exportação para o Exterior de serviços e mercadorias; g) regular a forma como, mediante deliberação dos Estados e do Distrito Federal, isenções, incentivos e benefícios fiscais serão concedidos e revogados; 7) definir "serviços de qualquer natureza" para efeito do imposto municipal respectivo; 8) fixar as alíquotas máximas dos impostos municipais sobre vendas a varejo de combustíveis líquidos e gasosos e excluir da incidência do imposto municipal sobre serviços de qualquer natureza as exportações de serviços para o Exterior; 9) em relação à repartição de receitas tributárias: a) definir "valor adicionado" nas operações relativas à circulação de mercadorias e nas prestações de serviços, para o fim de fixar a quota dos Municípios, tendo em vista as operações tributadas nos respectivos territórios, na forma prevista no art. 158, parágrafo único, I; b) estabelecer normas sobre a entrega dos recursos de que trata o art. 159, especialmente sobre os critérios de rateio dos fundos previstos em seu inciso I, objetivando promover o equilíbrio sócio-econômico entre Estados e entre Municípios; c) dispor sobre o acompanhamento, pelos beneficiários (Estados, Distrito Federal ou Municípios), do cálculo das quotas e da liberação das participações previstas nos arts. 157, 158 e 159.

I.2 Das limitações do poder de tributar

151. Poder de tributar e suas limitações. Embora a Constituição diga que cabe à lei complementar regular as limitações constitucionais ao poder de tributar (art. 146, II), ela própria já as estabelece mediante a enunciação de *princípios constitucionais da tributação*. Tais princípios são plenamente eficazes, no sentido de não dependerem daquela lei complementar para sua incidência direta e imediata aos casos ocorrentes.

152. Princípios constitucionais da tributação e sua classificação. O Sistema Tributário Nacional subordina-se a vários princípios, que configuram garantias constitucionais dos contribuintes, conforme reconhece o art. 150, sem prejuízo de outras, e, em contrapartida, constituem limitações ao poder de tributar.[1] Exprimem-se em forma de vedações constitucionais às entidades tributantes. Podemos classificá-los em:

---

1. Cf. Aliomar Baleeiro, *Limitações Constitucionais ao Poder de Tributar*, 5ª ed., Rio de Janeiro, Forense, 1977; Victor Uckmar, *Princípios Comuns de Direito Constitucional Tributário*, trad. de Marco Aurélio Greco, 2ª ed., São Paulo, Malheiros Editores, 2000; Fritz Neumark, *Principios de la Imposición*, trad. de José Zamit Ferrer, Madrid, Instituto de Estudios Fiscales, 1974.

a) *Princípios gerais*: a.1) *princípio da reserva de lei ou da legalidade estrita*, segundo o qual é vedado à União, aos Estados, ao Distrito Federal e aos Municípios instituir ou aumentar tributos sem que a lei o estabeleça (art. 150, I); a.2) *princípio da igualdade tributária*, estabelecido no art. 150, II, veda às referidas entidades tributantes instituir tratamento desigual entre contribuintes que se encontrem em situação equivalente, proibida qualquer distinção em razão de ocupação profissional ou função por eles exercida, independentemente da denominação jurídica dos rendimentos, títulos ou direitos; a norma refere-se a qualquer tributo, mas é mais expressivamente dirigida aos impostos pessoais e ao de renda; a.3) *princípio da personalização dos impostos e da capacidade contributiva*, agora expressamente consignado no art. 145, § 1º, pelo qual, sempre que possível, os *impostos terão caráter pessoal* e serão *graduados segundo a capacidade econômica do contribuinte*, facultado à Administração Tributária, especialmente para conferir efetividade a esses objetivos, identificar, respeitados os direitos individuais e nos termos da lei, o patrimônio, os rendimentos e as atividades econômicas do contribuinte; a.4) *princípio da prévia definição legal do fato gerador* ou *princípio da irretroatividade tributária*, de acordo com o qual é vedado cobrar tributos em relação a fatos geradores ocorridos antes do início da vigência da lei que os houver instituído ou aumentado (art. 150, III, "a"); a.5) *princípio da anualidade do lançamento do tributo*, segundo o qual o lançamento dos tributos está vinculado a cada *exercício financeiro* (1º de janeiro a 31 de dezembro de cada ano), o que tem importância para a situação temporal do fato gerador da obrigação tributária; a.6) *princípio da proporcionalidade razoável*, regra que veda utilizar tributo com efeito de confisco; isso, na verdade, significa que o tributo não deve subtrair mais do que uma parte razoável do patrimônio ou da renda do contribuinte; a.7) *princípio da ilimitabilidade do tráfego de pessoal ou bens*, por meio de tributos interestaduais ou intermunicipais, ressalvada a cobrança de pedágio pela utilização de vias conservadas pelo Poder Público (art. 150, V).

Princípios gerais decorrentes:

b) *Princípios especiais:* b.1) *princípio da uniformidade tributária*, segundo o qual é vedado à União instituir tributo que não seja uniforme em todo o território nacional ou que implique distinção ou preferência em relação a Estado, ao Distrito Federal ou a Município, em detrimento de outro, admitida a concessão de incentivos fiscais destinados a promover o equilíbrio do desenvolvimento sócio-econômico entre as diferentes regiões do País (art. 151, I). É princípio que se aplica aos tributos federais em geral e ao imposto sobre produto industrializado em particular. Ele encerra um sentido especial de política fiscal federalista; b.2) *princípio da limitabilidade da tributação da renda das obrigações da dívida pública estadual ou municipal e dos proventos de agentes dos Estados e Municípios*, contido no art. 151, II, que veda à União tributar a renda das obrigações da dívida pública dos Estados, do Distrito Federal e dos Municípios, bem como a remuneração e os proventos dos respectivos agentes públicos, em níveis superiores aos que fixar para suas obrigações; b.3) *princípio de que o poder de isentar é ínsito ao poder de tributar*, segundo o qual quem tem o poder de impor determinado tributo é que tem o poder de estabelecer isenções. Esse, na verdade, é um princípio geral da tributação, que foi rompido pelo regime constitucional anterior, que atribuía à União o poder de estabelecer isenções de impostos estaduais ou municipais em certas circunstâncias. Pois bem, agora vem o art. 151, III, e se dirige à União (daí a inclusão aqui do princípio) *para proibi-la de instituir isenções de tributos de competência dos Estados, do Distrito Federal ou dos Municípios*; b.4) *princípio da não-diferenciação tributária*, de acordo com o qual é vedado aos Estados, ao Distrito Federal e aos Municípios estabelecer diferença tributária entre bens e serviços, de qualquer natureza, em razão de sua procedência ou destino (art. 152).

c) *Princípios específicos*. Referem-se a determinados impostos especificamente, e assim se apresentam: c.1) *princípio da progressividade*, referido expressamente ao imposto sobre a renda (art. 153, § 2º, I) e ao imposto sobre a propriedade predial e territorial urbana (arts. 156, § 1º, e 182, § 4º, II). Imposto progressivo é aquele cuja alíquota aumenta à medida que aumentam o ingresso ou a base imponível; c.2) *princípio da não-cumulatividade do imposto*, aplicável aos impostos sobre produtos industrializados e sobre operações relativas à circulação de mercadorias e prestação de serviços (art. 153, IV, e § 3º, II, e 155, II, e § 2º, I), segundo o qual será compensado o que for devido em cada operação com o montante cobrado nas operações anteriores. Na prática, isso se faz mediante um sistema de crédito, pelo qual o contribuinte se credita de todo o imposto que pagou ao adquirir os produtos (ou matéria-prima, no caso do IPI) ou mercadorias ou serviços (no caso do ICMS) em dado espaço de tempo (um mês, por exemplo) fixado em lei, ao mesmo tempo em que debita todo o imposto incidente sobre as saídas dos produtos ou mercadorias do seu estabelecimento no mesmo período, e no momento de recolher os impostos do período é feita a compensação entre o crédito e o débito, recolhendo ele a diferença a mais ou continuando com crédito para o período seguinte, se o crédito foi maior. Vale dizer, em cada operação o imposto incide efetivamente sobre o valor adicionado; c.3) *princípio da seletividade do imposto*, aplicável obrigatoriamente ao imposto sobre produtos industrializados, nos termos do art. 153, IV, e § 3º, I, segundo o qual esse imposto será seletivo em função da essencialidade do produto, sendo facultada sua aplicação ao imposto sobre circulação de mercadorias e prestação de serviços, em função da essencialidade desses objetos (art. 155, § 2º, III), o que permite o estabelecimento de alíquotas diversas para esses produtos, mercadorias e serviços tributados, tendo em vista suas *necessidade, utilidade* e *superfluidade*, fatores que caracterizam genericamente graus de *essencialidade*. Logo, não mais existe o *princípio da uniformidade da alíquota* próprio do ICMS, princípio oposto ao da seletividade.

d) *Imunidades*. As *imunidades fiscais*, instituídas por razões de privilégio ou considerações de interesse geral (neutralidade religiosa, razões econômicas, sociais ou políticas), excluem a atuação do poder de tributar. Nas hipóteses imunes de tributação inocorre fato gerador da obrigação tributária. Nisso diferem imunidades e isenções, pois relativamente a estas dá-se o fato gerador da obrigação tributária, mas o contribuinte fica apenas isento do pagamento do tributo. As imunidades configuram privilégios de natureza constitucional e não podem se estender além das hipóteses expressamente previstas na Constituição, que, em seu art. 150, VI, veda a União, Estados, Distrito Federal e Municípios *instituir impostos* sobre: 1) patrimônio, renda ou serviços, uns dos outros (é a chamada *imunidade recíproca*); 2) templos de qualquer culto; 3) patrimônio, renda ou serviços dos partidos políticos, inclusive suas fundações, das entidades sindicais dos trabalhadores, das instituições de educação e de assistência social, sem fins lucrativos, atendidos os requisitos da lei; 4) livros, jornais, periódicos e o papel destinado à sua impressão.

Note-se que só existe imunidade quanto aos *impostos*. Ela não beneficia as taxas, nem a contribuição de melhoria, nem as demais contribuições fiscais ou parafiscais. Há outras *imunidades específicas*, que se acham nos dispositivos constitucionais sobre *não-incidência* de determinado imposto em hipóteses indicadas. Onde a Constituição começa um dispositivo com a norma "não incidirá" temos uma imunidade: "não incidirá" o imposto previsto no art. 153, IV (art. 153, § 3º, III), sobre produtos industrializados destinados ao Exterior; "não incidirá" o imposto territorial rural sobre pequenas glebas rurais (art. 153, § 4º); "não incidirá" o imposto sobre circulação de mercadorias e prestação de serviços nas operações referidas no art. 155, § 2º, X; "não incide" o imposto municipal de transmissão de bens imóveis sobre a transmissão mencionada no art. 156, § 2º, I.

I.3 Dos impostos da União

153. Tributos de competência exclusiva da União. É de *competência exclusiva da União* instituir os impostos em seguida indicados com suas características básicas, além do *imposto extraordinário* por motivo de guerra, do *empréstimo compulsório*, já visto (art. 148), e das *contribuições sociais*, de intervenção no domínio econômico e no interesse das categorias profissionais ou econômicas, como instrumento de sua atuação nas respectivas áreas, também discutidas antes (art. 149). Vejamos os impostos.

154. Impostos sobre o comércio exterior. A competência tributária exclusiva da União começa pela *tributação do comércio exterior* (art. 153, I e II), que compreende o imposto sobre a *importação* de produtos estrangeiros e o imposto sobre a *exportação*, para o Exterior, de produtos nacionais ou nacionalizados, que são especialmente utilizados como instrumentos de política econômica, daí por que se lhes dá certa flexibilidade ao admitir a alteração de suas alíquotas pelo Poder Executivo; por isso são pouco empregados para fins fiscais de suprimento de tesouraria, embora tenham sido, no Império, impostos de grande rentabilidade.

155. Imposto sobre a renda e proventos de qualquer natureza (art. 153, III). É o imposto mais importante e mais rentável do Sistema Tributário Nacional; na sua concepção entram toda disponibilidade econômica ou jurídica proveniente do rendimento do capital, do trabalho ou da combinação de ambos assim como todo acréscimo ao patrimônio das pessoas físicas ou jurídicas; é "um imposto que, além de captar receita adequada para os cofres públicos, é capaz, graças à flexibilidade de sua incidência, de promover a expansão econômica e corrigir as desigualdades da distribuição da renda social entre os indivíduos e entre as regiões do País",[2] mas não tem sido assim entre nós, pois sua administração o faz incidir mais onerosamente sobre as classes média-baixa e média-alta do que sobre as classes de rendas mais elevadas. É informado pelos critérios da *generalidade*, da *universalidade* e da *progressividade*, nos termos da lei, já estudados.

156. Imposto sobre produtos industrializados. É um importante imposto de competência federal; é *tributação da produção industrial*, no sentido de que recai sobre o resultado do processo produtivo industrial, mas o é também sobre o consumo, porque só alcança o produto no momento em que sai do estabelecimento industrial ou equiparado para integrar o processo consuntivo, embora não seja o ato de consumo a situação geradora da obrigação tributária. Os princípios que o regem já foram vistos: *não-cumulatividade* e *seletividade*. Faculta-se ao Poder Executivo alterar suas alíquotas por decreto (art. 153, § 1º), visto como é um tributo que pode ser usado para consecução de resultados econômicos, já que seus valores integram a composição dos preços dos produtos tributados.

157. Imposto sobre operações financeiras. É o nome sintético de um complexo de incidência tributária, constante do art. 153, V, que dá competência à União para instituir *impostos sobre operações de crédito, câmbio e seguro, ou relativas a títulos ou valores mobiliários*. O campo de incidência, portanto, abrange: *operações de crédito, operações de câmbio, operações de seguro* e *operações relativas a títulos e valores mobiliários*. São utilizados como instrumentos de política monetária, daí por que também está prevista a faculdade de o Poder Executivo alterar suas alíquotas, a fim de lhes dar flexibilidade, com o ob-

2. Exposição de Motivos ao Anteprojeto da Emenda 18 à Constituição de 1946.

jetivo de ajustá-los à conjuntura monetária e inflacionária em cada momento, assim como à política de câmbio (art. 153, § 1º). A *tributação do ouro*, quando este é definido em lei como ativo financeiro ou instrumento cambial, fica sujeita ao mesmo regime tributário dos impostos sobre operações financeiras, sendo o imposto devido apenas na operação de origem, mediante alíquota mínima de 1%, cabendo a sua arrecadação, por transferência, na proporção de 30% aos Estados, Distrito Federal ou Territórios, conforme a origem, e 70% ao Município de origem; portanto, sobre o ouro, nessas condições. não incidirão o imposto sobre circulação de mercadorias nem o imposto sobre produtos industrializados; fora dessas condições a tributação por outros impostos é regular.

158. Imposto sobre a propriedade territorial rural. É um dos *impostos sobre o patrimônio*. É de competência da União para funcionar como instrumento auxiliar da política agrária. Por essa razão é que deverá ter suas alíquotas fixadas de forma a desestimular a manutenção de propriedades improdutivas, que, por isso, contrariam sua função social (art. 184). Dele estão *imunes* (porque nelas *não incidirá*) as pequenas glebas rurais, definidas em lei, quando as explore, só ou com sua família, o proprietário que não possua outro imóvel (art. 153, § 4º).

159. Imposto sobre grandes fortunas. O art. 153, VII, da CF confere um imposto novo à competência exclusiva da União: o *imposto sobre grandes fortunas*, que depende de definição por lei complementar. Será um imposto, se criado e bem administrado, de real importância para a redistribuição de rendas. Mas tem lá suas dificuldades. Veremos como a lei complementar vai instituí-lo e regulá-lo.

160. Outros impostos da União e impostos extraordinários. Consta do art. 154 que a União poderá instituir, mediante lei complementar, outros impostos não previstos no rol do art. 153, desde que sejam não-cumulativos e não tenham fato gerador ou base de cálculo próprios dos discriminados na Constituição, porque se tiverem fato gerador e base de cálculo idênticos a qualquer outro serão uma repetição de impostos, que a Constituição não admite. O mesmo art. 154

prevê também que a União poderá instituir impostos extraordinários na iminência ou no caso de guerra – mas nesse caso podem ser idênticos a outros previstos –, impostos, esses, que serão suprimidos, gradualmente, cessadas as causas de sua criação.

I.4 Dos impostos dos Estados e do Distrito Federal

161. Tributos de competência exclusiva dos Estados e do Distrito Federal. Aos Estados e ao Distrito Federal também cabe instituir *impostos*, *taxas* e *contribuição de melhoria* (já vistos), designados como de sua competência pela Constituição (arts. 145 e 155). Não lhes cabe instituir contribuições sociais, salvo a contribuição previdenciária de seus servidores, para custeio, em benefício deles, de sistemas de previdência e assistência social (art. 149, § 1º). Indicaremos os impostos com seus elementos básicos, em seguida.

162. Imposto sobre transmissão de bens e direitos. Há dois modos de transmissão da propriedade de bens e direitos. O primeiro pela morte do titular do bem; é a transmissão *causa mortis*. O segundo pela liberalidade do dono do bem, que o transmite a outrem gratuitamente, ato que também sofre tributação, como forma de transmissão da propriedade móvel ou imóvel *inter vivos*. É garantido o direito de herança (art. 5º, XXX). Em compensação, fica ela sujeita ao imposto previsto no art. 155, I, segundo o qual compete aos Estados e ao Distrito Federal instituir o imposto sobre *transmissão causa mortis e doação, de quaisquer bens ou direitos*. O imposto quando incidente sobre *imóveis e direitos* a eles relativos compete ao Estado da sua situação; quando incide sobre *móveis, títulos e créditos* compete ao Estado onde se processar o inventário ou arrolamento, ou tiver domicílio o doador; terá competência para instituí-lo o Estado indicado em lei complementar se o doador tiver domicílio ou residência no Exterior, ou se o *de cujus* (isto é, aquele que faleceu deixando herança) possuía bens, era residente ou domiciliado ou teve seu inventário processado no Exterior. Por outro lado, suas alíquotas máximas serão fixadas pelo Senado Federal, que poderá (e convirá, por ser justo) fixar alíquotas *progressivas*, como vigorou nos Estados até 1965; o imposto comporta dois tipos de progressividade: uma em relação ao monte da herança – quanto maior, mais graduada a alíquota –, outra em relação à distância das vocações hereditárias – de modo que quanto mais distante, mais gravosa a tributação.

163. Imposto sobre circulação das mercadorias e serviços. É o agora conhecido ICMS, previsto no art. 155, II, segundo o qual compete aos Estados e ao Distrito Federal instituir o *imposto sobre operações relativas à circulação de mercadorias e sobre prestações de serviços de transporte interestadual e intermunicipal e de comunicação, ainda que as operações e as prestações se iniciem no Exterior.* *Fato tributável* é a operação sobre circulação de mercadorias, a entrada da mercadoria em circulação. É imposto complexo, cercado de voltas e contravoltas, de incidências e não-incidências, de controles e mais regras de prevenção de conflitos entre Estados e de duplas incidências. É informado pelos princípios da não-cumulatividade e da seletividade (facultativa).

Sobre *mecanismos de fixação de suas alíquotas* em operações ou prestações interestaduais e de exportação e sobre alíquotas mínimas e máximas nas operações internas já nos manifestamos com base no art. 155, § 2º, IV e V, quando tratamos das normas de prevenção de conflitos tributários de competência do Senado Federal, por via de resolução (n. 150, *supra*), notando-se que em relação às operações e prestações que destinem bens e serviços a consumidor final localizado em outro Estado se adotará: a) a *alíquota interestadual* quando o destinatário for contribuinte do imposto, ou seja, quando, por exemplo, o destinatário for um comerciante, um industrial ou um produtor, caso em que a diferença entre aquela alíquota interestadual cobrada pelo Estado de origem e a alíquota interna do Estado do destino será cobrada por este, pois que na técnica do tributo as alíquotas internas são mais elevadas; b) a *alíquota interna* do Estado de origem da mercadoria quando o destinatário não for contribuinte do imposto, como é o caso, por exemplo, de remessa de alguma mercadoria para pessoa não comerciante, não-industrial ou não-produtor, que vai consumi-la por si. Mas a *base de cálculo* sobre a qual incidem as alíquotas não compreenderá o montante do imposto sobre produtos industrializados quando a operação, realizada entre contribuintes e relativa a produto destinado à industrialização ou à comercialização, configure fato gerador dos dois impostos – quer dizer, por exemplo, se o industrial *A* vende para o comerciante *B* geladeiras ao preço de 100, incluídos neste 10 de IPI, o ICMS será cobrado apenas sobre 90 (100 - 10); mas se *A* vende geladeira para *C*, consumidor final, ao preço de 100, incluídos 10 de IPI, o ICMS, que também incide na hipótese, é cobrado sobre o total 100.

A Constituição determina que o ICMS incida sobre: a) a *entrada de bens ou mercadoria importada do Exterior* por pessoa física ou jurídica, ainda que não seja contribuinte habitual do imposto, qualquer que seja sua finalidade, assim como sobre os *serviços prestados no Exterior*, cabendo o imposto ao Estado onde estiver situado o domicílio ou o estabelecimento do destinatário da mercadoria, bem ou serviço; resolve controvérsia que deu origem a uma jurisprudência distorcida contra o interesse dos Estados; b) o *valor total da operação* quando mercadorias forem fornecidas com serviços não compreendidos na competência dos Municípios; se o serviço for compreendido na competência municipal o ICMS incide sobre a operação de circulação da mercadoria, e o imposto municipal incide sobre serviços; c) operações relativas a *energia elétrica, combustíveis líquidos* e *gasosos, lubrificantes* e *minerais* do País – objetos, estes, que no regime constitucional anterior só eram tributados pela União, mediante os chamados *impostos únicos*.

Finalmente, vêm as regras de não-incidência, por força do disposto no art. 155, X, sobre: a) *operações* que destinem ao *Exterior produtos industrializados*, excluídos os semi-elaborados definidos em lei complementar; b) *operações* que destinem a *outros Estados* petróleo, inclusive lubrificantes, combustíveis líquidos e gasosos dele derivados, e energia elétrica; c) o *ouro*, nas hipóteses definidas no art. 153, § 5º, já examinadas.

Além de tudo isso, ainda se comete à lei complementar regular, definir, prever, fixar, excluir, dispor a respeito de situações relativas ao ICMS, que indicamos antes (n. 150, *supra*), agora com acréscimos e novas previsões especialmente sobre a tributação de combustíveis e lubrificantes, gás natural e derivados, introduzidos pela EC-33/2001.

164. *Imposto sobre propriedade de veículos automotores*. É o imposto que está previsto no art. 155, III, segundo o qual compete aos Estados instituir imposto sobre a propriedade de veículos automotores.

165. Impostos municipais no Distrito Federal. O Distrito Federal não pode ser dividido em Municípios; daí por que, além da sua competência para instituir e cobrar os impostos que são reservados aos Estados, também lhe cabem os impostos municipais.

I.5 Dos impostos dos Municípios

166. Tributos de competência dos Municípios. Aos Municípios, como à União e aos Estados, é reservada a competência para instituir impostos, taxas e contribuição de melhoria (arts. 145 e 156). A eles compete com exclusividade instituir os impostos adiante nomeados.

167. Imposto sobre a propriedade urbana. É o imposto *sobre a propriedade predial e territorial urbana* (art. 156, I), que representa o gravame fiscal da propriedade imóvel, com ou sem edificação, localizada na zona urbana ou com destinação urbana. A EC-29/2000, dando nova redação ao § 1º do art. 156, prevê sua *progressividade* em razão do valor do imóvel, assim como alíquotas diferenciadas de acordo com a localização e o uso do imóvel, tudo sem prejuízo da progressividade no tempo referida no art. 182, § 4º, II.

168. Imposto sobre as transmissões de bens imóveis. Uma forma de transmissão de bens (móveis ou imóveis), por herança ou doação, como vimos, é tributada por imposto estadual. Aqui temos o imposto sobre as transmissões de bens *inter vivos*, a qualquer título, por ato oneroso (o que exclui as doações, tributadas pelos Estados, mas inclui vendas e compras, permutas etc.), de *bens imóveis* (terrenos, casas, fazendas etc.), por natureza ou acessão física, e de *direitos reais sobre imóveis*, exceto os de garantias (hipoteca), bem como *cessão de direitos à sua aquisição*, que compete ao Município da situação do bem, mas que, no entanto, *não incide* sobre a transmissão de bens ou direitos incorporados ao patrimônio de pessoa jurídica em realização de capital, nem sobre a transmissão de bens ou direitos decorrentes de fusão, incorporação, cisão ou extinção de pessoa jurídica, salvo se, nesses casos, a atividade preponderante do adquirente for a compra e venda desses bens ou direitos, locação de bens imóveis ou arrendamento mercantil.

169. Imposto sobre serviços de qualquer natureza. Já vimos que alguns serviços são tributados pelo ICMS. Importa sabê-lo, porque a previsão do *imposto municipal sobre serviços de qualquer natureza*, definidos em lei complementar, expressamente os exclui (art. 156, III). Trata-se, aqui, do ISS que já vem desde a EC-18/65 à Constituição de 1946. Não é a Constituição que indica os serviços tributáveis pelo ISS. Isso ela remeteu à lei complementar, que já existe, e faz a definição mediante uma lista de serviços. À lei complementar também é que cabe fixar suas *alíquotas máximas e mínimas* (EC-37, de 12.6.2002) e excluir de sua incidência as exportações de serviços para o Exterior.

I.6 Da repartição das receitas tributárias

170. Repartição de receitas e federalismo cooperativo. O sistema discriminatório da Constituição combina a atribuição de fontes próprias (visto *supra*) com a técnica de participação de uma entidade na receita tributária de outra, ou técnica da distribuição ou *repartição da receita tributária*, que agora veremos. Essa cooperação financeira entre as entidades autônomas da Federação, chamada *federalismo cooperativo*, integra a fisionomia do federalismo contemporâneo.

171. Técnicas de repartição da receita tributária. É possível distinguir três modalidades de participação: a) a *participação em impostos de decretação de uma entidade e percepção por outras*, caso em que os recursos, arrecadados pela própria entidade beneficiada, integram, desde logo, seu patrimônio (arts. 157, I, e 158, I); b) a *participação em impostos de receita partilhada segundo a capacidade da entidade beneficiada*, caso em que a participação se realiza por meio de uma percentagem no produto da arrecadação, coletada pela entidade titular do poder tributante, e devolvido o *quantum* respectivo às entidades beneficiadas, porque a elas pertence de direito, e pode ser exigido até judicialmente; c) *participação em fundos*, caso em que a entidade beneficiada tem uma expectativa de receber certa quantia do fundo, conforme critério de redistribuição geográfica de rendas que tais fundos visam a realizar. Vejamos como tudo isso está regulado na Constituição.

Participação no produto de impostos de decretação da União e percepção dos Estados, Distrito Federal e Municípios. Hipótese em que o poder tributante cabe à União, mas o produto da arrecadação percebido pelas outras entidades a elas pertence; são as formas de participação previstas nos arts. 157, I, e 158, I, segundo os quais *pertence aos Estados, Distrito Federal e Municípios* o produto da arrecadação do imposto da União sobre renda e proventos de qualquer natureza, *incidente na fonte*, sobre rendimentos pagos, a qualquer título, por eles, suas autarquias e pelas fundações que instituírem e mantiverem.

Participação no produto de impostos de receita partilhada segundo a capacidade da entidade beneficiada. Hipótese em que a Constituição reparte o montante do imposto em percentagens entre a entidade tributante e a entidade beneficiada, de sorte que esta receberá sua percentagem à vista de circunstâncias a si vinculadas. Assim é que está previsto que: 1) *pertencem aos Municípios*: a) 50% do produto da arrecadação do imposto da União sobre a propriedade territorial rural, *relativamente aos imóveis neles situados*; quer dizer, tributados os imóveis rurais segundo a alíquota e tudo mais pela lei federal, os Municípios têm direito a 50% do montante arrecadado nos respectivos territórios (art. 158, II); b) 50% do produto da arrecadação do imposto do Estado sobre a propriedade de veículos automotores *licenciados em seus territórios*; aqui também a percentagem que cabe a cada Município fica na dependência do volume de licenças de veículos em seu território (art. 158, III); c) 25% do produto da arrecadação do imposto do Estado sobre operações relativas à circulação de mercadorias e sobre prestações de serviços de transporte interestadual e intermunicipal e de comunicação (art. 158, IV); neste caso as parcelas pertencentes aos Municípios serão creditadas conforme os seguintes critérios (art. 158, parágrafo único): c.1) três quartos, no mínimo, na proporção do valor adicionado nas operações relativas à circulação de mercadorias e nas prestações de serviços *realizadas em seus territórios*; c.2) até um quarto, de acordo com o que dispuser a lei estadual ou, no caso de Território, a lei federal; d) aplicados estes mesmos critérios, também cabem aos Municípios 25% dos recursos que os Estados receberem nos termos do art. 159, II (art. 159, § 3º), conforme indicado a seguir; 2) *pertencem aos Estados e Distrito Federal* 10% do imposto sobre produtos industrializados, proporcionalmente ao *valor das respectivas exportações de produtos industrializados.*

Participação em fundos. Conforme está previsto no art. 159, que determina que, do produto da arrecadação dos impostos sobre renda e proventos de qualquer natureza e sobre produtos industrializados, 47% serão entregues pela União na seguinte forma: a) 21,5% ao *Fundo de Participação dos Estados e do Distrito Federal* – FPE, excluída do cálculo a parcela da arrecadação do imposto de renda e proventos de qualquer natureza pertencente aos Estados, Distrito Federal e Municípios (arts. 157, I, e 158, I), referida *supra*; b) 22,5% ao *Fundo de Participação dos Municípios* – FPM; c) 3% para aplicação em programas de financiamento ao setor produtivo das Regiões Norte, Nordeste e Centro-Oeste, através de suas instituições financeiras de caráter regional, de acordo com os planos regionais de desenvolvimento, ficando assegurada ao Semi-Árido do Nordeste a metade dos recursos destinados à Região, na forma que a lei estabelecer.

172. Normas de controle e disciplina da repartição de receita tributária. Cabe à lei complementar estabelecer regras e disciplina do sistema de repartição de receitas, impondo-se ao Tribunal de Contas da União a tarefa de efetuar o cálculo das quotas referentes aos fundos de participação.

Veda-se a retenção ou qualquer restrição à entrega e ao emprego das receitas repartidas aos Estados, Distrito Federal e Municípios, compreendidos os adicionais e acréscimos relativos a impostos (art. 160). Significa isso que os recursos recebidos, por transferência de receitas, por todas as formas de participação estudadas acima pertencem, sem limitação, às entidades beneficiadas, que os podem utilizar do modo que lhes parecer melhor. Mas tal vedação não impede que a União e os Estados condicionem a entrega de recursos: a) ao pagamento de seus créditos, inclusive de suas autarquias; b) ao cumprimento do disposto no art. 198, § 2º, II e III (EC-29/2000: aplicação pelos Estados e Municípios de percentagem do produto de impostos e transferências).

Para fins de controle, da população inclusive, a União, os Estados, o Distrito Federal e os Municípios divulgarão, até o último dia do mês subseqüente ao da arrecadação, os montantes de cada um dos tributos arrecadados, os recursos recebidos, os valores de origem tributária entregues e a entregar e a expressão numérica dos critérios de rateio, com a exigência de que os dados divulgados pela União sejam discriminados por Estados e por Municípios e também Distrito Federal; os dos Estados, por Município.

II. Das Finanças Públicas

II.1 Normas gerais

173. Conteúdo. A Constituição abre um capítulo para as *finanças públicas*, nele cuidando de normas gerais sobre dívida pública, emissão de moeda, função do banco central e do sistema orçamentário. Esse será o conteúdo de nossas considerações, aqui.

174. Disciplina das instituições financeiras. O art. 163 declara que *lei complementar* disporá sobre: 1) *finanças públicas*, que é uma expressão de ciência especulativa e não normativa, e por isso tem como conteúdo o estudo especulativo não-jurídico da despesa e da receita públicas, do orçamento e do crédito públicos; 2) *dívida pública externa e interna*, incluídas as autarquias, fundações e demais entidades controladas pelo Poder Público, de onde se vê que se dá, aí, uma abrangência elástica à expressão *dívida pública*; 3) *concessão de garantias da dívida pública*; 4) *emissão e resgate de títulos da dívida pública* (o que já se inclui no inciso II); 5) *fiscalização das instituições financeiras*; 6) *operações de câmbio* realizadas por órgãos e entidades da União, dos Estados, do Distrito Federal e dos Municípios; 7) *compatibilização das funções das instituições oficiais de crédito da União*, resguardadas as características e condições operacionais plenas das voltadas ao desenvolvimento regional.

175. Função do banco central. Anteriormente, com base no art. 21, VII, vimos que compete exclusivamente à União *emitir moeda* e a ela cabe legislar sobre sistema monetário. Essas normas completam-se com a previsão do art. 164, de conformidade com o qual sua competência para emitir moeda será exercida exclusivamente pelo *Banco Central*, vedado a este conceder, direta ou indiretamente, empréstimos ao Tesouro Nacional e a qualquer órgão ou entidade que não seja instituição financeira. Com isso a Casa da Moeda passará a ser uma dependência do Banco Central, ao qual se faculta, outrossim, a compra e venda de títulos de emissão do Tesouro Nacional, com o objetivo de regular a oferta de moeda ou a taxa de juros.

II.2 Dos orçamentos

176. O sistema orçamentário. O sistema orçamentário encontra fundamento constitucional nos arts. 165 a 169. O primeiro desses dispositivos indica os instrumentos normativos do sistema: a *lei complementar de caráter financeiro*, a *lei do plano plurianual*, a *lei de diretrizes orçamentárias* e a *lei orçamentária anual* (lei do orçamento anual).

Plano plurianual. A lei que instituir o plano plurianual, ou seja, a *lei do plano plurianual* (arts. 165, § 1º, e 166, § 6º), estabelecerá, de forma regionalizada, as diretrizes, objetivos e metas da Administração Pública Federal para as despesas de capital e outras delas decorrentes e para as relativas aos programas de duração continuada. A lei complementar de caráter financeiro, prevista no art. 165, § 9º, é que vai definir o *exercício financeiro*, a *vigência*, os *prazos*, a *elaboração* e a *organização do plano plurianual*, da *lei de diretrizes orçamentárias* e da *lei orçamentária anual*, bem como estabelecer *normas de gestão financeira* e *patrimonial* da Administração direta e indireta, bem como condições para a *instituição* e *funcionamento de fundos* (art. 165, § 9º).

Lei de diretrizes orçamentárias. Compreenderá as metas e prioridades da Administração Pública Federal, incluindo as despesas de capital para o exercício financeiro subseqüente, orientará a elaboração da lei orçamentária anual, disporá sobre as alterações na legislação tributária e estabelecerá a política de aplicação das agências financeiras oficiais de fomento (art. 165, § 2º). Trata-se de lei anual. Não se estabelece quando ela deve ser submetida à consideração do Congresso Nacional. Dispôs-se apenas que seu projeto – assim como os da lei do plano plurianual e do orçamento anual – seja enviada pelo Presidente da República ao Congresso Nacional, nos termos da lei complementar de caráter financeiro já indicada. Mas, por sua natureza, ela deve preceder a elaboração orçamentária, porque ela é que vai dar as metas e prioridades que hão de constar do orçamento anual.

Lei orçamentária anual. Englobará três orçamentos: 1) o *orçamento fiscal* referente aos Poderes da União, seus fundos, órgãos e entidades da Administração direta e indireta, inclusive fundações instituídas e mantidas pelo Poder Público; 2) o *orçamento de investimento das empresas* em que a União, direta ou indiretamente, detenha a maioria do capital social com direito a voto; 3) o *orçamento da seguridade social,* abrangendo todas as entidades e órgãos a ela vinculados, da Administração direta ou indireta, bem como os fundos e fundações instituídos e mantidos pelo Poder Público. Mais adiante veremos como ficam os princípios da unidade e da universalidade em face dessa multiplicidade de orçamentos. Cumpre observar que, à vista do disposto nos incisos I e III do art. 165, § 5º, poderá haver duplicidade de previsão, porque ambos exigem que sejam abrangidos nos dois orçamentos indicados "órgãos da administração direta ou indireta", bem como "fundações instituídas e mantidas pelo Poder Público". Corre-se o risco de distorções orçamentárias com esse método, mediante dupla avaliação de uma coisa só.

177. Conteúdo e princípios orçamentários. O orçamento é *o processo e o conjunto integrado de documentos pelos quais se elaboram, se expressam, se aprovam, se executam e se avaliam os planos e programas de obras, serviços e encargos governamentais, com estimativa da receita e fixação das despesas de cada exercício financeiro.* Rege-se por diversos *princípios,* uns referem-se a seu conteúdo (princípio da exclusividade) e outros à sua forma. Sofreram profunda transformação com a evolução do orçamento clássico para o orçamento-programa, embora nominalmente sejam os mesmos, exceção feita ao princípio da programação, que não poderia existir no orçamento tradicional.

Os princípios orçamentários estão direta ou indiretamente consagrados na Constituição. Não desceremos a pormenores em sua análise. Limitar-nos-emos a enunciá-los:

1) *Princípio da exclusividade.* Consta do art. 165, § 8º, da CF de 1988, vedando à lei orçamentária conter *dispositivo estranho à fixação da despesa e à previsão da receita,* não incluindo, porém, na proibição: a) a autorização para abertura de créditos suplementares; e b) a contratação de operações de crédito, ainda que por antecipação de receita, nos termos da lei.

2) *Princípio da programação*. Está ligado ao plano de ação governamental. É exigido pela Constituição quando vincula os instrumentos normativos orçamentários e os planos e programas nacionais, regionais e setoriais nela previstos (arts. 48, II e IV, e 165, § 4º).

3) *Princípio do equilíbrio orçamentário*. Consubstancia-se na relação de equivalência entre o montante das despesas autorizadas e o volume da receita prevista para o exercício financeiro; o desequilíbrio orçamentário verifica-se: a) quando o montante da despesa autorizada for superior à receita estimada, ocorrendo aí o *déficit*; b) quando a estimativa da receita superar a despesa autorizada, caso em que se tem *superávit*.

4) *Princípio da anualidade*. O orçamento é previsão, programação de atividades e projetos a serem realizados no futuro; supõe *periodicidade*; o *período anual* está consagrado na Constituição vigente quando dá destaque e conteúdo específico à *lei orçamentária anual* (arts. 48, II, 165, II, e § 5º, e 166); vai *de 1º de janeiro a 31 de dezembro*, ano civil. Já vimos, no entanto, que a Constituição determina a elaboração do *plano plurianual*, que estabelecerá as diretrizes, objetivos e metas da Administração Pública Federal para as *despesas de capital* e *outras delas decorrentes* e para as *relativas aos programas de duração continuada*, que é, como se nota, um plano de investimentos públicos, cujo prazo de vigência vai depender do que dispuser a lei complementar referida no art. 165, § 9º, mas que, por certo, será de três anos para cima. Há mesmo um preceito constitucional segundo o qual *nenhum investimento cuja execução ultrapasse um exercício financeiro poderá ser iniciado sem prévia inclusão no plano plurianual, ou sem lei que autorize a inclusão, sob pena de crime de responsabilidade* (art. 167, § 1º). Isso, contudo, não fura o princípio da anualidade, porque as metas e programas e, portanto, as despesas de capital constantes do plano plurianual serão executados *ano a ano* pelo orçamento anual.

5) *Princípio da unidade*. A evolução das tarefas estatais tornou impossível cumprir esse princípio tal como era formulado, porque foram surgindo *orçamentos paralelos* (de autarquias, de entidades paraestatais, de autonomias administrativas etc.). Além disso, apareceu uma multiplicidade de "orçamentos" dentro do orçamento geral, desde a distinção entre *orçamento ordinário* e *orçamento extraordinário*, *orçamento corrente* e *orçamento de capital*, *orçamento anual*

e *orçamento plurianual*. Este especialmente veio conturbar o princípio da unidade, por sua vinculação a planos de longo prazo (art. 165, § 4º). "Conclui-se, pois, que o princípio da unidade orçamentária, na concepção do orçamento-programa, não se preocupa com a unidade documental; ao contrário, desdenhando-a, postula que tais documentos orçamentários se subordinem a uma *unidade de orientação política, numa hierarquização unitária dos objetivos a serem atingidos e na uniformidade de estrutura do sistema integrado*".[3]

Essa posição, que já constava nas edições de nosso *Curso de Direito Constitucional Positivo*, anteriores a 1988, foi sufragada pela Constituição, sobretudo pela vinculação dos instrumentos orçamentários e planos governamentais, segundo o disposto no art. 165 e seus §§ 1º a 5º, e, neste especialmente, consolidando orçamento fiscal, de investimento das empresas e da seguridade numa lei orçamentária anual única.

Princípio da universalidade ou da globalização. O *princípio da universalidade* foi sempre considerado essencial a uma boa administração orçamentária. Ele se completa com a *regra do orçamento bruto*, de acordo com a qual as parcelas da receita e das despesas devem figurar *em bruto* no orçamento, isto é, sem qualquer dedução. Realiza-se, pois, o princípio da universalidade na exigência de que todas as rendas e despesas dos Poderes, fundos, órgãos e entidades da Administração direta e indireta sejam incluídas no orçamento anual geral. Quer dizer que deverão ser incluídos no orçamento os aspectos do programa de cada órgão, principalmente aqueles que envolvam qualquer transação financeira. Assim, a universalidade adquire característica de *totalização*, de *globalização*, transformando-se em *princípio do orçamento global*. Isso se descobre no art. 165, especialmente em seu § 5º, que reúne os orçamentos fiscais, de investimento das empresas e da seguridade social inter-relacionados com o plano plurianual, que, por sua vez, se integra dos planos e programas nacionais, regionais e setoriais, de onde se percebe a íntima vinculação desse princípio com o da unidade, há pouco visto.

Princípio da legalidade. O *princípio da legalidade* em matéria orçamentária tem o mesmo fundamento do princípio da legalidade ge-

3. Cf. nossa ob. cit., p. 144.

ral, segundo o qual a Administração se subordina aos ditames da lei. Constitui exigência constitucional expressa que leis de iniciativa do Presidente da República estabelecerão: o *plano plurianual*, as *diretrizes orçamentárias* e os *orçamentos anuais* (art. 165); estes são aqueles que integram a *lei orçamentária anual*, a saber: o *orçamento fiscal*, o *orçamento de investimento das empresas* e o *orçamento da seguridade social* (art. 165, § 5º).

Princípio da não-vinculação da receita. O princípio da não-vinculação ou *da não-afetação da receita* está traduzido no art. 167, IV, que veda "a vinculação de receita de impostos a órgão, fundo ou despesa, ressalvadas a repartição do produto da arrecadação dos impostos a que se referem os arts. 158 e 159, a destinação de recursos para as ações e serviços públicos de saúde e para manutenção e desenvolvimento do ensino, como determinado, respectivamente, pelos arts. 198, § 2º, e 212, e a prestação de garantias às operações de crédito por antecipação de receita, previstas no art. 165, § 8º, bem como o disposto no § 4º deste artigo".

Princípio da quantificação dos créditos orçamentários. Isto é, quantificação daquilo que o Executivo está autorizado a gastar; é de suma importância para a fiscalização e o controle por parte do Poder Legislativo. Ele está traduzido na *regra que veda a concessão ou utilização de créditos ilimitados* (art. 167, VII), que se completa com outras duas regras que proíbem: a) a realização de despesas ou a assunção de obrigações diretas que excedam os créditos orçamentários; b) a realização de operações de créditos que excedam o montante das despesas de capital, ressalvadas as autorizadas mediante créditos suplementares ou especiais com finalidade precisa, aprovados pelo Poder Legislativo por maioria absoluta. Esta última regra tem, ademais, o sentido da boa administração orçamentária, que não comporta operações de crédito para despesas de custeio, salvo as por antecipação da receita, que não é o caso.

178. Leis orçamentárias. São as previstas no art. 165. Sua formação fica sujeita a procedimentos especiais. Pela sua natureza de leis temporárias, são de *iniciativa legislativa vinculada*; quer isso dizer que, no tempo definido, a autoridade a que se comete o poder de iniciativa delas – que é o Presidente da República. por força do disposto nos arts. 165 e 166 – terá que tomar as providências necessárias à remessa do respectivo projeto (proposta) ao Congresso Nacional. Além dos artigos citados, é expresso o art. 84, XXIII, ao estatuir que *compete privativamente ao Presidente da República enviar ao Congresso Nacional o plano plurianual, o projeto de lei de diretrizes orçamentárias e as propostas de orçamento previstos na Constituição*. O art. 166 repete essa determinação, acrescentando que essa remessa se faça nos termos da lei complementar a que se refere o art. 165, § 9º, que, consoante vimos, é que vai fixar o exercício financeiro, a vigência, os prazos, a elaboração e organização dessas leis.

Processo de formação das leis orçamentárias. Os projetos das referidas leis, assim como os de leis de créditos adicionais (especiais e suplementares), serão apreciados pelas duas Casas do Congresso Nacional, na forma do regimento comum.

As emendas a seus projetos serão apresentadas na Comissão mista, que sobre elas emitirá parecer, e serão apreciadas, na forma regimental, pelo Plenário das duas Casas do Congresso Nacional. Há, porém, distinção em relação a cada um desses projetos. Se se tratar de *propostas de emendas ao projeto de lei do orçamento anual* ou a projetos que o modifiquem, somente podem ser aprovadas caso: 1) sejam compatíveis com o plano plurianual e com a lei de diretrizes orçamentárias; 2) indiquem os recursos necessários, admitidos apenas os provenientes de anulação de despesa, que não sejam de dotações para pessoal e seus encargos, serviço da dívida, transferências tributárias constitucionais para Estados, Distrito Federal e Municípios; 3) sejam relacionadas com a correção de erros ou omissões ou com os dispositivos do texto do mesmo projeto.

Se as *emendas se destinarem a modificar o projeto de lei de diretrizes orçamentárias* só poderão ser aprovadas quando compatíveis com o plano plurianual.

Tratando-se do *projeto de lei do plano plurianual* o processo de emendas rege-se pelas regras do art. 63, I, segundo o qual não será admitido o aumento de despesa prevista nos projetos de iniciativa exclusiva do Presidente da República, ressalvado o disposto no art. 166, §§ 3º e 4º, que se referem às emendas aos projetos de lei do orçamento anual e de diretrizes orçamentárias. O plano plurianual não entra aí. Logo, este não pode sofrer emendas que lhe aumentem as despesas.

Os projetos de leis aqui referidos e as propostas de emendas a eles serão votados pelo Plenário das duas Casas do Congresso Nacional nos termos do art. 166, aplicadas as demais normas do processo legislativo (arts. 63 a 68) no que não contrariar o disposto nos arts. 165 a 169, podendo, portanto, ser *aprovados* – caso em que subirão à sanção presidencial – ou *rejeitados* (salvo quanto ao projeto de lei de diretrizes orçamentárias) – com o quê serão arquivados. O Presidente da República poderá, por seu lado, vetar no todo ou em parte qualquer desses projetos aprovados, seguindo-se a tramitação regular da apreciação do veto nos termos do art. 66.

Rejeição do projeto de orçamento anual e suas conseqüências. Comecemos por informar que a Constituição não admite a rejeição do projeto de lei de diretrizes orçamentárias, porque declara, expressamente, que *a sessão legislativa não será interrompida sem a aprovação do projeto de lei de diretrizes orçamentárias* (art. 57, § 2º). Mas admite a possibilidade da *rejeição do projeto de lei orçamentária anual*, quando, no art. 166, § 8º, estatui que os recursos que, em decorrência de veto, emenda ou *rejeição do projeto de lei orçamentária anual*, ficarem sem despesas correspondentes poderão ser utilizados, conforme o caso, mediante créditos especiais ou suplementares, com prévia e específica autorização legislativa.

Capítulo VII
DA ORDEM ECONÔMICA E FINANCEIRA

I. Dos princípios gerais da Ordem Econômica

179. Generalidades. As *bases constitucionais* da ordem econômica encontram-se nos arts. 170 a 192, compreendidos em quatro capítulos: um sobre os princípios da atividade econômica; outro sobre a política urbana; um terceiro sobre a política agrícola e fundiária e sobre a reforma agrária; e, finalmente, um quarto sobre o Sistema Financeiro Nacional.

180. Os princípios. A *ordem econômica* tem *por fim assegurar a todos existência digna, conforme os ditames da justiça social*, observados os seguintes princípios (art. 170): "I – soberania nacional; II – propriedade privada; III – função social da propriedade; IV – livre concorrência; V – defesa do consumidor; VI – defesa do meio ambiente; VII – redução das desigualdades regionais e sociais; VIII – busca do pleno emprego; IX – tratamento favorecido para as empresas de pequeno porte constituídas sob as leis brasileiras e que tenham sua sede e administração no País" (redação da EC 6/95).

A Constituição declara que a ordem econômica é fundada na *valorização do trabalho humano* e na iniciativa privada. Isso significa a consagração da economia de mercado, de natureza capitalista, pois a *iniciativa privada* é um princípio básico da ordem capitalista. Em segundo lugar significa que, embora capitalista, a ordem econômica dá prioridade aos valores do trabalho humano sobre todos os demais valores da economia de mercado. Conquanto se trate de declaração de princípio, essa prioridade tem o sentido de orientar a intervenção do Estado na economia, a fim de fazer valer os valores sociais do trabalho, que, ao lado da iniciativa privada, não é apenas fundamento da ordem econômica, mas o é da República Federativa do Brasil (art. 1º, IV).

181. Atuação do Estado na economia. Prevê-se a *atuação do Estado na economia*, sob duas formas: pela *intervenção* e pela *participação*. A primeira fundada no art. 174, em que aparece o Estado como agente normativo e regulador da atividade econômica, que compreende as funções de fiscalização, incentivo e planejamento, caracterizando o Estado regulador, o Estado promotor e o Estado planejador da atividade econômica, com normas especiais sobre a política urbana (art. 182) e a política agrícola e fundiária e reforma agrária (arts. 184 a 191). A segunda com base nos arts. 173 e 177, caracterizando o Estado administrador da atividade econômica, sistema segundo o qual o Estado explora atividade econômica por meio de empresa pública, sociedade de economia mista e outras entidades estatais ou paraestatais, como são as subsidiárias daquelas. Essas entidades têm sua criação autorizada por lei específica, assim como depende também de autorização legislativa, em cada caso, a criação de suas subsidiárias (art. 37, XIX e XX), cabendo à lei complementar definir as áreas de sua atuação (art. 37, XIX, enunciado da EC-19/98), que também estabelecerá seu estatuto jurídico, dispondo sobre: *I – sua função social e formas de fiscalização pelo Estado e pela sociedade; II – a sujeição ao regime jurídico próprio das empresas privadas, inclusive quanto aos direitos e obrigações civis, comerciais, trabalhistas e tributários; III – licitação e contratação de obras, serviços, compras e alienações, observados os princípios da administração pública; IV – a constituição e o funcionamento dos conselhos de administração e fiscal, com participação de acionistas minoritários; V – os mandatos, a avaliação de desempenho e a responsabilidade dos administradores* (art. 173, § 1º).

182. Exploração via monopólio e exploração necessária. Duas formas de exploração direta da atividade econômica são previstas na Constituição. Uma é o *monopólio*, pela União, da pesquisa e lavra das jazidas de petróleo e gás natural e outros hidrocarbonetos fluidos, da refinação do petróleo nacional ou estrangeiro, da importação e exportação dos produtos e derivados básicos resultantes dessas atividades, do transporte marítimo do petróleo bruto de origem nacional ou de derivados básicos de petróleo produzidos no País, bem assim o transporte, por meio de conduto, de petróleo bruto, seus derivados e gás natural de qualquer origem, da pesquisa, lavra, enriquecimento, reprocessamento, industrialização e comércio de minérios e minerais nucleares e seus derivados (art. 177). A outra é a de *necessidade e circunstancial*, ou seja, quando o exigirem a segurança nacional ou interesse coletivo relevante, conforme definidos em lei (art. 173). A exploração direta da atividade econômica pelo Estado abrange todas as entidades (União, Estados, Distrito Federal e Municípios) e se realiza por empresas públicas, sociedades de economia mista e outras entidades estatais ou paraestatais, que hão de ser criadas por lei específica (art. 37, XIX e XX).

183. Prestação de serviços públicos. O *serviço público* é, por natureza, estatal. Tem como titular uma entidade pública. Por conseguinte, fica sempre sob o regime jurídico de direito público. O que, portanto, se tem que destacar, aqui e agora, é que não cabe titularidade privada nem mesmo sobre os serviços públicos de conteúdo econômico, como são, por exemplo, aqueles referidos no art. 21, XI e XII.

O modo de gestão desses serviços públicos, entre outros, não só de competência da União, mas também dos Estados, Distrito Federal e Municípios, entra no regime da discricionariedade organizativa, ou seja, cabe à Administração escolher se o faz diretamente ou por delegação a uma empresa estatal (pública ou de economia mista), ou por concessão (autorização ou permissão) a uma empresa privada – lembrando que os Estados do Rio de Janeiro e São Paulo já editaram as leis de concessões de seus serviços públicos: respectivamente, Lei 1.481, de 21.6.1989, e Lei 7.835, de 8.5.1992.

Cumpre observar que a exploração dos serviços públicos, conforme indicado acima, por empresa estatal não se subordina às limitações do art. 173, que nada tem com eles. Efetivamente, não tem cabimento falar em excepcionalidade, ou subsidiariedade, em relação à prestação de serviços públicos por entidades estatais ou por seus delegados. Portanto, também não comporta mencionar, a respeito deles, a preferência da iniciativa privada. Significa dizer, pois, que a empresa estatal prestadora daqueles e de outros serviços públicos pode assumir formas diversas, não necessariamente sob o regime jurídico próprio das empresas privadas. A natureza das empresas estatais prestadoras de serviço público se assemelha à das concessionárias de serviço público com diferenças importantes, quais sejam: a de não se sujeitarem inteiramente aos ditames do art. 175, pois não se lhes aplicam as regras de reversão, nem de encampação, nem, rigorosamente, o princípio do equilíbrio econômico e financeiro do contrato, já que os serviços não lhes são outorgados por via contratual, mas por via de lei instituidora, e porque são entidades do próprio concedente, salvo, é claro, hipóteses de outorga dos serviços a empresa estatal de outra entidade pública (da União para o Estado, por exemplo, em que a característica de concessionária fica mais nítida).

De fato, o art. 175 e seu parágrafo único estabelecem os princípios do regime da concessão e da permissão de serviços públicos a empresas particulares, declarando que a outorga depende de licitação e que a *lei* disporá sobre tais empresas, assim como sobre: a) o caráter especial de seu contrato e de sua prorrogação; b) as condições de caducidade, fiscalização e rescisão da concessão ou permissão; c) os direitos dos usuários; d) a política tarifária; e) a obrigação de manter serviço adequado. A *lei* é a do Poder concedente, que pode ser a União, os Estados, o Distrito Federal e os Municípios. A Lei federal 8.987, de 13.2.1995, assumiu a concepção aqui sustentada quando, no parágrafo único do art. 1º, estatuiu que "a União, os Estados, o Distrito Federal e os Municípios promoverão a revisão e as adaptações necessárias de sua legislação às prescrições desta Lei, buscando atender às peculiaridades das diversas modalidades dos seus serviços".

II. Da política urbana

184. Objetivos da política urbana. A Constituição de 1988 – pela primeira vez na história constitucional do País – consagra um capítulo à *política urbana*. A concepção de política de desenvolvimento urbano da Constituição decorre da compatibilização do art. 21, XX, que dá competência à União para *instituir diretrizes para o desenvolvimento urbano*, com o art. 182, que estabelece que *a política de desenvolvimento urbano tem por objetivo ordenar o pleno desenvolvi-*

mento das funções sociais da cidade e garantir o bem-estar de seus habitantes e é executada pelo Poder Público Municipal, conforme diretrizes gerais fixadas em lei. Entenda-se: conforme as diretrizes instituídas por lei federal, nos termos do art. 21, XX. Foi com base nesse dispositivo que a União expediu a Lei 10.257, de 10.7.2001 – Estatuto da Cidade –, fixando as diretrizes gerais reclamadas ali. *Funções sociais da cidade* consistem, em termos gerais, em proporcionar a seus habitantes, trabalhadores, usuários e visitantes as condições gerais para melhor habitar, trabalhar, estudar, repousar, divertir-se, e mais condições para desenvolver o pleno exercício da cidadania. Essas funções, contudo, dependem da vocação da cidade; se uma cidade turística, são umas; se religiosa, outras; se industrial, outras diversas; etc.

185. Plano diretor. Releva ainda a importância dessas disposições o terem previsto um instrumento básico da execução, pelos Municípios, da política de desenvolvimento urbano com os objetivos fixados no art. 182. É o que consta do § 1º desse dispositivo, quando determina que *o plano diretor, aprovado pela Câmara Municipal, obrigatório para cidades com mais de vinte mil habitantes, é o instrumento básico da política de desenvolvimento e de expansão urbana*. E fica, desde logo, estabelecido que esse plano urbanístico – o plano diretor – depende de aprovação legislativa. Está sujeito ao princípio da legalidade.

186. Propriedade urbana e sua função social. O art. 182, § 2º, menciona expressamente a *propriedade urbana*, inserida no contexto de normas e planos urbanísticos, vinculando sua função social à ordenação da cidade expressa no plano diretor. A propriedade do *solo urbano* é especialmente considerada no art. 182, § 4º, submetida à disciplina do plano urbanístico diretor. O *solo* qualifica-se como *urbano* quando ordenado para cumprir destino urbanístico, especialmente a *edificabilidade* e o *assentamento de sistema viário*.

Com as normas dos arts. 182 e 183 a Constituição fundamenta a doutrina segundo a qual a propriedade urbana é formada e condicionada pelo Direito Urbanístico a fim de cumprir sua função social específica: realizar as chamadas "funções urbanísticas" de propiciar *habitação* (moradia), condições adequadas de *trabalho*, *recreação* e *circulação* humana.

187. Parcelamento e edificação compulsórios. A utilização do solo urbano fica sujeita às determinações de leis urbanísticas e do plano urbanístico diretor. Isso decorre do disposto no § 4º art. 182, quando faculta ao Poder Público Municipal, *mediante lei específica para área incluída no plano diretor, exigir, nos termos da lei federal, do proprietário do solo urbano não edificado, subutilizado ou não utilizado, que promova seu adequado aproveitamento, sob* **pena**, *sucessivamente, de parcelamento ou edificação compulsórios, imposto sobre a propriedade predial e territorial urbana progressivo no tempo e desapropriação com pagamento mediante títulos da dívida pública de emissão previamente aprovada pelo Senado Federal, com prazo de até dez anos, em parcelas anuais, iguais e sucessivas, assegurados o valor real da indenização e os juros legais.* Vê-se, por aí, que, embora seja um avanço, é de exeqüibilidade praticamente inalcançável. Raramente se chegará à desapropriação prevista no texto.

Na verdade, a propriedade urbana pode ser desapropriada como qualquer outro bem de propriedade privada, mas a Constituição prevê dois tipos de desapropriação para o imóvel urbano. Um é a *desapropriação comum*, que pode ser por utilidade ou necessidade pública ou por interesse social, nos termos dos arts. 5º, XXIV, e 182, § 3º, mediante prévia e justa indenização em dinheiro. O outro é a *desapropriação-sanção*, que é aquela destinada a punir o não-cumprimento de obrigação ou ônus urbanístico imposto ao proprietário de terrenos urbanos. Seu nome deriva, assim, do fato de que a privação forçada da propriedade, devido ao descumprimento de deveres ou ônus urbanísticos fundados na função social da propriedade urbana, comporta redução da justa indenização, como se previa na lei urbanística espanhola, ou a substituição da indenização em dinheiro por indenização mediante títulos da dívida pública, como se estatui no art. 182, § 4º, III, como vimos acima.

188. Usucapião pró-moradia. Finalmente, o art. 183 institui o *usucapião pró-moradia* em favor de quem possuir como sua área urbana de até duzentos e cinqüenta metros quadrados, por cinco anos, ininterruptamente e sem oposição, utilizando-a para sua moradia ou de sua família, desde que não seja proprietário de outro imóvel urbano ou rural. O § 1º dispõe que: "O título de domínio e a concessão de uso serão conferidos ao homem ou à mulher, ou a ambos, independentemente do estado civil". Na verdade, não é o título de domínio *e* a concessão de uso, mas um *ou* outra, porque são institutos excludentes. Aliás, a bem da verdade, a concessão de uso não tem cabimento no caso, pois o usucapião é modo de aquisição da propriedade, e não meio de obter mera concessão de uso. Consigna-se, outrossim, que esse usucapião não será reconhecido ao mesmo possuidor mais de uma vez – no que o constituinte andou bem, pois se quer que o imóvel não seja mais do que objeto de moradia. Veda-se, por outro lado, o usucapião, para tal fim, de imóveis públicos.

III. Da Política Agrícola e Fundiária e da Reforma Agrária

189. Propriedade rural. A propriedade rural, que se centra na propriedade da terra, com sua natureza de bem de produção, tem como *utilidade natural* a produção de bens necessários à sobrevivência humana. Daí por que a Constituição consigna normas que servem de base à sua peculiar disciplina jurídica (arts. 184 a 191). É que a "propriedade da terra, bem que se presta a múltiplas formas de produção de riquezas, não poderia ficar unicamente em subserviência aos caprichos da natureza humana, no sentido de aproveitá-la ou não, e, ainda, como conviesse ao proprietário".[1]

190. Regime da propriedade rural. A Constituição traz normas especiais sobre a propriedade rural que caracterizam seu regime jurídico especial, quer porque, como veremos, especificam o conteúdo de sua função social, quer porque instituem regras sobre a política agrícola e sobre a reforma agrária, com o fim de promover a distribuição da terra (arts. 184 a 191), quer porque inserem a problemática da propriedade agrária no título da ordem econômica (conferindo-lhe, assim, dimensão de direito econômico público), e, pois, como um elemento preordenado ao cumprimento de seu fim, qual seja: *asse-*

---

1. Cf. L. Lima Stefanini, *A Propriedade no Direito Agrário*, p. 99.

gurar a todos existência digna, conforme os ditames da justiça social (art. 170).

191. Função social da propriedade rural. O regime jurídico da terra "fundamenta-se na doutrina da função social da propriedade, pela qual toda a riqueza produtiva tem uma finalidade social e econômica, e quem a detém deve fazê-la frutificar, em benefício próprio e da comunidade em que vive".[2] Essa doutrina, como observa Sodero, trouxe um novo conceito do direito de propriedade rural que informa que ela é um bem de produção, e não simplesmente um bem patrimonial; por isso, quem detém a posse ou a propriedade de um imóvel rural tem a obrigação de fazê-lo produzir, de acordo com o tipo de terra, com a sua localização e com os meios e condições propiciados pelo Poder Público, que também tem responsabilidade no cumprimento da função social da propriedade agrícola.[3]

Essa doutrina foi acolhida pela Constituição, que declara que toda propriedade atenderá à sua função social (art. 5º, XXIII), que é um princípio da ordem econômica (art. 170, III). Por isso também se exige que a propriedade rural cumpra sua função social mediante o atendimento, simultâneo, de cinco requisitos, que a Constituição apresenta no art. 186: a) aproveitamento racional e adequado; b) utilização adequada dos recursos naturais disponíveis; c) preservação do meio ambiente; d) observância das disposições que regulam as relações de trabalho; e) exploração que favoreça o bem-estar dos proprietários e dos trabalhadores. Não basta que a propriedade cumpra um desses elementos. É necessário que atenda a todos, simultânea e concomitantemente. Não requer, porém, que sejam eles observados sempre da mesma forma por todas as propriedades, independentemente de sua localização, tamanho e qualidade das terras. Por isso, determina que os requisitos serão cumpridos segundo critérios e graus de exi-

---

2. Cf. Fernando Pereira Sodero, *Curso de Direito Agrário: 2. O Estatuto da Terra*, p. 25.
3. Ob. cit., pp. 25 e 31. É mesmo dever do Poder Público zelar para que a propriedade da terra desempenhe sua função social, estimulando planos para sua racional utilização, promovendo a justa remuneração e acesso do trabalhador aos benefícios do aumento da produtividade e ao bem-estar coletivo (Estatuto da Terra, Lei 4.504/64, art. 2º, § 2º, "b").

gência estabelecidos em lei; mas na falta desta os princípios contidos nos requisitos devem ser observados.

192. Reforma agrária. A sanção para o imóvel rural que não esteja cumprindo sua função social é a desapropriação por interesse social, para fins de *reforma agrária*, mediante pagamento da indenização em títulos da dívida agrária, nos termos do art. 184. Não quer dizer que a reforma agrária possa fazer-se somente por esse modo. A desapropriação por interesse social, inclusive para melhor distribuição da terra, é um poder geral do Poder Público (art. 5º, XXIV), de maneira que a vedação de desapropriação, para fins de reforma agrária, da *pequena e média propriedade rural*, assim definida em lei e desde que seu proprietário não possua outra, e da *propriedade produtiva* configurada no art. 185 deve ser entendida em relação ao processo de reforma agrária constante do art. 184. Ou seja: o art. 185 contém uma exceção à desapropriação especial autorizada no art. 184, não ao poder geral de desapropriação por interesse social do art. 5º, XXIV. Quer dizer, desde que se pague a indenização nos termos do art. 5º, XXIV, qualquer imóvel rural pode ser desapropriado por interesse social para fins de reforma agrária e melhor distribuição da propriedade fundiária.

193. Política agrícola. A política agrícola, cujas ações devem ser compatibilizadas com as da reforma agrária, *será planejada e executada na forma da lei, com a participação efetiva do setor de produção, envolvendo produtores e trabalhadores rurais, bem como dos setores de comercialização, de armazenamento e de transportes, levando em conta, especialmente, os instrumentos creditícios e fiscais, os preços compatíveis com os custos de produção e a garantia de comercialização, o incentivo à pesquisa e à tecnologia, o seguro agrícola, o cooperativismo, a eletrificação rural e irrigação e a habitação para o trabalhador rural* (art. 187). Neste artigo a Constituição deixa bem claro que política agrícola, assistência financeira e técnica e outros estímulos não caracterizam reforma agrária, pois não importam intervenção na repartição da propriedade e da renda da terra.

194. Usucapião "pro-labore". É o que se prevê, no art. 191, em favor de quem, *não sendo proprietário de imóvel rural ou urbano,* possua como seu, por cinco anos ininterruptos, sem oposição, área de terra, em zona rural, não superior a cinqüenta hectares, tornando-a produtiva por seu trabalho ou de sua família, tendo nela sua moradia. Chama *pro-labore* esse usucapião especial, porque o título que o justifica decorre do fato de a área ter sido tornada produtiva *pelo trabalho* do beneficiário ou de sua família. Anota-se, contudo, que não se verifica usucapião de imóveis públicos.

IV. Do Sistema Financeiro Nacional

195. Bases constitucionais. O *Sistema Financeiro Nacional* será regulado em *lei complementar*. Fica valendo como tal, pelo princípio da recepção, a Lei 4.595/64, que precisamente instituiu o *Sistema Financeiro Nacional.*

Mas são importantes o sentido e os objetivos que a Constituição imputou ao Sistema Financeiro Nacional, ao estabelecer que ele será *estruturado de forma a promover o desenvolvimento equilibrado do País e a servir aos interesses da coletividade*, de sorte que as instituições financeiras privadas ficam, assim, também, e de modo muito preciso, vinculadas ao cumprimento de função social bem caracterizada.

196. Instituições financeiras. São pessoas jurídicas públicas ou privadas que tenham como atividade principal ou acessória a coleta, intermediação ou aplicação de recursos financeiros próprios ou de terceiros, em moeda nacional ou estrangeira, e a custódia de valores de propriedade de terceiros. Podem ser públicas ou privadas. São *públicas* (ou oficiais) as instituições financeiras instituídas pelo Poder Público, com natureza de empresa pública ou de sociedade de economia mista. São *privadas* as constituídas em forma de sociedade anônima, com a totalidade de seu capital com direito a voto representada por ações nominativas.

Subordinam-se à disciplina do Sistema Financeiro Nacional, além das instituições financeiras, as Bolsas de Valores (não mencionadas pela Constituição), as companhias de seguro, de previdência e de capitalização, assim como as sociedades que efetuam distribuição de prêmios em imóveis, mercadorias ou dinheiro, mediante sorteio de títulos de sua emissão ou por qualquer outra forma, e, ainda, as pessoas físicas ou jurídicas que exerçam, por conta própria ou de terceiros, atividade relacionada com a compra e venda de ações e outros títulos, realizando nos mercados financeiros e de capitais operações ou serviços de natureza dos executados pelas instituições financeiras. Mas a Constituição, destas todas, só se referiu aos estabelecimentos de seguro, previdência e capitalização e ao órgão oficial fiscalizador e ressegurador, que hoje é o Instituto de Resseguros.

Depende de autorização o funcionamento das instituições financeiras e dos estabelecimentos de seguro, previdência e capitalização, bem como do órgão fiscalizador e do órgão ressegurador (art. 192, I e II). Assegura-se às instituições bancárias oficiais e privadas acesso a todos os instrumentos do mercado financeiro bancário, sendo, porém, vedada a elas a participação em atividades não previstas na autorização. A lei complementar poderá dar maior ou menor elasticidade ao conteúdo da autorização. Essa lei também deverá estabelecer condições para a participação do *capital estrangeiro* nas instituições referidas acima, financeiras ou as outras, tendo em vista, especialmente, os interesses nacionais e os acordos internacionais. Dependem dela também as normas para a organização, o funcionamento e as atribuições do banco central e das demais instituições financeiras públicas ou privadas, assim como a previsão de requisitos para a designação de membros da diretoria do banco central e demais instituições financeiras, bem como seus impedimentos após o exercício do cargo. Tudo depende da lei complementar, tanto o que foi dito como o que se menciona nos outros incisos do art. 192.

197. Regionalização financeira. Dois dispositivos preocupam-se com a questão regional. Um, dependente da lei complementar, que deve estabelecer *os critérios restritivos da transferência de poupança de regiões com renda inferior à média nacional para outras de maior desenvolvimento* (art. 192, VII). O que se quer, com isso, é impedir a transferência de recursos captados pelas instituições financeiras nas regiões pobres (Norte-Nordeste-Centro Oeste) para as regiões mais desenvolvidas (Sudeste-Sul). Existem já alguns critérios estabelecidos em diversas leis que satisfazem boa parte dos objetivos do dispositivo em tela. No aspecto, tais leis são recepcionadas pela Constituição como materialmente complementares, por tratarem da matéria em causa. Assim são, por exemplo, os critérios de aplicação regionalizada dos recursos arrecadados para o Sistema Financeiro da Habitação (Lei 4.380/64, arts. 10, § 3º; 11, § 1º; 39, § 1º; e 55), os de regionalização de funcionamento de associações de poupança e empréstimo, conforme disposto no Decreto-lei 70/66 (arts. 1º e 4º, § 2º), assim como os decorrentes de disposições da Lei 4.595/64, especialmente dos arts. 3º, IV, e 29. A lei complementar referida no texto é, porém, de fundamental importância para sistematizar a matéria e dar concreção ao disposto no art. 3º, III, da CF.

O outro dispositivo que não depende da lei complementar consta do art. 192, § 2º, segundo o qual *os recursos financeiros relativos a programas e projetos de caráter regional, de responsabilidade da União, serão depositados em suas instituições regionais de crédito e por elas aplicados*. Isso visa a fortalecer as caixas dos bancos oficiais das regiões do Norte e Nordeste.

198. Tabelamento dos juros e crime de usura. Está previsto no § 3º do art. 192 que as taxas de juros reais, nelas incluídas comissões e quaisquer outras remunerações direta ou indiretamente referidas à concessão do crédito, não poderão ser superiores a 12% ao ano; a cobrança acima deste limite será conceituada como crime de usura, punido, em todas as suas modalidades, nos termos que a lei determinar.

Esse dispositivo causou muita celeuma e muita controvérsia quanto à sua aplicabilidade. Sustentei que ele tem eficácia plena e aplicabilidade imediata, por ter sido organizado num parágrafo, com normatividade autônoma, sem referência, por si, a uma lei ulterior.

Capítulo VIII
DA ORDEM SOCIAL

I. Da Seguridade Social

199. Generalidades. A ordem social tem como *base* o primado do trabalho, e como *objetivo* o bem-estar e a justiça social (art. 193), com capítulos sobre: I – a *seguridade social*, compreendendo um conjunto integrado de ações de iniciativa dos Poderes Públicos e da sociedade, destinadas a assegurar os direitos relativos à *saúde*, à *previdência* e à *assistência social* (arts. 194 a 204); II – a *educação*, considerada direito de todos e dever do Estado e da família, visando ao pleno desenvolvimento da pessoa, seu preparo para o exercício da cidadania e sua qualificação para o trabalho, com preferência para o ensino público e gratuito (arts. 205 a 214); III – a *cultura*, com garantia de todos ao pleno exercício dos direitos culturais e acesso às fontes da cultura nacional, e proteção estatal às manifestações culturais populares, indígenas e afro-brasileras, e das de outros grupos participantes do processo civilizatório nacional; IV – a *comunicação social*, onde se reconhece a livre manifestação do pensamento, em todas as suas formas, e a plena liberdade de informação jornalística, conforme já vimos; V – o *meio ambiente*, como um direito de todos a seu equilíbrio e como bem de uso comum do povo e essencial à sadia qualidade de vida, impondo-se ao Poder Público e à coletividade o dever defendê-lo e preservá-lo para as presentes e futuras gerações; VI – a *família*, como base da sociedade, a que cabe especial proteção do Estado, mediante assistência na pessoa de cada um dos que a integram e criação de mecanismos para coibir a violência no âmbito de suas relações (art. 226), e o reconhecimento dos direitos fundamentais da criança e do adolescente enumerados no art. 227: direito à vida, à saúde, à alimentação, à educação, ao lazer, à profissionalização, à cultura, à dignidade, ao respeito, à liberdade e à convivência familiar e comunitária. Colocá-los a salvo de toda forma de negligência, discriminação, exploração, violência, crueldade e opressão é exigência indeclinável do cumprimento daquele dever; VII – os *índios*, cuja organização social, costumes, línguas, crenças e tradições, assim como os direitos originários sobre as terras que tradicionalmente ocupam, são reconhecidos nos arts. 231 e 232.

200. Concepção da Seguridade Social adotada. Considerações gerais. A Seguridade Social constitui instrumento mais eficiente da liberação das necessidades sociais, para garantir o bem-estar material, moral e espiritual de todos os indivíduos da população, devendo repousar nos seguintes princípios básicos, enunciados por José Manuel Almansa Pastor: a) *universalidade subjetiva* (não só para trabalhadores e seus dependentes, mas para todos indistintamente); b) *universalidade objetiva* (não só reparadora, mas preventiva do surgimento da necessidade; protetora em qualquer circunstância); c) *igualdade protetora* (prestação idêntica em função das mesmas necessidades; não distinta como na Previdência em função da quantidade da contribuição); d) *unidade de gestão* (só é administrada e outorgada pelo Estado); e) *solidariedade financeira* (os meios financeiros procedem de contribuições gerais, não de contribuições específicas dos segurados).

A Constituição acolheu uma concepção de *Seguridade Social* cujos objetivos e princípios se aproximam bastante daqueles fundamentos, ao defini-la como *um conjunto integrado de ações de iniciativa dos Poderes Públicos e da sociedade, destinadas a assegurar os direitos relativos à saúde, à previdência e à assistência social* (art. 194), ao estabelecer seus objetivos (art. 194, parágrafo único) e o sistema de seu financiamento (art. 195).[1] Essa concepção imanta os preceitos sobre os direitos relativos à Seguridade, que hão de ser interpretados segundo os valores que informam seus objetivos e princípios.

---

1. A Lei 8.212, de 24.7.1991, dispôs sobre a organização da Seguridade Social, instituiu o Plano de Custeio e deu outras providências. Foi regulamentada pelo Decreto 356, de 7.12.1991.

201. Direito à saúde. É espantoso como um bem extraordinariamente relevante à vida humana só agora é elevado à condição de direito fundamental do homem. E há de se informar pelo princípio de que o direito igual à vida de todos os seres humanos significa também que, nos casos de doença, cada um tem direito a um tratamento condigno de acordo com o estado atual da Ciência Médica, independentemente de sua situação econômica, sob pena de não ter muito valor sua consignação em normas constitucionais.

Cremos que foi a Constituição Italiana a primeira a reconhecer a saúde como fundamental direito do indivíduo e interesse da coletividade (art. 32). Depois, a Constituição Portuguesa lhe deu uma formulação universal mais precisa (art. 64º), melhor do que a Espanhola (art. 43) e a da Guatemala (arts. 93-100). O importante é que essas quatro Constituições relacionam o direito à saúde com a Seguridade Social.

A evolução conduziu à concepção da nossa Constituição de 1988, que declara ser a *saúde direito de todos e dever do Estado, garantido mediante políticas sociais e econômicas que visem à redução do risco de doença e de outros agravos e ao acesso universal e igualitário às ações e serviços para sua promoção e recuperação, serviços e ações que são de relevância pública* (arts. 196 e 197). A Constituição o submete ao conceito de Seguridade Social, cujas ações e meios se destinam, também, a assegurá-lo e torná-lo eficaz.

Como ocorre com os direitos sociais em geral, o direito à saúde comporta *duas vertentes*, conforme anotam Gomes Canotilho e Vital Moreira: "uma, de natureza negativa, que consiste no direito a exigir do Estado (ou de terceiros) que se abstenham de qualquer acto que prejudique a saúde; outra, de natureza positiva, que significa o direito às medidas e prestações estaduais visando a prevenção das doenças e o tratamento delas".[2] Como se viu do enunciado do art. 196, e se confirmará com a leitura dos arts. 198 a 200, trata-se de um direito positivo "que exige prestações de Estado e que impõe aos entes públicos a realização de determinadas tarefas (...), de cujo cumprimento depende a própria realização do direito",[3] e do qual decorre um

---

2. Cf. *Constituição da República Portuguesa Anotada*, 3ª ed., cit., p. 342. Recorde o leitor que "prestações estaduais", nos autores, significa, na terminologia brasileira, "prestações estatais", ou seja, do Poder Público, para não se confundir com prestações a serem cumpridas pelos Estados Federados.
3. Idem, p. 342.

especial direito subjetivo de conteúdo duplo: por um lado, pelo não-cumprimento das tarefas estatais para sua satisfação, dá cabimento à *ação de inconstitucionalidade por omissão* (arts. 102, I, "a", e 103, § 2º); e, por outro lado, seu não-atendimento, *in concreto*, por falta de regulamentação[4] pode abrir pressupostos para a impetração do *mandado de injunção* (art. 5º, LXXI), apesar de o Supremo Tribunal Federal continuar a entender que o mandado de injunção não tem a função de regulação concreta do direito reclamado (*infra*).

202. Previdência Social. É um conjunto de direitos relativos à Seguridade Social. A Constituição deu contornos mais precisos aos direitos de Previdência Social (arts. 201 e 202), que continua fundada no princípio do seguro social, de sorte que os benefícios e serviços se destinam a cobrir eventos de doença, invalidez, morte, velhice e reclusão apenas do segurado e seus dependentes. Isto quer dizer que a base da cobertura assenta no fator *contribuição* e em favor do contribuinte e dos seus.

O *regime de Previdência Social* consubstanciado na Constituição engloba *prestações* de dois tipos: 1) os *benefícios*, que são prestações pecuniárias, consistentes: a) na *aposentadoria*, por invalidez (não incluída no § 7º do art. 201, mas sugerida no inciso I do mesmo artigo), por velhice, por tempo de contribuição, especial e proporcional (art. 201, §§ 7º e 8º); b) nos *auxílios* por doença, maternidade, reclusão e funeral (art. 201, I a III); c) no *seguro-desemprego* (arts. 7º, II, 201, III, e 239); d) na *pensão* por morte do segurado (art. 201, V); 2) os *serviços*, que são prestações assistenciais: médica, farmacêutica, odontológica, hospitalar, social e de reeducação ou readaptação profissional.

---

4. Cf. Lei 8.080, de 19.9.90, que dispõe sobre as condições para a promoção, proteção e recuperação da saúde, a organização e o funcionamento dos serviços correspondentes, e regula, em todo o território nacional, as ações e serviços de saúde, executados isolada ou conjuntamente, em caráter permanente ou eventual, por pessoas naturais ou jurídicas de direito público ou privado, e reafirma que a saúde é um direito fundamental do ser humano, devendo o Estado prover as condições indispensáveis ao seu pleno exercício. Cf. também a Lei 8.142, de 28.12.90, que dispõe sobre a participação da comunidade na gestão do Sistema Único de Saúde – SUS. Cf. ainda Guido Uvan de Carvalho e Lenir Santos, *Sistema Único de Saúde, Comentário à Lei Orgânica da Saúde (Leis 8.080/90 e 8.142/90)*, São Paulo, Hucitec, 1992.

203. Direito à assistência social. Constitui a face universalizante da Seguridade Social, porque *será prestada a quem dela necessitar, independentemente de contribuição* (art. 203). Nela é que também assenta outra característica da Seguridade Social: a solidariedade financeira, já que os recursos procedem do orçamento geral da Seguridade Social, e não de contribuições específicas de eventuais destinatários (art. 204), até porque estes são impersonalizáveis *a priori*, porquanto se constituem daqueles que não dispõem de meios de sobrevivência: *os desvalidos em geral.* É aí que se situa *a proteção à maternidade e à infância, a assistência aos desamparados*, que o art. 6º destacou como um tipo de direito social, sem guardar adequada harmonia com os arts. 194 e 203, que revelam como direito social relativo à Seguridade o inteiro instituto da Assistência Social, que compreende vários objetos, e não só aquele mencionado no art. 6º.[5]

204. Direitos sociais da infância e dos idosos. Proteção à maternidade e à infância. Está prevista no art. 6º como espécie de direito social, mas seu conteúdo há de ser buscado em mais de um dos capítulos da ordem social, onde aparece como aspectos do direito de previdência social (art. 201, II: *proteção à maternidade, especialmente à gestante*), do direito de assistência social (art. 203, I: *proteção à família, à maternidade, à infância, à adolescência e à velhice*; II: *amparo às crianças e adolescentes carentes*) e no capítulo da família, da criança, do adolescente e do idoso (art. 227), sendo de ter cuidado para não confundir o direito individual da criança (direito à vida, à dignidade, à liberdade) com seu direito social, que, aliás, salvo o princípio da prioridade, coincide, em boa parte, com o de todas as pessoas (direito à saúde, à alimentação, à educação, ao lazer), com o direito civil (condições jurídicas dos filhos em relação aos pais) e com o direito tutelar do menor (art. 227, §§ 3º, IV a VII, e 4º). Alguns direitos sociais reconhecidos no art. 227 são pertinentes só à criança e ao ado-

---

5. Cf. Lei 8.742, de 7.12.1993, que dispõe sobre a organização da Assistência Social, considerada direito do cidadão e dever do Estado; é ela considerada por essa lei como Política de Seguridade Social não-contributiva, que provê os mínimos sociais, realizada através de um conjunto integrado de ações de iniciativa pública e da sociedade para garantir o atendimento às necessidades básicas. Cf. também a Lei 7.843, de 24.10.1989, que dispõe sobre o apoio às pessoas portadoras de deficiência e sua integração social.

lescente, como o direito à profissionalização, à convivência familiar e comunitária e a regras especiais dos direitos previdenciários e trabalhistas (art. 227, § 3º, I a III).[6]

Direitos dos idosos. Não foram incluídos no art. 6º como espécie de direito social, mas, por certo, têm essa natureza. Uma dimensão integra o direito previdenciário (art. 201, I) e se realiza basicamente pela aposentadoria e o direito assistenciário (art. 203, I), como forma protetiva da velhice, incluindo a garantia de pagamento de um salário mínimo mensal quando o idoso não possuir meios de prover à própria subsistência, conforme dispuser a lei. Mas o amparo à velhice vai um pouco mais longe, daí o texto do art. 230, segundo o qual a família, a sociedade e o Estado têm o dever de amparar as pessoas idosas, assegurando sua participação na comunidade, defendendo sua dignidade e bem-estar e garantindo-lhes o direito à vida, bem como a gratuidade dos transportes coletivos urbanos e, tanto quanto possível, a convivência em seu lar.[7]

II. Da Educação, da Cultura e do Desporto

205. Educação. Objetivos e princípios. O art. 205 prevê três objetivos básicos da educação: a) *pleno desenvolvimento da pessoa*; b) *preparo da pessoa para o exercício da cidadania*; c) *qualificação da pessoa para o trabalho.* Integram-se nestes objetivos valores antropológico-culturais, políticos e profissionais.

A consecução prática desses objetivos só se realizará num sistema educacional democrático, em que a organização da educação formal (via escola) concretize o *direito ao ensino*, informado por alguns princípios com eles coerentes, que, realmente, foram acolhidos pela Constituição; tais são: *universalidade* (ensino para todos), *igualdade, liberdade, pluralismo, gratuidade do ensino público, valorização dos respectivos profissionais, gestão democrática da escola* e *padrão de qualidade* – princípios, esses, que foram acolhidos no art. 206 da CF.

---

6. Cf. Lei 8.069, de 13.7.1990, que dispõe sobre o Estatuto da Criança e do Adolescente. Cf. também Munir Cury, Antônio Fernando do Amaral e Emílio García Mendez (coords.), *Estatuto da Criança e do Adolescente Comentado*, 5ª ed., São Paulo, Malheiros Editores, 2002.

7. Cf. Lei 8.842, de 4.1.1994, que dispõe sobre a Política Nacional do Idoso e cria o Conselho Nacional do Idoso.

Direito à educação. O art. 205 contém uma declaração fundamental que, combinada com o art. 6º, eleva a educação ao nível dos direitos fundamentais do Homem. Aí se afirma que a *educação é direito de todos* – com o quê esse direito é informado pelo princípio da universalidade. Realça-lhe o valor jurídico, por um lado, a cláusula *a educação é dever do Estado e da família*, constante do mesmo artigo, que completa a situação jurídica subjetiva, ao explicitar o titular do dever, da obrigação, contraposto àquele direito. Vale dizer: todos têm o direito à educação, e o Estado tem o dever de prestá-la, assim como a família.

A norma, assim explicitada – *A educação, direito de todos e dever do Estado e da família,* (...) (arts. 205 e 227) –, significa, em primeiro lugar, que o Estado tem que se aparelhar para fornecer, a todos, os serviços educacionais, isto é, oferecer ensino de acordo com os princípios estatuídos na Constituição (art. 206); que ele tem que ampliar cada vez mais as possibilidades de que todos venham a exercer igualmente esse direito; e, em segundo lugar, que todas as normas da Constituição sobre educação e ensino hão de ser interpretadas em função daquela declaração e no sentido de sua plena e efetiva realização. A Constituição mesma já considerou que o acesso ao ensino fundamental, obrigatório e gratuito, é *direito público subjetivo*; equivale reconhecer que é direito plenamente eficaz e de aplicabilidade imediata, isto é, direito exigível judicialmente se não for prestado espontaneamente.

As normas têm, ainda, o significado jurídico de elevar a educação à categoria de serviço público essencial que ao Poder Público impende possibilitar a todos. Daí a preferência constitucional pelo ensino público, pelo quê a iniciativa privada, nesse campo, embora livre, é, no entanto, meramente secundária e condicionada (arts. 209 e 213).

206. Cultura e direitos culturais. A Constituição de 1988 deu relevante importância à *cultura,* tomado esse termo em sentido das projeções do espírito humano materializadas em suportes expressivos, portadores de referências à identidade, à ação, à memória dos diferentes grupos formadores da sociedade brasileira, que se exprimem por vários de seus artigos (arts. 5º, IX; 23, III a V; 24, VII a IX; 30, IX; e 205 a 217), formando aquilo que se denomina *ordem constitucional da cultura,* ou *constituição cultural.* A cultura e os direitos culturais não foram arrolados no art. 6º como espécies de direito social, mas, se a educação o foi, aí também estarão aqueles, até porque estão explicitamente referidos no art. 215, consoante o qual *o Estado garantirá a todos o pleno exercício dos direitos culturais e acesso às fontes da cultura nacional, e apoiará e incentivará a valorização e a difusão das manifestações culturais*. Por aí também se vê que se trata de direitos informados pelo princípio da universalidade, isto é, direitos garantidos a todos.

Significado e conteúdo da expressão "direitos culturais". Assim se delineia a dupla dimensão da expressão "direitos culturais" que consta do art. 215 da CF: de um lado, o direito cultural como *norma agendi* (assim, por exemplo, "O Estado garantirá a todos o pleno exercício dos direitos culturais" é uma norma) e, de outro, o direito cultural como *facultas agendi* (assim, por exemplo, da norma que garante a todos o pleno exercício dos direitos decorre a faculdade de agir com base nela). O conjunto de normas jurídicas que disciplinam as relações de cultura forma a *ordem jurídica da cultura*. Esse conjunto de todas as normas jurídicas, constitucionais ou ordinárias, é que constitui o direito objetivo da cultura. E quando se fala em *direito da cultura* se está referindo o direito objetivo da cultura, o conjunto de normas sobre cultura. Pois bem, essas normas geram situações jurídicas em favor dos interessados, que lhes dão a faculdade de agir para auferir vantagens ou bens jurídicos que sua situação concreta produz ao se subsumir numa determinada norma. Assim, se o Estado garante o pleno exercício dos direitos culturais, isso significa que o interessado, em certa situação, tem o direito (faculdade subjetiva) de reivindicar esse exercício e o Estado o dever de possibilitar a realização do direito em causa. *Garantir o acesso à cultura nacional* (art. 215): norma jurídica, *norma agendi*, significa conferir aos interessados a possibilidade efetiva desse acesso: *facultas agendi*. Quando se fala em *direito à cultura* se está referindo essa possibilidade de agir conferida pela norma jurídica de cultura. Ao direito à cultura corresponde a obrigação correspectiva do Estado.

Direitos culturais reconhecidos. Em suma, quais são esses direitos culturais reconhecidos na Constituição? São: a) liberdade de expressão da atividade intelectual, artística, científica; b) direito de criação cultural, compreendidas as criações artísticas, científicas e tecnológicas; c) direito de acesso às fontes da cultura nacional; d) direito de difusão das manifestações culturais; e) direito de proteção às manifestações das culturas populares, indígenas e afro-brasileiras e de outros grupos participantes do processo civilizatório nacional; f) direito-dever estatal de formação do patrimônio cultural brasileiro e de proteção dos bens de cultura, que, assim, ficam sujeitos a um regime jurídico especial, como forma de propriedade de interesse público. Tais direitos decorrem das normas dos arts. 5º, IX, 215 e 216.

207. Direitos sociais relativos à moradia. O *direito à moradia* já era reconhecido como uma expressão dos direitos sociais por força mesmo do disposto no art. 23, IX, segundo o qual é da competência comum da União, Estados, Distrito Federal e Municípios "promover programas de construção de moradias e a melhoria das condições habitacionais e de saneamento básico". Aí já se traduzia um poder-dever do Poder Público que implicava a contrapartida do direito correspondente a tantos quantos necessitem de uma habitação. Essa contrapartida é o direito à moradia que agora a EC-26, de 14.2.2000, explicitou no art. 6º.

Significação e conteúdo. O *direito à moradia* significa ocupar um lugar como residência; ocupar uma casa, apartamento etc., para nela habitar. No "morar" encontramos a idéia básica da habitualidade no permanecer ocupando uma edificação, o que sobressai com sua correlação com o *residir* e o *habitar*, com a mesma conotação de permanecer ocupando um lugar permanentemente. O direito à moradia não é necessariamente direito à casa própria. Quer-se que se garanta a todos um teto onde se abrigue com a família de modo permanente, segundo a própria etimologia do verbo "morar", do Latim *morari*, que significava *demorar, ficar*. Mas é evidente que a obtenção da casa própria pode ser um complemento indispensável para a efetivação do direito à moradia.

O conteúdo do direito à moradia envolve não só a faculdade de ocupar uma habitação. Exige-se que seja uma habitação de dimensões adequadas, em condições de higiene e conforto e que preserve a intimidade pessoal e a privacidade familiar, como se prevê na Constituição Portuguesa (art. 65º). Em suma, que seja uma habitação digna e adequada, como quer a Constituição Espanhola (art. 47). Nem se pense que estamos, aqui, reivindicando a aplicação dessas Constituições ao nosso sistema. Não é isso. É que a compreensão do direito à moradia como direito social, agora inserido expressamente em nossa Constituição, encontra normas e princípios que exigem que ele tenha aquelas dimensões. Se ela prevê, como um princípio fundamental, a dignidade da pessoa humana (art. 1º, III), assim como o direito à intimidade e à privacidade (art. 5º, X), e que a casa é um asilo inviolável (art. 5º, XI), então, tudo isso envolve necessariamente o direito à moradia. Não fosse assim, seria um direito empobrecido.

Condição de eficácia. Esse é daqueles direitos que têm duas faces: uma *negativa* e outra *positiva.* A primeira significa que o cidadão não pode ser privado de uma moradia nem impedido de conseguir uma, no que importa a abstenção do Estado e de terceiros. A segunda que é a nota principal do direito à moradia, como dos demais direitos sociais, consiste no direito de obter uma moradia digna e adequada, revelando-se como um direito positivo de caráter prestacional, porque legitima a pretensão do seu titular à realização do direito por via de ação positiva do Estado. É nessa ação positiva que se encontra a condição de eficácia do direito à moradia. E ela está prevista em vários dispositivos de nossa Constituição, entre os quais se destaca o art. 3º, que define como objetivos fundamentais da República Federativa do Brasil construir uma sociedade justa e solidária, erradicar a marginalização – e não há marginalização maior do que não se ter um teto para si e para a família – e promover o bem de todos – que pressupõe, no mínimo, ter onde morar dignamente. Além dessas normas e princípios gerais, há ainda o disposto no art. 23, X, que dá competência comum a todas as entidades públicas da Federação para *combater as causas da pobreza e os fatores de marginalização, promovendo a integração social dos setores desfavorecidos* – o que importa, só por si, criar condições de habitabilidade adequada para todos. Mas há ainda norma específica determinando ação positiva no sentido da efetiva realização do direito à moradia, quando, no mesmo, art. 23, IX, se estabelece a competência comum "para promover programas de construção de moradias e a melhoria das condições habitacionais e de saneamento básico".

208. *Desportos e lazer.* A Constituição abre a Seção III do Capítulo III do Título III sob a rubrica "Do Desporto", do qual trata apenas no art. 217, em cujo § 3º cuida do lazer.

Desporto. É dever do Estado fomentar práticas desportivas formais e não-formais, como direito de cada um, observadas as diretrizes do art. 217. A Constituição valorizou a *Justiça Desportiva* quando estabeleceu que o Poder Judiciário só admitirá ações relativas à disciplina e às competições desportivas após esgotarem-se as instâncias daquela. Mas impôs a ela um prazo máximo para proferir a decisão final, que é de sessenta dias, após o qual, evidentemente, o Poder Judiciário poderá conhecer da controvérsia.

Direito ao lazer. A Constituição menciona o lazer apenas no art. 6º e faz ligeira referência no art. 227, e nada mais diz sobre esse direito social. Ele está muito associado aos direitos dos trabalhadores relativos ao repouso. Nesse sentido ele fora definido no Anteprojeto da Comissão Afonso Arinos, art. 24: "Todos têm direito ao lazer e à utilização criadora do tempo liberado ao trabalho e ao descanso".

Lazer e *recreação* são funções urbanísticas. Sua natureza social decorre do fato de que constituem prestações estatais que interferem com as condições de trabalho e com a qualidade de vida, donde sua relação com o direito ao meio ambiente sadio e equilibrado. *Lazer* é entrega à ociosidade repousante. *Recreação* é entrega ao divertimento, ao esporte, ao brinquedo. Ambos se destinam a refazer as forças depois da labuta diária e semanal. Ambos requerem lugares apropriados, tranqüilos num, repletos de folguedos e alegrias em outro.

III. Da Ciência e Tecnologia

209. Base constitucional. É incumbência do Estado promover e incentivar o desenvolvimento científico, a pesquisa e a capacitação tecnológica. A Constituição distingue a pesquisa em *pesquisa científica básica*, que receberá tratamento prioritário do Estado, tendo em vista o bem público e o progresso da Ciência, e *pesquisa tecnológica*, que deverá voltar-se preponderantemente para a solução dos problemas brasileiros e para o desenvolvimento do sistema produtivo nacional e regional; para tanto o Estado apoiará e estimulará a formação de recursos humanos nessas áreas do saber.

A regra do art. 219 deveria figurar entre os dispositivos da ordem econômica, onde melhor se enquadraria. Reza o dispositivo que o *mercado interno* integra o *patrimônio nacional* e será incentivado de modo a viabilizar o desenvolvimento cultural e sócio-econômico, o bem-estar da população e a autonomia tecnologia do País, nos termos da lei federal. É uma regra da ordem econômica mais do que de ciência e tecnologia, na qual a intervenção no domínio econômico encontra importante fundamento para o controle do mercado interno.

IV. Da Informação e Comunicação Social

210. Informação. A Constituição distingue entre liberdade de informação (que já estudamos) e direito à informação. No capítulo da comunicação (arts. 220 a 224) preordena a liberdade de informar completada com a liberdade de manifestação do pensamento (art. 5º, IV). No art. 5º, XIV e XXXIII, temos a dimensão coletiva do direito à informação. O primeiro declara *assegurado a todos o acesso à informação* – daí por que a liberdade de informação deixou de ser mera função individual para se tornar função social. O inciso XXXIII trata de direito à informação mais específico, quando estatui que *todos têm direito a receber dos órgãos públicos informações de interesse particular, coletivo ou geral, que serão prestadas no prazo da lei, sob pena de responsabilidade, ressalvadas aquelas cujo sigilo seja imprescindível à segurança da sociedade e do Estado*. Aí, como se vê do enunciado, almagamam-se interesses particulares, coletivos e gerais, donde se tem que não se trata de mero direito individual.

211. Comunicação social. Já estudamos a liberdade de manifestação do pensamento, da criação, da expressão e da informação, de maneira a abranger as questões fundamentais do capítulo da comunicação social. O único aspecto que ficou para considerar foi o art. 222, que estatui que *a propriedade de empresa jornalística e de radiodifusão sonora e de sons e imagens é privativa de brasileiros natos ou naturalizados há mais de dez anos, ou de pessoas jurídicas constituídas sob as leis brasileiras e que tenham sede no País*, cujas alterações de controle societário serão comunicadas ao Congresso Nacional (§ 5º). A EC-36/2002, contudo, abriu a possibilidade de participação de estrangeiros no capital dessas empresas, dentro do limite de trinta por cento, na forma disciplinada em lei (§ 1º), e desde que pelo menos setenta por cento do seu capital votante sejam de brasileiros naquelas condições, reservadas responsabilidade editorial e as atividades de seleção e direção da programação veiculada a brasileiros natos ou naturalizados há mais de dez anos, em qualquer meio de comunicação social (§§ 1º e 2º). Determina-se também que *os meios de comunicação social eletrônica, independentemente da tecnologia utilizada para a prestação do serviço, deverão observar os princípios enunciados no art. 221, na forma de lei específica, que também garantirá a prioridade de profissionais brasileiros na execução de produções nacionais* (§ 3º).

V. Do Meio Ambiente

212. Direito do meio ambiente. O capítulo do meio ambiente é um dos mais importantes e avançados da Constituição de 1988, onde se define o *meio ambiente* ecologicamente equilibrado como *direito de todos* e se lhe dá a natureza de *bem de uso comum do povo* e essencial à sadia qualidade de vida, impondo-se ao Poder Público e à coletividade o dever de defendê-lo e preservá-lo para as presentes e futuras gerações.

O art. 225, § 1º, arrola as medidas e providências que incumbe ao Poder Público tomar para assegurar a efetividade do direito reconhecido no *caput*, que nos limitaremos a enunciar, quais sejam: *1) preservar e restaurar os processos ecológicos essenciais e prover o manejo ecológico das espécies e ecossistemas; 2) preservar a diversidade e a integridade do patrimônio genético do País e fiscalizar as entidades dedicadas à pesquisa e manipulação de material genético; 3) definir, em todas as unidades da Federação, espaços territoriais e seus componentes a serem especialmente protegidos, sendo a alteração e a supressão permitidas somente através de lei, vedada qualquer utilização que comprometa a integridade dos atributos que justifiquem sua proteção; 4) exigir, na forma da lei, para instalação de obra ou atividade potencialmente causadora de significativa degradação do meio ambiente, estudo prévio de impacto ambiental, a que se dará publicidade; 5) controlar a produção, a comercialização e o emprego de técnicas, métodos e substâncias que comportem risco para a vida, a qualidade de vida e o meio ambiente; 6) promover a educação ambiental em todos os níveis de ensino e a conscientização pública para a preservação do meio ambiente; 7) proteger a fauna e a flora, vedadas, na forma da lei, as práticas que coloquem em risco sua função ecológica, provoquem a extinção de espécies ou submetam os animais a crueldade.*

Além desses meios de atuação do Poder Público, a Constituição impõe condutas preservacionistas a quantos possam direta ou indiretamente gerar danos ao meio ambiente. Assim, *aquele que explorar recursos minerais fica obrigado a recuperar o meio ambiente degradado, de acordo com solução técnica exigida pelo órgão público competente, na forma da lei* (art. 225, § 2º), e *as usinas que operem com reator nuclear deverão ter sua localização definida em lei federal, sem o quê não poderão ser instaladas* (§ 6º). Dá ela ênfase à atuação preventiva, mas não descuida das medidas repressivas, ao exigir a recuperação do meio ambiente degradado por atividades regulares, e especialmente ao sujeitar as condutas e atividades lesivas ao meio ambiente a sanções penais e administrativas, sem prejuízo da obrigação de reparar os danos causados (§ 3º).

O art. 225, § 4º, declara *patrimônio nacional* a Floresta Amazônica Brasileira, a Mata Atlântica, a Serra do Mar, o Pantanal Mato-Grossense e a Zona Costeira, não para torná-los estaticamente preservados; ao contrário, sua utilização econômica, inclusive quanto ao uso dos recursos naturais, é admissível, na forma da lei, dentro de condições que assegurem a preservação do meio ambiente.

A Constituição, com isso, segue – e até ultrapassa – as Constituições mais recentes (Portugal, art. 66º; Espanha, art. 45) na proteção do meio ambiente. Toma consciência de que a "qualidade do meio ambiente se transformara num bem, num patrimônio, num valor mesmo, cuja *preservação, recuperação* e *revitalização* se tornara num imperativo do Poder Público, para assegurar a saúde, o bem-estar do Homem e as condições de seu desenvolvimento. Em verdade, para assegurar o direito fundamental à vida".[8] As normas constitucionais assumiram a consciência de que o direito à vida, como matriz de todos os demais direitos fundamentais do Homem, é que há de orientar todas as formas de atuação no campo da tutela do meio ambiente. Compreendeu-se que ele é um valor preponderante, que há de estar acima de quaisquer considerações como as de desenvolvimento,

---

8. Cf. nosso "Direito à qualidade do meio ambiente", *Revista do Advogado* 18/46, junho/85.

como as de respeito ao direito de propriedade, como as da iniciativa privada. Também estes são garantidos no texto constitucional, mas, a toda evidência, não podem primar sobre o direito fundamental à vida, que está em jogo quando se discute a tutela da qualidade do meio ambiente, que é instrumental no sentido de que, através dessa tutela, o que se protege é um valor maior: a *qualidade da vida humana*.

VI. Da Família, Criança, Adolescente e Idosos

213. Família. A *família* é afirmada como base da sociedade e tem especial proteção do Estado, mediante assistência na pessoa de cada um dos que a integram e criação de mecanismos para coibir a violência no âmbito de suas relações. Não é mais só pelo *casamento* que se constitui a *entidade familiar*. Entende-se também como tal a comunidade formada por qualquer dos pais e seus descendentes e, para efeito de proteção do Estado, também, a *união estável* entre homem e mulher, cumprindo à lei facilitar sua conversão em casamento. Em qualquer desses casos os direitos e deveres referentes à sociedade conjugal são exercidos igualmente pelo homem e pela mulher, especificando, aqui, o direito de igualdade entre ambos, já consignado no art. 5º, I (art. 226).

O *casamento* é civil e gratuita sua celebração, mas o religioso terá efeito civil, nos termos da lei. Quer no primeiro caso, quer no segundo, pode ele ser dissolvido pelo *divórcio*, após prévia separação judicial por mais de um ano nos casos expressos em lei, ou comprovada separação de fato por mais de dois anos.

A *paternidade responsável*, ou seja, a paternidade consciente, não-animalesca, é sugerida. Nela e na dignidade da pessoa humana é que se fundamenta o *planejamento familiar* que a Constituição admite como um direito de livre decisão do casal, de modo que ao Estado só compete, como dever, propiciar recursos educacionais e científicos para seu exercício. A Constituição não se satisfez com declarar livre o planejamento familiar. Foi mais longe, vedando qualquer forma coercitiva por parte de instituições sociais ou privadas.

A família é uma comunidade natural composta, em regra, de pais e filhos, aos quais a Constituição, agora, imputa direitos e deveres recíprocos, nos termos do art. 229, pelo qual os pais têm o dever de assistir, criar e educar os *filhos menores*, havidos ou não da relação do casamento (art. 227, § 6º), ao passo que os *filhos maiores* têm o dever de ajudar e amparar os pais na velhice, carência ou enfermidade.

214. Criança e adolescente. Essa família que recebe a proteção estatal não tem só direitos. Tem o grave dever, juntamente com a sociedade e o Estado, de assegurar, com absoluta prioridade, os direitos fundamentais da criança e do adolescente, enumerados no art. 227: direito à vida, à saúde, à alimentação, à educação, ao lazer, à profissionalização, à cultura, à dignidade, ao respeito, à liberdade e à convivência familiar e comunitária. Colocá-los a salvo de toda forma de negligência, discriminação, exploração, violência, crueldade e opressão é exigência indeclinável do cumprimento daquele dever.

Ao Estado incumbe, ainda, promover programas de assistência integral à saúde da criança e do adolescente, incluindo prevenção e atendimento especializado aos portadores de deficiência física, sensorial ou mental, dispondo a lei sobre normas que facilitem seu acesso a logradouros, edifícios públicos e a veículos de transporte coletivo.

A Constituição é minuciosa e redundante na previsão de direitos e situações subjetivos de vantagens das crianças e adolescentes, especificando em relação a eles direitos já consignados para todos em geral, como os direitos previdenciários e trabalhistas; mas estatui importantes normas tutelares dos menores, especialmente dos órfãos e abandonados e dos dependentes de drogas e entorpecentes (art. 227, § 3º). Postula punição severa ao abuso, violência e exploração sexual da criança e do adolescente.

O art. 227, § 6º, contém importante norma relativa ao *direito de filiação*, reconhecendo igualdade de direitos e qualificações aos filhos, havidos ou não da relação de casamento, ou por adoção, proibidas quaisquer designações discriminatórias relativas à filiação. Ficam, assim, banidas da legislação civil expressões como "filhos legítimos", "filhos naturais", "filhos adulterinos", "filhos incestuosos". Por outro lado, expressamente é admitida a adoção de crianças brasileiras por estrangeiro, desde que seja assistida pelo Poder Público, na forma da lei e nos casos e condições por esta estabelecidos (art. 227, § 5º).

215. Tutela dos idosos. Os *idosos* não foram esquecidos pelo constituinte. Ao contrário, vários dispositivos mencionam a *velhice* como objeto de direitos específicos, como do direito previdenciário (art. 201, I) e do direito assistencial (art. 203, I). Mas há dois dispositivos que merecem referência especial, porque o objeto de consideração é a pessoa em sua *terceira idade.*

Um é o art. 203, V, que confere o benefício de um salário mínimo mensal ao idoso que comprove não possuir meios de prover a própria manutenção ou de tê-la provida por família, conforme dispuser a lei. O outro é o art. 230, que estatui que "a família, a sociedade e o Estado têm o dever de amparar as *pessoas idosas*, assegurando sua participação na comunidade, defendendo sua dignidade e bem-estar e garantindo-lhe o direito à vida", de preferência mediante programas executados no recesso do lar, garantindo-se, ainda, aos maiores de sessenta e cinco anos, independentemente de condição social, a gratuidade dos transportes coletivos urbanos.

A Lei 8.842, de 4.1.1994, que dispôs sobre a Política Nacional do Idoso e criou o Conselho Nacional do Idoso, considera *idoso*, para os seus efeitos, a pessoa maior de sessenta anos de idade. Segundo seu art. 1º a Política do Idoso tem por objetivo assegurar seus direitos sociais, criando condições para promover sua autonomia, integração e participação efetiva na sociedade. Traça ela os princípios e diretrizes da Política do Idoso, a organização e gestão dessa Política, que incumbe ao Ministério responsável pela assistência e promoção social, e ainda estabelece as ações governamentais necessária à implementação dessa Política.

VII. Dos Índios

216. Direitos indígenas. A Constituição de 1988 revela um grande esforço da Constituinte no sentido de preordenar um sistema de normas que pudesse efetivamente proteger os direitos e interesses dos índios. E o conseguiu num limite bem razoável.

É inegável, contudo, que ela deu um largo passo à frente na questão indígena, com vários dispositivos referentes aos índios,[9] nos quais

---

9. Cf. arts. 20, XI; 22, XIV; 49, XVI; 109, XI; 129, V; 176, § 1º; 210, § 2º; 215, § 1º; e especialmente 231 e 232 – formando estes dois últimos o capítulo especial dos índios.

dispõe sobre a propriedade das terras ocupadas pelos índios, a competência da União para legislar sobre *populações indígenas*, autorização congressual para mineração em terras indígenas, relações das comunidades indígenas com suas terras, preservação de suas línguas, usos, costumes e tradições. Os arts. 231 e 232 é que estabelecem as bases dos direitos dos índios.

217. *Organização social dos índios*. O art. 231 reconhece a organização social, costumes, línguas, crenças e tradições dos índios, com o quê reconhece a existência de minorias nacionais e institui normas de proteção de sua singularidade étnica, especialmente de suas línguas, costumes e usos. A propósito, a Constituição fala em *populações indígenas* (art. 22, XIV) e *comunidades indígenas* ou *dos índios* (art. 232), certamente como *comunidades culturais*, que se revelam na identidade étnica, não propriamente como *comunidades de origem* que se vinculam ao conceito de raça natural, fundado no fator biológico, hoje superado, dada a "impossibilidade prática de achar um critério que defina a pureza da raça".[10]

O sentimento de pertinência a uma comunidade indígena é que identifica o índio. A dizer: é índio quem se sente índio. Essa auto-identificação, que se funda no sentimento de pertinência a uma comunidade indígena, e a manutenção dessa identidade étnica, fundada na continuidade histórica do passado pré-colombiano que reproduz a mesma cultura, constituem o critério fundamental para a identificação do índio brasileiro. Essa permanência em si mesmo, embora interagindo um grupo com outros, é que lhe dá a continuidade étnica identificadora. Ora, a Constituição assume essa concepção, por exemplo, no art. 231, § 1º, ao ter as terras ocupadas pelos índios como *necessárias à sua reprodução física e cultural, segundo seus usos, costumes e tradições*. A identidade étnica perdura nessa *reprodução cultural*, que não é estática; não se pode ter cultura estática. Os índios, como qualquer comunidade étnica, não param no tempo. A evolução pode ser mais rápida ou mais lenta, mas sempre haverá mudanças; e, assim, a cultura

---

10. Cf. Reinhold Zippelius, *Teoría General del Estado*, trad. de Héctor Fix-Fierro, México, Instituto de Investigaciones Jurídicas/Universidad Nacional Autónoma de México, 1985, pp. 78 e 79; também Hermann Heller, *Teoría del Estado*, 4ª ed., México, Fondo de Cultura Económica, 1961, pp. 164 e ss. e 174 e ss.

indígena, como qualquer outra, é constantemente reproduzida, não igual a si mesma. Nenhuma cultura é isolada. Está sempre em contato com outras formas culturais. A reprodução cultural não destrói a identidade cultural da comunidade – identidade que se mantém em resposta a outros grupos com os quais dita comunidade interage. Eventuais transformações decorrentes do viver e do conviver das comunidades não descaracterizam a identidade cultural. Tampouco a descaracteriza a adoção de instrumentos novos ou de novos utensílios, porque são mudanças dentro da mesma identidade étnica.[11]

218. Direitos sobre as terras indígenas. A questão da terra transformara-se no ponto central dos direitos constitucionais dos índios, pois para eles ela tem um valor de sobrevivência física e cultural. Não serão amparados seus direitos se não se lhes assegurar a posse permanente e a riqueza das terras por eles tradicionalmente ocupadas. Por isso mesmo, esse foi um dos temas mais difíceis e controvertidos na elaboração da Constituição de 1988, que buscou cercar de todas as garantias esse direito fundamental dos índios. Da Constituição se extrai que sobre as terras tradicionalmente ocupadas pelos índios incidem os *direitos de propriedade* e os *direitos de usufruto*, sujeitos a delimitações e vínculos que decorrem de suas normas.

Declara-se, em primeiro lugar, que *essas terras são bens da União* (art. 20, XI). A outorga constitucional dessas terras ao domínio da União visa precisamente a preservá-las e manter o vínculo que se acha embutido na norma quando fala que são bens da União as terras tradicionalmente ocupadas pelos índios – ou seja, cria-se, aí, uma *propriedade vinculada* ou *propriedade reservada* com o fim de garantir os direitos dos índios sobre ela. Por isso, são terras inalienáveis e indisponíveis, e imprescritíveis os direitos sobre elas.

São terras da União vinculadas ao cumprimento dos direitos indígenas sobre elas, reconhecidos pela Constituição como *direitos originários* (art. 231), que, assim, consagra uma relação jurídica fundada no *instituto do indigenato* como fonte primária e congênita da posse territorial consubstanciada no art. 231, § 2º, quando estatui que *as ter-*

---

11. Sobre esses assuntos, cf. Manuela Carneiro da Cunha, *Os Direitos do Índio: Ensaios e Documentos*, São Paulo, Brasiliense, 1988, pp. 22 e ss.

ras tradicionalmente ocupadas pelos índios destinam-se à sua posse permanente, cabendo-lhes o usufruto exclusivo das riquezas do solo, dos rios e dos lagos nelas existentes. Disto também é que deriva o princípio da irremovibilidade dos índios de suas terras, previsto no § 5º do art. 231, só admitida a remoção *ad referendum* do Congresso Nacional e apenas *em caso de catástrofe ou epidemia que ponha em risco sua população, ou no interesse da soberania do País, após deliberação do Congresso Nacional, garantido, em qualquer hipótese, o retorno imediato logo que cesse o risco*. Dali igualmente provêm as limitações a respeito de mineração nessas terras e a invalidade de atos contrários à efetividade dos direitos indígenas sobre elas.

219. Terras tradicionalmente ocupadas pelos índios. São bens da União as *terras tradicionalmente ocupadas* pelos índios (art. 20, XI). São reconhecidos aos índios os direitos originários sobre as *terras que tradicionalmente ocupam* (art. 231). "As *terras tradicionalmente ocupadas* pelos índios destinam-se à sua posse permanente (...)" (art. 231, § 2º). Essa reiteração constitucional requer conceituação que defina as terras tradicionalmente ocupadas pelos índios.

A base do conceito acha-se no art. 231, § 1º, fundado em quatro condições, todas necessárias e nenhuma suficiente sozinha, a saber: 1ª) serem por eles *habitadas em caráter permanente*; 2ª) serem por eles *utilizadas para suas atividades produtivas*; 3ª) serem *imprescindíveis à preservação dos recursos ambientais necessários a seu bem-estar*; 4ª) serem *necessárias à sua reprodução física e cultural*, tudo segundo seus usos, costumes e tradições – de sorte que não se vai tentar definir o que é *habitação permanente, modo de utilização, atividade produtiva* ou qualquer das condições ou termos que as compõem segundo a visão civilizada, a visão do modo de produção capitalista ou socialista, a visão do bem-estar do nosso gosto, mas segundo o modo de ser deles, da cultura deles.

O "tradicionalmente" refere-se não a uma circunstância temporal, mas ao *modo tradicional* de os índios ocuparem e utilizarem as terras e ao modo tradicional de produção – enfim, ao modo tradicional de como eles se relacionam com a terra, já que há comunidades mais estáveis, outras menos estáveis, e as que têm espaços mais amplos pelos quais se deslocam etc. Daí dizer-se que tudo se realize segundo seus usos, costumes e tradições.

Capítulo IX
DAS DISPOSIÇÕES GERAIS E DAS DISPOSIÇÕES TRANSITÓRIAS

220. Disposições gerais. Algumas seções de capítulos da Constituição trazem a rubrica *disposições gerais* ou *disposição geral* (arts. 37 e 38; 59; 92 a 100; 140 e 141; 193; 194 e 195), ou, com o mesmo sentido, *normas gerais* (arts. 163 e 164) e até *princípios gerais* (arts. 145 a 149); e, finalmente, o corpo permanente da Constituição encerra com as *disposições constitucionais gerais*. A Constituição não emprega bem essas expressões.

Os diplomas legislativos longos costumam trazer algumas normas distribuídas em *disposições preliminares, disposições gerais, disposições finais* e *disposições transitórias*. *Disposições preliminares* (ou *disposição preliminar*, se for só uma) são as que iniciam um diploma normativo ou apenas um grupo de suas normas, com o fim de definir o objeto do diploma ou do agrupamento de normas. *Disposições gerais*, tecnicamente, são as que contêm regras aplicáveis a todo o conjunto de normas a que se referem – por isso a Constituição emprega mal a expressão em quase todos os momentos em que a usa; no entanto, onde deveria tê-la usado não o fez, e empregou *princípios gerais* (arts. 145 a 149). As disposições que, pelo seu sentido, não couberem em quaisquer capítulos, seções ou subseções é que serão incluídas em *disposições finais*, e as que não tiverem caráter permanente constituirão as *disposições transitórias*, com enumeração própria, como faz a Constituição.

Pois bem, o Título IX, sob a rubrica "Das Disposições Constitucionais Gerais", não contém disposições gerais. Ao contrário, suas disposições, que vão, hoje, do art. 234 (o art. 233 foi revogado pela

EC-28/2000) ao art. 250, não são gerais, mas especiais: uma proibindo a União de assumir despesas de pessoal em decorrência de criação de Estados; uma segunda dispondo sobre organização de novos Estados que forem criados; uma terceira sobre serviços notariais e de registro, a serem exercidos em caráter privado, por delegação do Poder Público; uma quarta sobre fiscalização e controle de comércio exterior; uma quinta sobre venda e revenda de combustíveis; uma sexta dando destinação específica a programa de seguro-desemprego à arrecadação das contribuições dos Programas de Integração Social e de Formação do Patrimônio do Servidor Público; uma sétima ressalvando o disposto no art. 195; uma oitava regulando consórcios e convênios entre entidades públicas; uma nona fazendo ressalvas ao disposto no art. 206, IV; uma décima dispondo sobre desapropriação de glebas onde se localizarem culturas ilegais de psicotrópicos; a décima-primeira sobre adaptação de logradouros e edifícios para portadores de deficiência; a décima-segunda prevendo a possibilidade de o Poder Público dar assistência a herdeiros e dependentes carentes de vítimas de crimes dolosos; a décima-terceira que veio posteriormente vedar medidas provisórias sobre artigos da Constituição decorrentes de emendas promulgadas depois de 1.1.1995; a décima-quarta prevendo critérios e garantias especiais para a perda de cargo por servidor público estável; a décima-quinta sobre limite máximo de benefícios concedidos pelo regime geral da Previdência Social; a décima-sexta autorizando União, Estados, Distrito Federal e Municípios a constituir fundos integrados para o pagamento de proventos de aposentadoria e pensões concedidas aos respectivos servidores e seus dependentes; finalmente, a décima-sétima (art. 150) dispondo sobre o mesmo assunto do artigo anterior, mas referido apenas à União.

Como se vê, nada há de disposições gerais; portanto, o título deveria chamar-se "Das Disposições Constitucionais Finais", porque encerra normas que não se enquadram em outros locais e porque são disposições com que se termina o corpo permanente da Constituição.

221. Disposições transitórias. Trazem um conjunto de normas geralmente separado do corpo da Constituição com numeração própria dos artigos, sob a denominação de "Ato das Disposições Constitucionais Transitórias". As normas das disposições transitórias fazem parte integrante da Constituição. Tendo sido elaboradas e promulgadas pelo constituinte, revestem-se do mesmo valor jurídico da parte permanente da Constituição. Mas seu caráter transitório indica que regulam situações individuais e específicas, de sorte que, uma vez aplicadas, e esgotados os interesses regulados, exaurem-se, perdendo a razão de ser, pelo desaparecimento do objeto cogitado, não tendo, pois, mais aplicação no futuro. Visam a disciplinar situações jurídicas de transição entre o regime constitucional revogado e o regime instaurado pela Constituição subseqüente.

Exemplo típico é a regra constante do art. 1º do ADCT da CF/1988: *O Presidente da República, o Presidente do Supremo Tribunal Federal e os membros do Congresso Nacional prestarão o compromisso de manter, defender e cumprir a Constituição, no ato e na data de sua promulgação.* Foi aplicada. Sua eficácia transitória operou-se completamente. Esgotou-se. Não é mais norma jurídica, mas simples proposição sintática com valor meramente histórico. Assim são, em geral, todas as que figuram no Ato das Disposições Constitucionais Transitórias. Muitas já se esgotaram. Outras vão se esgotando aos poucos.

São normas que regulam situações ou resolvem problemas de exceção. Por isso, os autores entendem que de seus dispositivos não se pode tirar argumento para interpretação da parte permanente da Constituição. De uma solução excepcional para situações excepcionais seria absurdo extrair argumentos para resolver situações e problemas de caráter geral e futuros. A mesma doutrina, porém, entende que o inverso é racional e logicamente recomendável: na dúvida quanto à interpretação e aplicação das disposições transitórias deve o intérprete recorrer ao disposto na parte permanente da Constituição, pois ali se encontram os critérios e soluções que normalmente, e para um futuro indefinido e um número também indefinido de casos e situações, a Constituição oferece como regra geral.

São normas constitucionais que têm, em regra, eficácia plena e aplicabilidade imediata. Algumas, no entanto, cometem à lei a regulamentação de interesses sobre certas matérias (arts. 49, 50 e 62, por exemplo). Mas sua eficácia é transitória e sua aplicabilidade se exaure com o desaparecimento da situação excepcional regulada. Abrem elas exceções a princípios consubstanciados nas normas permanentes da Constituição, mas só no caso concreto. Porque são transitórias, não desceremos a pormenores sobre elas, aqui. Bastam as informações *supra* para que se tenha uma informação sobre sua natureza e valor.

CONSTITUIÇÃO DA REPÚBLICA FEDERATIVA DO BRASIL[1]

PREÂMBULO

Nós, representantes do povo brasileiro, reunidos em Assembléia Nacional Constituinte para instituir um Estado Democrático, destinado a assegurar o exercício dos direitos sociais e individuais, a liberdade, a segurança, o bem-estar, o desenvolvimento, a igualdade e a justiça como valores supremos de uma sociedade fraterna, pluralista e sem preconceitos, fundada na harmonia social e comprometida, na ordem interna e internacional, com a solução pacífica das controvérsias, promulgamos, sob a proteção de Deus, a seguinte CONSTITUIÇÃO DA REPÚBLICA FEDERATIVA DO BRASIL.

Título I – DOS PRINCÍPIOS FUNDAMENTAIS

Art. 1º. A República Federativa do Brasil, formada pela união indissolúvel dos Estados e Municípios e do Distrito Federal, constitui-se em Estado Democrático de Direito e tem como fundamentos:

I – a soberania;

II – a cidadania;

III – a dignidade da pessoa humana;

IV – os valores sociais do trabalho e da livre iniciativa;

V – o pluralismo político.

Parágrafo único. Todo o poder emana do povo, que o exerce por meio de representantes eleitos ou diretamente, nos termos desta Constituição.

Art. 2º. São Poderes da União, independentes e harmônicos entre si, o Legislativo, o Executivo e o Judiciário.

Art. 3º. Constituem objetivos fundamentais da República Federativa do Brasil:

---

1. Promulgada em 5 de outubro de 1988, publicada no *Diário Oficial da União* n. 191-A, de 5 de outubro de 1988.

I – construir uma sociedade livre, justa e solidária;

II – garantir o desenvolvimento nacional;

III – erradicar a pobreza e a marginalização e reduzir as desigualdades sociais e regionais;

IV – promover o bem de todos, sem preconceitos de origem, raça, sexo, cor, idade e quaisquer outras formas de discriminação.

Art. 4º. A República Federativa do Brasil rege-se nas suas relações internacionais pelos seguintes princípios:

I – independência nacional;

II – prevalência dos direitos humanos;

III – autodeterminação dos povos;

IV – não-intervenção;

V – igualdade entre os Estados;

VI – defesa da paz;

VII – solução pacífica dos conflitos;

VIII – repúdio ao terrorismo e ao racismo;

IX – cooperação entre os povos para o progresso da humanidade;

X – concessão de asilo político.

Parágrafo único. A República Federativa do Brasil buscará a integração econômica, política, social e cultural dos povos da América Latina, visando à formação de uma comunidade latino-americana de nações.

Título II – **DOS DIREITOS E GARANTIAS FUNDAMENTAIS**

Capítulo I – DOS DIREITOS E DEVERES INDIVIDUAIS E COLETIVOS

Art. 5º. Todos são iguais perante a lei, sem distinção de qualquer natureza, garantindo-se aos brasileiros e aos estrangeiros residentes no País a inviolabilidade do direito à vida, à liberdade, à igualdade, à segurança e à propriedade, nos termos seguintes:

I – homens e mulheres são iguais em direitos e obrigações, nos termos desta Constituição;

II – ninguém será obrigado a fazer ou deixar de fazer alguma coisa senão em virtude de lei;

III – ninguém será submetido a tortura nem a tratamento desumano ou degradante;

IV – é livre a manifestação do pensamento, sendo vedado o anonimato;

V – é assegurado o direito de resposta, proporcional ao agravo, além da indenização por dano material, moral ou à imagem;

VI – é inviolável a liberdade de consciência e de crença, sendo assegurado o livre exercício dos cultos religiosos e garantida, na forma da lei, a proteção aos locais de culto e a suas liturgias;

VII – é assegurada, nos termos da lei, a prestação de assistência religiosa nas entidades civis e militares de internação coletiva;

VIII – ninguém será privado de direitos por motivo de crença religiosa ou de convicção filosófica ou política, salvo se as invocar para eximir-se de obrigação legal a todos imposta e recusar-se a cumprir prestação alternativa, fixada em lei;

IX – é livre a expressão da atividade intelectual, artística, científica e de comunicação, independentemente de censura ou licença;

X – são invioláveis a intimidade, a vida privada, a honra e a imagem das pessoas, assegurado o direito a indenização pelo dano material ou moral decorrente de sua violação;

XI – a casa é asilo inviolável do indivíduo, ninguém nela podendo penetrar sem consentimento do morador, salvo em caso de flagrante delito ou desastre, ou para prestar socorro, ou, durante o dia, por determinação judicial;

XII – é inviolável o sigilo da correspondência e das comunicações telegráficas, de dados e das comunicações telefônicas, salvo, no último caso, por ordem judicial, nas hipóteses e na forma que a lei estabelecer para fins de investigação criminal ou instrução processual penal;

XIII – é livre o exercício de qualquer trabalho, ofício ou profissão, atendidas as qualificações profissionais que a lei estabelecer;

XIV – é assegurado a todos o acesso à informação e resguardado o sigilo da fonte, quando necessário ao exercício profissional;

XV – é livre a locomoção no território nacional em tempo de paz, podendo qualquer pessoa, nos termos da lei, nele entrar, permanecer ou dele sair com seus bens;

XVI – todos podem reunir-se pacificamente, sem armas, em locais abertos ao público, independentemente de autorização, desde que não frustrem outra reunião anteriormente convocada para o mesmo local, sendo apenas exigido prévio aviso à autoridade competente;

XVII – é plena a liberdade de associação para fins lícitos, vedada a de caráter paramilitar;

XVIII – a criação de associações e, na forma da lei, a de cooperativas independem de autorização, sendo vedada a interferência estatal em seu funcionamento;

XIX – as associações só poderão ser compulsoriamente dissolvidas ou ter suas atividades suspensas por decisão judicial, exigindo-se, no primeiro caso, o trânsito em julgado;

XX – ninguém poderá ser compelido a associar-se ou a permanecer associado;

XXI – as entidades associativas, quando expressamente autorizadas, têm legitimidade para representar seus filiados judicial ou extrajudicialmente;

XXII – é garantido o direito de propriedade;

XXIII – a propriedade atenderá a sua função social;

XXIV – a lei estabelecerá o procedimento para desapropriação por necessidade ou utilidade pública, ou por interesse social, mediante justa e prévia indenização em dinheiro, ressalvados os casos previstos nesta Constituição;

XXV – no caso de iminente perigo público, a autoridade competente poderá usar de propriedade particular, assegurada ao proprietário indenização ulterior, se houver dano;

XXVI – a pequena propriedade rural, assim definida em lei, desde que trabalhada pela família, não será objeto de penhora para pagamento de débitos decorrentes de sua atividade produtiva, dispondo a lei sobre os meios de financiar o seu desenvolvimento;

XXVII – aos autores pertence o direito exclusivo de utilização, publicação ou reprodução de suas obras, transmissível aos herdeiros pelo tempo que a lei fixar;

XXVIII – são assegurados, nos termos da lei:

a) a proteção às participações individuais em obras coletivas e à reprodução da imagem e voz humanas, inclusive nas atividades desportivas;

b) o direito de fiscalização do aproveitamento econômico das obras que criarem ou de que participarem aos criadores, aos intérpretes e às respectivas representações sindicais e associativas;

XXIX – a lei assegurará aos autores de inventos industriais privilégio temporário para sua utilização, bem como proteção às criações industriais, à propriedade das marcas, aos nomes de empresas e a outros signos distintivos, tendo em vista o interesse social e o desenvolvimento tecnológico e econômico do País;

XXX – é garantido o direito de herança;

XXXI – a sucessão de bens de estrangeiros situados no País será regulada pela lei brasileira em benefício do cônjuge ou dos filhos brasileiros, sempre que não lhes seja mais favorável a lei pessoal do "de cujus";

XXXII – o Estado promoverá, na forma da lei, a defesa do consumidor;

XXXIII – todos têm direito a receber dos órgãos públicos informações de seu interesse particular, ou de interesse coletivo ou geral, que serão prestadas no prazo da lei, sob pena de responsabilidade, ressalvadas aquelas cujo sigilo seja imprescindível à segurança da sociedade e do Estado;

XXXIV – são a todos assegurados, independentemente do pagamento de taxas:

a) o direito de petição aos Poderes Públicos em defesa de direitos ou contra ilegalidade ou abuso de poder;

b) a obtenção de certidões em repartições públicas, para defesa de direitos e esclarecimento de situações de interesse pessoal;

XXXV – a lei não excluirá da apreciação do Poder Judiciário lesão ou ameaça a direito;

XXXVI – a lei não prejudicará o direito adquirido, o ato jurídico perfeito e a coisa julgada;

XXXVII – não haverá juízo ou tribunal de exceção;

XXXVIII – é reconhecida a instituição do júri, com a organização que lhe der a lei, assegurados:

a) a plenitude de defesa;

b) o sigilo das votações;

c) a soberania dos veredictos;

d) a competência para o julgamento dos crimes dolosos contra a vida;

XXXIX – não há crime sem lei anterior que o defina, nem pena sem prévia cominação legal;

XL – a lei penal não retroagirá, salvo para beneficiar o réu;

XLI – a lei punirá qualquer discriminação atentatória dos direitos e liberdades fundamentais;

XLII – a prática do racismo constitui crime inafiançável e imprescritível, sujeito à pena de reclusão, nos termos da lei;

XLIII – a lei considerará crimes inafiançáveis e insuscetíveis de graça ou anistia a prática da tortura, o tráfico ilícito de entorpecentes e drogas afins, o terrorismo e os definidos como crimes hediondos, por eles respondendo os mandantes, os executores e os que, podendo evitá-los, se omitirem;

XLIV – constitui crime inafiançável e imprescritível a ação de grupos armados, civis ou militares, contra a ordem constitucional e o Estado Democrático;

XLV – nenhuma pena passará da pessoa do condenado, podendo a obrigação de reparar o dano e a decretação do perdimento de bens ser, nos termos da lei, estendidas aos sucessores e contra eles executadas, até o limite do valor do patrimônio transferido;

XLVI – a lei regulará a individualização da pena e adotará, entre outras, as seguintes:

a) privação ou restrição da liberdade;

b) perda de bens;

c) multa;

d) prestação social alternativa;

e) suspensão ou interdição de direitos;

XLVII – não haverá penas:

a) de morte, salvo em caso de guerra declarada, nos termos do art. 84, XIX;

b) de caráter perpétuo;

c) de trabalhos forçados;

d) de banimento;

e) cruéis;

XLVIII – a pena será cumprida em estabelecimentos distintos, de acordo com a natureza do delito, a idade e o sexo do apenado;

XLIX – é assegurado aos presos o respeito à integridade física e moral;

L – às presidiárias serão asseguradas condições para que possam permanecer com seus filhos durante o período de amamentação;

LI – nenhum brasileiro será extraditado, salvo o naturalizado, em caso de crime comum, praticado antes da naturalização, ou de comprovado envolvimento em tráfico ilícito de entorpecentes e drogas afins, na forma da lei;

LII – não será concedida extradição de estrangeiro por crime político ou de opinião;

LIII – ninguém será processado nem sentenciado senão pela autoridade competente;

LIV – ninguém será privado da liberdade ou de seus bens sem o devido processo legal;

LV – aos litigantes, em processo judicial ou administrativo, e aos acusados em geral são assegurados o contraditório e ampla defesa, com os meios e recursos a ela inerentes;

LVI – são inadmissíveis, no processo, as provas obtidas por meios ilícitos;

LVII – ninguém será considerado culpado até o trânsito em julgado de sentença penal condenatória;

LVIII – o civilmente identificado não será submetido a identificação criminal, salvo nas hipóteses previstas em lei;

LIX – será admitida ação privada nos crimes de ação pública, se esta não for intentada no prazo legal;

LX – a lei só poderá restringir a publicidade dos atos processuais quando a defesa da intimidade ou o interesse social o exigirem;

LXI – ninguém será preso senão em flagrante delito ou por ordem escrita e fundamentada de autoridade judiciária competente, salvo nos casos de transgressão militar ou crime propriamente militar, definidos em lei;

LXII – a prisão de qualquer pessoa e o local onde se encontre serão comunicados imediatamente ao juiz competente e à família do preso ou à pessoa por ele indicada;

LXIII – o preso será informado de seus direitos, entre os quais o de permanecer calado, sendo-lhe assegurada a assistência da família e de advogado;

LXIV – o preso tem direito à identificação dos responsáveis por sua prisão ou por seu interrogatório policial;

LXV – a prisão ilegal será imediatamente relaxada pela autoridade judiciária;

LXVI – ninguém será levado à prisão ou nela mantido, quando a lei admitir a liberdade provisória, com ou sem fiança;

LXVII – não haverá prisão civil por dívida, salvo a do responsável pelo inadimplemento voluntário e inescusável de obrigação alimentícia e a do depositário infiel;

LXVIII – conceder-se-á "habeas-corpus" sempre que alguém sofrer ou se achar ameaçado de sofrer violência ou coação em sua liberdade de locomoção, por ilegalidade ou abuso de poder;

LXIX – conceder-se-á mandado de segurança para proteger direito líquido e certo, não amparado por "habeas-corpus" ou "habeas-data", quando o responsável pela ilegalidade ou abuso de poder for autoridade pública ou agente de pessoa jurídica no exercício de atribuições do Poder Público;

LXX – o mandado de segurança coletivo pode ser impetrado por:

a) partido político com representação no Congresso Nacional;

b) organização sindical, entidade de classe ou associação legalmente constituída e em funcionamento há pelo menos um ano, em defesa dos interesses de seus membros ou associados;

LXXI – conceder-se-á mandado de injunção sempre que a falta de norma regulamentadora torne inviável o exercício dos direitos e liberdades constitucionais e das prerrogativas inerentes à nacionalidade, à soberania e à cidadania;

LXXII – conceder-se-á "habeas-data":

a) para assegurar o conhecimento de informações relativas à pessoa do impetrante, constantes de registros ou bancos de dados de entidades governamentais ou de caráter público;

b) para a retificação de dados, quando não se prefira fazê-lo por processo sigiloso, judicial ou administrativo;

LXXIII – qualquer cidadão é parte legítima para propor ação popular que vise a anular ato lesivo ao patrimônio público ou de entidade de que o Estado participe, à moralidade administrativa, ao meio ambiente e ao patrimônio histórico e cultural, ficando o autor, salvo comprovada má-fé, isento de custas judiciais e do ônus da sucumbência;

LXXIV – o Estado prestará assistência jurídica integral e gratuita aos que comprovarem insuficiência de recursos;

LXXV – o Estado indenizará o condenado por erro judiciário, assim como o que ficar preso além do tempo fixado na sentença;

LXXVI – são gratuitos para os reconhecidamente pobres, na forma da lei:

a) o registro civil de nascimento;

b) a certidão de óbito;

LXXVII – são gratuitas as ações de "habeas-corpus" e "habeas-data", e, na forma da lei, os atos necessários ao exercício da cidadania.

§ 1º. As normas definidoras dos direitos e garantias fundamentais têm aplicação imediata.

§ 2º. Os direitos e garantias expressos nesta Constituição não excluem outros decorrentes do regime e dos princípios por ela adotados, ou dos tratados internacionais em que a República Federativa do Brasil seja parte.

Capítulo II – DOS DIREITOS SOCIAIS

Art. 6º. São direitos sociais a educação, a saúde, o trabalho, a moradia, o lazer, a segurança, a previdência social, a proteção à maternidade e à infância, a assistência aos desamparados, na forma desta Constituição.[2]

---

2. Redação dada pela EC-26, de 14.2.2000. Texto anterior: "Art. 6º. São direitos sociais a educação, a saúde, o trabalho, o lazer, a segurança, a previdência social, a proteção à maternidade e à infância, a assistência aos desamparados, na forma desta Constituição".

Art. 7º. São direitos dos trabalhadores urbanos e rurais, além de outros que visem à melhoria de sua condição social:

I – relação de emprego protegida contra despedida arbitrária ou sem justa causa, nos termos de lei complementar, que preverá indenização compensatória, dentre outros direitos;

II – seguro-desemprego, em caso de desemprego involuntário;

III – fundo de garantia do tempo de serviço;

IV – salário mínimo, fixado em lei, nacionalmente unificado, capaz de atender a suas necessidades vitais básicas e às de sua família com moradia, alimentação, educação, saúde, lazer, vestuário, higiene, transporte e previdência social, com reajustes periódicos que lhe preservem o poder aquisitivo, sendo vedada sua vinculação para qualquer fim;

V – piso salarial proporcional à extensão e à complexidade do trabalho;

VI – irredutibilidade do salário, salvo o disposto em convenção ou acordo coletivo;

VII – garantia de salário, nunca inferior ao mínimo, para os que percebem remuneração variável;

VIII – décimo terceiro salário com base na remuneração integral ou no valor da aposentadoria;

IX – remuneração do trabalho noturno superior à do diurno;

X – proteção do salário na forma da lei, constituindo crime sua retenção dolosa;

XI – participação nos lucros, ou resultados, desvinculada da remuneração, e, excepcionalmente, participação na gestão da empresa, conforme definido em lei;

XII – salário-família pago em razão do dependente do trabalhador de baixa renda nos termos da lei;[3]

XIII – duração do trabalho normal não superior a oito horas diárias e quarenta e quatro semanais, facultada a compensação de horários e a redução da jornada, mediante acordo ou convenção coletiva de trabalho;

XIV – jornada de seis horas para o trabalho realizado em turnos ininterruptos de revezamento, salvo negociação coletiva;

XV – repouso semanal remunerado, preferencialmente aos domingos;

XVI – remuneração do serviço extraordinário superior, no mínimo, em cinqüenta por cento à do normal;

XVII – gozo de férias anuais remuneradas com, pelo menos, um terço a mais do que o salário normal;

XVIII – licença à gestante, sem prejuízo do emprego e do salário, com a duração de cento e vinte dias;

XIX – licença-paternidade, nos termos fixados em lei;

---

3. Redação dada pela EC-20, de 15.12.1998. Texto anterior: "XII – salário-família para os seus dependentes".

XX – proteção do mercado de trabalho da mulher, mediante incentivos específicos, nos termos da lei;

XXI – aviso prévio proporcional ao tempo de serviço, sendo no mínimo de trinta dias, nos termos da lei;

XXII – redução dos riscos inerentes ao trabalho, por meio de normas de saúde, higiene e segurança;

XXIII – adicional de remuneração para as atividades penosas, insalubres ou perigosas, na forma da lei;

XXIV – aposentadoria;

XXV – assistência gratuita aos filhos e dependentes desde o nascimento até seis anos de idade em creches e pré-escolas;

XXVI – reconhecimento das convenções e acordos coletivos de trabalho;

XXVII – proteção em face da automação, na forma da lei;

XXVIII – seguro contra acidentes de trabalho, a cargo do empregador, sem excluir a indenização a que este está obrigado, quando incorrer em dolo ou culpa;

XXIX – ação, quanto aos créditos resultantes das relações de trabalho, com prazo prescricional de cinco anos para os trabalhadores urbanos e rurais, até o limite de dois anos após a extinção do contrato de trabalho;[4]

XXX – proibição de diferença de salários, de exercício de funções e de critério de admissão por motivo de sexo, idade, cor ou estado civil;

XXXI – proibição de qualquer discriminação no tocante a salário e critérios de admissão do trabalhador portador de deficiência;

XXXII – proibição de distinção entre trabalho manual, técnico e intelectual ou entre os profissionais respectivos;

XXXIII – proibição de trabalho noturno, perigoso ou insalubre a menores de dezoito e de qualquer trabalho a menores de dezesseis anos, salvo na condição de aprendiz, a partir de quatorze anos;[5]

XXXIV – igualdade de direitos entre o trabalhador com vínculo empregatício permanente e o trabalhador avulso.

Parágrafo único. São assegurados à categoria dos trabalhadores domésticos os direitos previstos nos incisos IV, VI, VIII, XV, XVII, XVIII, XIX, XXI e XXIV, bem como a sua integração à previdência social.

Art. 8º. É livre a associação profissional ou sindical, observado o seguinte:

I – a lei não poderá exigir autorização do Estado para a fundação de sindicato, ressalvado o registro no órgão competente, vedadas ao Poder Público a interferência e a intervenção na organização sindical;

---

4. Redação dada pela EC-28, de 25.5.2000. Texto anterior: "XXIX – ação, quanto a créditos resultantes das relações de trabalho, com prazo prescricional de: a) cinco anos para o trabalhador urbano, até o limite de dois anos após a extinção do contrato; b) até dois anos após a extinção do contrato, para o trabalhador rural".

5. Redação dada pela EC-20, de 15.12.1998. Texto anterior: "XXXIII – proibição de trabalho noturno, perigoso ou insalubre aos menores de dezoito e de qualquer trabalho a menores de quatorze anos, salvo na condição de aprendiz".

II – é vedada a criação de mais de uma organização sindical, em qualquer grau, representativa de categoria profissional ou econômica, na mesma base territorial, que será definida pelos trabalhadores ou empregadores interessados, não podendo ser inferior à área de um Município;

III – ao sindicato cabe a defesa dos direitos e interesses coletivos ou individuais da categoria, inclusive em questões judiciais ou administrativas;

IV – a assembléia geral fixará a contribuição que, em se tratando de categoria profissional, será descontada em folha, para custeio do sistema confederativo da representação sindical respectiva, independentemente da contribuição prevista em lei;

V – ninguém será obrigado a filiar-se ou a manter-se filiado a sindicato;

VI – é obrigatória a participação dos sindicatos nas negociações coletivas de trabalho;

VII – o aposentado filiado tem direito a votar e ser votado nas organizações sindicais;

VIII – é vedada a dispensa do empregado sindicalizado a partir do registro da candidatura a cargo de direção ou representação sindical e, se eleito, ainda que suplente, até um ano após o final do mandato, salvo se cometer falta grave nos termos da lei.

Parágrafo único. As disposições deste artigo aplicam-se à organização de sindicatos rurais e de colônias de pescadores, atendidas as condições que a lei estabelecer.

Art. 9º. É assegurado o direito de greve, competindo aos trabalhadores decidir sobre a oportunidade de exercê-lo e sobre os interesses que devam por meio dele defender.

§ 1º. A lei definirá os serviços ou atividades essenciais e disporá sobre o atendimento das necessidades inadiáveis da comunidade.

§ 2º. Os abusos cometidos sujeitam os responsáveis às penas da lei.

Art. 10. É assegurada a participação dos trabalhadores e empregadores nos colegiados dos órgãos públicos em que seus interesses profissionais ou previdenciários sejam objeto de discussão e deliberação.

Art. 11. Nas empresas de mais de duzentos empregados, é assegurada a eleição de um representante destes com a finalidade exclusiva de promover-lhes o entendimento direto com os empregadores.

Capítulo III – DA NACIONALIDADE

Art. 12. São brasileiros:

I – natos:

a) os nascidos na República Federativa do Brasil, ainda que de pais estrangeiros, desde que estes não estejam a serviço de seu país;

b) os nascidos no estrangeiro, de pai brasileiro ou mãe brasileira, desde que qualquer deles esteja a serviço da República Federativa do Brasil;

c) os nascidos no estrangeiro, de pai brasileiro ou mãe brasileira, desde que venham a residir na República Federativa do Brasil e optem, em qualquer tempo, pela nacionalidade brasileira;[6]

II – naturalizados:

a) os que, na forma da lei, adquiram a nacionalidade brasileira, exigidas aos originários de países de língua portuguesa apenas residência por um ano ininterrupto e idoneidade moral;

b) os estrangeiros de qualquer nacionalidade, residentes na República Federativa do Brasil há mais de quinze anos ininterruptos e sem condenação penal, desde que requeiram a nacionalidade brasileira.[7]

§ 1º. Aos portugueses com residência permanente no País, se houver reciprocidade em favor de brasileiros, serão atribuídos os direitos inerentes ao brasileiro, salvo os casos previstos nesta Constituição.[8]

§ 2º. A lei não poderá estabelecer distinção entre brasileiros natos e naturalizados, salvo nos casos previstos nesta Constituição.

§ 3º. São privativos de brasileiro nato os cargos:

I – de Presidente e Vice-Presidente da República;

II – de Presidente da Câmara dos Deputados;

III – de Presidente do Senado Federal;

IV – de Ministro do Supremo Tribunal Federal;

V – da carreira diplomática;

VI – de oficial das Forças Armadas.

VII – de Ministro de Estado da Defesa.[9]

§ 4º. Será declarada a perda da nacionalidade do brasileiro que:

I – tiver cancelada sua naturalização, por sentença judicial, em virtude de atividade nociva ao interesse nacional;

II – adquirir outra nacionalidade, salvo nos casos:

a) de reconhecimento de nacionalidade originária pela lei estrangeira;

---

6. Redação dada pela EC de Revisão n. 3, de 7.6.1994. Texto anterior: "c) os nascidos no estrangeiro, de pai brasileiro ou de mãe brasileira, desde que sejam registrados em repartição brasileira competente, ou venham a residir na República Federativa do Brasil antes da maioridade e, alcançada esta, optem, em qualquer tempo, pela nacionalidade brasileira".
7. Redação dada pela EC de Revisão n. 3, de 7.6.1994. Texto anterior: "b) os estrangeiros de qualquer nacionalidade, residentes na República Federativa do Brasil há mais de trinta anos ininterruptos e sem condenação penal, desde que requeiram a nacionalidade brasileira".
8. Redação dada pela EC de Revisão n. 3, de 7.6.1994. Texto anterior: "§ 1º. Aos portugueses com residência permanente no País, se houver reciprocidade em favor de brasileiros, serão atribuídos os direitos inerentes ao brasileiro nato, salvo os casos previstos nesta Constituição".
9. Inciso incluído pela EC-23, de 2.9.1999.

b) de imposição de naturalização, pela norma estrangeira, ao brasileiro residente em estado estrangeiro, como condição para permanência em seu território ou para o exercício de direitos civis.[10]

Art. 13. A língua portuguesa é o idioma oficial da República Federativa do Brasil.

§ 1º. São símbolos da República Federativa do Brasil a bandeira, o hino, as armas e o selo nacionais.

§ 2º. Os Estados, o Distrito Federal e os Municípios poderão ter símbolos próprios.

Capítulo IV – DOS DIREITOS POLÍTICOS

Art. 14. A soberania popular será exercida pelo sufrágio universal e pelo voto direto e secreto, com valor igual para todos, e, nos termos da lei, mediante:

I – plebiscito;

II – referendo;

III – iniciativa popular.

§ 1º. O alistamento eleitoral e o voto são:

I – obrigatórios para os maiores de dezoito anos;

II – facultativos para:

a) os analfabetos;

b) os maiores de setenta anos;

c) os maiores de dezesseis e menores de dezoito anos.

§ 2º. Não podem alistar-se como eleitores os estrangeiros e, durante o período do serviço militar obrigatório, os conscritos.

§ 3º. São condições de elegibilidade, na forma da lei:

I – a nacionalidade brasileira;

II – o pleno exercício dos direitos políticos;

III – o alistamento eleitoral;

IV – o domicílio eleitoral na circunscrição;

V – a filiação partidária;

VI – a idade mínima de:

a) trinta e cinco anos para Presidente e Vice-Presidente da República e Senador;

b) trinta anos para Governador e Vice-Governador de Estado e do Distrito Federal;

c) vinte e um anos para Deputado Federal, Deputado Estadual ou Distrital, Prefeito, Vice-Prefeito e juiz de paz;

d) dezoito anos para Vereador.

---

10. Redação dada pela EC de Revisão n. 3, de 7.6.1994. Texto anterior: "II – adquirir outra nacionalidade por naturalização voluntária".

§ 4º. São inelegíveis os inalistáveis e os analfabetos.

§ 5º. O Presidente da República, os Governadores de Estado e do Distrito Federal, os Prefeitos e quem os houver sucedido, ou substituído no curso dos mandatos poderão ser reeleitos para um único período subseqüente.[11]

§ 6º. Para concorrerem a outros cargos, o Presidente da República, os Governadores de Estado e do Distrito Federal e os Prefeitos devem renunciar aos respectivos mandatos até seis meses antes do pleito.

§ 7º. São inelegíveis, no território de jurisdição do titular, o cônjuge e os parentes consangüíneos ou afins, até o segundo grau ou por adoção, do Presidente da República, de Governador de Estado ou Território, do Distrito Federal, de Prefeito ou de quem os haja substituído dentro dos seis meses anteriores ao pleito, salvo se já titular de mandato eletivo e candidato à reeleição.

§ 8º. O militar alistável é elegível, atendidas as seguintes condições:

I – se contar menos de dez anos de serviço, deverá afastar-se da atividade;

II – se contar mais de dez anos de serviço, será agregado pela autoridade superior e, se eleito, passará automaticamente, no ato da diplomação, para a inatividade.

§ 9º. Lei complementar estabelecerá outros casos de inelegibilidade e os prazos de sua cessação, a fim de proteger a probidade administrativa, a moralidade para exercício de mandato considerada vida pregressa do candidato, e a normalidade e legitimidade das eleições contra a influência do poder econômico ou o abuso do exercício de função, cargo ou emprego na administração direta ou indireta.[12]

§ 10. – O mandato eletivo poderá ser impugnado ante a Justiça Eleitoral no prazo de quinze dias contados da diplomação, instruída a ação com provas de abuso do poder econômico, corrupção ou fraude.

§ 11. – A ação de impugnação de mandato tramitará em segredo de justiça, respondendo o autor, na forma da lei, se temerária ou de manifesta má-fé.

Art. 15. É vedada a cassação de direitos políticos, cuja perda ou suspensão só se dará nos casos de:

I – cancelamento da naturalização por sentença transitada em julgado;

II – incapacidade civil absoluta;

III – condenação criminal transitada em julgado, enquanto durarem seus efeitos;

IV – recusa de cumprir obrigação a todos imposta ou prestação alternativa, nos termos do art. 5º, VIII;

V – improbidade administrativa, nos termos do art. 37, § 4º.

---

11. Redação dada pela EC-16, de 4.6.1997. Texto anterior: "§ 5º. São inelegíveis para os mesmos cargos, no período subseqüente, o Presidente da República, os Governadores de Estado e do Distrito Federal, os Prefeitos e quem os houver sucedido, ou substituído nos seis meses anteriores ao pleito".

12. Redação dada pela EC de Revisão n. 4, de 7.6.1994. Texto anterior: "§ 9º. Lei complementar estabelecerá outros casos de inelegibilidade e os prazos de sua cessação, a fim de proteger a normalidade e legitimidade das eleições contra a influência do poder econômico ou o abuso do exercício de função, cargo ou emprego na administração direta ou indireta".

Art. 16. A lei que alterar o processo eleitoral entrará em vigor na data de sua publicação, não se aplicando à eleição que ocorra até um ano da data de sua vigência.[13]

Capítulo V – DOS PARTIDOS POLÍTICOS

Art. 17. É livre a criação, fusão, incorporação e extinção de partidos políticos, resguardados a soberania nacional, o regime democrático, o pluripartidarismo, os direitos fundamentais da pessoa humana e observados os seguintes preceitos:

I – caráter nacional;

II – proibição de recebimento de recursos financeiros de entidade ou governo estrangeiros ou de subordinação a estes;

III – prestação de contas à Justiça Eleitoral;

IV – funcionamento parlamentar de acordo com a lei.

§ 1º. É assegurada aos partidos políticos autonomia para definir sua estrutura interna, organização e funcionamento, devendo seus estatutos estabelecer normas de fidelidade e disciplina partidárias.

§ 2º. Os partidos políticos, após adquirirem personalidade jurídica, na forma da lei civil, registrarão seus estatutos no Tribunal Superior Eleitoral.

§ 3º. Os partidos políticos têm direito a recursos do fundo partidário e acesso gratuito ao rádio e à televisão, na forma da lei.

§ 4º. É vedada a utilização pelos partidos políticos de organização paramilitar.

Título III – **DA ORGANIZAÇÃO DO ESTADO**

Capítulo I – DA ORGANIZAÇÃO POLÍTICO-ADMINISTRATIVA

Art. 18. A organização político-administrativa da República Federativa do Brasil compreende a União, os Estados, o Distrito Federal e os Municípios, todos autônomos, nos termos desta Constituição.

§ 1º. Brasília é a Capital Federal.

§ 2º. Os Territórios Federais integram a União, e sua criação, transformação em Estado ou reintegração ao Estado de origem serão reguladas em lei complementar.

§ 3º. Os Estados podem incorporar-se entre si, subdividir-se ou desmembrar-se para se anexarem a outros, ou formarem novos Estados ou Territórios Federais, mediante aprovação da população diretamente interessada, através de plebiscito, e do Congresso Nacional, por lei complementar.

§ 4º. A criação, a incorporação, a fusão e o desmembramento de Municípios, far-se-ão por lei estadual, dentro do período determinado por Lei Complementar

---

13. Redação dada pela EC-4, de 14.9.1993. Texto anterior: "Art. 16. A lei que alterar o processo eleitoral só entrará em vigor um ano após sua promulgação".

Federal, e dependerão de consulta prévia, mediante plebiscito, às populações dos Municípios envolvidos, após divulgação dos Estudos de Viabilidade Municipal, apresentados e publicados na forma da lei.[14]

Art. 19. É vedado à União, aos Estados, ao Distrito Federal e aos Municípios:

I – estabelecer cultos religiosos ou igrejas, subvencioná-los, embaraçar-lhes o funcionamento ou manter com eles ou seus representantes relações de dependência ou aliança, ressalvada, na forma da lei, a colaboração de interesse público;

II – recusar fé aos documentos públicos;

III – criar distinções entre brasileiros ou preferências entre si.

Capítulo II – DA UNIÃO

Art. 20. São bens da União:

I – os que atualmente lhe pertencem e os que lhe vierem a ser atribuídos;

II – as terras devolutas indispensáveis à defesa das fronteiras, das fortificações e construções militares, das vias federais de comunicação e à preservação ambiental, definidas em lei;

III – os lagos, rios e quaisquer correntes de água em terrenos de seu domínio, ou que banhem mais de um Estado, sirvam de limites com outros países, ou se estendam a território estrangeiro ou dele provenham, bem como os terrenos marginais e as praias fluviais;

IV – as ilhas fluviais e lacustres nas zonas limítrofes com outros países; as praias marítimas; as ilhas oceânicas e as costeiras, excluídas, destas, as áreas referidas no art. 26, II;

V – os recursos naturais da plataforma continental e da zona econômica exclusiva;

VI – o mar territorial;

VII – os terrenos de marinha e seus acrescidos;

VIII – os potenciais de energia hidráulica;

IX – os recursos minerais, inclusive os do subsolo;

X – as cavidades naturais subterrâneas e os sítios arqueológicos e pré-históricos;

XI – as terras tradicionalmente ocupadas pelos índios.

§ 1º. É assegurada, nos termos da lei, aos Estados, ao Distrito Federal e aos Municípios, bem como a órgãos da administração direta da União, participação no resultado da exploração de petróleo ou gás natural, de recursos hídricos para fins de geração de energia elétrica e de outros recursos minerais no respectivo território, pla-

---

14. Redação dada pela EC-15, de 13.9.1996. Texto anterior: "§ 4º. A criação, a incorporação, a fusão e o desmembramento de Municípios preservarão a continuidade e a unidade histórico-cultural do ambiente urbano, far-se-ão por lei estadual, obedecidos os requisitos previstos em Lei Complementar estadual, e dependerão de consulta prévia, mediante plebiscito, às populações diretamente interessadas".

taforma continental, mar territorial ou zona econômica exclusiva, ou compensação financeira por essa exploração.

§ 2º. A faixa de até cento e cinqüenta quilômetros de largura, ao longo das fronteiras terrestres, designada como faixa de fronteira, é considerada fundamental para defesa do território nacional, e sua ocupação e utilização serão reguladas em lei.

Art. 21. Compete à União:

I – manter relações com Estados estrangeiros e participar de organizações internacionais;

II – declarar a guerra e celebrar a paz;

III – assegurar a defesa nacional;

IV – permitir, nos casos previstos em lei complementar, que forças estrangeiras transitem pelo território nacional ou nele permaneçam temporariamente;

V – decretar o estado de sítio, o estado de defesa e a intervenção federal;

VI – autorizar e fiscalizar a produção e o comércio de material bélico;

VII – emitir moeda;

VIII – administrar as reservas cambiais do País e fiscalizar as operações de natureza financeira, especialmente as de crédito, câmbio e capitalização, bem como as de seguros e de previdência privada;

IX – elaborar e executar planos nacionais e regionais de ordenação do território e de desenvolvimento econômico e social;

X – manter o serviço postal e o correio aéreo nacional;

XI – explorar, diretamente ou mediante autorização, concessão ou permissão, os serviços de telecomunicações, nos termos da lei, que disporá sobre a organização dos serviços, a criação de um órgão regulador e outros aspectos institucionais;[15]

XII – explorar, diretamente ou mediante autorização, concessão ou permissão:

a) os serviços de radiodifusão sonora, e de sons e imagens;[16]

b) os serviços e instalações de energia elétrica e o aproveitamento energético dos cursos de água, em articulação com os Estados onde se situam os potenciais hidroenergéticos;

c) a navegação aérea, aeroespacial e a infra-estrutura aeroportuária;

d) os serviços de transporte ferroviário e aquaviário entre portos brasileiros e fronteiras nacionais, ou que transponham os limites de Estado ou Território;

e) os serviços de transporte rodoviário interestadual e internacional de passageiros;

---

15. Redação dada pela EC-8, de 15.8.1995. Texto anterior: "XI – explorar, diretamente ou mediante concessão a empresas sob controle acionário estatal, os serviços telefônicos, telegráficos, de transmissão de dados e demais serviços públicos de telecomunicações, assegurada a prestação de serviços de informações por entidades de direito privado através da rede pública de telecomunicações explorada pela União".

16. Redação dada pela EC-8, de 15.8.1995. Texto anterior: "a) os serviços de radiodifusão sonora, e de sons e imagens e demais serviços de telecomunicações".

f) os portos marítimos, fluviais e lacustres;

XIII – organizar e manter o Poder Judiciário, o Ministério Público e a Defensoria Pública do Distrito Federal e dos Territórios;

XIV – organizar e manter a polícia civil, a polícia militar e o corpo de bombeiros militar do Distrito Federal, bem como prestar assistência financeira ao Distrito Federal para a execução de serviços públicos, por meio de fundo próprio;[17]

XV – organizar e manter os serviços oficiais de estatística, geografia, geologia e cartografia de âmbito nacional;

XVI – exercer a classificação, para efeito indicativo, de diversões públicas e de programas de rádio e televisão;

XVII – conceder anistia;

XVIII – planejar e promover a defesa permanente contra as calamidades públicas, especialmente as secas e as inundações;

XIX – instituir sistema nacional de gerenciamento de recursos hídricos e definir critérios de outorga de direitos de seu uso;

XX – instituir diretrizes para o desenvolvimento urbano, inclusive habitação, saneamento básico e transportes urbanos;

XXI – estabelecer princípios e diretrizes para o sistema nacional de viação;

XXII – executar os serviços de polícia marítima, aeroportuária e de fronteiras;[18]

XXIII – explorar os serviços e instalações nucleares de qualquer natureza e exercer monopólio estatal sobre a pesquisa, a lavra, o enriquecimento e reprocessamento, a industrialização e o comércio de minérios nucleares e seus derivados, atendidos os seguintes princípios e condições:

a) toda atividade nuclear em território nacional somente será admitida para fins pacíficos e mediante aprovação do Congresso Nacional;

b) sob regime de concessão ou permissão, é autorizada a utilização de radioisótopos para a pesquisa e usos medicinais, agrícolas, industriais e atividades análogas;

c) a responsabilidade civil por danos nucleares independe da existência de culpa;

XXIV – organizar, manter e executar a inspeção do trabalho;

XXV – estabelecer as áreas e as condições para o exercício da atividade de garimpagem, em forma associativa.

Art. 22. Compete privativamente à União legislar sobre:

I – direito civil, comercial, penal, processual, eleitoral, agrário, marítimo, aeronáutico, espacial e do trabalho;

II – desapropriação;

---

17. Redação dada pela EC-19, de 4.6.1998. Texto anterior: "XIV – organizar e manter a polícia federal, a polícia rodoviária e a ferroviária federais, bem como a polícia civil, a polícia militar e o corpo de bombeiros militar do Distrito Federal e dos Territórios".
18. Redação dada pela EC-19, de 4.6.1998. Texto anterior: "XXII – executar os serviços de polícia marítima, aérea e de fronteira".

III – requisições civis e militares, em caso de iminente perigo e em tempo de guerra;

IV – águas, energia, informática, telecomunicações e radiodifusão;

V – serviço postal;

VI – sistema monetário e de medidas, títulos e garantias dos metais;

VII – política de crédito, câmbio, seguros e transferência de valores;

VIII – comércio exterior e interestadual;

IX – diretrizes da política nacional de transportes;

X – regime dos portos, navegação lacustre, fluvial, marítima, aérea e aeroespacial;

XI – trânsito e transporte;

XII – jazidas, minas, outros recursos minerais e metalurgia;

XIII – nacionalidade, cidadania e naturalização;

XIV – populações indígenas;

XV – emigração e imigração, entrada, extradição e expulsão de estrangeiros;

XVI – organização do sistema nacional de emprego e condições para o exercício de profissões;

XVII – organização judiciária, do Ministério Público e da Defensoria Pública do Distrito Federal e dos Territórios, bem como organização administrativa destes;

XVIII – sistema estatístico, sistema cartográfico e de geologia nacionais;

XIX – sistemas de poupança, captação e garantia da poupança popular;

XX – sistemas de consórcios e sorteios;

XXI – normas gerais de organização, efetivos, material bélico, garantias, convocação e mobilização das polícias militares e corpos de bombeiros militares;

XXII – competência da polícia federal e das polícias rodoviária e ferroviária federais;

XXIII – seguridade social;

XXIV – diretrizes e bases da educação nacional;

XXV – registros públicos;

XXVI – atividades nucleares de qualquer natureza;

XXVII – normas gerais de licitação e contratação, em todas as modalidades, para as administrações públicas diretas, autárquicas e fundacionais da União, Estados, Distrito Federal e Municípios, obedecido o disposto no art. 37, XXI, e para as empresas públicas e sociedades de economia mista, nos termos do art. 173, § 1º, III;[19]

XXVIII – defesa territorial, defesa aeroespacial, defesa marítima, defesa civil e mobilização nacional;

---

19. Redação dada pela EC-19, de 4.6.1998. Texto anterior: "XXVII – normas gerais de licitação e contratação, em todas as modalidades, para a administração pública, direta e indireta, incluídas as fundações instituídas e mantidas pelo Poder Público, nas diversas esferas de governo, e empresas sob seu controle".

XXIX – propaganda comercial.

Parágrafo único. Lei complementar poderá autorizar os Estados a legislar sobre questões específicas das matérias relacionadas neste artigo.

Art. 23. É competência comum da União, dos Estados, do Distrito Federal e dos Municípios:

I – zelar pela guarda da Constituição, das leis e das instituições democráticas e conservar o patrimônio público;

II – cuidar da saúde e assistência pública, da proteção e garantia das pessoas portadoras de deficiência;

III – proteger os documentos, as obras e outros bens de valor histórico, artístico e cultural, os monumentos, as paisagens naturais notáveis e os sítios arqueológicos;

IV – impedir a evasão, a destruição e a descaracterização de obras de arte e de outros bens de valor histórico, artístico ou cultural;

V – proporcionar os meios de acesso à cultura, à educação e à ciência;

VI – proteger o meio ambiente e combater a poluição em qualquer de suas formas;

VII – preservar as florestas, a fauna e a flora;

VIII – fomentar a produção agropecuária e organizar o abastecimento alimentar;

IX – promover programas de construção de moradias e a melhoria das condições habitacionais e de saneamento básico;

X – combater as causas da pobreza e os fatores de marginalização, promovendo a integração social dos setores desfavorecidos;

XI – registrar, acompanhar e fiscalizar as concessões de direitos de pesquisa e exploração de recursos hídricos e minerais em seus territórios;

XII – estabelecer e implantar política de educação para a segurança do trânsito.

Parágrafo único. Lei complementar fixará normas para a cooperação entre a União e os Estados, o Distrito Federal e os Municípios, tendo em vista o equilíbrio do desenvolvimento e do bem-estar em âmbito nacional.

Art. 24. Compete à União, aos Estados e ao Distrito Federal legislar concorrentemente sobre:

I – direito tributário, financeiro, penitenciário, econômico e urbanístico;

II – orçamento;

III – juntas comerciais;

IV – custas dos serviços forenses;

V – produção e consumo;

VI – florestas, caça, pesca, fauna, conservação da natureza, defesa do solo e dos recursos naturais, proteção do meio ambiente e controle da poluição;

VII – proteção ao patrimônio histórico, cultural, artístico, turístico e paisagístico;

VIII – responsabilidade por dano ao meio ambiente, ao consumidor, a bens e direitos de valor artístico, estético, histórico, turístico e paisagístico;

IX – educação, cultura, ensino e desporto;

X – criação, funcionamento e processo do juizado de pequenas causas;

XI – procedimentos em matéria processual;

XII – previdência social, proteção e defesa da saúde;

XIII – assistência jurídica e Defensoria pública;

XIV – proteção e integração social das pessoas portadoras de deficiência;

XV – proteção à infância e à juventude;

XVI – organização, garantias, direitos e deveres das polícias civis.

§ 1º. No âmbito da legislação concorrente, a competência da União limitar-se-á a estabelecer normas gerais.

§ 2º. A competência da União para legislar sobre normas gerais não exclui a competência suplementar dos Estados.

§ 3º. Inexistindo lei federal sobre normas gerais, os Estados exercerão a competência legislativa plena, para atender a suas peculiaridades.

§ 4º. A superveniência de lei federal sobre normas gerais suspende a eficácia da lei estadual, no que lhe for contrário.

Capítulo III – DOS ESTADOS FEDERADOS

Art. 25. Os Estados organizam-se e regem-se pelas Constituições e leis que adotarem, observados os princípios desta Constituição.

§ 1º. São reservadas aos Estados as competências que não lhes sejam vedadas por esta Constituição.

§ 2º. Cabe aos Estados explorar diretamente, ou mediante concessão, os serviços locais de gás canalizado, na forma da lei, vedada a edição de medida provisória para a sua regulamentação.[20]

§ 3º. Os Estados poderão, mediante lei complementar, instituir regiões metropolitanas, aglomerações urbanas e microrregiões, constituídas por agrupamentos de municípios limítrofes, para integrar a organização, o planejamento e a execução de funções públicas de interesse comum.

Art. 26. Incluem-se entre os bens dos Estados:

I – as águas superficiais ou subterrâneas, fluentes, emergentes e em depósito, ressalvadas, neste caso, na forma da lei, as decorrentes de obras da União;

II – as áreas, nas ilhas oceânicas e costeiras, que estiverem no seu domínio, excluídas aquelas sob domínio da União, Municípios ou terceiros;

III – as ilhas fluviais e lacustres não pertencentes à União;

IV – as terras devolutas não compreendidas entre as da União.

---

20. Redação dada pela EC-5, de 15.8.1995. Texto anterior: "§ 2º. Cabe aos Estados explorar diretamente, ou mediante concessão, a empresa estatal, com exclusividade de distribuição, os serviços locais de gás canalizado".

Art. 27. O número de Deputados à Assembléia Legislativa corresponderá ao triplo da representação do Estado na Câmara dos Deputados e, atingido o número de trinta e seis, será acrescido de tantos quantos forem os Deputados Federais acima de doze.

§ 1º. Será de quatro anos o mandato dos Deputados Estaduais, aplicando-se-lhes as regras desta Constituição sobre sistema eleitoral, inviolabilidade, imunidades, remuneração, perda de mandato, licença, impedimentos e incorporação às Forças Armadas.

§ 2º. O subsídio dos Deputados Estaduais será fixado por lei de iniciativa da Assembléia Legislativa, na razão de, no máximo, setenta e cinco por cento daquele estabelecido, em espécie, para os Deputados Federais, observado o que dispõem os arts. 39, § 4º, 57, § 7º, 150, II, 153, III, e 153, § 2º, I.[21]

§ 3º. Compete às Assembléias Legislativas dispor sobre seu regimento interno, polícia e serviços administrativos de sua secretaria, e prover os respectivos cargos.

§ 4º. A lei disporá sobre a iniciativa popular no processo legislativo estadual.

Art. 28. A eleição do Governador e do Vice-Governador de Estado, para mandato de quatro anos, realizar-se-á no primeiro domingo de outubro, em primeiro turno, e no último domingo de outubro, em segundo turno, se houver, do ano anterior ao do término do mandato de seus antecessores, e a posse ocorrerá em primeiro de janeiro do ano subseqüente, observado, quanto ao mais, o disposto no art. 77.[22]

§ 1º. Perderá o mandato o Governador que assumir outro cargo ou função na administração pública direta ou indireta, ressalvada a posse em virtude de concurso público e observado o disposto no art. 38, I, IV e V.[23]

§ 2º. Os subsídios do Governador, do Vice-Governador e dos Secretários de Estado serão fixados por lei de iniciativa da Assembléia Legislativa, observado o que dispõem os arts. 37, XI, 39, § 4º, 150, II, 153, III, e 153, § 2º, I.[24]

Capítulo IV – DOS MUNICÍPIOS

Art. 29. O Município reger-se-á por lei orgânica, votada em dois turnos, com o interstício mínimo de dez dias, e aprovada por dois terços dos membros da Câmara

---

21. Redação dada pela EC-19, de 4.6.1998. Texto anterior proveniente da redação dada pela EC-1, de 31.3.1992: "§ 2º. A remuneração dos Deputados Estaduais será fixada em cada legislatura, para a subseqüente, pela Assembléia Legislativa, observado o que dispõem os arts. arts. 150, II, 153, III e 153, § 2º, I, na razão de, no máximo, setenta e cinco por cento daquela estabelecida, em espécie, para os Deputados Federais". Texto original: "§ 2º. A remuneração dos Deputados Estaduais será fixada em cada legislatura, para a subseqüente, pela Assembléia Legislativa, observado o que dispõem os arts. 150, II, 153, III e 153, § 2º, I".
22. Redação dada pela EC-16, de 4.6.1997. Texto anterior: "Art. 28. A eleição do Governador e do Vice-Governador de Estado, para mandato de quatro anos, realizar-se-á noventa dias antes do término do mandato de seus antecessores, e a posse ocorrerá no dia 1º de janeiro do ano subseqüente, observado, quanto ao mais, o disposto no art. 77".
23. Transformado em § 1º pela EC-19, de 4.6.1998. Texto anterior: "Parágrafo único. Perderá o mandato o Governador que assumir outro cargo ou função na administração pública direta ou indireta, ressalvada a posse em virtude de concurso público e observado o disposto no art. 38, I, IV e V".
24. Parágrafo incluído pela EC-19, de 4.6.1998.

Municipal, que a promulgará, atendidos os princípios estabelecidos nesta Constituição, na Constituição do respectivo Estado e os seguintes preceitos:

I – eleição do Prefeito, do Vice-Prefeito e dos Vereadores, para mandato de quatro anos, mediante pleito direto e simultâneo realizado em todo o País;

II – eleição do Prefeito e do Vice-Prefeito realizada no primeiro domingo de outubro do ano anterior ao término do mandato dos que devam suceder, aplicadas as regras do art. 77, no caso de Municípios com mais de duzentos mil eleitores;[25]

III – posse do Prefeito e do Vice-Prefeito no dia 1º de janeiro do ano subseqüente ao da eleição;

IV – número de Vereadores proporcional à população do Município, observados os seguintes limites:

a) mínimo de nove e máximo de vinte e um nos Municípios de até um milhão de habitantes;

b) mínimo de trinta e três e máximo de quarenta e um nos Municípios de mais de um milhão e menos de cinco milhões de habitantes;

c) mínimo de quarenta e dois e máximo de cinqüenta e cinco nos Municípios de mais de cinco milhões de habitantes;

V – subsídios do Prefeito, do Vice-Prefeito e dos Secretários Municipais fixados por lei de iniciativa da Câmara Municipal, observado o que dispõem os arts. 37, XI, 39, § 4º, 150, II, 153, III, e 153, § 2º, I;[26]

VI – o subsídio dos Vereadores será fixado pelas respectivas Câmaras Municipais em cada legislatura para a subseqüente, observado o que dispõe esta Constituição, observados os critérios estabelecidos na respectiva Lei Orgânica e os seguintes limites máximos:

a) em Municípios de até dez mil habitantes, o subsídio máximo dos Vereadores corresponderá a vinte por cento do subsídio dos Deputados Estaduais;

b) em Municípios de dez mil e um a cinqüenta mil habitantes, o subsídio máximo dos Vereadores corresponderá a trinta por cento do subsídio dos Deputados Estaduais;

c) em Municípios de cinqüenta mil e um a cem mil habitantes, o subsídio máximo dos Vereadores corresponderá a quarenta por cento do subsídio dos Deputados Estaduais;

d) em Municípios de cem mil e um a trezentos mil habitantes, o subsídio máximo dos Vereadores corresponderá a cinqüenta por cento do subsídio dos Deputados Estaduais;

e) em Municípios de trezentos mil e um a quinhentos mil habitantes, o subsídio máximo dos Vereadores corresponderá a sessenta por cento do subsídio dos Deputados Estaduais;

---

25. Redação dada pela EC-16, de 4.6.1997. Texto anterior: "II – eleição do Prefeito e do Vice-Prefeito até noventa dias antes do término do mandato dos que devam suceder, aplicadas as regras do art. 77, no caso de municípios com mais de duzentos mil eleitores".
26. Redação dada pela EC-19, de 4.6.1998. Texto anterior: "V – remuneração do Prefeito, do Vice-Prefeito e dos Vereadores fixada pela Câmara Municipal em cada legislatura, para a subseqüente, observado o que dispõem os arts. 37, XI, 150, II, 153, III, e 153, § 2º, I".

f) em Municípios de mais de quinhentos mil habitantes, o subsídio máximo dos Vereadores corresponderá a setenta e cinco por cento do subsídio dos Deputados Estaduais;[27]

VII – o total da despesa com a remuneração dos vereadores não poderá ultrapassar o montante de cinco por cento da receita do município;[28]

VIII – inviolabilidade dos Vereadores por suas opiniões, palavras e votos no exercício do mandato e na circunscrição do Município;[29]

IX – proibições e incompatibilidades, no exercício da vereança, similares, no que couber, ao disposto nesta Constituição para os membros do Congresso Nacional e, na Constituição do respectivo Estado, para os membros da Assembléia Legislativa;[30]

X – julgamento do Prefeito perante o Tribunal de Justiça;[31]

XI – organização das funções legislativas e fiscalizadoras da Câmara Municipal;[32]

XII – cooperação das associações representativas no planejamento municipal;[33]

XIII – iniciativa popular de projetos de lei de interesse específico do Município, da cidade ou de bairros, através de manifestação de, pelo menos, cinco por cento do eleitorado;[34]

XIV – perda do mandato do Prefeito, nos termos do art. 28, parágrafo único.[35]

Art. 29-A. O total da despesa do Poder Legislativo Municipal, incluídos os subsídios dos Vereadores e excluídos os gastos com inativos, não poderá ultrapassar os seguintes percentuais, relativos ao somatório da receita tributária e das transferências previstas no § 5º do art. 153 e nos arts. 158 e 159, efetivamente realizado no exercício anterior:

I – oito por cento para Municípios com população de até cem mil habitantes;

---

27. Redação dada pela EC-25, de 14.2.2000. Texto anterior proveniente da redação dada pela EC-19, de 4.6.1998: "VI – subsídio dos Vereadores fixado por lei de iniciativa da Câmara Municipal, na razão de, no máximo, setenta e cinco por cento daquele estabelecido, em espécie, para os Deputados Estaduais, observado o que dispõem os arts. 39, § 4º, 57, § 7º, 150, II, 153, III, e 153, § 2º, I". O texto original incluído pela EC-1, de 31.3.1992, tinha a seguinte redação: "VI – a remuneração dos vereadores corresponderá a no máximo, setenta e cinco por cento daquela estabelecida, em espécie, para os deputados estaduais, ressalvados o que dispõe o Art. 37, XI;".
28. Inciso incluído pela EC-1, de 31.3.1992.
29. Renumerado pela EC-1, de 31.3.1992. Anteriormente era o inc. VI (texto anterior: "VI – inviolabilidade dos Vereadores por suas opiniões, palavras e votos no exercício do mandato e na circunscrição do Município", que foi renumerado como inc. VIII". V. nota 26 supra).
30. Renumerado pela EC-1, de 31.3.1992. Texto anterior: "VII – proibições e incompatibilidades, no exercício da vereança, similares, no que couber, ao disposto nesta Constituição para os membros do Congresso Nacional e, na Constituição do respectivo Estado, para os membros da Assembléia Legislativa".
31. Renumerado pela EC-1, de 31.3.1992, do inc. VIII para o atual inc. X.
32. Renumerado pela EC-1, de 31.3.1992, do inc. IX para o atual inc. XI.
33. Renumerado pela EC-1, de 31.3.1992, do inc. X para o atual inc. XII.
34. Renumerado pela EC-1, de 31.3.1992, do inc. XI para o atual inc. XIII.
35. Renumerado pela EC-1, de 31.3.1992, do inc. XII para o atual inc. XIV.

II – sete por cento para Municípios com população entre cem mil e um e trezentos mil habitantes;

III – seis por cento para Municípios com população entre trezentos mil e um e quinhentos mil habitantes;

IV – cinco por cento para Municípios com população acima de quinhentos mil habitantes.

§ 1º. A Câmara Municipal não gastará mais de setenta por cento de sua receita com folha de pagamento, incluído o gasto com o subsídio de seus Vereadores.

§ 2º. Constitui crime de responsabilidade do Prefeito Municipal:

I – efetuar repasse que supere os limites definidos neste artigo;

II – não enviar o repasse até o dia vinte de cada mês; ou

III – enviá-lo a menor em relação à proporção fixada na Lei Orçamentária.

§ 3º. Constitui crime de responsabilidade do Presidente da Câmara Municipal o desrespeito ao § 1º deste artigo.[36]

Art. 30. Compete aos Municípios:

I – legislar sobre assuntos de interesse local;

II – suplementar a legislação federal e a estadual no que couber;

III – instituir e arrecadar os tributos de sua competência, bem como aplicar suas rendas, sem prejuízo da obrigatoriedade de prestar contas e publicar balancetes nos prazos fixados em lei;

IV – criar, organizar e suprimir distritos, observada a legislação estadual;

V – organizar e prestar, diretamente ou sob regime de concessão ou permissão, os serviços públicos de interesse local, incluído o de transporte coletivo, que tem caráter essencial;

VI – manter, com a cooperação técnica e financeira da União e do Estado, programas de educação pré-escolar e de ensino fundamental;

VII – prestar, com a cooperação técnica e financeira da União e do Estado, serviços de atendimento à saúde da população;

VIII – promover, no que couber, adequado ordenamento territorial, mediante planejamento e controle do uso, do parcelamento e da ocupação do solo urbano;

IX – promover a proteção do patrimônio histórico-cultural local, observada a legislação e a ação fiscalizadora federal e estadual.

Art. 31. A fiscalização do Município será exercida pelo Poder Legislativo Municipal, mediante controle externo, e pelos sistemas de controle interno do Poder Executivo Municipal, na forma da lei.

§ 1º. O controle externo da Câmara Municipal será exercido com o auxílio dos Tribunais de Contas dos Estados ou do Município ou dos Conselhos ou Tribunais de Contas dos Municípios, onde houver.

---

36. Artigo incluído pela EC-25, de 14.2.2000.

§ 2º. O parecer prévio, emitido pelo órgão competente sobre as contas que o Prefeito deve anualmente prestar, só deixará de prevalecer por decisão de dois terços dos membros da Câmara Municipal.

§ 3º. As contas dos Municípios ficarão, durante sessenta dias, anualmente, à disposição de qualquer contribuinte, para exame e apreciação, o qual poderá questionar-lhes a legitimidade, nos termos da lei.

§ 4º. É vedada a criação de Tribunais, Conselhos ou órgãos de Contas Municipais.

Capítulo V – DO DISTRITO FEDERAL E DOS TERRITÓRIOS

Seção I – *Do Distrito Federal*

Art. 32. O Distrito Federal, vedada sua divisão em Municípios, reger-se-á por lei orgânica, votada em dois turnos com interstício mínimo de dez dias, e aprovada por dois terços da Câmara Legislativa, que a promulgará, atendidos os princípios estabelecidos nesta Constituição.

§ 1º. Ao Distrito Federal são atribuídas as competências legislativas reservadas aos Estados e Municípios.

§ 2º. A eleição do Governador e do Vice-Governador, observadas as regras do art. 77, e dos Deputados Distritais coincidirá com a dos Governadores e Deputados Estaduais, para mandato de igual duração.

§ 3º. Aos Deputados Distritais e à Câmara Legislativa aplica-se o disposto no art. 27.

§ 4º. Lei federal disporá sobre a utilização, pelo Governo do Distrito Federal, das polícias civil e militar e do corpo de bombeiros militar.

Seção II – *Dos Territórios*

Art. 33. A lei disporá sobre a organização administrativa e judiciária dos Territórios.

§ 1º. Os Territórios poderão ser divididos em Municípios, aos quais se aplicará, no que couber, o disposto no Capítulo IV deste Título.

§ 2º. As contas do Governo do Território serão submetidas ao Congresso Nacional, com parecer prévio do Tribunal de Contas da União.

§ 3º. Nos Territórios Federais com mais de cem mil habitantes, além do Governador nomeado na forma desta Constituição, haverá órgãos judiciários de primeira e segunda instância, membros do Ministério Público e defensores públicos federais; a lei disporá sobre as eleições para a Câmara Territorial e sua competência deliberativa.

Capítulo VI – DA INTERVENÇÃO

Art. 34. A União não intervirá nos Estados nem no Distrito Federal, exceto para:

I – manter a integridade nacional;

II – repelir invasão estrangeira ou de uma unidade da Federação em outra;

III – pôr termo a grave comprometimento da ordem pública;

IV – garantir o livre exercício de qualquer dos Poderes nas unidades da Federação;

V – reorganizar as finanças da unidade da Federação que:

a) suspender o pagamento da dívida fundada por mais de dois anos consecutivos, salvo motivo de força maior;

b) deixar de entregar aos Municípios receitas tributárias fixadas nesta Constituição, dentro dos prazos estabelecidos em lei;

VI – prover a execução de lei federal, ordem ou decisão judicial;

VII – assegurar a observância dos seguintes princípios constitucionais:

a) forma republicana, sistema representativo e regime democrático;

b) direitos da pessoa humana;

c) autonomia municipal;

d) prestação de contas da administração pública, direta e indireta;

e) aplicação do mínimo exigido da receita resultante de impostos estaduais, compreendida a proveniente de transferências, na manutenção e desenvolvimento do ensino e nas ações e serviços públicos de saúde.[37]

Art. 35. O Estado não intervirá em seus Municípios, nem a União nos Municípios localizados em Território Federal, exceto quando:

I – deixar de ser paga, sem motivo de força maior, por dois anos consecutivos, a dívida fundada;

II – não forem prestadas contas devidas, na forma da lei;

III – não tiver sido aplicado o mínimo exigido da receita municipal na manutenção e desenvolvimento do ensino e nas ações e serviços públicos de saúde;[38]

IV – o Tribunal de Justiça der provimento a representação para assegurar a observância de princípios indicados na Constituição Estadual, ou para prover a execução de lei, de ordem ou de decisão judicial.

Art. 36. A decretação da intervenção dependerá:

---

37. Redação dada pela EC-29, de 13.9.2000. Texto anterior: "e) aplicação do mínimo exigido da receita resultante de impostos estaduais, compreendida a proveniente de transferências, na manutenção e desenvolvimento do ensino".
38. Redação dada pela EC-29, de 13.9.2000. Texto anterior: "III – não tiver sido aplicado o mínimo exigido da receita municipal na manutenção e desenvolvimento do ensino".

I – no caso do art. 34, IV, de solicitação do Poder Legislativo ou do Poder Executivo coacto ou impedido, ou de requisição do Supremo Tribunal Federal, se a coação for exercida contra o Poder Judiciário;

II – no caso de desobediência a ordem ou decisão judiciária, de requisição do Supremo Tribunal Federal, do Superior Tribunal de Justiça ou do Tribunal Superior Eleitoral;

III – de provimento, pelo Supremo Tribunal Federal, de representação do Procurador-Geral da República, na hipótese do art. 34, VII;

IV – de provimento, pelo Superior Tribunal de Justiça, de representação do Procurador-Geral da República, no caso de recusa à execução de lei federal.

§ 1º. O decreto de intervenção, que especificará a amplitude, o prazo e as condições de execução e que, se couber, nomeará o interventor, será submetido à apreciação do Congresso Nacional ou da Assembléia Legislativa do Estado, no prazo de vinte e quatro horas.

§ 2º. Se não estiver funcionando o Congresso Nacional ou a Assembléia Legislativa, far-se-á convocação extraordinária, no mesmo prazo de vinte e quatro horas.

§ 3º. Nos casos do art. 34, VI e VII, ou do art. 35, IV, dispensada a apreciação pelo Congresso Nacional ou pela Assembléia Legislativa, o decreto limitar-se-á a suspender a execução do ato impugnado, se essa medida bastar ao restabelecimento da normalidade.

§ 4º. Cessados os motivos da intervenção, as autoridades afastadas de seus cargos a estes voltarão, salvo impedimento legal.

Capítulo VII – DA ADMINISTRAÇÃO PÚBLICA

Seção I – *Disposições Gerais*

Art. 37. A administração pública direta e indireta de qualquer dos Poderes da União, dos Estados, do Distrito Federal e dos Municípios obedecerá aos princípios de legalidade, impessoalidade, moralidade, publicidade e eficiência e, também, ao seguinte:[39]

I – os cargos, empregos e funções públicas são acessíveis aos brasileiros que preencham os requisitos estabelecidos em lei, assim como aos estrangeiros, na forma da lei;[40]

II – a investidura em cargo ou emprego público depende de aprovação prévia em concurso público de provas ou de provas e títulos, de acordo com a natureza e a

---

39. Redação dada pela EC-19, de 4.6.1998. Texto anterior: "Art. 37. A administração pública direta, indireta ou fundacional, de qualquer dos Poderes da União, dos Estados, do Distrito Federal e dos Municípios obedecerá aos princípios de legalidade, impessoalidade, moralidade, publicidade e, também, ao seguinte:".
40. Redação dada pela EC-19, de 4.6.1998. Texto anterior: "I – os cargos, empregos e funções públicas são acessíveis aos brasileiros que preencham os requisitos estabelecidos em lei".

complexidade do cargo ou emprego, na forma prevista em lei, ressalvadas as nomeações para cargo em comissão declarado em lei de livre nomeação e exoneração;[41]

III – o prazo de validade do concurso público será de até dois anos, prorrogável uma vez, por igual período;

IV – durante o prazo improrrogável previsto no edital de convocação, aquele aprovado em concurso público de provas ou de provas e títulos será convocado com prioridade sobre novos concursados para assumir cargo ou emprego, na carreira;

V – as funções de confiança, exercidas exclusivamente por servidores ocupantes de cargo efetivo, e os cargos em comissão, a serem preenchidos por servidores de carreira nos casos, condições e percentuais mínimos previstos em lei, destinam-se apenas às atribuições de direção, chefia e assessoramento;[42]

VI – é garantido ao servidor público civil o direito à livre associação sindical;

VII – o direito de greve será exercido nos termos e nos limites definidos em lei específica;[43]

VIII – a lei reservará percentual dos cargos e empregos públicos para as pessoas portadoras de deficiência e definirá os critérios de sua admissão;

IX – a lei estabelecerá os casos de contratação por tempo determinado para atender a necessidade temporária de excepcional interesse público;

X – a remuneração dos servidores públicos e o subsídio de que trata o § 4º do art. 39 somente poderão ser fixados ou alterados por lei específica, observada a iniciativa privativa em cada caso, assegurada revisão geral anual, sempre na mesma data e sem distinção de índices;[44]

XI – a remuneração e o subsídio dos ocupantes de cargos, funções e empregos públicos da administração direta, autárquica e fundacional, dos membros de qualquer dos Poderes da União, dos Estados, do Distrito Federal e dos Municípios, dos detentores de mandato eletivo e dos demais agentes políticos e os proventos, pensões ou outra espécie remuneratória, percebidos cumulativamente ou não, incluídas as vantagens pessoais ou de qualquer outra natureza, não poderão exceder o subsídio mensal, em espécie, dos Ministros do Supremo Tribunal Federal;[45]

41. Redação dada pela EC-19, de 4.6.1998. Texto anterior: "II – a investidura em cargo ou emprego público depende de aprovação prévia em concurso público de provas ou de provas e títulos, ressalvadas as nomeações para cargo em comissão declarado em lei de livre nomeação e exoneração".
42. Redação dada pela EC-19, de 4.6.1998. Texto anterior: "V – os cargos em comissão e as funções de confiança serão exercidos, preferencialmente, por servidores ocupantes de cargo de carreira técnica ou profissional, nos casos e condições previstos em lei".
43. Redação dada pela EC-19, de 4.6.1998. Texto anterior: "VII – o direito de greve será exercido nos termos e nos limites definidos em lei complementar".
44. Redação dada pela EC-19, de 4.6.1998. Texto anterior: "X – a revisão geral da remuneração dos servidores públicos, sem distinção de índices entre servidores públicos civis e militares, far-se-á sempre na mesma data".
45. Redação dada pela EC-19, de 4.6.1998. Texto anterior: "XI – a lei fixará o limite máximo e a relação de valores entre a maior e a menor remuneração dos servidores públicos, observados, como limites máximos e no âmbito dos respectivos poderes, os valores percebidos como remuneração, em espécie, a qualquer título, por membros do Congresso Nacional, Minis-

XII – os vencimentos dos cargos do Poder Legislativo e do Poder Judiciário não poderão ser superiores aos pagos pelo Poder Executivo;

XIII – é vedada a vinculação ou equiparação de quaisquer espécies remuneratórias para o efeito de remuneração de pessoal do serviço público;[46]

XIV – os acréscimos pecuniários percebidos por servidor público não serão computados nem acumulados para fins de concessão de acréscimos ulteriores;[47]

XV – o subsídio e os vencimentos dos ocupantes de cargos e empregos públicos são irredutíveis, ressalvado o disposto nos incisos XI e XIV deste artigo e nos arts. 39, § 4º, 150, II, 153, III, e 153, § 2º, I;[48]

XVI – é vedada a acumulação remunerada de cargos públicos, exceto, quando houver compatibilidade de horários, observado em qualquer caso o disposto no inciso XI:

a) a de dois cargos de professor;

b) a de um cargo de professor com outro técnico ou científico;

c) a de dois cargos ou empregos privativos de profissionais de saúde, com profissões regulamentadas;[49]

XVII – a proibição de acumular estende-se a empregos e funções e abrange autarquias, fundações, empresas públicas, sociedades de economia mista, suas subsidiárias, e sociedades controladas, direta ou indiretamente, pelo poder público;[50]

XVIII – a administração fazendária e seus servidores fiscais terão, dentro de suas áreas de competência e jurisdição, precedência sobre os demais setores administrativos, na forma da lei;

---

tros de Estado e Ministros do Supremo Tribunal Federal e seus correspondentes nos Estados, no Distrito Federal e nos Territórios, e, nos Municípios, os valores percebidos como remuneração, em espécie, pelo Prefeito".
46. Redação dada pela EC-19, de 4.6.1998. Texto anterior: "XIII – é vedada a vinculação ou equiparação de vencimentos, para o efeito de remuneração de pessoal do serviço público, ressalvado o disposto no inciso anterior e no art. 39, § 1º".
47. Redação dada pela EC-19, de 4.6.1998. Texto anterior: "XIV – os acréscimos pecuniários percebidos por servidor público não serão computados nem acumulados, para fins de concessão de acréscimos ulteriores, sob o mesmo título ou idêntico fundamento".
48. Redação dada pela EC-19, de 4.6.1998. Texto anterior proveniente da redação dada pela EC-18, de 5.2.1998: "XV – os vencimentos dos servidores públicos são irredutíveis, e a remuneração observará o que dispõem os arts. 37, XI e XII, 150, II, 153, III e § 2º, I". Texto original: "XV – vencimentos dos servidores públicos, civis e militares, são irredutíveis e a remuneração observará o que dispõem os arts. 37, XI, XII, 150, II, 153, III, e 153, § 2º, I".
49. Redação dada pela EC-19, de 4.6.1998. Alínea "c" com redação data pela EC-34, de 13.12.2001. Texto original: "XVI – é vedada a acumulação remunerada de cargos públicos, exceto, quando houver compatibilidade de horários: a) a de dois cargos de professor; b) a de um cargo de professor com outro técnico ou científico; c) a de dois cargos privativos de médico"..
50. Redação dada pela EC-19, de 4.6.1998. Texto anterior: "XVII – a proibição de acumular estende-se a empregos e funções e abrange autarquias, empresas públicas, sociedades de economia mista e fundações mantidas pelo Poder Público".

XIX – somente por lei específica poderá ser criada autarquia e autorizada a instituição de empresa pública, de sociedade de economia mista e de fundação, cabendo à lei complementar, neste último caso, definir as áreas de sua atuação;[51]

XX – depende de autorização legislativa, em cada caso, a criação de subsidiárias das entidades mencionadas no inciso anterior, assim como a participação de qualquer delas em empresa privada;

XXI – ressalvados os casos especificados na legislação, as obras, serviços, compras e alienações serão contratados mediante processo de licitação pública que assegure igualdade de condições a todos os concorrentes, com cláusulas que estabeleçam obrigações de pagamento, mantidas as condições efetivas da proposta, nos termos da lei, o qual somente permitirá as exigências de qualificação técnica e econômica indispensáveis à garantia do cumprimento das obrigações.

§ 1º. A publicidade dos atos, programas, obras, serviços e campanhas dos órgãos públicos deverá ter caráter educativo, informativo ou de orientação social, dela não podendo constar nomes, símbolos ou imagens que caracterizem promoção pessoal de autoridades ou servidores públicos.

§ 2º. A não observância do disposto nos incisos II e III implicará a nulidade do ato e a punição da autoridade responsável, nos termos da lei.

§ 3º. A lei disciplinará as formas de participação do usuário na administração pública direta e indireta, regulando especialmente:

I – as reclamações relativas à prestação dos serviços públicos em geral, asseguradas a manutenção de serviços de atendimento ao usuário e a avaliação periódica, externa e interna, da qualidade dos serviços;

II – o acesso dos usuários a registros administrativos e a informações sobre atos de governo, observado o disposto no art. 5º, X e XXXIII;

III – a disciplina da representação contra o exercício negligente ou abusivo de cargo, emprego ou função na administração pública.[52]

§ 4º. Os atos de improbidade administrativa importarão a suspensão dos direitos políticos, a perda da função pública, a indisponibilidade dos bens e o ressarcimento ao erário, na forma e gradação previstas em lei, sem prejuízo da ação penal cabível.

§ 5º. A lei estabelecerá os prazos de prescrição para ilícitos praticados por qualquer agente, servidor ou não, que causem prejuízos ao erário, ressalvadas as respectivas ações de ressarcimento.

§ 6º. As pessoas jurídicas de direito público e as de direito privado prestadoras de serviços públicos responderão pelos danos que seus agentes, nessa qualidade, causarem a terceiros, assegurado o direito de regresso contra o responsável nos casos de dolo ou culpa.

---

51. Redação dada pela EC-19, de 4.6.1998. Texto anterior: "XIX – somente por lei específica poderão ser criadas empresa pública, sociedade de economia mista, autarquia ou fundação pública".
52. Redação dada pela EC-19, de 4.6.1998. Texto anterior: "§ 3º. As relativas à prestação de serviços públicos serão disciplinadas em lei".

§ 7º. A lei disporá sobre os requisitos e as restrições ao ocupante de cargo ou emprego da administração direta e indireta que possibilite o acesso a informações privilegiadas.[53]

§ 8º. A autonomia gerencial, orçamentária e financeira dos órgãos e entidades da administração direta e indireta poderá ser ampliada mediante contrato, a ser firmado entre seus administradores e o poder público, que tenha por objeto a fixação de metas de desempenho para o órgão ou entidade, cabendo à lei dispor sobre:

I – o prazo de duração do contrato;

II – os controles e critérios de avaliação de desempenho, direitos, obrigações e responsabilidade dos dirigentes;

III – a remuneração do pessoal.[54]

§ 9º. O disposto no inciso XI aplica-se às empresas públicas e às sociedades de economia mista, e suas subsidiárias, que receberem recursos da União, dos Estados, do Distrito Federal ou dos Municípios para pagamento de despesas de pessoal ou de custeio em geral.[55]

§ 10. É vedada a percepção simultânea de proventos de aposentadoria decorrentes do art. 40 ou dos arts. 42 e 142 com a remuneração de cargo, emprego ou função pública, ressalvados os cargos acumuláveis na forma desta Constituição, os cargos eletivos e os cargos em comissão declarados em lei de livre nomeação e exoneração.[56]

Art. 38. Ao servidor público da administração direta, autárquica e fundacional, no exercício de mandato eletivo, aplicam-se as seguintes disposições:[57]

I – tratando-se de mandato eletivo federal, estadual ou distrital, ficará afastado de seu cargo, emprego ou função;

II – investido no mandato de Prefeito, será afastado do cargo, emprego ou função, sendo-lhe facultado optar pela sua remuneração;

III – investido no mandato de Vereador, havendo compatibilidade de horários, perceberá as vantagens de seu cargo, emprego ou função, sem prejuízo da remuneração do cargo eletivo, e, não havendo compatibilidade, será aplicada a norma do inciso anterior;

IV – em qualquer caso que exija o afastamento para o exercício de mandato eletivo, seu tempo de serviço será contado para todos os efeitos legais, exceto para promoção por merecimento;

V – para efeito de benefício previdenciário, no caso de afastamento, os valores serão determinados como se no exercício estivesse.

---

53. Parágrafo incluído pela EC-19, de 4.6.1998.
54. Parágrafo e incisos incluídos pela EC-19, de 4.6.1998.
55. Parágrafo incluído pela EC-19, de 4.6.1998.
56. Parágrafo incluído pela EC-20, de 15.12.1998.
57. Redação dada pela EC-19, de 4.6.1998. Texto anterior: "Art. 38. Ao servidor público em exercício de mandato eletivo aplicam-se as seguintes disposições".

Seção II – *Dos Servidores Públicos*[58]

Art. 39. A União, os Estados, o Distrito Federal e os Municípios instituirão conselho de política de administração e remuneração de pessoal, integrado por servidores designados pelos respectivos Poderes.[59]

§ 1º. A fixação dos padrões de vencimento e dos demais componentes do sistema remuneratório observará:

I – a natureza, o grau de responsabilidade e a complexidade dos cargos componentes de cada carreira;

II – os requisitos para a investidura;

III – as peculiaridades dos cargos.

§ 2º. A União, os Estados e o Distrito Federal manterão escolas de governo para a formação e o aperfeiçoamento dos servidores públicos, constituindo-se a participação nos cursos um dos requisitos para a promoção na carreira, facultada, para isso, a celebração de convênios ou contratos entre os entes federados.

§ 3º. Aplica-se aos servidores ocupantes de cargo público o disposto no art. 7º, IV, VII, VIII, IX, XII, XIII, XV, XVI, XVII, XVIII, XIX, XX, XXII e XXX, podendo a lei estabelecer requisitos diferenciados de admissão quando a natureza do cargo o exigir.

§ 4º. O membro de Poder, o detentor de mandato eletivo, os Ministros de Estado e os Secretários Estaduais e Municipais serão remunerados exclusivamente por subsídio fixado em parcela única, vedado o acréscimo de qualquer gratificação, adicional, abono, prêmio, verba de representação ou outra espécie remuneratória, obedecido, em qualquer caso, o disposto no art. 37, X e XI.

§ 5º. Lei da União, dos Estados, do Distrito Federal e dos Municípios poderá estabelecer a relação entre a maior e a menor remuneração dos servidores públicos, obedecido, em qualquer caso, o disposto no art. 37, XI.

§ 6º. Os Poderes Executivo, Legislativo e Judiciário publicarão anualmente os valores do subsídio e da remuneração dos cargos e empregos públicos.

§ 7º. Lei da União, dos Estados, do Distrito Federal e dos Municípios disciplinará a aplicação de recursos orçamentários provenientes da economia com despesas correntes em cada órgão, autarquia e fundação, para aplicação no desenvolvimento de programas de qualidade e produtividade, treinamento e desenvolvimento, moder-

---

58. Redação dada pela EC-18, de 5.2.1998. Texto anterior: "DOS SERVIDORES PÚBLICOS CIVIS".
59. Redação do *caput* e §§ 1º e 2º dada pela EC-19, de 4.6.1998, incluído os §§ 3º a 8º. Texto anterior: "Art. 39. A União, os Estados, o Distrito Federal e os Municípios instituirão, no âmbito de sua competência, regime jurídico único e planos de carreira para os servidores da administração pública direta, das autarquias e das fundações públicas. § 1º. A lei assegurará, aos servidores da administração direta, isonomia de vencimentos para cargos de atribuições iguais ou assemelhados do mesmo Poder ou entre servidores dos Poderes Executivo, Legislativo e Judiciário, ressalvadas as vantagens de caráter individual e as relativas à natureza ou ao local de trabalho. § 2º. Aplica-se a esses servidores o disposto no art. 7º, IV, VI, VII, VIII, IX, XII, XIII, XV, XVI, XVII, XVIII, XIX, XX, XXII, XXIII e XXX.".

nização, reaparelhamento e racionalização do serviço público, inclusive sob a forma de adicional ou prêmio de produtividade.

§ 8º. A remuneração dos servidores públicos organizados em carreira poderá ser fixada nos termos do § 4º.

Art. 40. Aos servidores titulares de cargos efetivos da União, dos Estados, do Distrito Federal e dos Municípios, incluídas suas autarquias e fundações, é assegurado regime de previdência de caráter contributivo, observados critérios que preservem o equilíbrio financeiro e atuarial e o disposto neste artigo.

§ 1º. Os servidores abrangidos pelo regime de previdência de que trata este artigo serão aposentados, calculados os seus proventos a partir dos valores fixados na forma do § 3º:

I – por invalidez permanente, sendo os proventos proporcionais ao tempo de contribuição, exceto se decorrente de acidente em serviço, moléstia profissional ou doença grave, contagiosa ou incurável, especificadas em lei;

II – compulsoriamente, aos setenta anos de idade, com proventos proporcionais ao tempo de contribuição;

III – voluntariamente, desde que cumprido tempo mínimo de dez anos de efetivo exercício no serviço público e cinco anos no cargo efetivo em que se dará a aposentadoria, observadas as seguintes condições:

a) sessenta anos de idade e trinta e cinco de contribuição, se homem, e cinqüenta e cinco anos de idade e trinta de contribuição, se mulher;

b) sessenta e cinco anos de idade, se homem, e sessenta anos de idade, se mulher, com proventos proporcionais ao tempo de contribuição.

§ 2º. Os proventos de aposentadoria e as pensões, por ocasião de sua concessão, não poderão exceder a remuneração do respectivo servidor, no cargo efetivo em que se deu a aposentadoria ou que serviu de referência para a concessão da pensão.

§ 3º. Os proventos de aposentadoria, por ocasião da sua concessão, serão calculados com base na remuneração do servidor no cargo efetivo em que se der a aposentadoria e, na forma da lei, corresponderão à totalidade da remuneração.

§ 4º. É vedada a adoção de requisitos e critérios diferenciados para a concessão de aposentadoria aos abrangidos pelo regime de que trata este artigo, ressalvados os casos de atividades exercidas exclusivamente sob condições especiais que prejudiquem a saúde ou a integridade física, definidos em lei complementar.

§ 5º. Os requisitos de idade e de tempo de contribuição serão reduzidos em cinco anos, em relação ao disposto no § 1º, III, a, para o professor que comprove exclusivamente tempo de efetivo exercício das funções de magistério na educação infantil e no ensino fundamental e médio.

§ 6º. Ressalvadas as aposentadorias decorrentes dos cargos acumuláveis na forma desta Constituição, é vedada a percepção de mais de uma aposentadoria à conta do regime de previdência previsto neste artigo.

§ 7º. Lei disporá sobre a concessão do benefício da pensão por morte, que será igual ao valor dos proventos do servidor falecido ou ao valor dos proventos a que teria direito o servidor em atividade na data de seu falecimento, observado o disposto no § 3º.

§ 8º. Observado o disposto no art. 37, XI, os proventos de aposentadoria e as pensões serão revistos na mesma proporção e na mesma data, sempre que se modificar a remuneração dos servidores em atividade, sendo também estendidos aos aposentados e aos pensionistas quaisquer benefícios ou vantagens posteriormente concedidos aos servidores em atividade, inclusive quando decorrentes da transformação ou reclassificação do cargo ou função em que se deu a aposentadoria ou que serviu de referência para a concessão da pensão, na forma da lei.

§ 9º. O tempo de contribuição federal, estadual ou municipal será contado para efeito de aposentadoria e o tempo de serviço correspondente para efeito de disponibilidade.

§ 10. A lei não poderá estabelecer qualquer forma de contagem de tempo de contribuição fictício.

§ 11. Aplica-se o limite fixado no art. 37, XI, à soma total dos proventos de inatividade, inclusive quando decorrentes da acumulação de cargos ou empregos públicos, bem como de outras atividades sujeitas a contribuição para o regime geral de previdência social, e ao montante resultante da adição de proventos de inatividade com remuneração de cargo acumulável na forma desta Constituição, cargo em comissão declarado em lei de livre nomeação e exoneração, e de cargo eletivo.

§ 12. Além do disposto neste artigo, o regime de previdência dos servidores públicos titulares de cargo efetivo observará, no que couber, os requisitos e critérios fixados para o regime geral de previdência social.

§ 13. Ao servidor ocupante, exclusivamente, de cargo em comissão declarado em lei de livre nomeação e exoneração bem como de outro cargo temporário ou de emprego público, aplica-se o regime geral de previdência social.

§ 14. A União, os Estados, o Distrito Federal e os Municípios, desde que instituam regime de previdência complementar para os seus respectivos servidores titulares de cargo efetivo, poderão fixar, para o valor das aposentadorias e pensões a serem concedidas pelo regime de que trata este artigo, o limite máximo estabelecido para os benefícios do regime geral de previdência social de que trata o art. 201.

§ 15. Observado o disposto no art. 202, lei complementar disporá sobre as normas gerais para a instituição de regime de previdência complementar pela União, Estados, Distrito Federal e Municípios, para atender aos seus respectivos servidores titulares de cargo efetivo.

§ 16. Somente mediante sua prévia e expressa opção, o disposto nos §§ 14 e 15 poderá ser aplicado ao servidor que tiver ingressado no serviço público até a data da publicação do ato de instituição do correspondente regime de previdência complementar.[60]

---

60. Redação dada ao artigo pela EC-20, de 15.12.1998. Texto anterior: "Art. 40. O servidor será aposentado: I – por invalidez permanente, sendo os proventos integrais quando decorrentes de acidente em serviço, moléstia profissional ou doença grave, contagiosa ou incurável, especificadas em lei, e proporcionais nos demais casos; II – compulsoriamente, aos setenta anos de idade, com proventos proporcionais ao tempo de serviço; III – voluntariamen-

Art. 41. São estáveis após três anos de efetivo exercício os servidores nomeados para cargo de provimento efetivo em virtude de concurso público.

§ 1º. O servidor público estável só perderá o cargo:

I – em virtude de sentença judicial transitada em julgado;

II – mediante processo administrativo em que lhe seja assegurada ampla defesa;

III – mediante procedimento de avaliação periódica de desempenho, na forma de lei complementar, assegurada ampla defesa.

§ 2º. Invalidada por sentença judicial a demissão do servidor estável, será ele reintegrado, e o eventual ocupante da vaga, se estável, reconduzido ao cargo de origem, sem direito a indenização, aproveitado em outro cargo ou posto em disponibilidade com remuneração proporcional ao tempo de serviço.

§ 3º. Extinto o cargo ou declarada a sua desnecessidade, o servidor estável ficará em disponibilidade, com remuneração proporcional ao tempo de serviço, até seu adequado aproveitamento em outro cargo.

§ 4º. Como condição para a aquisição da estabilidade, é obrigatória a avaliação especial de desempenho por comissão instituída para essa finalidade.[61]

---

te: a) aos trinta e cinco anos de serviço, se homem, e aos trinta, se mulher, com proventos integrais; b) aos trinta anos de efetivo exercício em funções de magistério, se professor, e vinte e cinco, se professora, com proventos integrais; c) aos trinta anos de serviço, se homem, e aos vinte e cinco, se mulher, com proventos proporcionais a esse tempo; d) aos sessenta e cinco anos de idade, se homem, e aos sessenta, se mulher, com proventos proporcionais ao tempo de serviço. § 1º. Lei complementar poderá estabelecer exceções ao disposto no inciso III, "a"e "c", no caso de exercício de atividades consideradas penosas, insalubres ou perigosas. § 2º. A lei disporá sobre a aposentadoria em cargos ou empregos temporários. § 3º. O tempo de serviço público federal, estadual ou municipal será computado integralmente para os efeitos de aposentadoria e de disponibilidade. § 4º. Os proventos da aposentadoria serão revistos, na mesma proporção e na mesma data, sempre que se modificar a remuneração dos servidores em atividade, sendo também estendidos aos inativos quaisquer benefícios ou vantagens posteriormente concedidos aos servidores em atividade, inclusive quando decorrentes da transformação ou reclassificação do cargo ou função em que se deu a aposentadoria, na forma da lei. § 5º. O benefício da pensão por morte corresponderá à totalidade dos vencimentos ou proventos do servidor falecido, até o limite estabelecido em lei, observado o disposto no parágrafo anterior". Parágrafo incluído pela EC-3, de 17.3.1993: "§ 6º. As aposentadorias e pensões dos servidores públicos federais serão custeadas com recursos provenientes da União e das contribuições dos servidores, na forma da lei".

61. Redação dada pela EC-19, de 4.6.1998, incluído o § 4º. Texto anterior: "Art. 41. São estáveis, após dois anos de efetivo exercício, os servidores nomeados em virtude de concurso público. § 1º. O servidor público estável só perderá o cargo em virtude de sentença judicial transitada em julgado ou mediante processo administrativo em que lhe seja assegurada ampla defesa. § 2º. Invalidada por sentença judicial a demissão do servidor estável, será ele reintegrado, e o eventual ocupante da vaga reconduzido ao cargo de origem, sem direito a indenização, aproveitado em outro cargo ou posto em disponibilidade. § 3º. Extinto o cargo ou declarada sua desnecessidade, o servidor estável ficará em disponibilidade remunerada, até seu adequado aproveitamento em outro cargo".

Seção III – *Dos Militares dos Estados, do Distrito Federal e dos Territórios*[62]

Art. 42. Os membros das Polícias Militares e Corpos de Bombeiros Militares, instituições organizadas com base na hierarquia e disciplina, são militares dos Estados, do Distrito Federal e dos Territórios.[63]

§ 1º. Aplicam-se aos militares dos Estados, do Distrito Federal e dos Territórios, além do que vier a ser fixado em lei, as disposições do art. 14, § 8º; do art. 40, § 9º; e do art. 142, §§ 2º e 3º, cabendo a lei estadual específica dispor sobre as matérias do art. 142, § 3º, inciso X, sendo as patentes dos oficiais conferidas pelos respectivos governadores.[64]

§ 2º. Aos militares dos Estados, do Distrito Federal e dos Territórios e a seus pensionistas, aplica-se o disposto no art. 40, §§ 7º. e 8º.[65]

---

62. Redação dada pela EC-18, de 5.2.1998. Rubrica anterior: "DOS SERVIDORES PÚBLICOS MILITARES".
63. Redação dada ao artigo pela EC-18, de 5.2.1998. Texto anterior: "Art. 42. São servidores militares federais os integrantes das Forças Armadas e servidores militares dos Estados, Territórios e Distrito Federal os integrantes de suas polícias militares e de seus corpos de bombeiros militares". Nota: Esse artigo tinha onze parágrafos, ficou reduzido a dois (cf. notas 64 e 65 seguintes). Era a seguinte a redação desses parágrafos: "§ 3º. O militar em atividade que aceitar cargo público civil permanente será transferido para a reserva. § 4º. O militar da ativa que aceitar cargo, emprego ou função pública temporária, não eletiva, ainda que da administração indireta, ficará agregado ao respectivo quadro e somente poderá, enquanto permanecer nessa situação, ser promovido por antiguidade, contando-se-lhe o tempo de serviço apenas para aquela promoção e transferência para a reserva, sendo depois de dois anos de afastamento, contínuos ou não, transferido para a inatividade. § 5º. Ao militar são proibidas a sindicalização e a greve. § 6º. O militar, enquanto em efetivo serviço, não pode estar filiado a partidos políticos. § 7º. O oficial das Forças Armadas só perderá o posto e a patente se for julgado indigno do oficialato ou com ele incompatível, por decisão de tribunal militar de caráter permanente, em tempo de paz, ou de tribunal especial, em tempo de guerra. § 8º. O oficial condenado na justiça comum ou militar a pena privativa de liberdade superior a dois anos, por sentença transitada em julgado, será submetido ao julgamento previsto no parágrafo anterior. § 9º. A lei disporá sobre os limites de idade, a estabilidade e outras condições de transferência do servidor militar para a inatividade. § 10. Aplica-se aos servidores a que se refere este artigo, e a seus pensionistas, o disposto no art. 40, §§ 4º, 5º e 6º" (EC-3/1993. Texto primitivo: "§ 10. Aplica-se aos servidores a que se refere este artigo, e a seus pensionistas, o disposto no art. 40, §§ 4º e 5º. § 11. Aplica-se aos servidores a que se refere este artigo o disposto no art. 7º, VIII, XII, XVII, XVIII e XIX"). O conteúdo desses parágrafos foi incorporado no art. 142 com alterações.
64. Redação dada pela EC-20, de 15.12.1998. Texto anterior proveniente da EC-18, de 5.2.1998: "§ 1º. Aplicam-se aos militares dos Estados, do Distrito Federal e dos Territórios, além do que vier a ser fixado em lei, as disposições do art. 14, § 8º; do art. 40, § 3º; e do art. 142, §§ 2º e 3º, cabendo a lei estadual específica dispor sobre as matérias do art. 142, 3º, inciso X, sendo as patentes dos oficiais conferidas pelos respectivos Governadores". Texto primitivo: "§ 1º. As patentes, com prerrogativas, direitos e deveres a elas inerentes, são asseguradas em plenitude aos oficiais da ativa, da reserva ou reformados das Forças Armadas, das polícias militares e dos corpos de bombeiros militares dos Estados, dos Territórios e do Distrito Federal, sendo-lhes privativos os títulos, postos e uniformes militares".
65. Redação dada pela EC-20, de 15.12.1998. Texto anterior proveniente da EC-18, de 5.2.1998: "§ 2º. Aos militares dos Estados, do Distrito Federal e dos Territórios e a seus pensionistas, aplica-se o disposto no art. 40, §§ 4º e 5º; e aos militares do Distrito Federal e dos Ter-

Seção IV – *Das Regiões*

Art. 43. Para efeitos administrativos, a União poderá articular sua ação em um mesmo complexo geoeconômico e social, visando a seu desenvolvimento e à redução das desigualdades regionais.

§ 1º. Lei complementar disporá sobre:

I – as condições para integração de regiões em desenvolvimento;

II – a composição dos organismos regionais que executarão, na forma da lei, os planos regionais, integrantes dos planos nacionais de desenvolvimento econômico e social, aprovados juntamente com estes.

§ 2º. Os incentivos regionais compreenderão, além de outros, na forma da lei:

I – igualdade de tarifas, fretes, seguros e outros itens de custos e preços de responsabilidade do Poder Público;

II – juros favorecidos para financiamento de atividades prioritárias;

III – isenções, reduções ou diferimento temporário de tributos federais devidos por pessoas físicas ou jurídicas;

IV – prioridade para o aproveitamento econômico e social dos rios e das massas de água represadas ou represáveis nas regiões de baixa renda, sujeitas a secas periódicas.

§ 3º. Nas áreas a que se refere o § 2º, IV, a União incentivará a recuperação de terras áridas e cooperará com os pequenos e médios proprietários rurais para o estabelecimento, em suas glebas, de fontes de água e de pequena irrigação.

Título IV – **DA ORGANIZAÇÃO DOS PODERES**

Capítulo I – DO PODER LEGISLATIVO

Seção I – *Do Congresso Nacional*

Art. 44. O Poder Legislativo é exercido pelo Congresso Nacional, que se compõe da Câmara dos Deputados e do Senado Federal.

Parágrafo único. Cada legislatura terá a duração de quatro anos.

Art. 45. A Câmara dos Deputados compõe-se de representantes do povo, eleitos, pelo sistema proporcional, em cada Estado, em cada Território e no Distrito Federal.

§ 1º. O número total de Deputados, bem como a representação por Estado e pelo Distrito Federal, será estabelecido por lei complementar, proporcionalmente à

ritórios, o disposto no art. 40, § 6º". Texto primitivo: "§ 2º. As patentes dos oficiais das Forças Armadas são conferidas pelo Presidente da República, e as dos oficiais das polícias militares e corpos de bombeiros militares dos Estados, Territórios e Distrito Federal, pelos respectivos Governadores".

população, procedendo-se aos ajustes necessários, no ano anterior às eleições, para que nenhuma daquelas unidades da Federação tenha menos de oito ou mais de setenta Deputados.

§ 2º. Cada Território elegerá quatro Deputados.

Art. 46. O Senado Federal compõe-se de representantes dos Estados e do Distrito Federal, eleitos segundo o princípio majoritário.

§ 1º. Cada Estado e o Distrito Federal elegerão três Senadores, com mandato de oito anos.

§ 2º. A representação de cada Estado e do Distrito Federal será renovada de quatro em quatro anos, alternadamente, por um e dois terços.

§ 3º. Cada Senador será eleito com dois suplentes.

Art. 47. Salvo disposição constitucional em contrário, as deliberações de cada Casa e de suas Comissões serão tomadas por maioria dos votos, presente a maioria absoluta de seus membros.

Seção II – *Das Atribuições do Congresso Nacional*

Art. 48. Cabe ao Congresso Nacional, com a sanção do Presidente da República, não exigida esta para o especificado nos arts. 49, 51 e 52, dispor sobre todas as matérias de competência da União, especialmente sobre:

I – sistema tributário, arrecadação e distribuição de rendas;

II – plano plurianual, diretrizes orçamentárias, orçamento anual, operações de crédito, dívida pública e emissões de curso forçado;

III – fixação e modificação do efetivo das Forças Armadas;

IV – planos e programas nacionais, regionais e setoriais de desenvolvimento;

V – limites do território nacional, espaço aéreo e marítimo e bens do domínio da União;

VI – incorporação, subdivisão ou desmembramento de áreas de Territórios ou Estados, ouvidas as respectivas Assembléias Legislativas;

VII – transferência temporária da sede do Governo Federal;

VIII – concessão de anistia;

IX – organização administrativa, judiciária, do Ministério Público e da Defensoria Pública da União e dos Territórios e organização judiciária, do Ministério Público e da Defensoria Pública do Distrito Federal;

X – criação, transformação e extinção de cargos, empregos e funções públicas, observado o que estabelece o art. 84, VI, "b"; [66]

XI – criação e extinção de Ministérios e órgãos da administração pública; [67]

---

66. Redação dada pela EC-32, de 11.9.2001. Texto anterior: "X – criação, transformação e extinção de cargos, empregos e funções públicas".

67. Redação dada pela EC-32, de 11.9.2001. Texto anterior: "XI – criação, estruturação e atribuições dos Ministérios e órgãos da administração pública".

XII – telecomunicações e radiodifusão;

XIII – matéria financeira, cambial e monetária, instituições financeiras e suas operações;

XIV – moeda, seus limites de emissão, e montante da dívida mobiliária federal.

XV – fixação do subsídio dos Ministros do Supremo Tribunal Federal, por lei de iniciativa conjunta dos Presidentes da República, da Câmara dos Deputados, do Senado Federal e do Supremo Tribunal Federal, observado o que dispõem os arts. 39, § 4º, 150, II, 153, III, e 153, § 2º, I.[68]

Art. 49. É da competência exclusiva do Congresso Nacional:

I – resolver definitivamente sobre tratados, acordos ou atos internacionais que acarretem encargos ou compromissos gravosos ao patrimônio nacional;

II – autorizar o Presidente da República a declarar guerra, a celebrar a paz, a permitir que forças estrangeiras transitem pelo território nacional ou nele permaneçam temporariamente, ressalvados os casos previstos em lei complementar;

III – autorizar o Presidente e o Vice-Presidente da República a se ausentarem do País, quando a ausência exceder a quinze dias;

IV – aprovar o estado de defesa e a intervenção federal, autorizar o estado de sítio, ou suspender qualquer uma dessas medidas;

V – sustar os atos normativos do Poder Executivo que exorbitem do poder regulamentar ou dos limites de delegação legislativa;

VI – mudar temporariamente sua sede;

VII – fixar idêntico subsídio para os Deputados Federais e os Senadores, observado o que dispõem os arts. 37, XI, 39, § 4º, 150, II, 153, III, e 153, § 2º, I;[69]

VIII – fixar os subsídios do Presidente e do Vice-Presidente da República e dos Ministros de Estado, observado o que dispõem os arts. 37, XI, 39, § 4º, 150, II, 153, III, e 153, § 2º, I;[70]

IX – julgar anualmente as contas prestadas pelo Presidente da República e apreciar os relatórios sobre a execução dos planos de governo;

X – fiscalizar e controlar, diretamente, ou por qualquer de suas Casas, os atos do Poder Executivo, incluídos os da administração indireta;

XI – zelar pela preservação de sua competência legislativa em face da atribuição normativa dos outros Poderes;

XII – apreciar os atos de concessão e renovação de concessão de emissoras de rádio e televisão;

XIII – escolher dois terços dos membros do Tribunal de Contas da União;

XIV – aprovar iniciativas do Poder Executivo referentes a atividades nucleares;

---

68. Inciso incluído pela EC-19, de 4.6.1998.
69. Redação dada pela EC-19, de 4.6.1998. Texto anterior: "VII – fixar idêntica remuneração para os Deputados Federais e os Senadores, em cada legislatura, para a subseqüente, observado o que dispõem os arts. 150, II, 153, III, e 153, § 2º, I".
70. Redação dada pela EC-19, de 4.6.1998. Texto anterior: "VIII – fixar para cada exercício financeiro a remuneração do Presidente e do Vice-Presidente da República e dos Ministros de Estado, observado o que dispõem os arts. 150, II, 153, III, e 153, § 2º, I".

XV – autorizar referendo e convocar plebiscito;

XVI – autorizar, em terras indígenas, a exploração e o aproveitamento de recursos hídricos e a pesquisa e lavra de riquezas minerais;

XVII – aprovar, previamente, a alienação ou concessão de terras públicas com área superior a dois mil e quinhentos hectares.

Art. 50. A Câmara dos Deputados e o Senado Federal, ou qualquer de suas Comissões, poderão convocar Ministro de Estado ou quaisquer titulares de órgãos diretamente subordinados à Presidência da República para prestarem, pessoalmente, informações sobre assunto previamente determinado, importando crime de responsabilidade a ausência sem justificação adequada.[71]

§ 1º. Os Ministros de Estado poderão comparecer ao Senado Federal, à Câmara dos Deputados, ou a qualquer de suas Comissões, por sua iniciativa e mediante entendimentos com a Mesa respectiva, para expor assunto de relevância de seu Ministério.

§ 2º. As Mesas da Câmara dos Deputados e do Senado Federal poderão encaminhar pedidos escritos de informações a Ministros de Estado ou a qualquer das pessoas referidas no *caput* deste artigo, importando em crime de responsabilidade a recusa, ou o não – atendimento, no prazo de trinta dias, bem como a prestação de informações falsas.[72]

Seção III – *Da Câmara dos Deputados*

Art. 51. Compete privativamente à Câmara dos Deputados:

I – autorizar, por dois terços de seus membros, a instauração de processo contra o Presidente e o Vice-Presidente da República e os Ministros de Estado;

II – proceder à tomada de contas do Presidente da República, quando não apresentadas ao Congresso Nacional dentro de sessenta dias após a abertura da sessão legislativa;

III – elaborar seu regimento interno;

IV – dispor sobre sua organização, funcionamento, polícia, criação, transformação ou extinção dos cargos, empregos e funções de seus serviços, e a iniciativa de lei para fixação da respectiva remuneração, observados os parâmetros estabelecidos na lei de diretrizes orçamentárias;[73]

V – eleger membros do Conselho da República, nos termos do art. 89, VII.

---

71. Redação dada pela EC de Revisão n. 2, de 7.6.1994. Texto anterior: "Art. 50. A Câmara dos Deputados ou o Senado Federal, bem como qualquer de suas Comissões, poderão convocar Ministro de Estado para prestar, pessoalmente, informações sobre assunto previamente determinado, importando crime de responsabilidade a ausência sem justificação adequada".

72. Redação dada pela EC de Revisão n. 2, de 7.6.1994. Texto anterior: "§ 2º. As Mesas da Câmara dos Deputados e do Senado Federal poderão encaminhar pedidos escritos de informações a Ministros de Estado, importando em crime de responsabilidade a recusa, ou o não-atendimento, no prazo de trinta dias, bem como a prestação de informações falsas".

73. Redação dada pela EC-19, de 4.6.1998. Texto anterior: "IV – dispor sobre sua organização, funcionamento, polícia, criação, transformação ou extinção dos cargos, empregos e funções de seus serviços e fixação da respectiva remuneração, observados os parâmetros estabelecidos na lei de diretrizes orçamentárias".

Seção IV – *Do Senado Federal*

Art. 52. Compete privativamente ao Senado Federal:

I – processar e julgar o Presidente e o Vice-Presidente da República nos crimes de responsabilidade, bem como os Ministros de Estado e os Comandantes da Marinha, do Exército e da Aeronáutica nos crimes da mesma natureza conexos com aqueles;[74]

II – processar e julgar os Ministros do Supremo Tribunal Federal, o Procurador-Geral da República e o Advogado-Geral da União nos crimes de responsabilidade;

III – aprovar previamente, por voto secreto, após argüição pública, a escolha de:

a) Magistrados, nos casos estabelecidos nesta Constituição;

b) Ministros do Tribunal de Contas da União indicados pelo Presidente da República;

c) Governador de Território;

d) Presidente e diretores do Banco Central;

e) Procurador-Geral da República;

f) titulares de outros cargos que a lei determinar;

IV – aprovar previamente, por voto secreto, após argüição em sessão secreta, a escolha dos chefes de missão diplomática de caráter permanente;

V – autorizar operações externas de natureza financeira, de interesse da União, dos Estados, do Distrito Federal, dos Territórios e dos Municípios;

VI – fixar, por proposta do Presidente da República, limites globais para o montante da dívida consolidada da União, dos Estados, do Distrito Federal e dos Municípios;

VII – dispor sobre limites globais e condições para as operações de crédito externo e interno da União, dos Estados, do Distrito Federal e dos Municípios, de suas autarquias e demais entidades controladas pelo Poder Público federal;

VIII – dispor sobre limites e condições para a concessão de garantia da União em operações de crédito externo e interno;

IX – estabelecer limites globais e condições para o montante da dívida mobiliária dos Estados, do Distrito Federal e dos Municípios;

X – suspender a execução, no todo ou em parte, de lei declarada inconstitucional por decisão definitiva do Supremo Tribunal Federal;

XI – aprovar, por maioria absoluta e por voto secreto, a exoneração, de ofício, do Procurador-Geral da República antes do término de seu mandato;

XII – elaborar seu regimento interno;

XIII – dispor sobre sua organização, funcionamento, polícia, criação, transformação ou extinção dos cargos, empregos e funções de seus serviços, e a iniciativa de

---

74. Redação dada pela EC-23, de 2.9.1999. Texto anterior: "I – processar e julgar o Presidente e o Vice-Presidente da República nos crimes de responsabilidade e os Ministros de Estado nos crimes da mesma natureza conexos com aqueles".

lei para fixação da respectiva remuneração, observados os parâmetros estabelecidos na lei de diretrizes orçamentárias;[75]

XIV – eleger membros do Conselho da República, nos termos do art. 89, VII.

Parágrafo único. Nos casos previstos nos incisos I e II, funcionará como Presidente o do Supremo Tribunal Federal, limitando-se a condenação, que somente será proferida por dois terços dos votos do Senado Federal, à perda do cargo, com inabilitação, por oito anos, para o exercício de função pública, sem prejuízo das demais sanções judiciais cabíveis.

Seção V – *Dos Deputados e dos Senadores*

Art. 53. Os Deputados e Senadores são invioláveis, civil e penalmente, por quaisquer de suas opiniões, palavras e votos.

§ 1º. Os Deputados e Senadores, desde a expedição do diploma, serão submetidos a julgamento perante o Supremo Tribunal Federal.

§ 2º. Desde a expedição do diploma, os membros do Congresso Nacional não poderão ser presos, salvo em flagrante de crime inafiançável. Nesse caso, os autos serão remetidos dentro de vinte e quatro horas à Casa respectiva, para que, pelo voto da maioria de seus membros, resolva sobre a prisão.

§ 3º. Recebida a denúncia contra o Senador ou Deputado, por crime ocorrido após a diplomação, o Supremo Tribunal Federal dará ciência à Casa respectiva, que, por iniciativa de partido político nela representado e pelo voto da maioria de seus membros, poderá, até a decisão final, sustar o andamento da ação.

§ 4º. O pedido de sustação será apreciado pela Casa respectiva no prazo improrrogável de quarenta e cinco dias do seu recebimento pela Mesa Diretora.

§ 5º. A sustação do processo suspende a prescrição, enquanto durar o mandato.

§ 6º. Os Deputados e Senadores não serão obrigados a testemunhar sobre informações recebidas ou prestadas em razão do exercício do mandato, nem sobre as pessoas que lhes confiaram ou deles receberam informações.

§ 7º. A incorporação às Forças Armadas de Deputados e Senadores, embora militares e ainda que em tempo de guerra, dependerá de prévia licença da Casa respectiva.

§ 8º. As imunidades de Deputados ou Senadores subsistirão durante o estado de sítio, só podendo ser suspensas mediante o voto de dois terços dos membros da Casa respectiva, nos casos de atos praticados fora do recinto do Congresso Nacional, que sejam incompatíveis com a execução da medida.[76]

---

75. Redação dada pela EC-19, de 4.6.1998. Texto anterior: "XIII – dispor sobre sua organização, funcionamento, polícia, criação, transformação ou extinção dos cargos, empregos e funções de seus serviços e fixação da respectiva remuneração, observados os parâmetros estabelecidos na lei de diretrizes orçamentárias".

76. Redação do artigo e §§ dada pela EC-35, de 20.12.2001, incluído o § 8º. Texto anterior: "Art. 53. Os Deputados e Senadores são invioláveis por suas opiniões, palavras e votos. § 1º. Desde a expedição do diploma, os membros do Congresso Nacional não poderão ser presos,

Art. 54. Os Deputados e Senadores não poderão:

I – desde a expedição do diploma:

a) firmar ou manter contrato com pessoa jurídica de direito público, autarquia, empresa pública, sociedade de economia mista ou empresa concessionária de serviço público, salvo quando o contrato obedecer a cláusulas uniformes;

b) aceitar ou exercer cargo, função ou emprego remunerado, inclusive os de que sejam demissíveis "ad nutum", nas entidades constantes da alínea anterior;

II – desde a posse:

a) ser proprietários, controladores ou diretores de empresa que goze de favor decorrente de contrato com pessoa jurídica de direito público, ou nela exercer função remunerada;

b) ocupar cargo ou função de que sejam demissíveis "ad nutum", nas entidades referidas no inciso I, "a";

c) patrocinar causa em que seja interessada qualquer das entidades a que se refere o inciso I, "a";

d) ser titulares de mais de um cargo ou mandato público eletivo.

Art. 55. Perderá o mandato o Deputado ou Senador:

I – que infringir qualquer das proibições estabelecidas no artigo anterior;

II – cujo procedimento for declarado incompatível com o decoro parlamentar;

III – que deixar de comparecer, em cada sessão legislativa, à terça parte das sessões ordinárias da Casa a que pertencer, salvo licença ou missão por esta autorizada;

IV – que perder ou tiver suspensos os direitos políticos;

V – quando o decretar a Justiça Eleitoral, nos casos previstos nesta Constituição;

VI – que sofrer condenação criminal em sentença transitada em julgado.

§ 1º. É incompatível com o decoro parlamentar, além dos casos definidos no regimento interno, o abuso das prerrogativas asseguradas a membro do Congresso Nacional ou a percepção de vantagens indevidas.

§ 2º. Nos casos dos incisos I, II e VI, a perda do mandato será decidida pela Câmara dos Deputados ou pelo Senado Federal, por voto secreto e maioria absoluta,

salvo em flagrante de crime inafiançável, nem processados criminalmente, sem prévia licença de sua Casa. § 2º. O indeferimento do pedido de licença ou a ausência de deliberação suspende a prescrição enquanto durar o mandato. § 3º. No caso de flagrante de crime inafiançável, os autos serão remetidos, dentro de vinte e quatro horas, à Casa respectiva, para que, pelo voto secreto da maioria de seus membros, resolva sobre a prisão e autorize, ou não, a formação de culpa. § 4º. Os Deputados e Senadores serão submetidos a julgamento perante o Supremo Tribunal Federal. § 5º. Os Deputados e Senadores não serão obrigados a testemunhar sobre informações recebidas ou prestadas em razão do exercício do mandato, nem sobre as pessoas que lhes confiaram ou deles receberam informações. § 6º. A incorporação às Forças Armadas de Deputados e Senadores, embora militares e ainda que em tempo de guerra, dependerá de prévia licença da Casa respectiva. § 7º. As imunidades de Deputados ou Senadores subsistirão durante o estado de sítio, só podendo ser suspensas mediante o voto de dois terços dos membros da Casa respectiva, nos casos de atos, praticados fora do recinto do Congresso, que sejam incompatíveis com a execução da medida".

mediante provocação da respectiva Mesa ou de partido político representado no Congresso Nacional, assegurada ampla defesa.

§ 3º. Nos casos previstos nos incisos III a V, a perda será declarada pela Mesa da Casa respectiva, de ofício ou mediante provocação de qualquer de seus membros, ou de partido político representado no Congresso Nacional, assegurada ampla defesa.

§ 4º. A renúncia de parlamentar submetido a processo que vise ou possa levar à perda do mandato, nos termos deste artigo, terá seus efeitos suspensos até as deliberações finais de que tratam os §§ 2º e 3º.[77]

Art. 56. Não perderá o mandato o Deputado ou Senador:

I – investido no cargo de Ministro de Estado, Governador de Território, Secretário de Estado, do Distrito Federal, de Território, de Prefeitura de Capital ou chefe de missão diplomática temporária;

II – licenciado pela respectiva Casa por motivo de doença, ou para tratar, sem remuneração, de interesse particular, desde que, neste caso, o afastamento não ultrapasse cento e vinte dias por sessão legislativa.

§ 1º. O suplente será convocado nos casos de vaga, de investidura em funções previstas neste artigo ou de licença superior a cento e vinte dias.

§ 2º. Ocorrendo vaga e não havendo suplente, far-se-á eleição para preenchê-la de faltarem mais de quinze meses para o término do mandato.

§ 3º. Na hipótese do inciso I, o Deputado ou Senador poderá optar pela remuneração do mandato.

Seção VI – *Das Reuniões*

Art. 57. O Congresso Nacional reunir-se-á, anualmente, na Capital Federal, de 15 de fevereiro a 30 de junho e de 1º de agosto a 15 de dezembro.

§ 1º. As reuniões marcadas para essas datas serão transferidas para o primeiro dia útil subseqüente, quando recaírem em sábados, domingos ou feriados.

§ 2º. A sessão legislativa não será interrompida sem a aprovação do projeto de lei de diretrizes orçamentárias.

§ 3º. Além de outros casos previstos nesta Constituição, a Câmara dos Deputados e o Senado Federal reunir-se-ão em sessão conjunta para:

I – inaugurar a sessão legislativa;

II – elaborar o regimento comum e regular a criação de serviços comuns às duas Casas;

III – receber o compromisso do Presidente e do Vice-Presidente da República;

IV – conhecer do veto e sobre ele deliberar.

§ 4º. Cada uma das Casas reunir-se-á em sessões preparatórias, a partir de 1º de fevereiro, no primeiro ano da legislatura, para a posse de seus membros e eleição das

---

77. Parágrafo incluído pela EC de Revisão n. 6, de 7.6.1994.

respectivas Mesas, para mandato de dois anos, vedada a recondução para o mesmo cargo na eleição imediatamente subseqüente.

§ 5º. A Mesa do Congresso Nacional será presidida pelo Presidente do Senado Federal, e os demais cargos serão exercidos, alternadamente, pelos ocupantes de cargos equivalentes na Câmara dos Deputados e no Senado Federal.

§ 6º. A convocação extraordinária do Congresso Nacional far-se-á:

I – pelo Presidente do Senado Federal, em caso de decretação de estado de defesa ou de intervenção federal, de pedido de autorização para a decretação de estado de sítio e para o compromisso e a posse do Presidente e do Vice-Presidente da República;

II – pelo Presidente da República, pelos Presidentes da Câmara dos Deputados e do Senado Federal, ou a requerimento da maioria dos membros de ambas as Casas, em caso de urgência ou interesse público relevante.

§ 7º. Na sessão legislativa extraordinária, o Congresso Nacional somente deliberará sobre a matéria para a qual foi convocado, ressalvada a hipótese do § 8º, vedado o pagamento de parcela indenizatória em valor superior ao subsídio mensal.[78]

§ 8º. Havendo medidas provisórias em vigor na data de convocação extraordinária do Congresso Nacional, serão elas automaticamente incluídas na pauta da convocação.[79]

Seção VII – *Das Comissões*

Art. 58. O Congresso Nacional e suas Casas terão comissões permanentes e temporárias, constituídas na forma e com as atribuições previstas no respectivo regimento ou no ato de que resultar sua criação.

§ 1º. Na constituição das Mesas e de cada Comissão, é assegurada, tanto quanto possível, a representação proporcional dos partidos ou dos blocos parlamentares que participam da respectiva Casa.

§ 2º. Às comissões, em razão da matéria de sua competência, cabe:

I – discutir e votar projeto de lei que dispensar, na forma do regimento, a competência do Plenário, salvo se houver recurso de um décimo dos membros da Casa;

II – realizar audiências públicas com entidades da sociedade civil;

III – convocar Ministros de Estado para prestar informações sobre assuntos inerentes a suas atribuições;

IV – receber petições, reclamações, representações ou queixas de qualquer pessoa contra atos ou omissões das autoridades ou entidades públicas;

---

78. Redação dada pela EC-32, de 11.9.2001. Texto anterior proveniente da EC-19, de 4.6.1998: "§ 7º. Na sessão legislativa extraordinária, o Congresso Nacional somente deliberará sobre a matéria para a qual foi convocado, vedado o pagamento de parcela indenizatória em valor superior ao do subsídio mensal". Texto primitivo: "§ 7º. Na sessão legislativa extraordinária, o Congresso Nacional somente deliberará sobre a matéria para a qual foi convocado".

79. Parágrafo incluído pela EC-32, de 11.9.2001.

V – solicitar depoimento de qualquer autoridade ou cidadão;

VI – apreciar programas de obras, planos nacionais, regionais e setoriais de desenvolvimento e sobre eles emitir parecer.

§ 3º. As comissões parlamentares de inquérito, que terão poderes de investigação próprios das autoridades judiciais, além de outros previstos nos regimentos das respectivas Casas, serão criadas pela Câmara dos Deputados e pelo Senado Federal, em conjunto ou separadamente, mediante requerimento de um terço de seus membros, para a apuração de fato determinado e por prazo certo, sendo suas conclusões, se for o caso, encaminhadas ao Ministério Público, para que promova a responsabilidade civil ou criminal dos infratores.

§ 4º. Durante o recesso, haverá uma Comissão representativa do Congresso Nacional, eleita por suas Casas na última sessão ordinária do período legislativo, com atribuições definidas no regimento comum, cuja composição reproduzirá, quanto possível, a proporcionalidade da representação partidária.

Seção VIII – *Do Processo Legislativo*

Subseção I – Disposição Geral

Art. 59. O processo legislativo compreende a elaboração de:

I – emendas à Constituição;

II – leis complementares;

III – leis ordinárias;

IV – leis delegadas;

V – medidas provisórias;

VI – decretos legislativos;

VII – resoluções.

Parágrafo único. Lei complementar disporá sobre a elaboração, redação, alteração e consolidação das leis.

Subseção II – Da Emenda à Constituição

Art. 60. A Constituição poderá ser emendada mediante proposta:

I – de um terço, no mínimo, dos membros da Câmara dos Deputados ou do Senado Federal;

II – do Presidente da República;

III – de mais da metade das Assembléias Legislativas das unidades da Federação, manifestando-se, cada uma delas, pela maioria relativa de seus membros.

§ 1º. A Constituição não poderá ser emendada na vigência de intervenção federal, de estado de defesa ou de estado de sítio.

§ 2º. A proposta será discutida e votada em cada Casa do Congresso Nacional, em dois turnos, considerando-se aprovada se obtiver, em ambos, três quintos dos votos dos respectivos membros.

§ 3º. A emenda à Constituição será promulgada pelas Mesas da Câmara dos Deputados e do Senado Federal, com o respectivo número de ordem.

§ 4º. Não será objeto de deliberação a proposta de emenda tendente a abolir:

I – a forma federativa de Estado;

II – o voto direto, secreto, universal e periódico;

III – a separação dos Poderes;

IV – os direitos e garantias individuais.

§ 5º. A matéria constante de proposta de emenda rejeitada ou havida por prejudicada não pode ser objeto de nova proposta na mesma sessão legislativa.

Subseção III – Das Leis

Art. 61. A iniciativa das leis complementares e ordinárias cabe a qualquer membro ou Comissão da Câmara dos Deputados, do Senado Federal ou do Congresso Nacional, ao Presidente da República, ao Supremo Tribunal Federal, aos Tribunais Superiores, ao Procurador-Geral da República e aos cidadãos, na forma e nos casos previstos nesta Constituição.

§ 1º. São de iniciativa privativa do Presidente da República as leis que:

I – fixem ou modifiquem os efetivos das Forças Armadas;

II – disponham sobre:

a) criação de cargos, funções ou empregos públicos na administração direta e autárquica ou aumento de sua remuneração;

b) organização administrativa e judiciária, matéria tributária e orçamentária, serviços públicos e pessoal da administração dos Territórios;

c) servidores públicos da União e Territórios, seu regime jurídico, provimento de cargos, estabilidade e aposentadoria;[80]

d) organização do Ministério Público e da Defensoria Pública da União, bem como normas gerais para a organização do Ministério Público e da Defensoria Pública dos Estados, do Distrito Federal e dos Territórios;

e) criação e extinção de Ministérios e órgãos da administração pública, observado o disposto no art. 84, VI;[81]

---

80. Redação dada pela EC-18, de 5.2.1998. Texto anterior: "c) servidores públicos da União e Territórios, seu regime jurídico, provimento de cargos, estabilidade e aposentadoria de civis, reforma e transferência de militares para a inatividade".
81. Redação dada pela EC-32, de 11.9.2001. Texto anterior: "e) criação, estruturação e atribuições dos Ministérios e órgãos da administração pública".

f) militares das Forças Armadas, seu regime jurídico, provimento de cargos, promoções, estabilidade, remuneração, reforma e transferência para a reserva.[82]

§ 2º. A iniciativa popular pode ser exercida pela apresentação à Câmara dos Deputados de projeto de lei subscrito por, no mínimo, um por cento do eleitorado nacional, distribuído pelo menos por cinco Estados, com não menos de três décimos por cento dos eleitores de cada um deles.

Art. 62. Em caso de relevância e urgência, o Presidente da República poderá adotar medidas provisórias, com força de lei, devendo submetê-las de imediato ao Congresso Nacional.[83]

§ 1º. É vedada a edição de medidas provisórias sobre matéria:

I – relativa a:

a) nacionalidade, cidadania, direitos políticos, partidos políticos e direito eleitoral;

b) direito penal, processual penal e processual civil;

c) organização do Poder Judiciário e do Ministério Público, a carreira e a garantia de seus membros;

d) planos plurianuais, diretrizes orçamentárias, orçamento e créditos adicionais e suplementares, ressalvado o previsto no art. 167, § 3º;

II – que vise a detenção ou seqüestro de bens, de poupança popular ou qualquer outro ativo financeiro;

III – reservada a lei complementar;

IV – já disciplinada em projeto de lei aprovado pelo Congresso Nacional e pendente de sanção ou veto do Presidente da República.

§ 2º. Medida provisória que implique instituição ou majoração de impostos, exceto os previstos nos arts. 153, I, II, IV, V, e 154, II, só produzirá efeitos no exercício financeiro seguinte se houver sido convertida em lei até o último dia daquele em que foi editada.

§ 3º. As medidas provisórias, ressalvado o disposto nos §§ 11 e 12 perderão eficácia, desde a edição, se não forem convertidas em lei no prazo de sessenta dias, prorrogável, nos termos do § 7º, uma vez por igual período, devendo o Congresso Nacional disciplinar, por decreto legislativo, as relações jurídicas delas decorrentes.

§ 4º. O prazo a que se refere o § 3º contar-se-á da publicação da medida provisória, suspendendo-se durante os períodos de recesso do Congresso Nacional.

---

82. Alínea incluída pela EC-18, de 5.2.1998.
83. Redação dada pela EC-32, de 11.9.2001, suprimido o parágrafo único. Texto anterior: "Art. 62. Em caso de relevância e urgência, o Presidente da República poderá adotar medidas provisórias, com força de lei, devendo submetê-las de imediato ao Congresso Nacional, que, estando em recesso, será convocado extraordinariamente para se reunir no prazo de cinco dias. Parágrafo único. As medidas provisórias perderão eficácia, desde a edição, se não forem convertidas em lei no prazo de trinta dias, a partir de sua publicação, devendo o Congresso Nacional disciplinar as relações jurídicas delas decorrentes".

§ 5º. A deliberação de cada uma das Casas do Congresso Nacional sobre o mérito das medidas provisórias dependerá de juízo prévio sobre o atendimento de seus pressupostos constitucionais.

§ 6º. Se a medida provisória não for apreciada em até quarenta e cinco dias contados de sua publicação, entrará em regime de urgência, subseqüentemente, em cada uma das Casas do Congresso Nacional, ficando sobrestadas, até que se ultime a votação, todas as demais deliberações legislativas da Casa em que estiver tramitando.

§ 7º. Prorrogar-se-á uma única vez por igual período a vigência de medida provisória que, no prazo de sessenta dias, contado de sua publicação, não tiver a sua votação encerrada nas duas Casas do Congresso Nacional.

§ 8º. As medidas provisórias terão sua votação iniciada na Câmara dos Deputados.

§ 9º. Caberá à comissão mista de Deputados e Senadores examinar as medidas provisórias e sobre elas emitir parecer, antes de serem apreciadas, em sessão separada, pelo plenário de cada uma das Casas do Congresso Nacional.

§ 10. É vedada a reedição, na mesma sessão legislativa, de medida provisória que tenha sido rejeitada ou que tenha perdido sua eficácia por decurso de prazo.

§ 11. Não editado o decreto legislativo a que se refere o § 3º até sessenta dias após a rejeição ou perda de eficácia de medida provisória, as relações jurídicas constituídas e decorrentes de atos praticados durante sua vigência conservar-se-ão por ela regidas.

§ 12. Aprovado projeto de lei de conversão alterando o texto original da medida provisória, esta manter-se-á integralmente em vigor até que seja sancionado ou vetado o projeto.[84]

Art. 63. Não será admitido aumento da despesa prevista:

I – nos projetos de iniciativa exclusiva do Presidente da República, ressalvado o disposto no art. 166, § 3º e § 4º;

II – nos projetos sobre organização dos serviços administrativos da Câmara dos Deputados, do Senado Federal, dos Tribunais Federais e do Ministério Público.

Art. 64. A discussão e votação dos projetos de lei de iniciativa do Presidente da República, do Supremo Tribunal Federal e dos Tribunais Superiores terão início na Câmara dos Deputados.

§ 1º. O Presidente da República poderá solicitar urgência para apreciação de projetos de sua iniciativa.

§ 2º. Se, no caso do § 1º, a Câmara dos Deputados e o Senado Federal não se manifestarem sobre a proposição, cada qual sucessivamente, em até quarenta e cinco dias, sobrestar-se-ão todas as demais deliberações legislativas da respectiva Casa, com exceção das que tenham prazo constitucional determinado, até que se ultime a votação.[85]

---

84. §§ 1º a 12 incluídos pela EC-32, de 11.9.2001.
85. Redação dada pela EC-32, de 11.9.2001. Texto anterior: "§ 2º. Se, no caso do parágrafo anterior, a Câmara dos Deputados e o Senado Federal não se manifestarem, cada qual, sucessivamente, em até quarenta e cinco dias, sobre a proposição, será esta incluída na ordem do dia, sobrestando-se a deliberação quanto aos demais assuntos, para que se ultime a votação".

§ 3º. A apreciação das emendas do Senado Federal pela Câmara dos Deputados far-se-á no prazo de dez dias, observado quanto ao mais o disposto no parágrafo anterior.

§ 4º. Os prazos do § 2º não correm nos períodos de recesso do Congresso Nacional, nem se aplicam aos projetos de código.

Art. 65. O projeto de lei aprovado por uma Casa será revisto pela outra, em um só turno de discussão e votação, e enviado à sanção ou promulgação, se a Casa revisora o aprovar, ou arquivado, se o rejeitar.

Parágrafo único. Sendo o projeto emendado, voltará à Casa iniciadora.

Art. 66. A Casa na qual tenha sido concluída a votação enviará o projeto de lei ao Presidente da República, que, aquiescendo, o sancionará.

§ 1º. Se o Presidente da República considerar o projeto, no todo ou em parte, inconstitucional ou contrário ao interesse público, vetá-lo-á total ou parcialmente, no prazo de quinze dias úteis, contados da data do recebimento, e comunicará, dentro de quarenta e oito horas, ao Presidente do Senado Federal os motivos do veto.

§ 2º. O veto parcial somente abrangerá texto integral de artigo, de parágrafo, de inciso ou de alínea.

§ 3º. Decorrido o prazo de quinze dias, o silêncio do Presidente da República importará sanção.

§ 4º. O veto será apreciado em sessão conjunta, dentro de trinta dias a contar de seu recebimento, só podendo ser rejeitado pelo voto da maioria absoluta dos Deputados e Senadores, em escrutínio secreto.

§ 5º. Se o veto não for mantido, será o projeto enviado, para promulgação, ao Presidente da República.

§ 6º. Esgotado sem deliberação o prazo estabelecido no § 4º, o veto será colocado na ordem do dia da sessão imediata, sobrestadas as demais proposições, até sua votação final.[86]

§ 7º. Se a lei não for promulgada dentro de quarenta e oito horas pelo Presidente da República, nos casos dos § 3º e § 5º, o Presidente do Senado a promulgará, e, se este não o fizer em igual prazo, caberá ao Vice-Presidente do Senado fazê-lo.

Art. 67. A matéria constante de projeto de lei rejeitado somente poderá constituir objeto de novo projeto, na mesma sessão legislativa, mediante proposta da maioria absoluta dos membros de qualquer das Casas do Congresso Nacional.

Art. 68. As leis delegadas serão elaboradas pelo Presidente da República, que deverá solicitar a delegação ao Congresso Nacional.

§ 1º. Não serão objeto de delegação os atos de competência exclusiva do Congresso Nacional, os de competência privativa da Câmara dos Deputados ou do Senado Federal, a matéria reservada à lei complementar, nem a legislação sobre:

---

86. Redação dada pela EC-32, de 11.9.2001. Texto anterior: "§ 6º. Esgotado sem deliberação o prazo estabelecido no § 4º, o veto será colocado na ordem do dia da sessão imediata, sobrestadas as demais proposições, até sua votação final, ressalvadas as matérias de que trata o art. 62, parágrafo único".

I – organização do Poder Judiciário e do Ministério Público, a carreira e a garantia de seus membros;

II – nacionalidade, cidadania, direitos individuais, políticos e eleitorais;

III – planos plurianuais, diretrizes orçamentárias e orçamentos.

§ 2º. A delegação ao Presidente da República terá a forma de resolução do Congresso Nacional, que especificará seu conteúdo e os termos de seu exercício.

§ 3º. Se a resolução determinar a apreciação do projeto pelo Congresso Nacional, este a fará em votação única, vedada qualquer emenda.

Art. 69. As leis complementares serão aprovadas por maioria absoluta.

Seção IX – *Da Fiscalização Contábil, Financeira e Orçamentária*

Art. 70. A fiscalização contábil, financeira, orçamentária, operacional e patrimonial da União e das entidades da administração direta e indireta, quanto à legalidade, legitimidade, economicidade, aplicação das subvenções e renúncia de receitas, será exercida pelo Congresso Nacional, mediante controle externo, e pelo sistema de controle interno de cada Poder.

Parágrafo único. Prestará contas qualquer pessoa física ou jurídica, pública ou privada, que utilize, arrecade, guarde, gerencie ou administre dinheiros, bens e valores públicos ou pelos quais a União responda, ou que, em nome desta, assuma obrigações de natureza pecuniária.[87]

Art. 71. O controle externo, a cargo do Congresso Nacional, será exercido com o auxílio do Tribunal de Contas da União, ao qual compete:

I – apreciar as contas prestadas anualmente pelo Presidente da República, mediante parecer prévio que deverá ser elaborado em sessenta dias a contar de seu recebimento;

II – julgar as contas dos administradores e demais responsáveis por dinheiros, bens e valores públicos da administração direta e indireta, incluídas as fundações e sociedades instituídas e mantidas pelo Poder Público federal, e as contas daqueles que derem causa a perda, extravio ou outra irregularidade de que resulte prejuízo ao erário público;

III – apreciar, para fins de registro, a legalidade dos atos de admissão de pessoal, a qualquer título, na administração direta e indireta, incluídas as fundações instituídas e mantidas pelo Poder Público, excetuadas as nomeações para cargo de provimento em comissão, bem como a das concessões de aposentadorias, reformas e pensões, ressalvadas as melhorias posteriores que não alterem o fundamento legal do ato concessório;

IV – realizar, por iniciativa própria, da Câmara dos Deputados, do Senado Federal, de Comissão técnica ou de inquérito, inspeções e auditorias de natureza con-

---

87. Redação dada pela EC-19, de 4.6.1998. Texto anterior: "Parágrafo único. Prestará contas qualquer pessoa física ou entidade pública que utilize, arrecade, guarde, gerencie ou administre dinheiros, bens e valores públicos ou pelos quais a União responda, ou que, em nome desta, assuma obrigações de natureza pecuniária".

tábil, financeira, orçamentária, operacional e patrimonial, nas unidades administrativas dos Poderes Legislativo, Executivo e Judiciário, e demais entidades referidas no inciso II;

V – fiscalizar as contas nacionais das empresas supranacionais de cujo capital social a União participe, de forma direta ou indireta, nos termos do tratado constitutivo;

VI – fiscalizar a aplicação de quaisquer recursos repassados pela União mediante convênio, acordo, ajuste ou outros instrumentos congêneres, a Estado, ao Distrito Federal ou a Município;

VII – prestar as informações solicitadas pelo Congresso Nacional, por qualquer de suas Casas, ou por qualquer das respectivas Comissões, sobre a fiscalização contábil, financeira, orçamentária, operacional e patrimonial e sobre resultados de auditorias e inspeções realizadas;

VIII – aplicar aos responsáveis, em caso de ilegalidade de despesa ou irregularidade de contas, as sanções previstas em lei, que estabelecerá, entre outras cominações, multa proporcional ao dano causado ao erário;

IX – assinar prazo para que o órgão ou entidade adote as providências necessárias ao exato cumprimento da lei, se verificada ilegalidade;

X – sustar, se não atendido, a execução do ato impugnado, comunicando a decisão à Câmara dos Deputados e ao Senado Federal;

XI – representar ao Poder competente sobre irregularidades ou abusos apurados.

§ 1º. No caso de contrato, o ato de sustação será adotado diretamente pelo Congresso Nacional, que solicitará, de imediato, ao Poder Executivo as medidas cabíveis.

§ 2º. Se o Congresso Nacional ou o Poder Executivo, no prazo de noventa dias, não efetivar as medidas previstas no parágrafo anterior, o Tribunal decidirá a respeito.

§ 3º. As decisões do Tribunal de que resulte imputação de débito ou multa terão eficácia de título executivo.

§ 4º. O Tribunal encaminhará ao Congresso Nacional, trimestral e anualmente, relatório de suas atividades.

Art. 72. A Comissão mista permanente a que se refere o art. 166, § 1º, diante de indícios de despesas não autorizadas, ainda que sob a forma de investimentos não programados ou de subsídios não aprovados, poderá solicitar à autoridade governamental responsável que, no prazo de cinco dias, preste os esclarecimentos necessários.

§ 1º. Não prestados os esclarecimentos, ou considerados estes insuficientes, a Comissão solicitará ao Tribunal pronunciamento conclusivo sobre a matéria, no prazo de trinta dias.

§ 2º. Entendendo o Tribunal irregular a despesa, a Comissão, se julgar que o gasto possa causar dano irreparável ou grave lesão à economia pública, proporá ao Congresso Nacional sua sustação.

Art. 73. O Tribunal de Contas da União, integrado por nove Ministros, tem sede no Distrito Federal, quadro próprio de pessoal e jurisdição em todo o território nacional, exercendo, no que couber, as atribuições previstas no art. 96.

§ 1º. Os Ministros do Tribunal de Contas da União serão nomeados dentre brasileiros que satisfaçam os seguintes requisitos:

I – mais de trinta e cinco e menos de sessenta e cinco anos de idade;

II – idoneidade moral e reputação ilibada;

III – notórios conhecimentos jurídicos, contábeis, econômicos e financeiros ou de administração pública;

IV – mais de dez anos de exercício de função ou de efetiva atividade profissional que exija os conhecimentos mencionados no inciso anterior.

§ 2º. Os Ministros do Tribunal de Contas da União serão escolhidos:

I – um terço pelo Presidente da República, com aprovação do Senado Federal, sendo dois alternadamente dentre auditores e membros do Ministério Público junto ao Tribunal, indicados em lista tríplice pelo Tribunal, segundo os critérios de antigüidade e merecimento;

II – dois terços pelo Congresso Nacional.

§ 3º. Os Ministros do Tribunal de Contas da União terão as mesmas garantias, prerrogativas, impedimentos, vencimentos e vantagens dos Ministros do Superior Tribunal de Justiça, aplicando-se-lhes, quanto à aposentadoria e pensão, as normas constantes do art. 40.[88]

§ 4º. O auditor, quando em substituição a Ministro, terá as mesmas garantias e impedimentos do titular e, quando no exercício das demais atribuições da judicatura, as de juiz de Tribunal Regional Federal.

Art. 74. Os Poderes Legislativo, Executivo e Judiciário manterão, de forma integrada, sistema de controle interno com a finalidade de:

I – avaliar o cumprimento das metas previstas no plano plurianual, a execução dos programas de governo e dos orçamentos da União;

II – comprovar a legalidade e avaliar os resultados, quanto à eficácia e eficiência, da gestão orçamentária, financeira e patrimonial nos órgãos e entidades da administração federal, bem como da aplicação de recursos públicos por entidades de direito privado;

III – exercer o controle das operações de crédito, avais e garantias, bem como dos direitos e haveres da União;

IV – apoiar o controle externo no exercício de sua missão institucional.

§ 1º. Os responsáveis pelo controle interno, ao tomarem conhecimento de qualquer irregularidade ou ilegalidade, dela darão ciência ao Tribunal de Contas da União, sob pena de responsabilidade solidária.

§ 2º. Qualquer cidadão, partido político, associação ou sindicato é parte legítima para, na forma da lei, denunciar irregularidades ou ilegalidades perante o Tribunal de Contas da União.

---

88. Redação dada pela EC-20, de 15.12.1998. Texto anterior: "§ 3º. Os Ministros do Tribunal de Contas da União terão as mesmas garantias, prerrogativas, impedimentos, vencimentos e vantagens dos Ministros do Superior Tribunal de Justiça e somente poderão aposentar-se com as vantagens do cargo quando o tiverem exercido efetivamente por mais de cinco anos".

Art. 75. As normas estabelecidas nesta seção aplicam-se, no que couber, à organização, composição e fiscalização dos Tribunais de Contas dos Estados e do Distrito Federal, bem como dos Tribunais e Conselhos de Contas dos Municípios.

Parágrafo único. As Constituições estaduais disporão sobre os Tribunais de Contas respectivos, que serão integrados por sete Conselheiros.

Capítulo II – DO PODER EXECUTIVO

Seção I – *Do Presidente e do Vice-Presidente da República*

Art. 76. O Poder Executivo é exercido pelo Presidente da República, auxiliado pelos Ministros de Estado.

Art. 77. A eleição do Presidente e do Vice-Presidente da República realizar-se-á, simultaneamente, no primeiro domingo de outubro, em primeiro turno, e no último domingo de outubro, em segundo turno, se houver, do ano anterior ao do término do mandato presidencial vigente.[89]

§ 1º. A eleição do Presidente da República importará a do Vice-Presidente com ele registrado.

§ 2º. Será considerado eleito Presidente o candidato que, registrado por partido político, obtiver a maioria absoluta de votos, não computados os em branco e os nulos.

§ 3º. Se nenhum candidato alcançar maioria absoluta na primeira votação, far-se-á nova eleição em até vinte dias após a proclamação do resultado, concorrendo os dois candidatos mais votados e considerando-se eleito aquele que obtiver a maioria dos votos válidos.

§ 4º. Se, antes de realizado o segundo turno, ocorrer morte, desistência ou impedimento legal de candidato, convocar-se-á, dentre os remanescentes, o de maior votação.

§ 5º. Se, na hipótese dos parágrafos anteriores, remanescer, em segundo lugar, mais de um candidato com a mesma votação, qualificar-se-á o mais idoso.

Art. 78. O Presidente e o Vice-Presidente da República tomarão posse em sessão do Congresso Nacional, prestando o compromisso de manter, defender e cumprir a Constituição, observar as leis, promover o bem geral do povo brasileiro, sustentar a união, a integridade e a independência do Brasil.

Parágrafo único. Se, decorridos dez dias da data fixada para a posse, o Presidente ou Vice-Presidente, salvo motivo de força maior, não tiver assumido o cargo, este será declarado vago.

Art. 79. Substituirá o Presidente, no caso de impedimento, e suceder-lhe-á, no de vaga, o Vice-Presidente.

---

89. Redação dada pela EC-16, de 4.6.1997. Texto anterior: "Art. 77. A eleição do Presidente e do Vice-Presidente da República realizar-se-á, simultaneamente, noventa dias antes do término do mandato presidencial vigente".

Parágrafo único. O Vice-Presidente da República, além de outras atribuições que lhe forem conferidas por lei complementar, auxiliará o Presidente, sempre que por ele convocado para missões especiais.

Art. 80. Em caso de impedimento do Presidente e do Vice-Presidente, ou vacância dos respectivos cargos, serão sucessivamente chamados ao exercício da Presidência o Presidente da Câmara dos Deputados, o do Senado Federal e o do Supremo Tribunal Federal.

Art. 81. Vagando os cargos de Presidente e Vice-Presidente da República, far-se-á eleição noventa dias depois de aberta a última vaga.

§ 1º. Ocorrendo a vacância nos últimos dois anos do período presidencial, a eleição para ambos os cargos será feita trinta dias depois da última vaga, pelo Congresso Nacional, na forma da lei.

§ 2º. Em qualquer dos casos, os eleitos deverão completar o período de seus antecessores.

Art. 82. O mandato do Presidente da República é de quatro anos e terá início em primeiro de janeiro do ano seguinte ao da sua eleição.[90]

Art. 83. O Presidente e o Vice-Presidente da República não poderão, sem licença do Congresso Nacional, ausentar-se do País por período superior a quinze dias, sob pena de perda do cargo.

Seção II – *Das Atribuições do Presidente da República*

Art. 84. Compete privativamente ao Presidente da República:

I – nomear e exonerar os Ministros de Estado;

II – exercer, com o auxílio dos Ministros de Estado, a direção superior da administração federal;

III – iniciar o processo legislativo, na forma e nos casos previstos nesta Constituição;

IV – sancionar, promulgar e fazer publicar as leis, bem como expedir decretos e regulamentos para sua fiel execução;

V – vetar projetos de lei, total ou parcialmente;

VI – dispor, mediante decreto, sobre:[91]

a) organização e funcionamento da administração federal, quando não implicar aumento de despesa nem criação ou extinção de órgãos públicos;

---

90. Redação dada pela EC-16, de 4.6.1997. Texto anterior proveniente da EC de Revisão n. 5, de 7.6.1994: "Art. 82. O mandato do Presidente da República é de quatro anos, vedada a reeleição para o período subseqüente, e terá início em 1º de janeiro do ano seguinte ao da sua eleição". Texto primitivo: "Art. 82. O mandato do Presidente da República é de cinco anos, vedada a reeleição para o período subseqüente, e terá início em 1º de janeiro do ano seguinte ao da sua eleição".

91. Redação dada pela EC-32, de 11.9.2001, que também incluiu as alíneas "a" e "b" desse inciso. Texto anterior: "VI – dispor sobre a organização e o funcionamento da administração federal, na forma da lei".

b) extinção de funções ou cargos públicos, quando vagos;

VII – manter relações com Estados estrangeiros e acreditar seus representantes diplomáticos;

VIII – celebrar tratados, convenções e atos internacionais, sujeitos a referendo do Congresso Nacional;

IX – decretar o estado de defesa e o estado de sítio;

X – decretar e executar a intervenção federal;

XI – remeter mensagem e plano de governo ao Congresso Nacional por ocasião da abertura da sessão legislativa, expondo a situação do País e solicitando as providências que julgar necessárias;

XII – conceder indulto e comutar penas, com audiência, se necessário, dos órgãos instituídos em lei;

XIII – exercer o comando supremo das Forças Armadas, nomear os Comandantes da Marinha, do Exército e da Aeronáutica, promover seus oficiais-generais e nomeá-los para os cargos que lhes são privativos;[92]

XIV – nomear, após aprovação pelo Senado Federal, os Ministros do Supremo Tribunal Federal e dos Tribunais Superiores, os Governadores de Territórios, o Procurador-Geral da República, o presidente e os diretores do Banco Central e outros servidores, quando determinado em lei;

XV – nomear, observado o disposto no art. 73, os Ministros do Tribunal de Contas da União;

XVI – nomear os magistrados, nos casos previstos nesta Constituição, e o Advogado-Geral da União;

XVII – nomear membros do Conselho da República, nos termos do art. 89, VII;

XVIII – convocar e presidir o Conselho da República e o Conselho de Defesa Nacional;

XIX – declarar guerra, no caso de agressão estrangeira, autorizado pelo Congresso Nacional ou referendado por ele, quando ocorrida no intervalo das sessões legislativas, e, nas mesmas condições, decretar, total ou parcialmente, a mobilização nacional;

XX – celebrar a paz, autorizado ou com o referendo do Congresso Nacional;

XXI – conferir condecorações e distinções honoríficas;

XXII – permitir, nos casos previstos em lei complementar, que forças estrangeiras transitem pelo território nacional ou nele permaneçam temporariamente;

XXIII – enviar ao Congresso Nacional o plano plurianual, o projeto de lei de diretrizes orçamentárias e as propostas de orçamento previstos nesta Constituição;

XXIV – prestar, anualmente, ao Congresso Nacional, dentro de sessenta dias após a abertura da sessão legislativa, as contas referentes ao exercício anterior;

XXV – prover e extinguir os cargos públicos federais, na forma da lei;

---

92. Redação dada pela EC-23, de 2.9.1999. Texto anterior: "XIII – exercer o comando supremo das Forças Armadas, promover seus oficiais-generais e nomeá-los para os cargos que lhes são privativos".

XXVI – editar medidas provisórias com força de lei, nos termos do art. 62;

XXVII – exercer outras atribuições previstas nesta Constituição.

Parágrafo único. O Presidente da República poderá delegar as atribuições mencionadas nos incisos VI, XII e XXV, primeira parte, aos Ministros de Estado, ao Procurador-Geral da República ou ao Advogado-Geral da União, que observarão os limites traçados nas respectivas delegações.

Seção III – *Da Responsabilidade do Presidente da República*

Art. 85. São crimes de responsabilidade os atos do Presidente da República que atentem contra a Constituição Federal e, especialmente, contra:

I – a existência da União;

II – o livre exercício do Poder Legislativo, do Poder Judiciário, do Ministério Público e dos Poderes constitucionais das unidades da Federação;

III – o exercício dos direitos políticos, individuais e sociais;

IV – a segurança interna do País;

V – a probidade na administração;

VI – a lei orçamentária;

VII – o cumprimento das leis e das decisões judiciais.

Parágrafo único. Esses crimes serão definidos em lei especial, que estabelecerá as normas de processo e julgamento.

Art. 86. Admitida a acusação contra o Presidente da República, por dois terços da Câmara dos Deputados, será ele submetido a julgamento perante o Supremo Tribunal Federal, nas infrações penais comuns, ou perante o Senado Federal, nos crimes de responsabilidade.

§ 1º. O Presidente ficará suspenso de suas funções:

I – nas infrações penais comuns, se recebida a denúncia ou queixa-crime pelo Supremo Tribunal Federal;

II – nos crimes de responsabilidade, após a instauração do processo pelo Senado Federal.

§ 2º. Se, decorrido o prazo de cento e oitenta dias, o julgamento não estiver concluído, cessará o afastamento do Presidente, sem prejuízo do regular prosseguimento do processo.

§ 3º. Enquanto não sobrevier sentença condenatória, nas infrações comuns, o Presidente da República não estará sujeito a prisão.

§ 4º. O Presidente da República, na vigência de seu mandato, não pode ser responsabilizado por atos estranhos ao exercício de suas funções.

Seção IV – *Dos Ministros de Estado*

Art. 87. Os Ministros de Estado serão escolhidos dentre brasileiros maiores de vinte e um anos e no exercício dos direitos políticos.

Parágrafo único. Compete ao Ministro de Estado, além de outras atribuições estabelecidas nesta Constituição e na lei:

I – exercer a orientação, coordenação e supervisão dos órgãos e entidades da administração federal na área de sua competência e referendar os atos e decretos assinados pelo Presidente da República;

II – expedir instruções para a execução das leis, decretos e regulamentos;

III – apresentar ao Presidente da República relatório anual de sua gestão no Ministério;

IV – praticar os atos pertinentes às atribuições que lhe forem outorgadas ou delegadas pelo Presidente da República.

Art. 88. A lei disporá sobre a criação e extinção de Ministérios e órgãos da administração pública.[93]

Seção V – *Do Conselho da República e do Conselho de Defesa Nacional*

Subseção I – Do Conselho da República

Art. 89. O Conselho da República é órgão superior de consulta do Presidente da República, e dele participam:

I – o Vice-Presidente da República;

II – o Presidente da Câmara dos Deputados;

III – o Presidente do Senado Federal;

IV – os líderes da maioria e da minoria na Câmara dos Deputados;

V – os líderes da maioria e da minoria no Senado Federal;

VI – o Ministro da Justiça;

VII – seis cidadãos brasileiros natos, com mais de trinta e cinco anos de idade, sendo dois nomeados pelo Presidente da República, dois eleitos pelo Senado Federal e dois eleitos pela Câmara dos Deputados, todos com mandato de três anos, vedada a recondução.

Art. 90. Compete ao Conselho da República pronunciar-se sobre:

I – intervenção federal, estado de defesa e estado de sítio;

II – as questões relevantes para a estabilidade das instituições democráticas.

§ 1º. O Presidente da República poderá convocar Ministro de Estado para participar da reunião do Conselho, quando constar da pauta questão relacionada com o respectivo Ministério.

§ 2º. A lei regulará a organização e o funcionamento do Conselho da República.

---

93. Redação dada pela EC-32, de 11.9.2001. Texto anterior: "Art. 88. A lei disporá sobre a criação, estruturação e atribuições dos Ministérios".

Subseção II – Do Conselho de Defesa Nacional

Art. 91. O Conselho de Defesa Nacional é órgão de consulta do Presidente da República nos assuntos relacionados com a soberania nacional e a defesa do Estado democrático, e dele participam como membros natos:

I – o Vice-Presidente da República;

II – o Presidente da Câmara dos Deputados;

III – o Presidente do Senado Federal;

IV – o Ministro da Justiça;

V – o Ministro de Estado da Defesa;[94]

VI – o Ministro das Relações Exteriores;

VII – o Ministro do Planejamento;

VIII – os Comandantes da Marinha, do Exército e da Aeronáutica.[95]

§ 1º. Compete ao Conselho de Defesa Nacional:

I – opinar nas hipóteses de declaração de guerra e de celebração da paz, nos termos desta Constituição;

II – opinar sobre a decretação do estado de defesa, do estado de sítio e da intervenção federal;

III – propor os critérios e condições de utilização de áreas indispensáveis à segurança do território nacional e opinar sobre seu efetivo uso, especialmente na faixa de fronteira e nas relacionadas com a preservação e a exploração dos recursos naturais de qualquer tipo;

IV – estudar, propor e acompanhar o desenvolvimento de iniciativas necessárias a garantir a independência nacional e a defesa do Estado democrático.

§ 2º. A lei regulará a organização e o funcionamento do Conselho de Defesa Nacional.

Capítulo III – DO PODER JUDICIÁRIO

Seção I – *Disposições Gerais*

Art. 92. São órgãos do Poder Judiciário:

I – o Supremo Tribunal Federal;

II – o Superior Tribunal de Justiça;

III – os Tribunais Regionais Federais e Juízes Federais;

IV – os Tribunais e Juízes do Trabalho;

---

94. Redação dada pela EC-23, de 2.9.1999. Texto anterior: "V – os Ministros militares".
95. Inciso incluído pela EC-23, de 2.9.1999.

V – os Tribunais e Juízes Eleitorais;

VI – os Tribunais e Juízes Militares;

VII – os Tribunais e Juízes dos Estados e do Distrito Federal e Territórios.

Parágrafo único. O Supremo Tribunal Federal e os Tribunais Superiores têm sede na Capital Federal e jurisdição em todo o território nacional.

Art. 93. Lei complementar, de iniciativa do Supremo Tribunal Federal, disporá sobre o Estatuto da Magistratura, observados os seguintes princípios:

I – ingresso na carreira, cujo cargo inicial será o de juiz substituto, através de concurso público de provas e títulos, com a participação da Ordem dos Advogados do Brasil em todas as suas fases, obedecendo-se, nas nomeações, à ordem de classificação;

II – promoção de entrância para entrância, alternadamente, por antigüidade e merecimento, atendidas as seguintes normas:

a) é obrigatória a promoção do juiz que figure por três vezes consecutivas ou cinco alternadas em lista de merecimento;

b) a promoção por merecimento pressupõe dois anos de exercício na respectiva entrância e integrar o juiz a primeira quinta parte da lista de antigüidade desta, salvo se não houver com tais requisitos quem aceite o lugar vago;

c) aferição do merecimento pelos critérios da presteza e segurança no exercício da jurisdição e pela freqüência e aproveitamento em cursos reconhecidos de aperfeiçoamento;

d) na apuração da antigüidade, o tribunal somente poderá recusar o juiz mais antigo pelo voto de dois terços de seus membros, conforme procedimento próprio, repetindo-se a votação até fixar-se a indicação;

III – o acesso aos tribunais de segundo grau far-se-á por antigüidade e merecimento, alternadamente, apurados na última entrância ou, onde houver, no Tribunal de Alçada, quando se tratar de promoção para o Tribunal de Justiça, de acordo com o inciso II e a classe de origem;

IV – previsão de cursos oficiais de preparação e aperfeiçoamento de magistrados como requisitos para ingresso e promoção na carreira;

V – o subsídio dos Ministros dos Tribunais Superiores corresponderá a noventa e cinco por cento do subsídio mensal fixado para os Ministros do Supremo Tribunal Federal e os subsídios dos demais magistrados serão fixados em lei e escalonados, em nível federal e estadual, conforme as respectivas categorias da estrutura judiciária nacional, não podendo a diferença entre uma e outra ser superior a dez por cento ou inferior a cinco por cento, nem exceder a noventa e cinco por cento do subsídio mensal dos Ministros dos Tribunais Superiores, obedecido, em qualquer caso, o disposto nos arts. 37, XI, e 39, § 4º;[96]

---

96. Redação dada pela EC-19, de 4.6.1998. Texto anterior: "V – os vencimentos dos magistrados serão fixados com diferença não superior a dez por cento de uma para outra das categorias da carreira, não podendo, a título nenhum, exceder os dos Ministros do Supremo Tribunal Federal".

VI – a aposentadoria dos magistrados e a pensão de seus dependentes observarão o disposto no art. 40;[97]

VII – o juiz titular residirá na respectiva comarca;

VIII – o ato de remoção, disponibilidade e aposentadoria do magistrado, por interesse público, fundar-se-á em decisão por voto de dois terços do respectivo tribunal, assegurada ampla defesa;

IX – todos os julgamentos dos órgãos do Poder Judiciário serão públicos, e fundamentadas todas as decisões, sob pena de nulidade, podendo a lei, se o interesse público o exigir, limitar a presença, em determinados atos, às próprias partes e a seus advogados, ou somente a estes;

X – as decisões administrativas dos tribunais serão motivadas, sendo as disciplinares tomadas pelo voto da maioria absoluta de seus membros;

XI – nos tribunais com número superior a vinte e cinco julgadores poderá ser constituído órgão especial, com o mínimo de onze e o máximo de vinte e cinco membros, para o exercício das atribuições administrativas e jurisdicionais da competência do tribunal pleno.

Art. 94. Um quinto dos lugares dos Tribunais Regionais Federais, dos Tribunais dos Estados, e do Distrito Federal e Territórios será composto de membros, do Ministério Público, com mais de dez anos de carreira, e de advogados de notório saber jurídico e de reputação ilibada, com mais de dez anos de efetiva atividade profissional, indicados em lista sêxtupla pelos órgãos de representação das respectivas classes.

Parágrafo único. Recebidas as indicações, o tribunal formará lista tríplice, enviando-a ao Poder Executivo, que, nos vinte dias subseqüentes, escolherá um de seus integrantes para nomeação.

Art. 95. Os juízes gozam das seguintes garantias:

I – vitaliciedade, que, no primeiro grau, só será adquirida após dois anos de exercício, dependendo a perda do cargo, nesse período, de deliberação do tribunal a que o juiz estiver vinculado, e, nos demais casos, de sentença judicial transitada em julgado;

II – inamovibilidade, salvo por motivo de interesse público, na forma do art. 93, VIII;

III – irredutibilidade de subsídio, ressalvado o disposto nos arts. 37, X e XI, 39, § 4º, 150, II, 153, III, e 153, § 2º, I.[98]

Parágrafo único. Aos juízes é vedado:

I – exercer, ainda que em disponibilidade, outro cargo ou função, salvo uma de magistério;

II – receber, a qualquer título ou pretexto, custas ou participação em processo;

---

97. Redação dada pela EC-20, de 15.12.1998. "VI – a aposentadoria com proventos integrais é compulsória por invalidez ou aos setenta anos de idade, e facultativa aos trinta anos de serviço, após cinco anos de exercício efetivo na judicatura".
98. Redação dada pela EC-19, de 4.6.1998. Texto anterior: "III – irredutibilidade de vencimentos, observado, quanto à remuneração, o que dispõem os arts. 37, XI, 150, II, 153, III, e 153, § 2º, I".

III – dedicar-se à atividade político-partidária.

Art. 96. Compete privativamente:

I – aos tribunais:

a) eleger seus órgãos diretivos e elaborar seus regimentos internos, com observância das normas de processo e das garantias processuais das partes, dispondo sobre a competência e o funcionamento dos respectivos órgãos jurisdicionais e administrativos;

b) organizar suas secretarias e serviços auxiliares e os dos juízos que lhes forem vinculados, velando pelo exercício da atividade correicional respectiva;

c) prover, na forma prevista nesta Constituição, os cargos de juiz de carreira da respectiva jurisdição;

d) propor a criação de novas varas judiciárias;

e) prover, por concurso público de provas, ou de provas e títulos, obedecido o disposto no art. 169, parágrafo único, os cargos necessários à administração da Justiça, exceto os de confiança assim definidos em lei;

f) conceder licença, férias e outros afastamentos a seus membros e aos juízes e servidores que lhes forem imediatamente vinculados;

II – ao Supremo Tribunal Federal, aos Tribunais Superiores e aos Tribunais de Justiça propor ao Poder Legislativo respectivo, observado o disposto no art. 169:

a) a alteração do número de membros dos tribunais inferiores;

b) a criação e a extinção de cargos e a remuneração dos seus serviços auxiliares e dos juízos que lhes forem vinculados, bem como a fixação do subsídio de seus membros e dos juízes, inclusive dos tribunais inferiores, onde houver, ressalvado o disposto no art. 48, XV;[99]

c) a criação ou extinção dos tribunais inferiores;

d) a alteração da organização e da divisão judiciárias;

III – aos Tribunais de Justiça julgar os juízes estaduais e do Distrito Federal e Territórios, bem como os membros do Ministério Público, nos crimes comuns e de responsabilidade, ressalvada a competência da Justiça Eleitoral.

Art. 97. Somente pelo voto da maioria absoluta de seus membros ou dos membros do respectivo órgão especial poderão os tribunais declarar a inconstitucionalidade de lei ou ato normativo do Poder Público.

Art. 98. A União, no Distrito Federal e nos Territórios, e os Estados criarão:

I – juizados especiais, providos por juízes togados, ou togados e leigos, competentes para a conciliação, o julgamento e a execução de causas cíveis de menor complexidade e infrações penais de menor potencial ofensivo, mediante os procedimentos oral e sumariíssimo, permitidos, nas hipóteses previstas em lei, a transação e o julgamento de recursos por turmas de juízes de primeiro grau;

II – justiça de paz, remunerada, composta de cidadãos eleitos pelo voto direto, universal e secreto, com mandato de quatro anos e competência para, na forma da lei,

---

99. Redação dada pela EC-19, de 4.6.1998. Texto anterior: "b) a criação e a extinção de cargos e a fixação de vencimentos de seus membros, dos juízes, inclusive dos tribunais inferiores, onde houver, dos serviços auxiliares e os dos juízos que lhes forem vinculados".

celebrar casamentos, verificar, de ofício ou em face de impugnação apresentada, o processo de habilitação e exercer atribuições conciliatórias, sem caráter jurisdicional, além de outras previstas na legislação.

Parágrafo único. Lei federal disporá sobre a criação de juizados especiais no âmbito da Justiça Federal.[100]

Art. 99. Ao Poder Judiciário é assegurada autonomia administrativa e financeira.

§ 1º. Os tribunais elaborarão suas propostas orçamentárias dentro dos limites estipulados conjuntamente com os demais Poderes na lei de diretrizes orçamentárias.

§ 2º. O encaminhamento da proposta, ouvidos os outros tribunais interessados, compete:

I – no âmbito da União, aos Presidentes do Supremo Tribunal Federal e dos Tribunais Superiores, com a aprovação dos respectivos tribunais;

II – no âmbito dos Estados e no do Distrito Federal e Territórios, aos Presidentes dos Tribunais de Justiça, com a aprovação dos respectivos tribunais.

Art. 100. À exceção dos créditos de natureza alimentícia, os pagamentos devidos pela Fazenda Federal, Estadual ou Municipal, em virtude de sentença judiciária, far-se-ão exclusivamente na ordem cronológica de apresentação dos precatórios e à conta dos créditos respectivos, proibida a designação de casos ou de pessoas nas dotações orçamentárias e nos créditos adicionais abertos para este fim.

§ 1º. É obrigatória a inclusão, no orçamento das entidades de direito público, de verba necessária ao pagamento de seus débitos oriundos de sentenças transitadas em julgado, constantes de precatórios judiciários, apresentados até 1º de julho, fazendo-se o pagamento até o final do exercício seguinte, quando terão seus valores atualizados monetariamente.[101]

§ 1º-A. Os débitos de natureza alimentícia compreendem aqueles decorrentes de salários, vencimentos, proventos, pensões e suas complementações, benefícios previdenciários e indenizações por morte ou invalidez, fundadas na responsabilidade civil, em virtude de sentença transitada em julgado.[102]

§ 2º. As dotações orçamentárias e os créditos abertos serão consignados diretamente ao Poder Judiciário, cabendo ao Presidente do Tribunal que proferir a decisão exeqüenda determinar o pagamento segundo as possibilidades do depósito, e autorizar, a requerimento do credor, e exclusivamente para o caso de preterimento de seu direito de precedência, o seqüestro da quantia necessária à satisfação do débito.[103]

---

100. Parágrafo incluído pela EC-22, de 18.3.1999.
101. Redação dada pela EC-30, de 13.9.2000. Texto anterior: "§ 1º. É obrigatória a inclusão, no orçamento das entidades de direito público, de verba necessária ao pagamento de seus débitos constantes de precatórios judiciários, apresentados até 1º de julho, data em que terão atualizados seus valores, fazendo-se o pagamento até o final do exercício seguinte".
102. Parágrafo incluído pela EC-30, de 13.9.2000.
103. Redação dada pela EC-30, de 13.9.2000. Texto anterior: "§ 2º. As dotações orçamentárias e os créditos abertos serão consignados ao Poder Judiciário, recolhendo-se as importâncias respectivas à repartição competente, cabendo ao Presidente do Tribunal que proferir a decisão exeqüenda determinar o pagamento, segundo as possibilidades do depósito, e autorizar, a requerimento do credor e exclusivamente para o caso de preterimento de seu direito de precedência, o seqüestro da quantia necessária à satisfação do débito".

§ 3º. O disposto no *caput* deste artigo, relativamente à expedição de precatórios, não se aplica aos pagamentos de obrigações definidas em lei como de pequeno valor que a Fazenda Federal, Estadual, Distrital ou Municipal deva fazer em virtude de sentença judicial transitada em julgado.[104]

§ 4º. São vedados a expedição de precatório complementar ou suplementar de valor pago, bem como fracionamento, repartição ou quebra do valor da execução, a fim de que seu pagamento não se faça, em parte, na forma estabelecida no § 3º deste artigo e, em parte, mediante expedição de precatório.[105]

§ 5º. A lei poderá fixar valores distintos para o fim previsto no § 3º deste artigo, segundo as diferentes capacidades das entidades de direito público.[106]

§ 6º. O Presidente do Tribunal competente que, por ato comissivo ou omissivo, retardar ou tentar frustrar a liquidação regular de precatório incorrerá em crime de responsabilidade.[107]

Seção II – *Do Supremo Tribunal Federal*

Art. 101. O Supremo Tribunal Federal compõe-se de onze Ministros, escolhidos dentre cidadãos com mais de trinta e cinco e menos de sessenta e cinco anos de idade, de notável saber jurídico e reputação ilibada.

Parágrafo único. Os Ministros do Supremo Tribunal Federal serão nomeados pelo Presidente da República, depois de aprovada a escolha pela maioria absoluta do Senado Federal.

Art. 102. Compete ao Supremo Tribunal Federal, precipuamente, a guarda da Constituição, cabendo-lhe:

I – processar e julgar, originariamente:

a) a ação direta de inconstitucionalidade de lei ou ato normativo federal ou estadual e a ação declaratória de constitucionalidade de lei ou ato normativo federal;[108]

b) nas infrações penais comuns, o Presidente da República, o Vice-Presidente, os membros do Congresso Nacional, seus próprios Ministros e o Procurador-Geral da República;

c) nas infrações penais comuns e nos crimes de responsabilidade, os Ministros de Estado e os Comandantes da Marinha, do Exército e da Aeronáutica, ressalvado o

104. Redação dada pela EC-30, de 13.9.2000. Texto anterior incluído pela EC-20, de 15.12.1998: " § 3º. O disposto no *caput* deste artigo, relativamente à expedição de precatórios, não se aplica aos pagamentos de obrigações definidas em lei como de pequeno valor que a Fazenda Federal, Estadual ou Municipal deva fazer em virtude de sentença judicial transitada em julgado".
105. Parágrafo incluído pela EC-37, de 12.8.2002, renumerados os anteriores §§ 4º e 5º, respectivamente para §§ 5º e 6º.
106. Parágrafo incluído pela EC-30, de 13.9.2000.
107. Parágrafo incluído pela EC-30, de 13.9.2000.
108. Redação dada pela EC-3, de 17.3.1993. Texto anterior: "a) a ação direta de inconstitucionalidade de lei ou ato normativo federal ou estadual".

disposto no art. 52, I, os membros dos Tribunais Superiores, os do Tribunal de Contas da União e os chefes de missão diplomática de caráter permanente;[109]

d) o "habeas-corpus", sendo paciente qualquer das pessoas referidas nas alíneas anteriores; o mandado de segurança e o "habeas-data" contra atos do Presidente da República, das Mesas da Câmara dos Deputados e do Senado Federal, do Tribunal de Contas da União, do Procurador-Geral da República e do próprio Supremo Tribunal Federal;

e) o litígio entre Estado estrangeiro ou organismo internacional e a União, o Estado, o Distrito Federal ou o Território;

f) as causas e os conflitos entre a União e os Estados, a União e o Distrito Federal, ou entre uns e outros, inclusive as respectivas entidades da administração indireta;

g) a extradição solicitada por Estado estrangeiro;

h) a homologação das sentenças estrangeiras e a concessão do "exequatur" às cartas rogatórias, que podem ser conferidas pelo regimento interno a seu Presidente;

i) o "habeas corpus", quando o coator for Tribunal Superior ou quando o coator ou o paciente for autoridade ou funcionário cujos atos estejam sujeitos diretamente à jurisdição do Supremo Tribunal Federal, ou se trate de crime sujeito à mesma jurisdição em uma única instância;[110]

j) a revisão criminal e a ação rescisória de seus julgados;

l) a reclamação para a preservação de sua competência e garantia da autoridade de suas decisões;

m) a execução de sentença nas causas de sua competência originária, facultada a delegação de atribuições para a prática de atos processuais;

n) a ação em que todos os membros da magistratura sejam direta ou indiretamente interessados, e aquela em que mais da metade dos membros do tribunal de origem estejam impedidos ou sejam direta ou indiretamente interessados;

o) os conflitos de competência entre o Superior Tribunal de Justiça e quaisquer tribunais, entre Tribunais Superiores, ou entre estes e qualquer outro tribunal;

p) o pedido de medida cautelar das ações diretas de inconstitucionalidade;

q) o mandado de injunção, quando a elaboração da norma regulamentadora for atribuição do Presidente da República, do Congresso Nacional, da Câmara dos Deputados, do Senado Federal, das Mesas de uma dessas Casas Legislativas, do Tribunal de Contas da União, de um dos Tribunais Superiores, ou do próprio Supremo Tribunal Federal;

---

109. Redação dada pela EC-23, de 2.9.1999. Texto anterior: "c) nas infrações penais comuns e nos crimes de responsabilidade, os Ministros de Estado, ressalvado o disposto no art. 52, I, os membros dos Tribunais Superiores, os do Tribunal de Contas da União e os chefes de missão diplomática de caráter permanente".
110. Redação dada pela EC-22, de 18.3.1999. Texto anterior: "i) o 'habeas-corpus', quando o coator ou o paciente for tribunal, autoridade ou funcionário cujos atos estejam sujeitos diretamente à jurisdição do Supremo Tribunal Federal, ou se trate de crime sujeito à mesma jurisdição em uma única instância".

II – julgar, em recurso ordinário:

a) o "habeas-corpus", o mandado de segurança, o "habeas-data" e o mandado de injunção decididos em única instância pelos Tribunais Superiores, se denegatória a decisão;

b) o crime político;

III – julgar, mediante recurso extraordinário, as causas decididas em única ou última instância, quando a decisão recorrida:

a) contrariar dispositivo desta Constituição;

b) declarar a inconstitucionalidade de tratado ou lei federal;

c) julgar válida lei ou ato de governo local contestado em face desta Constituição.

§ 1º. A argüição de descumprimento de preceito fundamental, decorrente desta Constituição, será apreciada pelo Supremo Tribunal Federal, na forma da lei.[111]

§ 2º. As decisões definitivas de mérito, proferidas pelo Supremo Tribunal Federal, nas ações declaratórias de constitucionalidade de lei ou ato normativo federal, produzirão eficácia contra todos e efeito vinculante, relativamente aos demais órgãos do Poder Judiciário e ao Poder Executivo.[112]

Art. 103. Podem propor a ação de inconstitucionalidade:

I – o Presidente da República;

II – a Mesa do Senado Federal;

III – a Mesa da Câmara dos Deputados;

IV – a Mesa de Assembléia Legislativa;

V – o Governador de Estado;

VI – o Procurador-Geral da República;

VII – o Conselho Federal da Ordem dos Advogados do Brasil;

VIII – partido político com representação no Congresso Nacional;

IX – confederação sindical ou entidade de classe de âmbito nacional.

§ 1º. O Procurador-Geral da República deverá ser previamente ouvido nas ações de inconstitucionalidade e em todos os processos de competência do Supremo Tribunal Federal.

§ 2º. Declarada a inconstitucionalidade por omissão de medida para tornar efetiva norma constitucional, será dada ciência ao Poder competente para a adoção das providências necessárias e, em se tratando de órgão administrativo, para fazê-lo em trinta dias.

§ 3º. Quando o Supremo Tribunal Federal apreciar a inconstitucionalidade, em tese, de norma legal ou ato normativo, citará, previamente, o Advogado-Geral da União, que defenderá o ato ou texto impugnado.

111. Transformado em § 1º pela EC-3, de 17.3.1993. Texto anterior: "Parágrafo único. A argüição de descumprimento de preceito fundamental, decorrente desta Constituição, será apreciada pelo Supremo Tribunal Federal, na forma da lei".
112. Parágrafo incluído pela EC-3, de 17.3.1993.

§ 4º. A ação declaratória de constitucionalidade poderá ser proposta pelo Presidente da República, pela Mesa do Senado Federal, pela Mesa da Câmara dos Deputados ou pelo Procurador Geral da República.[113]

Seção III – Do Superior Tribunal de Justiça

Art. 104. O Superior Tribunal de Justiça compõe-se de, no mínimo, trinta e três Ministros.

Parágrafo único. Os Ministros do Superior Tribunal de Justiça serão nomeados pelo Presidente da República, dentre brasileiros com mais de trinta e cinco e menos de sessenta e cinco anos, de notável saber jurídico e reputação ilibada, depois de aprovada a escolha pelo Senado Federal, sendo:

I – um terço dentre juízes dos Tribunais Regionais Federais e um terço dentre desembargadores dos Tribunais de Justiça, indicados em lista tríplice elaborada pelo próprio Tribunal;

II – um terço, em partes iguais, dentre advogados e membros do Ministério Público Federal, Estadual, do Distrito Federal e Territórios, alternadamente, indicados na forma do art. 94.

Art. 105. Compete ao Superior Tribunal de Justiça:

I – processar e julgar, originariamente:

a) nos crimes comuns, os Governadores dos Estados e do Distrito Federal, e, nestes e nos de responsabilidade, os desembargadores dos Tribunais de Justiça dos Estados e do Distrito Federal, os membros dos Tribunais de Contas dos Estados e do Distrito Federal, os dos Tribunais Regionais Federais, dos Tribunais Regionais Eleitorais e do Trabalho, os membros dos Conselhos ou Tribunais de Contas dos Municípios e os do Ministério Público da União que oficiem perante tribunais;

b) os mandados de segurança e os "habeas data" contra ato de Ministro de Estado, dos Comandantes da Marinha, do Exército e da Aeronáutica ou do próprio Tribunal;[114]

c) os "habeas corpus", quando o coator ou paciente for qualquer das pessoas mencionadas na alínea "a", ou quando o coator for tribunal sujeito à sua jurisdição, Ministro de Estado ou Comandante da Marinha, do Exército ou da Aeronáutica, ressalvada a competência da Justiça Eleitoral;[115]

d) os conflitos de competência entre quaisquer tribunais, ressalvado o disposto no art. 102, I, "o", bem como entre tribunal e juízes a ele não vinculados e entre juízes vinculados a tribunais diversos;

---

113. Parágrafo incluído pela EC-3, de 17.3.1993.
114. Redação dada pela EC-23, de 2.9.1999. Texto anterior: "b) os mandados de segurança e os 'habeas-data' contra ato de Ministro de Estado ou do próprio Tribunal".
115. Redação dada pela EC-23, de 2.9.1999. Texto anterior proveniente da EC-22, de 18.3.1999: "c) os 'habeas corpus', quando o coator ou o paciente for qualquer das pessoas mencionadas na alínea 'a', quando coator for tribunal, sujeito à sua jurisdição, ou Ministro de Estado, ressalvada a competência da Justiça Eleitoral". Texto primitivo: "c) os 'habeas-corpus', quando o coator ou o paciente for qualquer das pessoas mencionadas na alínea 'a', ou quando o coator for Ministro de Estado, ressalvada a competência da Justiça Eleitoral".

e) as revisões criminais e as ações rescisórias de seus julgados;

f) a reclamação para a preservação de sua competência e garantia da autoridade de suas decisões;

g) os conflitos de atribuições entre autoridades administrativas e judiciárias da União, ou entre autoridades judiciárias de um Estado e administrativas de outro ou do Distrito Federal, ou entre as deste e da União;

h) o mandado de injunção, quando a elaboração da norma regulamentadora for atribuição de órgão, entidade ou autoridade federal, da administração direta ou indireta, excetuados os casos de competência do Supremo Tribunal Federal e dos órgãos da Justiça Militar, da Justiça Eleitoral, da Justiça do Trabalho e da Justiça Federal;

II – julgar, em recurso ordinário:

a) os "habeas-corpus" decididos em única ou última instância pelos Tribunais Regionais Federais ou pelos tribunais dos Estados, do Distrito Federal e Territórios, quando a decisão for denegatória;

b) os mandados de segurança decididos em única instância pelos Tribunais Regionais Federais ou pelos tribunais dos Estados, do Distrito Federal e Territórios, quando denegatória a decisão;

c) as causas em que forem partes Estado estrangeiro ou organismo internacional, de um lado, e, do outro, Município ou pessoa residente ou domiciliada no País;

III – julgar, em recurso especial, as causas decididas, em única ou última instância, pelos Tribunais Regionais Federais ou pelos tribunais dos Estados, do Distrito Federal e Territórios, quando a decisão recorrida:

a) contrariar tratado ou lei federal, ou negar-lhes vigência;

b) julgar válida lei ou ato de governo local contestado em face de lei federal;

c) der a lei federal interpretação divergente da que lhe haja atribuído outro tribunal.

Parágrafo único. Funcionará junto ao Superior Tribunal de Justiça o Conselho da Justiça Federal, cabendo-lhe, na forma da lei, exercer a supervisão administrativa e orçamentária da Justiça Federal de primeiro e segundo graus.

Seção IV – *Dos Tribunais Regionais Federais e dos Juízes Federais*

Art. 106. São órgãos da Justiça Federal:

I – os Tribunais Regionais Federais;

II – os Juízes Federais.

Art. 107. Os Tribunais Regionais Federais compõem-se de, no mínimo, sete juízes, recrutados, quando possível, na respectiva região e nomeados pelo Presidente da República dentre brasileiros com mais de trinta e menos de sessenta e cinco anos, sendo:

I – um quinto dentre advogados com mais de dez anos de efetiva atividade profissional e membros do Ministério Público Federal com mais de dez anos de carreira;

II – os demais, mediante promoção de juízes federais com mais de cinco anos de exercício, por antigüidade e merecimento, alternadamente.

Parágrafo único. A lei disciplinará a remoção ou a permuta de juízes dos Tribunais Regionais Federais e determinará sua jurisdição e sede.

Art. 108. Compete aos Tribunais Regionais Federais:

I – processar e julgar, originariamente:

a) os juízes federais da área de sua jurisdição, incluídos os da Justiça Militar e da Justiça do Trabalho, nos crimes comuns e de responsabilidade, e os membros do Ministério Público da União, ressalvada a competência da Justiça Eleitoral;

b) as revisões criminais e as ações rescisórias de julgados seus ou dos juízes federais da região;

c) os mandados de segurança e os "habeas-data" contra ato do próprio Tribunal ou de juiz federal;

d) os "habeas-corpus", quando a autoridade coatora for juiz federal;

e) os conflitos de competência entre juízes federais vinculados ao Tribunal;

II – julgar, em grau de recurso, as causas decididas pelos juízes federais e pelos juízes estaduais no exercício da competência federal da área de sua jurisdição.

Art. 109. Aos juízes federais compete processar e julgar:

I – as causas em que a União, entidade autárquica ou empresa pública federal forem interessadas na condição de autoras, rés, assistentes ou oponentes, exceto as de falência, as de acidentes de trabalho e as sujeitas à Justiça Eleitoral e à Justiça do Trabalho;

II – as causas entre Estado estrangeiro ou organismo internacional e Município ou pessoa domiciliada ou residente no País;

III – as causas fundadas em tratado ou contrato da União com Estado estrangeiro ou organismo internacional;

IV – os crimes políticos e as infrações penais praticadas em detrimento de bens, serviços ou interesse da União ou de suas entidades autárquicas ou empresas públicas, excluídas as contravenções e ressalvada a competência da Justiça Militar e da Justiça Eleitoral;

V – os crimes previstos em tratado ou convenção internacional, quando iniciada a execução no País, o resultado tenha ou devesse ter ocorrido no estrangeiro, ou reciprocamente;

VI – os crimes contra a organização do trabalho e, nos casos determinados por lei, contra o sistema financeiro e a ordem econômico-financeira;

VII – os "habeas-corpus", em matéria criminal de sua competência ou quando o constrangimento provier de autoridade cujos atos não estejam diretamente sujeitos a outra jurisdição;

VIII – os mandados de segurança e os "habeas-data" contra ato de autoridade federal, excetuados os casos de competência dos tribunais federais;

IX – os crimes cometidos a bordo de navios ou aeronaves, ressalvada a competência da Justiça Militar;

X – os crimes de ingresso ou permanência irregular de estrangeiro, a execução de carta rogatória, após o "exequatur", e de sentença estrangeira, após a homologação, as causas referentes à nacionalidade, inclusive a respectiva opção, e à naturalização;

XI – a disputa sobre direitos indígenas.

§ 1º. As causas em que a União for autora serão aforadas na seção judiciária onde tiver domicílio a outra parte.

§ 2º. As causas intentadas contra a União poderão ser aforadas na seção judiciária em que for domiciliado o autor, naquela onde houver ocorrido o ato ou fato que deu origem à demanda ou onde esteja situada a coisa, ou, ainda, no Distrito Federal.

§ 3º. Serão processadas e julgadas na justiça estadual, no foro do domicílio dos segurados ou beneficiários, as causas em que forem parte instituição de previdência social e segurado, sempre que a comarca não seja sede de vara do juízo federal, e, se verificada essa condição, a lei poderá permitir que outras causas sejam também processadas e julgadas pela justiça estadual.

§ 4º. Na hipótese do parágrafo anterior, o recurso cabível será sempre para o Tribunal Regional Federal na área de jurisdição do juiz de primeiro grau.

Art. 110. Cada Estado, bem como o Distrito Federal, constituirá uma seção judiciária que terá por sede a respectiva Capital, e varas localizadas segundo o estabelecido em lei.

Parágrafo único. Nos Territórios Federais, a jurisdição e as atribuições cometidas aos juízes federais caberão aos juízes da justiça local, na forma da lei.

Seção V – *Dos Tribunais e Juízes do Trabalho*

Art. 111. São órgãos da Justiça do Trabalho:

I – o Tribunal Superior do Trabalho;

II – os Tribunais Regionais do Trabalho;

III – Juízes do Trabalho.[116]

§ 1º. O Tribunal Superior do Trabalho compor-se-á de dezessete Ministros, togados e vitalícios, escolhidos dentre brasileiros com mais de trinta e cinco e menos de sessenta e cinco anos, nomeados pelo Presidente da República, após aprovação pelo Senado Federal, dos quais onze escolhidos dentre juízes dos Tribunais Regionais do Trabalho, integrantes da carreira da magistratura trabalhista, três dentre advogados e três dentre membros do Ministério Público do Trabalho.[117]

---

116. Redação dada pela EC-24, de 9.12.1999. Texto anterior: "III – as Juntas de Conciliação e Julgamento".

117. Redação dada pela EC-24, de 9.12.1999. Texto anterior: "§ 1º. O Tribunal Superior do Trabalho compor-se-á de vinte e sete Ministros, escolhidos dentre brasileiros com mais de trinta e cinco e menos de sessenta e cinco anos, nomeados pelo Presidente da República após aprovação pelo Senado Federal, sendo".

I – (Revogado pela EC-24, de 9.12.1999)[118]

II – (Revogado pela EC-24, de 9.12.1999)[119]

§ 2º. O Tribunal encaminhará ao Presidente da República listas tríplices, observando-se, quanto às vagas destinadas aos advogados e aos membros do Ministério Público, o disposto no art. 94; as listas tríplices para o provimento de cargos destinados aos juízes da magistratura trabalhista de carreira deverão ser elaboradas pelos Ministros togados e vitalícios.[120]

§ 3º. A lei disporá sobre a competência do Tribunal Superior do Trabalho.

Art. 112. Haverá pelo menos um Tribunal Regional do Trabalho em cada Estado e no Distrito Federal, e a lei instituirá as Varas do Trabalho, podendo, nas comarcas onde não forem instituídas, atribuir sua jurisdição aos juízes de direito.[121]

Art. 113. A lei disporá sobre a constituição, investidura, jurisdição, competência, garantias e condições de exercício dos órgãos da Justiça do Trabalho.[122]

Art. 114. Compete à Justiça do Trabalho conciliar e julgar os dissídios individuais e coletivos entre trabalhadores e empregadores, abrangidos os entes de direito público externo e da administração pública direta e indireta dos Municípios, do Distrito Federal, dos Estados e da União, e, na forma da lei, outras controvérsias decorrentes da relação de trabalho, bem como os litígios que tenham origem no cumprimento de suas próprias sentenças, inclusive coletivas.

§ 1º. Frustrada a negociação coletiva, as partes poderão eleger árbitros.

§ 2º. Recusando-se qualquer das partes à negociação ou à arbitragem, é facultado aos respectivos sindicatos ajuizar dissídio coletivo, podendo a Justiça do Trabalho estabelecer normas e condições, respeitadas as disposições convencionais e legais mínimas de proteção ao trabalho.

---

118. Texto revogado: "I – dezessete togados e vitalícios, dos quais onze escolhidos dentre juízes de carreira da magistratura trabalhista, três dentre advogados e três dentre membros do Ministério Público do Trabalho".
119. Texto revogado: "II – dez classistas temporários, com representação paritária dos trabalhadores e empregadores".
120. Redação dada pela EC-24, de 9.12.1999. Texto anterior: "§ 2º. O Tribunal encaminhará ao Presidente da República listas tríplices, observando-se, quanto às vagas destinadas aos advogados e aos membros do Ministério Público, o disposto no art. 94, e, para as de classistas, o resultado de indicação de colégio eleitoral integrado pelas diretorias das confederações nacionais de trabalhadores ou empregadores, conforme o caso; as listas tríplices para o provimento de cargos destinados aos juízes da magistratura trabalhista de carreira deverão ser elaboradas pelos Ministros togados e vitalícios".
121. Redação dada pela EC-24, de 9.12.1999. Texto anterior: "Art. 112. Haverá pelo menos um Tribunal Regional do Trabalho em cada Estado e no Distrito Federal, e a lei instituirá as Juntas de Conciliação e Julgamento, podendo, nas comarcas onde não forem instituídas, atribuir sua jurisdição aos juízes de direito".
122. Redação dada pela EC-24, de 9.12.1999. Texto anterior: "Art. 113. A lei disporá sobre a constituição, investidura, jurisdição, competência, garantias e condições de exercício dos órgãos da Justiça do Trabalho, assegurada a paridade de representação de trabalhadores e empregadores".

§ 3º Compete ainda à Justiça do Trabalho executar, de ofício, as contribuições sociais previstas no art. 195, I, a, e II, e seus acréscimos legais, decorrentes das sentenças que proferir.[123]

Art. 115. Os Tribunais Regionais do Trabalho serão compostos de juízes nomeados pelo Presidente da República, observada a proporcionalidade estabelecida no § 2º do art. 111.[124]

Parágrafo único. Os magistrados dos Tribunais Regionais do Trabalho serão:

I – juízes do trabalho, escolhidos por promoção, alternadamente, por antigüidade e merecimento;

II – advogados e membros do Ministério Público do Trabalho, obedecido o disposto no art. 94;

III – (Revogado pela EC-24, de 9.12.1999)[125]

Art. 116. Nas Varas do Trabalho, a jurisdição será exercida por um juiz singular.[126]

Parágrafo único. (Revogado pela EC-24, de 9.12.1999)[127]

Art. 117 e parágrafo único. (Revogados pela EC-24, de 9.12.1999)[128]

Seção VI – *Dos Tribunais e Juízes Eleitorais*

Art. 118. São órgãos da Justiça Eleitoral:

I – o Tribunal Superior Eleitoral;

II – os Tribunais Regionais Eleitorais;

III – os Juízes Eleitorais;

IV – as Juntas Eleitorais.

Art. 119. O Tribunal Superior Eleitoral compor-se-á, no mínimo, de sete membros, escolhidos:

I – mediante eleição, pelo voto secreto:

---

123. Parágrafo incluído pela EC-20, de 15.12.1998.
124. Redação dada pela EC-24, de 9.12.1999. Texto anterior: "Art. 115. Os Tribunais Regionais do Trabalho serão compostos de juízes nomeados pelo Presidente da República, sendo dois terços de juízes togados vitalícios e um terço de juízes classistas temporários, observada, entre os juízes togados, a proporcionalidade estabelecida no art. 111, § 1º, I".
125. Texto revogado: "III – classistas indicados em listas tríplices pelas diretorias das federações e dos sindicatos com base territorial na região".
126. Redação dada pela EC-24, de 9.12.1999. Texto anterior: "Art. 116. A Junta de Conciliação e Julgamento será composta de um juiz do trabalho, que a presidirá, e dois juízes classistas temporários, representantes dos empregados e dos empregadores".
127. Texto revogado: "Parágrafo único. Os juízes classistas das Juntas de Conciliação e Julgamento serão nomeados pelo Presidente do Tribunal Regional do Trabalho, na forma da lei, permitida uma recondução".
128. Texto revogado: "Art. 117. O mandato dos representantes classistas, em todas as instâncias, é de três. Parágrafo único. Os representantes classistas terão suplentes".

a) três juízes dentre os Ministros do Supremo Tribunal Federal;

b) dois juízes dentre os Ministros do Superior Tribunal de Justiça;

II – por nomeação do Presidente da República, dois juízes dentre seis advogados de notável saber jurídico e idoneidade moral, indicados pelo Supremo Tribunal Federal.

Parágrafo único. O Tribunal Superior Eleitoral elegerá seu Presidente e o Vice-Presidente dentre os Ministros do Supremo Tribunal Federal, e o Corregedor Eleitoral dentre os Ministros do Superior Tribunal de Justiça.

Art. 120. Haverá um Tribunal Regional Eleitoral na Capital de cada Estado e no Distrito Federal.

§ 1º. Os Tribunais Regionais Eleitorais compor-se-ão:

I – mediante eleição, pelo voto secreto:

a) de dois juízes dentre os desembargadores do Tribunal de Justiça;

b) de dois juízes, dentre juízes de direito, escolhidos pelo Tribunal de Justiça;

II – de um juiz do Tribunal Regional Federal com sede na Capital do Estado ou no Distrito Federal, ou, não havendo, de juiz federal, escolhido, em qualquer caso, pelo Tribunal Regional Federal respectivo;

III – por nomeação, pelo Presidente da República, de dois juízes dentre seis advogados de notável saber jurídico e idoneidade moral, indicados pelo Tribunal de Justiça.

§ 2º. O Tribunal Regional Eleitoral elegerá seu Presidente e o Vice-Presidente dentre os desembargadores.

Art. 121. Lei complementar disporá sobre a organização e competência dos tribunais, dos juízes de direito e das juntas eleitorais.

§ 1º. Os membros dos tribunais, os juízes de direito e os integrantes das juntas eleitorais, no exercício de suas funções, e no que lhes for aplicável, gozarão de plenas garantias e serão inamovíveis.

§ 2º. Os juízes dos tribunais eleitorais, salvo motivo justificado, servirão por dois anos, no mínimo, e nunca por mais de dois biênios consecutivos, sendo os substitutos escolhidos na mesma ocasião e pelo mesmo processo, em número igual para cada categoria.

§ 3º. São irrecorríveis as decisões do Tribunal Superior Eleitoral, salvo as que contrariarem esta Constituição e as denegatórias de "habeas-corpus" ou mandado de segurança.

§ 4º. Das decisões dos Tribunais Regionais Eleitorais somente caberá recurso quando:

I – forem proferidas contra disposição expressa desta Constituição ou de lei;

II – ocorrer divergência na interpretação de lei entre dois ou mais tribunais eleitorais;

III – versarem sobre inelegibilidade ou expedição de diplomas nas eleições federais ou estaduais;

IV – anularem diplomas ou decretarem a perda de mandatos eletivos federais ou estaduais;

V – denegarem "habeas-corpus", mandado de segurança, "habeas-data" ou mandado de injunção.

Seção VII – *Dos Tribunais e Juízes Militares*

Art. 122. São órgãos da Justiça Militar:

I – o Superior Tribunal Militar;

II – os Tribunais e Juízes Militares instituídos por lei.

Art. 123. O Superior Tribunal Militar compor-se-á de quinze Ministros vitalícios, nomeados pelo Presidente da República, depois de aprovada a indicação pelo Senado Federal, sendo três dentre oficiais-generais da Marinha, quatro dentre oficiais-generais do Exército, três dentre oficiais-generais da Aeronáutica, todos da ativa e do posto mais elevado da carreira, e cinco dentre civis.

Parágrafo único. Os Ministros civis serão escolhidos pelo Presidente da República dentre brasileiros maiores de trinta e cinco anos, sendo:

I – três dentre advogados de notório saber jurídico e conduta ilibada, com mais de dez anos de efetiva atividade profissional;

II – dois, por escolha paritária, dentre juízes auditores e membros do Ministério Público da Justiça Militar.

Art. 124. À Justiça Militar compete processar e julgar os crimes militares definidos em lei.

Parágrafo único. A lei disporá sobre a organização, o funcionamento e a competência da Justiça Militar.

Seção VIII – *Dos Tribunais e Juízes dos Estados*

Art. 125. Os Estados organizarão sua Justiça, observados os princípios estabelecidos nesta Constituição.

§ 1º. A competência dos tribunais será definida na Constituição do Estado, sendo a lei de organização judiciária de iniciativa do Tribunal de Justiça.

§ 2º. Cabe aos Estados a instituição de representação de inconstitucionalidade de leis ou atos normativos estaduais ou municipais em face da Constituição Estadual, vedada a atribuição da legitimação para agir a um único órgão.

§ 3º. A lei estadual poderá criar, mediante proposta do Tribunal de Justiça, a Justiça Militar estadual, constituída, em primeiro grau, pelos Conselhos de Justiça e, em segundo, pelo próprio Tribunal de Justiça, ou por Tribunal de Justiça Militar nos Estados em que o efetivo da polícia militar seja superior a vinte mil integrantes.

§ 4º. Compete à Justiça Militar estadual processar e julgar os policiais militares e bombeiros militares nos crimes militares, definidos em lei, cabendo ao tribunal competente decidir sobre a perda do posto e da patente dos oficiais e da graduação das praças.

Art. 126. Para dirimir conflitos fundiários, o Tribunal de Justiça designará juízes de entrância especial, com competência exclusiva para questões agrárias.

Parágrafo único. Sempre que necessário à eficiente prestação jurisdicional, o juiz far-se-á presente no local do litígio.

Capítulo IV – DAS FUNÇÕES ESSENCIAIS À JUSTIÇA

Seção I – Do Ministério Público

Art. 127. O Ministério Público é instituição permanente, essencial à função jurisdicional do Estado, incumbindo-lhe a defesa da ordem jurídica, do regime democrático e dos interesses sociais e individuais indisponíveis.

§ 1º. São princípios institucionais do Ministério Público a unidade, a indivisibilidade e a independência funcional.

§ 2º. Ao Ministério Público é assegurada autonomia funcional e administrativa, podendo, observado o disposto no art. 169, propor ao Poder Legislativo a criação e extinção de seus cargos e serviços auxiliares, provendo-os por concurso público de provas ou de provas e títulos, a política remuneratória e os planos de carreira; a lei disporá sobre sua organização e funcionamento.[129]

§ 3º. O Ministério Público elaborará sua proposta orçamentária dentro dos limites estabelecidos na lei de diretrizes orçamentárias.

Art. 128. O Ministério Público abrange:

I – o Ministério Público da União, que compreende:

a) o Ministério Público Federal;

b) o Ministério Público do Trabalho;

c) o Ministério Público Militar;

d) o Ministério Público do Distrito Federal e Territórios;

II – os Ministérios Públicos dos Estados.

§ 1º. O Ministério Público da União tem por chefe o Procurador-Geral da República, nomeado pelo Presidente da República dentre integrantes da carreira, maiores de trinta e cinco anos, após a aprovação de seu nome pela maioria absoluta dos membros do Senado Federal, para mandato de dois anos, permitida a recondução.

§ 2º. A destituição do Procurador-Geral da República, por iniciativa do Presidente da República, deverá ser precedida de autorização da maioria absoluta do Senado Federal.

§ 3º. Os Ministérios Públicos dos Estados e o do Distrito Federal e Territórios formarão lista tríplice dentre integrantes da carreira, na forma da lei respectiva, para escolha de seu Procurador-Geral, que será nomeado pelo Chefe do Poder Executivo, para mandato de dois anos, permitida uma recondução.

---

129. Redação dada pela EC-19, de 4.6.1998. Texto anterior: "§ 2º. Ao Ministério Público é assegurada autonomia funcional e administrativa, podendo, observado o disposto no art. 169, propor ao Poder Legislativo a criação e extinção de seus cargos e serviços auxiliares, provendo-os por concurso público de provas e de provas e títulos; a lei disporá sobre sua organização e funcionamento".

§ 4º. Os Procuradores-Gerais nos Estados e no Distrito Federal e Territórios poderão ser destituídos por deliberação da maioria absoluta do Poder Legislativo, na forma da lei complementar respectiva.

§ 5º. Leis complementares da União e dos Estados, cuja iniciativa é facultada aos respectivos Procuradores-Gerais, estabelecerão a organização, as atribuições e o estatuto de cada Ministério Público, observadas, relativamente a seus membros:

I – as seguintes garantias:

a) vitaliciedade, após dois anos de exercício, não podendo perder o cargo senão por sentença judicial transitada em julgado;

b) inamovibilidade, salvo por motivo de interesse público, mediante decisão do órgão colegiado competente do Ministério Público, por voto de dois terços de seus membros, assegurada ampla defesa;

c) irredutibilidade de subsídio, fixado na forma do art. 39, § 4º, e ressalvado o disposto nos arts. 37, X e XI, 150, II, 153, III, 153, § 2º, I;[130]

II – as seguintes vedações:

a) receber, a qualquer título e sob qualquer pretexto, honorários, percentagens ou custas processuais;

b) exercer a advocacia;

c) participar de sociedade comercial, na forma da lei;

d) exercer, ainda que em disponibilidade, qualquer outra função pública, salvo uma de magistério;

e) exercer atividade político-partidária, salvo exceções previstas na lei.

Art. 129. São funções institucionais do Ministério Público:

I – promover, privativamente, a ação penal pública, na forma da lei;

II – zelar pelo efetivo respeito dos Poderes Públicos e dos serviços de relevância pública aos direitos assegurados nesta Constituição, promovendo as medidas necessárias a sua garantia;

III – promover o inquérito civil e a ação civil pública, para a proteção do patrimônio público e social, do meio ambiente e de outros interesses difusos e coletivos;

IV – promover a ação de inconstitucionalidade ou representação para fins de intervenção da União e dos Estados, nos casos previstos nesta Constituição;

V – defender judicialmente os direitos e interesses das populações indígenas;

VI – expedir notificações nos procedimentos administrativos de sua competência, requisitando informações e documentos para instruí-los, na forma da lei complementar respectiva;

VII – exercer o controle externo da atividade policial, na forma da lei complementar mencionada no artigo anterior;

---

130. Redação dada pela EC-19, de 4.6.1998. Texto anterior: "c) irredutibilidade de vencimentos, observado, quanto à remuneração, o que dispõem os arts. 37, XI, 150, II, 153, III, 153, § 2º, I".

VIII – requisitar diligências investigatórias e a instauração de inquérito policial, indicados os fundamentos jurídicos de suas manifestações processuais;

IX – exercer outras funções que lhe forem conferidas, desde que compatíveis com sua finalidade, sendo-lhe vedada a representação judicial e a consultoria jurídica de entidades públicas.

§ 1º. A legitimação do Ministério Público para as ações civis previstas neste artigo não impede a de terceiros, nas mesmas hipóteses, segundo o disposto nesta Constituição e na lei.

§ 2º. As funções de Ministério Público só podem ser exercidas por integrantes da carreira, que deverão residir na comarca da respectiva lotação.

§ 3º. O ingresso na carreira far-se-á mediante concurso público de provas e títulos, assegurada participação da Ordem dos Advogados do Brasil em sua realização, e observada, nas nomeações, a ordem de classificação.

§ 4º. Aplica-se ao Ministério Público, no que couber, o disposto no art. 93, II e VI.

Art. 130. Aos membros do Ministério Público junto aos Tribunais de Contas aplicam-se as disposições desta seção pertinentes a direitos, vedações e forma de investidura.

Seção II – *Da Advocacia Pública*[131]

Art. 131. A Advocacia-Geral da União é a instituição que, diretamente ou através de órgão vinculado, representa a União, judicial e extrajudicialmente, cabendo-lhe, nos termos da lei complementar que dispuser sobre sua organização e funcionamento, as atividades de consultoria e assessoramento jurídico do Poder Executivo.

§ 1º. A Advocacia-Geral da União tem por chefe o Advogado-Geral da União, de livre nomeação pelo Presidente da República dentre cidadãos maiores de trinta e cinco anos, de notável saber jurídico e reputação ilibada.

§ 2º. O ingresso nas classes iniciais das carreiras da instituição de que trata este artigo far-se-á mediante concurso público de provas e títulos.

§ 3º. Na execução da dívida ativa de natureza tributária, a representação da União cabe à Procuradoria-Geral da Fazenda Nacional, observado o disposto em lei.

Art. 132. Os Procuradores dos Estados e do Distrito Federal, organizados em carreira, na qual o ingresso dependerá de concurso público de provas e títulos, com a participação da Ordem dos Advogados do Brasil em todas as suas fases, exercerão a representação judicial e a consultoria jurídica das respectivas unidades federadas.[132]

---

131. Redação dada pela EC-19, de 4.6.1998. Rubrica anterior: "DA ADVOCACIA-GERAL DA UNIÃO".
132. Redação dada pela EC-19, de 4.6.1998, incluído o parágrafo único. Texto anterior: "Art. 132. Os Procuradores dos Estados e do Distrito Federal exercerão a representação judicial e a consultoria jurídica das respectivas unidades federadas, organizados em carreira na qual o ingresso dependerá de concurso público de provas e títulos, observado o disposto no art. 135".

Parágrafo único. Aos procuradores referidos neste artigo é assegurada estabilidade após três anos de efetivo exercício, mediante avaliação de desempenho perante os órgãos próprios, após relatório circunstanciado das corregedorias.

Seção III – Da Advocacia e da Defensoria Pública

Art. 133. O advogado é indispensável à administração da justiça, sendo inviolável por seus atos e manifestações no exercício da profissão, nos limites da lei.

Art. 134. A Defensoria Pública é instituição essencial à função jurisdicional do Estado, incumbindo-lhe a orientação jurídica e a defesa, em todos os graus, dos necessitados, na forma do art. 5º, LXXIV.)

Parágrafo único. Lei complementar organizará a Defensoria Pública da União e do Distrito Federal e dos Territórios e prescreverá normas gerais para sua organização nos Estados, em cargos de carreira, providos, na classe inicial, mediante concurso público de provas e títulos, assegurada a seus integrantes a garantia da inamovibilidade e vedado o exercício da advocacia fora das atribuições institucionais.

Art. 135. Os servidores integrantes das carreiras disciplinadas nas Seções II e III deste Capítulo serão remunerados na forma do art. 39, § 4º.[133]

Título V – DA DEFESA DO ESTADO E DAS INSTITUIÇÕES DEMOCRÁTICAS

Capítulo I – DO ESTADO DE DEFESA E DO ESTADO DE SÍTIO

Seção I – Do Estado de Defesa

Art. 136. O Presidente da República pode, ouvidos o Conselho da República e o Conselho de Defesa Nacional, decretar estado de defesa para preservar ou prontamente restabelecer, em locais restritos e determinados, a ordem pública ou a paz social ameaçadas por grave e iminente instabilidade institucional ou atingidas por calamidades de grandes proporções na natureza.

§ 1º. O decreto que instituir o estado de defesa determinará o tempo de sua duração, especificará as áreas a serem abrangidas e indicará, nos termos e limites da lei, as medidas coercitivas a vigorarem, dentre as seguintes:

I – restrições aos direitos de:

a) reunião, ainda que exercida no seio das associações;

b) sigilo de correspondência;

c) sigilo de comunicação telegráfica e telefônica;

---

133. Redação dada pela EC-19, de 4.6.1998. Texto anterior: "Art. 135. Às carreiras disciplinadas neste título aplicam-se o princípio do art. 37, XII, e o art. 39, § 1º".

II - ocupação e uso temporário de bens e serviços públicos, na hipótese de calamidade pública, respondendo a União pelos danos e custos decorrentes.

§ 2º. O tempo de duração do estado de defesa não será superior a trinta dias, podendo ser prorrogado uma vez, por igual período, se persistirem as razões que justificaram a sua decretação.

§ 3º. Na vigência do estado de defesa:

I - a prisão por crime contra o Estado, determinada pelo executor da medida, será por este comunicada imediatamente ao juiz competente, que a relaxará, se não for legal, facultado ao preso requerer exame de corpo de delito à autoridade policial;

II - a comunicação será acompanhada de declaração, pela autoridade, do estado físico e mental do detido no momento de sua autuação;

III - a prisão ou detenção de qualquer pessoa não poderá ser superior a dez dias, salvo quando autorizada pelo Poder Judiciário;

IV - é vedada a incomunicabilidade do preso.

§ 4º. Decretado o estado de defesa ou sua prorrogação, o Presidente da República, dentro de vinte e quatro horas, submeterá o ato com a respectiva justificação ao Congresso Nacional, que decidirá por maioria absoluta.

§ 5º. Se o Congresso Nacional estiver em recesso, será convocado, extraordinariamente, no prazo de cinco dias.

§ 6º. O Congresso Nacional apreciará o decreto dentro de dez dias contados de seu recebimento, devendo continuar funcionando enquanto vigorar o estado de defesa.

§ 7º. Rejeitado o decreto, cessa imediatamente o estado de defesa.

Seção II - *Do Estado de Sítio*

Art. 137. O Presidente da República pode, ouvidos o Conselho da República e o Conselho de Defesa Nacional, solicitar ao Congresso Nacional autorização para decretar o estado de sítio nos casos de:

I - comoção grave de repercussão nacional ou ocorrência de fatos que comprovem a ineficácia de medida tomada durante o estado de defesa;

II - declaração de estado de guerra ou resposta a agressão armada estrangeira.

Parágrafo único. O Presidente da República, ao solicitar autorização para decretar o estado de sítio ou sua prorrogação, relatará os motivos determinantes do pedido, devendo o Congresso Nacional decidir por maioria absoluta.

Art. 138. O decreto do estado de sítio indicará sua duração, as normas necessárias a sua execução e as garantias constitucionais que ficarão suspensas, e, depois de publicado, o Presidente da República designará o executor das medidas específicas e as áreas abrangidas.

§ 1º. O estado de sítio, no caso do art. 137, I, não poderá ser decretado por mais de trinta dias, nem prorrogado, de cada vez, por prazo superior; no do inciso II, poderá ser decretado por todo o tempo que perdurar a guerra ou a agressão armada estrangeira.

§ 2º. Solicitada autorização para decretar o estado de sítio durante o recesso parlamentar, o Presidente do Senado Federal, de imediato, convocará extraordinariamente o Congresso Nacional para se reunir dentro de cinco dias, a fim de apreciar o ato.

§ 3º. O Congresso Nacional permanecerá em funcionamento até o término das medidas coercitivas.

Art. 139. Na vigência do estado de sítio decretado com fundamento no art. 137, I, só poderão ser tomadas contra as pessoas as seguintes medidas:

I – obrigação de permanência em localidade determinada;

II – detenção em edifício não destinado a acusados ou condenados por crimes comuns;

III – restrições relativas à inviolabilidade da correspondência, ao sigilo das comunicações, à prestação de informações e à liberdade de imprensa, radiodifusão e televisão, na forma da lei;

IV – suspensão da liberdade de reunião;

V – busca e apreensão em domicílio;

VI – intervenção nas empresas de serviços públicos;

VII – requisição de bens.

Parágrafo único. Não se inclui nas restrições do inciso III a difusão de pronunciamentos de parlamentares efetuados em suas Casas Legislativas, desde que liberada pela respectiva Mesa.

Seção III – *Disposições Gerais*

Art. 140. A Mesa do Congresso Nacional, ouvidos os líderes partidários, designará Comissão composta de cinco de seus membros para acompanhar e fiscalizar a execução das medidas referentes ao estado de defesa e ao estado de sítio.

Art. 141. Cessado o estado de defesa ou o estado de sítio, cessarão também seus efeitos, sem prejuízo da responsabilidade pelos ilícitos cometidos por seus executores ou agentes.

Parágrafo único. Logo que cesse o estado de defesa ou o estado de sítio, as medidas aplicadas em sua vigência serão relatadas pelo Presidente da República, em mensagem ao Congresso Nacional, com especificação e justificação das providências adotadas, com relação nominal dos atingidos e indicação das restrições aplicadas.

Capítulo II – DAS FORÇAS ARMADAS

Art. 142. As Forças Armadas, constituídas pela Marinha, pelo Exército e pela Aeronáutica, são instituições nacionais permanentes e regulares, organizadas com base na hierarquia e na disciplina, sob a autoridade suprema do Presidente da República, e destinam-se à defesa da Pátria, à garantia dos poderes constitucionais e, por iniciativa de qualquer destes, da lei e da ordem.

§ 1º. Lei complementar estabelecerá as normas gerais a serem adotadas na organização, no preparo e no emprego das Forças Armadas.

§ 2º. Não caberá "habeas-corpus" em relação a punições disciplinares militares.

§ 3º. Os membros das Forças Armadas são denominados militares, aplicando-se-lhes, além das que vierem a ser fixadas em lei, as seguintes disposições:

I – as patentes, com prerrogativas, direitos e deveres a elas inerentes, são conferidas pelo Presidente da República e asseguradas em plenitude aos oficiais da ativa, da reserva ou reformados, sendo-lhes privativos os títulos e postos militares e, juntamente com os demais membros, o uso dos uniformes das Forças Armadas;

II – o militar em atividade que tomar posse em cargo ou emprego público civil permanente será transferido para a reserva, nos termos da lei;

III – o militar da ativa que, de acordo com a lei, tomar posse em cargo, emprego ou função pública civil temporária, não eletiva, ainda que da administração indireta, ficará agregado ao respectivo quadro e somente poderá, enquanto permanecer nessa situação, ser promovido por antigüidade, contando-se-lhe o tempo de serviço apenas para aquela promoção e transferência para a reserva, sendo depois de dois anos de afastamento, contínuos ou não transferido para a reserva, nos termos da lei;

IV – ao militar são proibidas a sindicalização e a greve;

V – o militar, enquanto em serviço ativo, não pode estar filiado a partidos políticos;

VI – o oficial só perderá o posto e a patente se for julgado indigno do oficialato ou com ele incompatível, por decisão de tribunal militar de caráter permanente, em tempo de paz, ou de tribunal especial, em tempo de guerra;

VII – o oficial condenado na justiça comum ou militar a pena privativa de liberdade superior a dois anos, por sentença transitada em julgado, será submetido ao julgamento previsto no inciso anterior;

VIII – aplica-se aos militares o disposto no art. 7º, incisos VIII, XII, XVII, XVIII, XIX e XXV e no art. 37, incisos XI, XIII, XIV e XV;

IX – aplica-se aos militares e a seus pensionistas o disposto no art. 40, §§ 7º e 8º;

X – a lei disporá sobre o ingresso nas Forças Armadas, os limites de idade, a estabilidade e outras condições de transferência do militar para a inatividade, os direitos, os deveres, a remuneração, as prerrogativas e outras situações especiais dos militares, consideradas as peculiaridades de suas atividades, inclusive aquelas cumpridas por força de compromissos internacionais e de guerra.[134]

Art. 143. O serviço militar é obrigatório nos termos da lei.

§ 1º. Às Forças Armadas compete, na forma da lei, atribuir serviço alternativo aos que, em tempo de paz, após alistados, alegarem imperativo de consciência, entendendo-se como tal o decorrente de crença religiosa e de convicção filosófica ou política, para se eximirem de atividades de caráter essencialmente militar.

---

134. Parágrafo e incisos incluídos pela EC-18, de 5.2.1998. Redação do inc. IX dada pela EC-20, de 15.12.1998. Texto anterior: "IX – aplica-se aos militares e a seus pensionistas o disposto no art. 40, §§ 4º, 5º e 6º".

§ 2º. As mulheres e os eclesiásticos ficam isentos do serviço militar obrigatório em tempo de paz, sujeitos, porém, a outros encargos que a lei lhes atribuir.

Capítulo III – DA SEGURANÇA PÚBLICA

Art. 144. A segurança pública, dever do Estado, direito e responsabilidade de todos, é exercida para a preservação da ordem pública e da incolumidade das pessoas e do patrimônio, através dos seguintes órgãos:

I – polícia federal;

II – polícia rodoviária federal;

III – polícia ferroviária federal;

IV – polícias civis;

V – polícias militares e corpos de bombeiros militares.

§ 1º. A polícia federal, instituída por lei como órgão permanente, organizado e mantido pela União e estruturado em carreira, destina-se a:[135]

I – apurar infrações penais contra a ordem política e social ou em detrimento de bens, serviços e interesses da União ou de suas entidades autárquicas e empresas públicas, assim como outras infrações cuja prática tenha repercussão interestadual ou internacional e exija repressão uniforme, segundo se dispuser em lei;

II – prevenir e reprimir o tráfico ilícito de entorpecentes e drogas afins, o contrabando e o descaminho, sem prejuízo da ação fazendária e de outros órgãos públicos nas respectivas áreas de competência;

III – exercer as funções de polícia marítima, aeroportuária e de fronteiras;[136]

IV – exercer, com exclusividade, as funções de polícia judiciária da União.

§ 2º. A polícia rodoviária federal, órgão permanente, organizado e mantido pela União e estruturado em carreira, destina-se, na forma da lei, ao patrulhamento ostensivo das rodovias federais.[137]

§ 3º. A polícia ferroviária federal, órgão permanente, organizado e mantido pela União e estruturado em carreira, destina-se, na forma da lei, ao patrulhamento ostensivo das ferrovias federais.[138]

§ 4º. Às polícias civis, dirigidas por delegados de polícia de carreira, incumbem, ressalvada a competência da União, as funções de polícia judiciária e a apuração de infrações penais, exceto as militares.

---

135. Redação dada pela EC-19, de 4.6.1998. Texto anterior: "§ 1º. A polícia federal, instituída por lei como órgão permanente, estruturado em carreira, destina-se a".
136. Redação dada pela EC-19, de 4.6.1998. Texto anterior: "III – exercer as funções de polícia marítima, aérea e de fronteiras".
137. Redação dada pela EC-19, de 4.6.1998. Texto anterior: "§ 2º. A polícia rodoviária federal, órgão permanente, estruturado em carreira, destina-se, na forma da lei, ao patrulhamento ostensivo das rodovias federais".
138. Redação dada pela EC-19, de 4.6.1998. Texto anterior: "§ 3º. A polícia ferroviária federal, órgão permanente, estruturado em carreira, destina-se, na forma da lei, ao patrulhamento ostensivo das ferrovias federais".

§ 5º. Às polícias militares cabem a polícia ostensiva e a preservação da ordem pública; aos corpos de bombeiros militares, além das atribuições definidas em lei, incumbe a execução de atividades de defesa civil.

§ 6º. As polícias militares e corpos de bombeiros militares, forças auxiliares e reserva do Exército, subordinam-se, juntamente com as polícias civis, aos Governadores dos Estados, do Distrito Federal e dos Territórios.

§ 7º. A lei disciplinará a organização e o funcionamento dos órgãos responsáveis pela segurança pública, de maneira a garantir a eficiência de suas atividades.

§ 8º. Os Municípios poderão constituir guardas municipais destinadas à proteção de seus bens, serviços e instalações, conforme dispuser a lei.

§ 9º. A remuneração dos servidores policiais integrantes dos órgãos relacionados neste artigo será fixada na forma do § 4º do art. 39.[139]

Título VI – **DA TRIBUTAÇÃO E DO ORÇAMENTO**

Capítulo I – DO SISTEMA TRIBUTÁRIO NACIONAL

Seção I – *Dos Princípios Gerais*

Art. 145. A União, os Estados, o Distrito Federal e os Municípios poderão instituir os seguintes tributos:

I – impostos;

II – taxas, em razão do exercício do poder de polícia ou pela utilização, efetiva ou potencial, de serviços públicos específicos e divisíveis, prestados ao contribuinte ou postos a sua disposição;

III – contribuição de melhoria, decorrente de obras públicas.

§ 1º. Sempre que possível, os impostos terão caráter pessoal e serão graduados segundo a capacidade econômica do contribuinte, facultado à administração tributária, especialmente para conferir efetividade a esses objetivos, identificar, respeitados os direitos individuais e nos termos da lei, o patrimônio, os rendimentos e as atividades econômicas do contribuinte.

§ 2º. As taxas não poderão ter base de cálculo própria de impostos.

Art. 146. Cabe à lei complementar:

I – dispor sobre conflitos de competência, em matéria tributária, entre a União, os Estados, o Distrito Federal e os Municípios;

II – regular as limitações constitucionais ao poder de tributar;

III – estabelecer normas gerais em matéria de legislação tributária, especialmente sobre:

---

139. Parágrafo incluído pela EC-19, de 4.6.1998.

a) definição de tributos e de suas espécies, bem como, em relação aos impostos discriminados nesta Constituição, a dos respectivos fatos geradores, bases de cálculo e contribuintes;

b) obrigação, lançamento, crédito, prescrição e decadência tributários;

c) adequado tratamento tributário ao ato cooperativo praticado pelas sociedades cooperativas.

Art. 147. Competem à União, em Território Federal, os impostos estaduais e, se o Território não for dividido em Municípios, cumulativamente, os impostos municipais; ao Distrito Federal cabem os impostos municipais.

Art. 148. A União, mediante lei complementar, poderá instituir empréstimos compulsórios:

I – para atender a despesas extraordinárias, decorrentes de calamidade pública, de guerra externa ou sua iminência;

II – no caso de investimento público de caráter urgente e de relevante interesse nacional, observado o disposto no art. 150, III, "b".

Parágrafo único. A aplicação dos recursos provenientes de empréstimo compulsório será vinculada à despesa que fundamentou sua instituição.

Art. 149. Compete exclusivamente à União instituir contribuições sociais, de intervenção no domínio econômico e de interesse das categorias profissionais ou econômicas, como instrumento de sua atuação nas respectivas áreas, observado o disposto nos arts. 146, III, e 150, I e III, e sem prejuízo do previsto no art. 195, § 6º, relativamente às contribuições a que alude o dispositivo.

§ 1º. Os Estados, o Distrito Federal e os Municípios poderão instituir contribuição, cobrada de seus servidores, para o custeio, em benefício destes, de sistemas de previdência e assistência social.[140]

§ 2º. As contribuições sociais e de intervenção no domínio econômico de que trata o *caput* deste artigo:

I – não incidirão sobre as receitas decorrentes de exportação;

II – poderão incidir sobre a importação de petróleo e seus derivados, gás natural e seus derivados e álcool combustível;

III – poderão ter alíquotas:

a) *ad valorem*, tendo por base o faturamento, a receita bruta ou o valor da operação e, no caso de importação, o valor aduaneiro;

b) específica, tendo por base a unidade de medida adotada.

§ 3º. A pessoa natural destinatária das operações de importação poderá ser equiparada a pessoa jurídica, na forma da lei.

§ 4º. A lei definirá as hipóteses em que as contribuições incidirão uma única vez.[141]

---

140. Parágrafo renumerado de parágrafo único para § 1º pela EC-33, de 11.12.2001.
141. §§ 2º a 4º incluídos pela EC-33, de 11.12.2001.

CONSTITUIÇÃO DA REPÚBLICA FEDERATIVA DO BRASIL

Seção II – *Das Limitações do Poder de Tributar*

Art. 150. Sem prejuízo de outras garantias asseguradas ao contribuinte, é vedado à União, aos Estados, ao Distrito Federal e aos Municípios:

I – exigir ou aumentar tributo sem lei que o estabeleça;

II – instituir tratamento desigual entre contribuintes que se encontrem em situação equivalente, proibida qualquer distinção em razão de ocupação profissional ou função por eles exercida, independentemente da denominação jurídica dos rendimentos, títulos ou direitos;

III – cobrar tributos:

a) em relação a fatos geradores ocorridos antes do início da vigência da lei que os houver instituído ou aumentado;

b) no mesmo exercício financeiro em que haja sido publicada a lei que os instituiu ou aumentou;

IV – utilizar tributo com efeito de confisco;

V – estabelecer limitações ao tráfego de pessoas ou bens, por meio de tributos interestaduais ou intermunicipais, ressalvada a cobrança de pedágio pela utilização de vias conservadas pelo Poder Público;

VI – instituir impostos sobre:

a) patrimônio, renda ou serviços, uns dos outros;

b) templos de qualquer culto;

c) patrimônio, renda ou serviços dos partidos políticos, inclusive suas fundações, das entidades sindicais dos trabalhadores, das instituições de educação e de assistência social, sem fins lucrativos, atendidos os requisitos da lei;

d) livros, jornais, periódicos e o papel destinado a sua impressão.

§ 1º. A vedação do inciso III, "b", não se aplica aos impostos previstos nos arts. 153, I, II, IV e V, e 154, II.

§ 2º. A vedação do inciso VI, "a", é extensiva às autarquias e às fundações instituídas e mantidas pelo Poder Público, no que se refere ao patrimônio, à renda e aos serviços, vinculados a suas finalidades essenciais ou às delas decorrentes.

§ 3º. As vedações do inciso VI, "a", e do parágrafo anterior não se aplicam ao patrimônio, à renda e aos serviços, relacionados com exploração de atividades econômicas regidas pelas normas aplicáveis a empreendimentos privados, ou em que haja contraprestação ou pagamento de preços ou tarifas pelo usuário, nem exonera o promitente comprador da obrigação de pagar imposto relativamente ao bem imóvel.

§ 4º. As vedações expressas no inciso VI, alíneas "b" e "c", compreendem somente o patrimônio, a renda e os serviços, relacionados com as finalidades essenciais das entidades nelas mencionadas.

§ 5º. A lei determinará medidas para que os consumidores sejam esclarecidos acerca dos impostos que incidam sobre mercadorias e serviços.

§ 6º. Qualquer subsídio ou isenção, redução de base de cálculo, concessão de crédito presumido, anistia ou remissão, relativas a impostos, taxas ou contribuições, só poderá ser concedido mediante lei específica, federal, estadual ou municipal, que regule exclusivamente as matérias acima e numeradas ou o correspondente tributo ou contribuição, sem prejuízo do disposto no artigo 155, § 2º, XII, g.[142]

§ 7º. A lei poderá atribuir a sujeito passivo de obrigação tributária a condição de responsável pelo pagamento de impostos ou contribuição, cujo fato gerador deva ocorrer posteriormente, assegurada a imediata e preferencial restituição da quantia paga, caso não se realize o fato gerador presumido.[143]

Art. 151. É vedado à União:

I – instituir tributo que não seja uniforme em todo o território nacional ou que implique distinção ou preferência em relação a Estado, ao Distrito Federal ou a Município, em detrimento de outro, admitida a concessão de incentivos fiscais destinados a promover o equilíbrio do desenvolvimento sócio-econômico entre as diferentes regiões do País;

II – tributar a renda das obrigações da dívida pública dos Estados, do Distrito Federal e dos Municípios, bem como a remuneração e os proventos dos respectivos agentes públicos, em níveis superiores aos que fixar para suas obrigações e para seus agentes;

III – instituir isenções de tributos da competência dos Estados, do Distrito Federal ou dos Municípios.

Art. 152. É vedado aos Estados, ao Distrito Federal e aos Municípios estabelecer diferença tributária entre bens e serviços, de qualquer natureza, em razão de sua procedência ou destino.

Seção III – *Dos Impostos da União*

Art. 153. Compete à União instituir impostos sobre:

I – importação de produtos estrangeiros;

II – exportação, para o exterior, de produtos nacionais ou nacionalizados;

III – renda e proventos de qualquer natureza;

IV – produtos industrializados;

V – operações de crédito, câmbio e seguro, ou relativas a títulos ou valores mobiliários;

VI – propriedade territorial rural;

VII – grandes fortunas, nos termos de lei complementar.

§ 1º. É facultado ao Poder Executivo, atendidas as condições e os limites estabelecidos em lei, alterar as alíquotas dos impostos enumerados nos incisos I, II, IV e V.

§ 2º. O imposto previsto no inciso III:

---

142. Redação dada pela EC-3, de 17.3.1993. Texto anterior: "§ 6º. Qualquer anistia ou remissão, que envolva matéria tributária ou previdenciária, só poderá ser concedida através de lei específica, federal, estadual ou municipal".
143. Parágrafo incluído pela EC-3, de 17.3.1993

I – será informado pelos critérios da generalidade, da universalidade e da progressividade, na forma da lei;

II – (Revogado pela EC-20, de 15.12.1998)[144]

§ 3º. O imposto previsto no inciso IV:

I – será seletivo, em função da essencialidade do produto;

II – será não-cumulativo, compensando-se o que for devido em cada operação com o montante cobrado nas anteriores;

III – não incidirá sobre produtos industrializados destinados ao exterior.

§ 4º. O imposto previsto no inciso VI terá suas alíquotas fixadas de forma a desestimular a manutenção de propriedades improdutivas e não incidirá sobre pequenas glebas rurais, definidas em lei, quando as explore, só ou com sua família, o proprietário que não possua outro imóvel.

§ 5º. O ouro, quando definido em lei como ativo financeiro ou instrumento cambial, sujeita-se exclusivamente à incidência do imposto de que trata o inciso V do *caput* deste artigo, devido na operação de origem; a alíquota mínima será de um por cento, assegurada a transferência do montante da arrecadação nos seguintes termos:

I – trinta por cento para o Estado, o Distrito Federal ou o Território, conforme a origem;

II – setenta por cento para o Município de origem.

Art. 154. A União poderá instituir:

I – mediante lei complementar, impostos não previstos no artigo anterior, desde que sejam não-cumulativos e não tenham fato gerador ou base de cálculo próprios dos discriminados nesta Constituição;

II – na iminência ou no caso de guerra externa, impostos extraordinários, compreendidos ou não em sua competência tributária, os quais serão suprimidos, gradativamente, cessadas as causas de sua criação.

Seção IV – *Dos Impostos dos Estados e do Distrito Federal*

Art. 155. Compete aos Estados e ao Distrito Federal instituir impostos sobre:

I – transmissão causa mortis e doação, de quaisquer bens ou direitos;

II – operações relativas à circulação de mercadorias e sobre prestações de serviços de transporte interestadual e intermunicipal e de comunicação, ainda que as operações e as prestações se iniciem no exterior;

III – propriedade de veículos automotores.[145]

---

144. Texto revogado: "II – não incidirá, nos termos e limites fixados em lei, sobre rendimentos provenientes de aposentadoria e pensão, pagos pela previdência social da União, dos Estados, do Distrito Federal e dos Municípios, a pessoa com idade superior a sessenta e cinco anos, cuja renda total seja constituída, exclusivamente, de rendimentos do trabalho".

145. Redação dada pela EC-3, de 17.3.1993. Texto anterior: "Art. 155. Compete aos Estados e ao Distrito Federal instituir: I – impostos sobre: a) transmissão *causa mortis* e doação, de

§ 1º. O imposto previsto no inciso I:[146]

I – relativamente a bens imóveis e respectivos direitos, compete ao Estado da situação do bem, ou ao Distrito Federal;

II – relativamente a bens móveis, títulos e créditos, compete ao Estado onde se processar o inventário ou arrolamento, ou tiver domicílio o doador, ou ao Distrito Federal;

III – terá competência para sua instituição regulada por lei complementar:

a) se o doador tiver domicilio ou residência no exterior;

b) se o de cujus possuía bens, era residente ou domiciliado ou teve o seu inventário processado no exterior;

IV – terá suas alíquotas máximas fixadas pelo Senado Federal.

§ 2º. O imposto previsto no inciso II, atenderá ao seguinte:[147]

I – será não-cumulativo, compensando-se o que for devido em cada operação relativa à circulação de mercadorias ou prestação de serviços com o montante cobrado nas anteriores pelo mesmo ou outro Estado ou pelo Distrito Federal;

II – a isenção ou não-incidência, salvo determinação em contrário da legislação:

a) não implicará crédito para compensação com o montante devido nas operações ou prestações seguintes;

b) acarretará a anulação do crédito relativo às operações anteriores;

III – poderá ser seletivo, em função da essencialidade das mercadorias e dos serviços;

IV – resolução do Senado Federal, de iniciativa do Presidente da República ou de um terço dos Senadores, aprovada pela maioria absoluta de seus membros, estabelecerá as alíquotas aplicáveis às operações e prestações, interestaduais e de exportação;

V – é facultado ao Senado Federal:

a) estabelecer alíquotas mínimas nas operações internas, mediante resolução de iniciativa de um terço e aprovada pela maioria absoluta de seus membros;

b) fixar alíquotas máximas nas mesmas operações para resolver conflito específico que envolva interesse de Estados, mediante resolução de iniciativa da maioria absoluta e aprovada por dois terços de seus membros;

VI – salvo deliberação em contrário dos Estados e do Distrito Federal, nos termos do disposto no inciso XII, "g", as alíquotas internas, nas operações relativas à

---

quaisquer bens ou direitos; b) operações relativas à circulação de mercadorias e sobre prestações de serviços de transporte interestadual e intermunicipal e de comunicação, ainda que as operações e as prestações se iniciem no exterior; c) propriedade de veículos automotores; II – adicional de até cinco por cento do que for pago à União por pessoas físicas ou jurídicas domiciliadas nos respectivos territórios, a título do imposto previsto no art. 153, III, incidente sobre lucros, ganhos e rendimentos de capital".

146. Redação dada pela EC-3, de 17.3.1993. Texto anterior: "§ 1º. O imposto previsto no inciso I, 'a'".

147. Redação dada pela EC-3, de 17.3.1993. Texto anterior: "§ 2º. O imposto previsto no inciso I, 'b', atenderá ao seguinte".

circulação de mercadorias e nas prestações de serviços, não poderão ser inferiores às previstas para as operações interestaduais;

VII – em relação às operações e prestações que destinem bens e serviços a consumidor final localizado em outro Estado, adotar-se-á:

a) a alíquota interestadual, quando o destinatário for contribuinte do imposto;

b) a alíquota interna, quando o destinatário não for contribuinte dele;

VIII – na hipótese da alínea "a" do inciso anterior, caberá ao Estado da localização do destinatário o imposto correspondente à diferença entre a alíquota interna e a interestadual;

IX – incidirá também:

a) sobre a entrada de bem ou mercadoria importados do exterior por pessoa física ou jurídica, ainda que não seja contribuinte habitual do imposto, qualquer que seja a sua finalidade, assim como sobre o serviço prestado no exterior, cabendo o imposto ao Estado onde estiver situado o domicílio ou o estabelecimento do destinatário da mercadoria, bem ou serviço;[148]

b) sobre o valor total da operação, quando mercadorias forem fornecidas com serviços não compreendidos na competência tributária dos Municípios;

X – não incidirá:

a) sobre operações que destinem ao exterior produtos industrializados, excluídos os semi-elaborados definidos em lei complementar;

b) sobre operações que destinem a outros Estados petróleo, inclusive lubrificantes, combustíveis líquidos e gasosos dele derivados, e energia elétrica;

c) sobre o ouro, nas hipóteses definidas no art. 153, § 5º;

XI – não compreenderá, em sua base de cálculo, o montante do imposto sobre produtos industrializados, quando a operação, realizada entre contribuintes e relativa a produto destinado à industrialização ou à comercialização, configure fato gerador dos dois impostos;

XII – cabe à lei complementar:

a) definir seus contribuintes;

b) dispor sobre substituição tributária;

c) disciplinar o regime de compensação do imposto;

d) fixar, para efeito de sua cobrança e definição do estabelecimento responsável, o local das operações relativas à circulação de mercadorias e das prestações de serviços;

e) excluir da incidência do imposto, nas exportações para o exterior, serviços e outros produtos além dos mencionados no inciso X, "a";

f) prever casos de manutenção de crédito, relativamente à remessa para outro Estado e exportação para o exterior, de serviços e de mercadorias;

---

148. Redação dada pela EC-33, de 11.12.2001. Texto anterior: "a) sobre a entrada de mercadoria importada do exterior, ainda quando se tratar de bem destinado a consumo ou ativo fixo do estabelecimento, assim como sobre serviço prestado no exterior, cabendo o imposto ao Estado onde estiver situado o estabelecimento destinatário da mercadoria ou do serviço".

g) regular a forma como, mediante deliberação dos Estados e do Distrito Federal, isenções, incentivos e benefícios fiscais serão concedidos e revogados;

h) definir os combustíveis e lubrificantes sobre os quais o imposto incidirá uma única vez, qualquer que seja a sua finalidade, hipótese em que não se aplicará o disposto no inciso X, "b";[149]

i) fixar a base de cálculo, de modo que o montante do imposto a integre, também na importação do exterior de bem, mercadoria ou serviço.[150]

§ 3º. À exceção dos impostos de que tratam o inciso II do *caput* deste artigo e o art. 153, I e II, nenhum outro imposto poderá incidir sobre operações relativas a energia elétrica, serviços de telecomunicações, derivados de petróleo, combustíveis e minerais do País.[151]

§ 4º. Na hipótese do inciso XII, "h", observar-se-á o seguinte:

I – nas operações com os lubrificantes e combustíveis derivados de petróleo, o imposto caberá ao Estado onde ocorrer o consumo;

II – nas operações interestaduais, entre contribuintes, com gás natural e seus derivados, e lubrificantes e combustíveis não incluídos no inciso I deste parágrafo, o imposto será repartido entre os Estados de origem e de destino, mantendo-se a mesma proporcionalidade que ocorre nas operações com as demais mercadorias;

III – nas operações interestaduais com gás natural e seus derivados, e lubrificantes e combustíveis não incluídos no inciso I deste parágrafo, destinadas a não contribuinte, o imposto caberá ao Estado de origem;

IV – as alíquotas do imposto serão definidas mediante deliberação dos Estados e Distrito Federal, nos termos do § 2º, XII, "g", observando-se o seguinte:

a) serão uniformes em todo o território nacional, podendo ser diferenciadas por produto;

b) poderão ser específicas, por unidade de medida adotada, ou *ad valorem*, incidindo sobre o valor da operação ou sobre o preço que o produto ou seu similar alcançaria em uma venda em condições de livre concorrência;

c) poderão ser reduzidas e restabelecidas, não se lhes aplicando o disposto no art. 150, III, "b".

§ 5º. As regras necessárias à aplicação do disposto no § 4º, inclusive as relativas à apuração e à destinação do imposto, serão estabelecidas mediante deliberação dos Estados e do Distrito Federal, nos termos do § 2º, XII, "g".[152]

---

149. Alínea incluída pela EC-33, de 11.12.2001.
150. Alínea incluída pela EC-33, de 11.12.2001.
151. Redação dada pela EC-33, de 11.12.2001. Texto anterior proveniente da EC-3, de 17.3.1993: "§ 3º. À exceção dos impostos de que tratam o inciso II, do *caput* deste artigo e o art. 153, I e II, nenhum outro tributo poderá incidir sobre operações relativas a energia elétrica, serviços de telecomunicações, derivados de petróleo, combustíveis e minerais do País". Texto primitivos: "§ 3º. À exceção dos impostos de que tratam o inciso I, b, do *caput* deste artigo e o art. 153, I e II, nenhum outro tributo incidirá sobre operações relativas a energia elétrica, combustíveis líquidos e gasosos, lubrificantes e minerais do País".
152. §§ 4º e 5º incluídos pela EC-33, de 11.12.2001.

Seção V – *Dos Impostos dos Municípios*

Art. 156. Compete aos Municípios instituir impostos sobre:

I – propriedade predial e territorial urbana;

II – transmissão "inter vivos", a qualquer título, por ato oneroso, de bens imóveis, por natureza ou acessão física, e de direitos reais sobre imóveis, exceto os de garantia, bem como cessão de direitos a sua aquisição;

III – serviços de qualquer natureza, não compreendidos no art. 155, II, definidos em lei complementar;[153]

IV – (Revogado pela EC-3, de 18.03.1993)[154]

§ 1º. Sem prejuízo da progressividade no tempo a que se refere o art. 182, § 4º, inciso II, o imposto previsto no inciso I poderá:[155]

I – ser progressivo em razão do valor do imóvel; e

II – ter alíquotas diferentes de acordo com a localização e o uso do imóvel.[156]

§ 2º. O imposto previsto no inciso II:

I – não incide sobre a transmissão de bens ou direitos incorporados ao patrimônio de pessoa jurídica em realização de capital, nem sobre a transmissão de bens ou direitos decorrentes de fusão, incorporação, cisão ou extinção de pessoa jurídica, salvo se, nesses casos, a atividade preponderante do adquirente for a compra e venda desses bens ou direitos, locação de bens imóveis ou arrendamento mercantil;

II – compete ao Município da situação do bem.

§ 3º. Em relação ao imposto previsto no inciso III do *caput* deste artigo, cabe à lei complementar:

I – fixar as suas alíquotas máximas e mínimas;[157]

II – excluir da sua incidência exportações de serviços para o exterior;[158]

III – regular a forma e as condições como isenções, incentivos e benefícios fiscais serão concedidos e revogados.[159]

§ 4º e incisos (Revogados pela EC-3, de 18.3.1993)[160]

---

153. Redação dada pela EC-3, de 18.3.1993. Texto anterior: "III – vendas a varejo de combustíveis líquidos e gasosos, exceto óleo diesel".
154. Texto revogado: "IV – serviços de qualquer natureza, não compreendidos no art. 155, I, 'b', definidos em lei complementar".
155. Redação dada pela EC-29, de 13.9.2000. Texto anterior: "§ 1º. O imposto previsto no inciso I poderá ser progressivo, nos termos de lei municipal, de forma a assegurar o cumprimento da função social da propriedade".
156. Incs. I e II incluídos pela EC-29, de 13.9.2000.
157. Inc. I com redação dada pela EC-37, de 12.6.2002. Texto anterior: "I – fixar as suas alíquotas máximas".
158. Redação dada pela EC-3, de 17.3.1993. Texto anterior: "§ 3º. O imposto previsto no inciso III, não exclui a incidência do imposto estadual previsto no art. 155, I, 'b', sobre a mesma operação".
159. Inciso incluído pela EC-37, de 12.6.2002.
160. Texto revogado: "§ 4º. Cabe à lei complementar: I – fixar as alíquotas máximas dos impostos previstos nos incs. III e IV; II – excluir da incidência do imposto previsto no inciso IV exportações de serviços para o exterior".

Seção VI – *Da Repartição das Receitas Tributárias*

Art. 157. Pertencem aos Estados e ao Distrito Federal:

I – o produto da arrecadação do imposto da União sobre renda e proventos de qualquer natureza, incidente na fonte, sobre rendimentos pagos, a qualquer título, por eles, suas autarquias e pelas fundações que instituírem e mantiverem;

II – vinte por cento do produto da arrecadação do imposto que a União instituir no exercício da competência que lhe é atribuída pelo art. 154, I.

Art. 158. Pertencem aos Municípios:

I – o produto da arrecadação do imposto da União sobre renda e proventos de qualquer natureza, incidente na fonte, sobre rendimentos pagos, a qualquer título, por eles, suas autarquias e pelas fundações que instituírem e mantiverem;

II – cinqüenta por cento do produto da arrecadação do imposto da União sobre a propriedade territorial rural, relativamente aos imóveis neles situados;

III – cinqüenta por cento do produto da arrecadação do imposto do Estado sobre a propriedade de veículos automotores licenciados em seus territórios;

IV – vinte e cinco por cento do produto da arrecadação do imposto do Estado sobre operações relativas à circulação de mercadorias e sobre prestações de serviços de transporte interestadual e intermunicipal e de comunicação.

Parágrafo único. As parcelas de receita pertencentes aos Municípios, mencionadas no inciso IV, serão creditadas conforme os seguintes critérios:

I – três quartos, no mínimo, na proporção do valor adicionado nas operações relativas à circulação de mercadorias e nas prestações de serviços, realizadas em seus territórios;

II – até um quarto, de acordo com o que dispuser lei estadual ou, no caso dos Territórios, lei federal.

Art. 159. A União entregará:

I – do produto da arrecadação dos impostos sobre renda e proventos de qualquer natureza e sobre produtos industrializados, quarenta e sete por cento na seguinte forma:

a) vinte e um inteiros e cinco décimos por cento ao Fundo de Participação dos Estados e do Distrito Federal;

b) vinte e dois inteiros e cinco décimos por cento ao Fundo de Participação dos Municípios;

c) três por cento, para aplicação em programas de financiamento ao setor produtivo das Regiões Norte, Nordeste e Centro-Oeste, através de suas instituições financeiras de caráter regional, de acordo com os planos regionais de desenvolvimento, ficando assegurada ao semi-árido do Nordeste a metade dos recursos destinados à Região, na forma que a lei estabelecer;

II – do produto da arrecadação do imposto sobre produtos industrializados, dez por cento aos Estados e ao Distrito Federal, proporcionalmente ao valor das respectivas exportações de produtos industrializados.

§ 1º. Para efeito de cálculo da entrega a ser efetuada de acordo com o previsto no inciso I, excluir-se-á a parcela da arrecadação do imposto de renda e proventos de qualquer natureza pertencente aos Estados, ao Distrito Federal e aos Municípios, nos termos do disposto nos arts. 157, I, e 158, I.

§ 2º. A nenhuma unidade federada poderá ser destinada parcela superior a vinte por cento do montante a que se refere o inciso II, devendo o eventual excedente ser distribuído entre os demais participantes, mantido, em relação a esses, o critério de partilha nele estabelecido.

§ 3º. Os Estados entregarão aos respectivos Municípios vinte e cinco por cento dos recursos que receberem nos termos do inciso II, observados os critérios estabelecidos no art. 158, parágrafo único, I e II.

Art. 160. É vedada a retenção ou qualquer restrição à entrega e ao emprego dos recursos atribuídos, nesta seção, aos Estados, ao Distrito Federal e aos Municípios, neles compreendidos adicionais e acréscimos relativos a impostos.

Parágrafo único. A vedação prevista neste artigo não impede a União e os Estados de condicionarem a entrega de recursos:[161]

I – ao pagamento de seus créditos, inclusive de suas autarquias;

II – ao cumprimento do disposto no art. 198, § 2º, incisos II e III.[162]

Art. 161. Cabe à lei complementar:

I – definir valor adicionado para fins do disposto no art. 158, parágrafo único, I;

II – estabelecer normas sobre a entrega dos recursos de que trata o art. 159, especialmente sobre os critérios de rateio dos fundos previstos em seu inciso I, objetivando promover o equilíbrio sócio-econômico entre Estados e entre Municípios;

III – dispor sobre o acompanhamento, pelos beneficiários, do cálculo das quotas e da liberação das participações previstas nos arts. 157, 158 e 159.

Parágrafo único. O Tribunal de Contas da União efetuará o cálculo das quotas referentes aos fundos de participação a que alude o inciso II.

Art. 162. A União, os Estados, o Distrito Federal e os Municípios divulgarão, até o último dia do mês subseqüente ao da arrecadação, os montantes de cada um dos tributos arrecadados, os recursos recebidos, os valores de origem tributária entregues e a entregar e a expressão numérica dos critérios de rateio.

Parágrafo único. Os dados divulgados pela União serão discriminados por Estado e por Município; os dos Estados, por Município.

---

161. Redação dada pela EC-29, de 13.9.2000. Texto anterior proveniente da EC-3, de 17.3.1993: "Parágrafo único. A vedação prevista neste artigo não impede a União e os Estados de condicionarem a entrega de recursos ao pagamento de seus créditos, inclusive de suas autarquias". Texto primitivo: "Parágrafo único. Essa vedação não impede a União de condicionar a entrega de recursos ao pagamento de seus créditos".
162. Incs. I e II incluídos pela EC-29, de 13.9.2000.

Capítulo II – DAS FINANÇAS PÚBLICAS

Seção I – *Normas Gerais*

Art. 163. Lei complementar disporá sobre:

I – finanças públicas;

II – dívida pública externa e interna, incluída a das autarquias, fundações e demais entidades controladas pelo Poder Público;

III – concessão de garantias pelas entidades públicas;

IV – emissão e resgate de títulos da dívida pública;

V – fiscalização das instituições financeiras;

VI – operações de câmbio realizadas por órgãos e entidades da União, dos Estados, do Distrito Federal e dos Municípios;

VII – compatibilização das funções das instituições oficiais de crédito da União, resguardadas as características e condições operacionais plenas das voltadas ao desenvolvimento regional.

Art. 164. A competência da União para emitir moeda será exercida exclusivamente pelo Banco Central.

§ 1º. É vedado ao Banco Central conceder, direta ou indiretamente, empréstimos ao Tesouro Nacional e a qualquer órgão ou entidade que não seja instituição financeira.

§ 2º. O Banco Central poderá comprar e vender títulos de emissão do Tesouro Nacional, com o objetivo de regular a oferta de moeda ou a taxa de juros.

§ 3º. As disponibilidades de caixa da União serão depositadas no Banco Central; as dos Estados, do Distrito Federal, dos Municípios e dos órgãos ou entidades do Poder Público e das empresas por ele controladas, em instituições financeiras oficiais, ressalvados os casos previstos em lei.

Seção II – *Dos Orçamentos*

Art. 165. Leis de iniciativa do Poder Executivo estabelecerão:

I – o plano plurianual;

II – as diretrizes orçamentárias;

III – os orçamentos anuais.

§ 1º. A lei que instituir o plano plurianual estabelecerá, de forma regionalizada, as diretrizes, objetivos e metas da administração pública federal para as despesas de capital e outras delas decorrentes e para as relativas aos programas de duração continuada.

§ 2º. A lei de diretrizes orçamentárias compreenderá as metas e prioridades da administração pública federal, incluindo as despesas de capital para o exercício financeiro subseqüente, orientará a elaboração da lei orçamentária anual, disporá sobre as alterações na legislação tributária e estabelecerá a política de aplicação das agências financeiras oficiais de fomento.

§ 3º. O Poder Executivo publicará, até trinta dias após o encerramento de cada bimestre, relatório resumido da execução orçamentária.

§ 4º. Os planos e programas nacionais, regionais e setoriais previstos nesta Constituição serão elaborados em consonância com o plano plurianual e apreciados pelo Congresso Nacional.

§ 5º. A lei orçamentária anual compreenderá:

I – o orçamento fiscal referente aos Poderes da União, seus fundos, órgãos e entidades da administração direta e indireta, inclusive fundações instituídas e mantidas pelo Poder Público;

II – o orçamento de investimento das empresas em que a União, direta ou indiretamente, detenha a maioria do capital social com direito a voto;

III – o orçamento da seguridade social, abrangendo todas as entidades e órgãos a ela vinculados, da administração direta ou indireta, bem como os fundos e fundações instituídos e mantidos pelo Poder Público.

§ 6º. O projeto de lei orçamentária será acompanhado de demonstrativo regionalizado do efeito, sobre as receitas e despesas, decorrente de isenções, anistias, remissões, subsídios e benefícios de natureza financeira, tributária e creditícia.

§ 7º. Os orçamentos previstos no § 5º, I e II, deste artigo, compatibilizados com o plano plurianual, terão entre suas funções a de reduzir desigualdades inter-regionais, segundo critério populacional.

§ 8º. A lei orçamentária anual não conterá dispositivo estranho à previsão da receita e à fixação da despesa, não se incluindo na proibição a autorização para abertura de créditos suplementares e contratação de operações de crédito, ainda que por antecipação de receita, nos termos da lei.

§ 9º. Cabe à lei complementar:

I – dispor sobre o exercício financeiro, a vigência, os prazos, a elaboração e a organização do plano plurianual, da lei de diretrizes orçamentárias e da lei orçamentária anual;

II – estabelecer normas de gestão financeira e patrimonial da administração direta e indireta bem como condições para a instituição e funcionamento de fundos.

Art. 166. Os projetos de lei relativos ao plano plurianual, às diretrizes orçamentárias, ao orçamento anual e aos créditos adicionais serão apreciados pelas duas Casas do Congresso Nacional, na forma do regimento comum.

§ 1º. Caberá a uma Comissão mista permanente de Senadores e Deputados:

I – examinar e emitir parecer sobre os projetos referidos neste artigo e sobre as contas apresentadas anualmente pelo Presidente da República;

II – examinar e emitir parecer sobre os planos e programas nacionais, regionais e setoriais previstos nesta Constituição e exercer o acompanhamento e a fiscalização orçamentária, sem prejuízo da atuação das demais comissões do Congresso Nacional e de suas Casas, criadas de acordo com o art. 58.

§ 2º. As emendas serão apresentadas na Comissão mista, que sobre elas emitirá parecer, e apreciadas, na forma regimental, pelo Plenário das duas Casas do Congresso Nacional.

§ 3º. As emendas ao projeto de lei do orçamento anual ou aos projetos que o modifiquem somente podem ser aprovadas caso:

I – sejam compatíveis com o plano plurianual e com a lei de diretrizes orçamentárias;

II – indiquem os recursos necessários, admitidos apenas os provenientes de anulação de despesa, excluídas as que incidam sobre:

a) dotações para pessoal e seus encargos;

b) serviço da dívida;

c) transferências tributárias constitucionais para Estados, Municípios e Distrito Federal; ou

III – sejam relacionadas:

a) com a correção de erros ou omissões; ou

b) com os dispositivos do texto do projeto de lei.

§ 4º. As emendas ao projeto de lei de diretrizes orçamentárias não poderão ser aprovadas quando incompatíveis com o plano plurianual.

§ 5º. O Presidente da República poderá enviar mensagem ao Congresso Nacional para propor modificação nos projetos a que se refere este artigo enquanto não iniciada a votação, na Comissão mista, da parte cuja alteração é proposta.

§ 6º. Os projetos de lei do plano plurianual, das diretrizes orçamentárias e do orçamento anual serão enviados pelo Presidente da República ao Congresso Nacional, nos termos da lei complementar a que se refere o art. 165, § 9º.

§ 7º. Aplicam-se aos projetos mencionados neste artigo, no que não contrariar o disposto nesta seção, as demais normas relativas ao processo legislativo.

§ 8º. Os recursos que, em decorrência de veto, emenda ou rejeição do projeto de lei orçamentária anual, ficarem sem despesas correspondentes poderão ser utilizados, conforme o caso, mediante créditos especiais ou suplementares, com prévia e específica autorização legislativa.

Art. 167. São vedados:

I – o início de programas ou projetos não incluídos na lei orçamentária anual;

II – a realização de despesas ou a assunção de obrigações diretas que excedam os créditos orçamentários ou adicionais;

III – a realização de operações de créditos que excedam o montante das despesas de capital, ressalvadas as autorizadas mediante créditos suplementares ou especiais com finalidade precisa, aprovados pelo Poder Legislativo por maioria absoluta;

IV – a vinculação de receita de impostos a órgão, fundo ou despesa, ressalvadas a repartição do produto da arrecadação dos impostos a que se referem os arts. 158 e 159, a destinação de recursos para as ações e serviços públicos de saúde e para manutenção e desenvolvimento do ensino, como determinado, respectivamente, pelos arts. 198, § 2º, e 212, e a prestação de garantias às operações de crédito por antecipação de receita, previstas no art. 165, § 8º, bem como o disposto no § 4º deste artigo;[163]

V – a abertura de crédito suplementar ou especial sem prévia autorização legislativa e sem indicação dos recursos correspondentes;

VI – a transposição, o remanejamento ou a transferência de recursos de uma categoria de programação para outra ou de um órgão para outro, sem prévia autorização legislativa;

VII – a concessão ou utilização de créditos ilimitados;

VIII – a utilização, sem autorização legislativa específica, de recursos dos orçamentos fiscal e da seguridade social para suprir necessidade ou cobrir déficit de empresas, fundações e fundos, inclusive dos mencionados no art. 165, § 5º;

IX – a instituição de fundos de qualquer natureza, sem prévia autorização legislativa;

X – a transferência voluntária de recursos e a concessão de empréstimos, inclusive por antecipação de receita, pelos Governos Federal e Estaduais e suas instituições financeiras, para pagamento de despesas com pessoal ativo, inativo e pensionista, dos Estados, do Distrito Federal e dos Municípios;[164]

XI – a utilização dos recursos provenientes das contribuições sociais de que trata o art. 195, I, a, e II, para a realização de despesas distintas do pagamento de benefícios do regime geral de previdência social de que trata o art. 201.[165]

§ 1º. Nenhum investimento cuja execução ultrapasse um exercício financeiro poderá ser iniciado sem prévia inclusão no plano plurianual, ou sem lei que autorize a inclusão, sob pena de crime de responsabilidade.

§ 2º. Os créditos especiais e extraordinários terão vigência no exercício financeiro em que forem autorizados, salvo se o ato de autorização for promulgado nos últimos quatro meses daquele exercício, caso em que, reabertos nos limites de seus saldos, serão incorporados ao orçamento do exercício financeiro subseqüente.

§ 3º. A abertura de crédito extraordinário somente será admitida para atender a despesas imprevisíveis e urgentes, como as decorrentes de guerra, comoção interna ou calamidade pública, observado o disposto no art. 62.

§ 4º. É permitida a vinculação de receitas próprias geradas pelos impostos a que se referem os artigos 155 e 156, e dos recursos de que tratam os artigos 157, 158,

---

163. Redação dada pela EC-29, de 13.9.2000. Texto anterior proveniente da EC-3, de 17.3.1993: "IV – a vinculação de receita de impostos a órgão, fundo ou despesa, ressalvadas a repartição do produto da arrecadação dos impostos a que se referem os arts. 158 e 159, a destinação de recursos para manutenção e desenvolvimento do ensino, como determinado pelo art. 212, e a prestação de garantias às operações de crédito por antecipação de receita, previstas no art. 165, § 8º, bem assim o disposto no § 4º deste artigo". Texto primitivo: "IV – a vinculação de receita de impostos a órgão, fundo ou despesa, ressalvadas a repartição do produto da arrecadação dos impostos a que se referem os arts. 158 e 159, a destinação de recursos para manutenção e desenvolvimento do ensino, como determinado pelo art. 212, e a prestação de garantias às operações de crédito por antecipação de receita, previstas no art. 165, § 8º".

164. Inciso incluído pela EC-19, de 4.6.1998.

165. Inciso incluído pela EC-20, de 15.12.1998.

159, I, 'a' e 'b', e II, para prestação de garantia ou contragarantia à União e para pagamentos de débitos para com esta.[166]

Art. 168. Os recursos correspondentes às dotações orçamentárias, compreendidos os créditos suplementares e especiais, destinados aos órgãos dos Poderes Legislativo e Judiciário e do Ministério Público, ser-lhes-ão entregues até o dia 20 de cada mês, na forma da lei complementar a que se refere o art. 165, § 9º.

Art. 169. A despesa com pessoal ativo e inativo da União, dos Estados, do Distrito Federal e dos Municípios não poderá exceder os limites estabelecidos em lei complementar.

§ 1º. A concessão de qualquer vantagem ou aumento de remuneração, a criação de cargos, empregos e funções ou alteração de estrutura de carreiras, bem como a admissão ou contratação de pessoal, a qualquer título, pelos órgãos e entidades da administração direta ou indireta, inclusive fundações instituídas e mantidas pelo poder público, só poderão ser feitas:

I – se houver prévia dotação orçamentária suficiente para atender às projeções de despesa de pessoal e aos acréscimos dela decorrentes;

II – se houver autorização específica na lei de diretrizes orçamentárias, ressalvadas as empresas públicas e as sociedades de economia mista.[167]

§ 2º. Decorrido o prazo estabelecido na lei complementar referida neste artigo para a adaptação aos parâmetros ali previstos, serão imediatamente suspensos todos os repasses de verbas federais ou estaduais aos Estados, ao Distrito Federal e aos Municípios que não observarem os referidos limites.

§ 3º. Para o cumprimento dos limites estabelecidos com base neste artigo, durante o prazo fixado na lei complementar referida no *caput*, a União, os Estados, o Distrito Federal e os Municípios adotarão as seguintes providências:

I – redução em pelo menos vinte por cento das despesas com cargos em comissão e funções de confiança;

II – exoneração dos servidores não estáveis.

§ 4º. Se as medidas adotadas com base no parágrafo anterior não forem suficientes para assegurar o cumprimento da determinação da lei complementar referida neste artigo, o servidor estável poderá perder o cargo, desde que ato normativo motivado de cada um dos Poderes especifique a atividade funcional, o órgão ou unidade administrativa objeto da redução de pessoal.

§ 5º. O servidor que perder o cargo na forma do parágrafo anterior fará jus a indenização correspondente a um mês de remuneração por ano de serviço.

§ 6º. O cargo objeto da redução prevista nos parágrafos anteriores será considerado extinto, vedada a criação de cargo, emprego ou função com atribuições iguais ou assemelhadas pelo prazo de quatro anos.

---

166. Parágrafo incluído pela EC-3, de 17.3.1993.
167. Transformado em § 1º pela EC-19, de 4.6.1998, incluídos os incisos. Texto anterior: "Parágrafo único. A concessão de qualquer vantagem ou aumento de remuneração, a criação de cargos ou alteração de estrutura de carreiras, bem como a admissão de pessoal, a qualquer título, pelos órgãos e entidades da administração direta ou indireta, inclusive fundações instituídas e mantidas pelo Poder Público, só poderão ser feitas".

§ 7º. Lei federal disporá sobre as normas gerais a serem obedecidas na efetivação do disposto no § 4º.[168]

TÍTULO VII – DA ORDEM ECONÔMICA E FINANCEIRA

CAPÍTULO I – DOS PRINCÍPIOS GERAIS DA ATIVIDADE ECONÔMICA

Art. 170. A ordem econômica, fundada na valorização do trabalho humano e na livre iniciativa, tem por fim assegurar a todos existência digna, conforme os ditames da justiça social, observados os seguintes princípios:

I – soberania nacional;

II – propriedade privada;

III – função social da propriedade;

IV – livre concorrência;

V – defesa do consumidor;

VI – defesa do meio ambiente;

VII – redução das desigualdades regionais e sociais;

VIII – busca do pleno emprego;

IX – tratamento favorecido para as empresas de pequeno porte constituídas sob as leis brasileiras e que tenham sua sede e administração no País.[169]

Parágrafo único. É assegurado a todos o livre exercício de qualquer atividade econômica, independentemente de autorização de órgãos públicos, salvo nos casos previstos em lei.

Art. 171, incisos e parágrafos (Revogados pela EC-6, de 15.8.1995)[170]

---

168. §§ 2º a 7º incluídos pela EC-19, de 4.6.1998.
169. Redação dada pela EC-6, de 15.8.1995. Texto anterior: "X – tratamento favorecido para as empresas brasileiras de capital nacional de pequeno porte".
170. Texto revogado: "Art. 171. São consideradas: I – empresa brasileira a constituída sob as leis brasileiras e que tenha sua sede e administração no País; II – empresa brasileira de capital nacional aquela cujo controle efetivo esteja em caráter permanente sob a titularidade direta ou indireta de pessoas físicas domiciliadas e residentes no País ou de entidades de direito público interno, entendendo-se por controle efetivo da empresa a titularidade da maioria de seu capital votante e o exercício, de fato e de direito, do poder decisório para gerir suas atividades. § 1º. A lei poderá, em relação à empresa brasileira de capital nacional: I – conceder proteção e benefícios especiais temporários para desenvolver atividades consideradas estratégicas para a defesa nacional ou imprescindíveis ao desenvolvimento do País; II – estabelecer, sempre que considerar um setor imprescindível ao desenvolvimento tecnológico nacional, entre outras condições e requisitos: a) a exigência de que o controle referido no inciso II do *caput* se estenda às atividades tecnológicas da empresa, assim entendido o exercício, de fato e de direito, do poder decisório para desenvolver ou absorver tecnologia; b) percentuais de participação, no capital, de pessoas físicas domiciliadas e residentes no País ou entidades de direito público interno. § 2º. Na aquisição de bens e serviços, o Poder Público dará tratamento preferencial, nos termos da lei, à empresa brasileira de capital nacional".

Art. 172. A lei disciplinará, com base no interesse nacional, os investimentos de capital estrangeiro, incentivará os reinvestimentos e regulará a remessa de lucros.

Art. 173. Ressalvados os casos previstos nesta Constituição, a exploração direta de atividade econômica pelo Estado só será permitida quando necessária aos imperativos da segurança nacional ou a relevante interesse coletivo, conforme definidos em lei.

§ 1º. A lei estabelecerá o estatuto jurídico da empresa pública, da sociedade de economia mista e de suas subsidiárias que explorem atividade econômica de produção ou comercialização de bens ou de prestação de serviços, dispondo sobre:

I – sua função social e formas de fiscalização pelo Estado e pela sociedade;

II – a sujeição ao regime jurídico próprio das empresas privadas, inclusive quanto aos direitos e obrigações civis, comerciais, trabalhistas e tributários;

III – licitação e contratação de obras, serviços, compras e alienações, observados os princípios da administração pública;

IV – a constituição e o funcionamento dos conselhos de administração e fiscal, com a participação de acionistas minoritários;

V – os mandatos, a avaliação de desempenho e a responsabilidade dos administradores.[171]

§ 2º. As empresas públicas e as sociedades de economia mista não poderão gozar de privilégios fiscais não extensivos às do setor privado.

§ 3º. A lei regulamentará as relações da empresa pública com o Estado e a sociedade.

§ 4º. A lei reprimirá o abuso do poder econômico que vise à dominação dos mercados, à eliminação da concorrência e ao aumento arbitrário dos lucros.

§ 5º. A lei, sem prejuízo da responsabilidade individual dos dirigentes da pessoa jurídica, estabelecerá a responsabilidade desta, sujeitando-a às punições compatíveis com sua natureza, nos atos praticados contra a ordem econômica e financeira e contra a economia popular.

Art. 174. Como agente normativo e regulador da atividade econômica, o Estado exercerá, na forma da lei, as funções de fiscalização, incentivo e planejamento, sendo este determinante para o setor público e indicativo para o setor privado.

§ 1º. A lei estabelecerá as diretrizes e bases do planejamento do desenvolvimento nacional equilibrado, o qual incorporará e compatibilizará os planos nacionais e regionais de desenvolvimento.

§ 2º. A lei apoiará e estimulará o cooperativismo e outras formas de associativismo.

§ 3º. O Estado favorecerá a organização da atividade garimpeira em cooperativas, levando em conta a proteção do meio ambiente e a promoção econômico-social dos garimpeiros.

---

171. Redação dada pela EC-19, de 4.6.1998, incluídos os incisos. Texto anterior: "§ 1º. A empresa pública, a sociedade de economia mista e outras entidades que explorem atividade econômica sujeitam-se ao regime jurídico próprio das empresas privadas, inclusive quanto às obrigações trabalhistas e tributárias".

§ 4º. As cooperativas a que se refere o parágrafo anterior terão prioridade na autorização ou concessão para pesquisa e lavra dos recursos e jazidas de minerais garimpáveis, nas áreas onde estejam atuando, e naquelas fixadas de acordo com o art. 21, XXV, na forma da lei.

Art. 175. Incumbe ao Poder Público, na forma da lei, diretamente ou sob regime de concessão ou permissão, sempre através de licitação, a prestação de serviços públicos.

Parágrafo único. A lei disporá sobre:

I – o regime das empresas concessionárias e permissionárias de serviços públicos, o caráter especial de seu contrato e de sua prorrogação, bem como as condições de caducidade, fiscalização e rescisão da concessão ou permissão;

II – os direitos dos usuários;

III – política tarifária;

IV – a obrigação de manter serviço adequado.

Art. 176. As jazidas, em lavra ou não, e demais recursos minerais e os potenciais de energia hidráulica constituem propriedade distinta da do solo, para efeito de exploração ou aproveitamento, e pertencem à União, garantida ao concessionário a propriedade do produto da lavra.

§ 1º. A pesquisa e a lavra de recursos minerais e o aproveitamento dos potenciais a que se refere o *caput* deste artigo somente poderão ser efetuados mediante autorização ou concessão da União, no interesse nacional, por brasileiros ou empresa constituída sob as leis brasileiras e que tenha sua sede e administração no País, na forma da lei, que estabelecerá as condições específicas quando essas atividades se desenvolverem em faixa de fronteira ou terras indígenas.[172]

§ 2º. É assegurada participação ao proprietário do solo nos resultados da lavra, na forma e no valor que dispuser a lei.

§ 3º. A autorização de pesquisa será sempre por prazo determinado, e as autorizações e concessões previstas neste artigo não poderão ser cedidas ou transferidas, total ou parcialmente, sem prévia anuência do poder concedente.

§ 4º. Não dependerá de autorização ou concessão o aproveitamento do potencial de energia renovável de capacidade reduzida.

Art. 177. Constituem monopólio da União:

I – a pesquisa e a lavra das jazidas de petróleo e gás natural e outros hidrocarbonetos fluidos;

II – a refinação do petróleo nacional ou estrangeiro;

III – a importação e exportação dos produtos e derivados básicos resultantes das atividades previstas nos incisos anteriores;

---

172. Redação dada pela EC-6, de 15.8.1995. Texto anterior: "§ 1º. A pesquisa e a lavra de recursos minerais e o aproveitamento dos potenciais a que se refere o *caput* deste artigo somente poderão ser efetuados mediante autorização ou concessão da União, no interesse nacional, por brasileiros ou empresa brasileira de capital nacional, na forma da lei, que estabelecerá as condições específicas quando essas atividades se desenvolverem em faixa de fronteira ou terras indígenas".

IV – o transporte marítimo do petróleo bruto de origem nacional ou de derivados básicos de petróleo produzidos no País, bem assim o transporte, por meio de conduto, de petróleo bruto, seus derivados e gás natural de qualquer origem;

V – a pesquisa, a lavra, o enriquecimento, o reprocessamento, a industrialização e o comércio de minérios e minerais nucleares e seus derivados.

§ 1º. A União poderá contratar com empresas estatais ou privadas a realização das atividades previstas nos incisos I a IV deste artigo observadas as condições estabelecidas em lei.[173]

§ 2º. A lei a que se refere o § 1º disporá sobre:

I – a garantia do fornecimento dos derivados de petróleo em todo o território nacional;

II – as condições de contratação;

III – a estrutura e atribuições do órgão regulador do monopólio da União;[174]

§ 3º. A lei disporá sobre o transporte e a utilização de materiais radioativos no território nacional.[175]

§ 4º. A lei que instituir contribuição de intervenção no domínio econômico relativa às atividades de importação ou comercialização de petróleo e seus derivados, gás natural e seus derivados e álcool combustível deverá atender aos seguintes requisitos:

I – a alíquota da contribuição poderá ser:

a) diferenciada por produto ou uso;

b) reduzida e restabelecida por ato do Poder Executivo, não se lhe aplicando o disposto no art. 150,III, "b";

II – os recursos arrecadados serão destinados:

a) ao pagamento de subsídios a preços ou transporte de álcool combustível, gás natural e seus derivados e derivados de petróleo;

b) ao financiamento de projetos ambientais relacionados com a indústria do petróleo e do gás;

c) ao financiamento de programas de infra-estrutura de transportes.[176]

Art. 178. A lei disporá sobre a ordenação dos transportes aéreo, aquático e terrestre, devendo, quanto à ordenação do transporte internacional, observar os acordos firmados pela União, atendido o princípio da reciprocidade.

---

173. Redação dada pela EC-9, de 9.11.1995. Texto anterior: "§ 1º. O monopólio previsto neste artigo inclui os riscos e resultados decorrentes das atividades nele mencionadas, sendo vedado à União ceder ou conceder qualquer tipo de participação, em espécie ou em valor, na exploração de jazidas de petróleo ou gás natural, ressalvado o disposto no art. 20, § 1º".
174. Parágrafo e incisos incluídos pela EC-9, de 9.11.1995.
175. Renumerado de § 2º para § 3º pela EC-9, de 9.11.1995, em conseqüência da inclusão do § 2º (nota supra).
176. Parágrafo e incisos incluídos pela EC-33, de 11.12.2001.

Parágrafo único. Na ordenação do transporte aquático, a lei estabelecerá as condições em que o transporte de mercadorias na cabotagem e a navegação interior poderão ser feitos por embarcações estrangeiras.[177]

Art. 179. A União, os Estados, o Distrito Federal e os Municípios dispensarão às microempresas e às empresas de pequeno porte, assim definidas em lei, tratamento jurídico diferenciado, visando a incentivá-las pela simplificação de suas obrigações administrativas, tributárias, previdenciárias e creditícias, ou pela eliminação ou redução destas por meio de lei.

Art. 180. A União, os Estados, o Distrito Federal e os Municípios promoverão e incentivarão o turismo como fator de desenvolvimento social e econômico.

Art. 181. O atendimento de requisição de documento ou informação de natureza comercial, feita por autoridade administrativa ou judiciária estrangeira, a pessoa física ou jurídica residente ou domiciliada no País dependerá de autorização do Poder competente.

Capítulo II – DA POLÍTICA URBANA

Art. 182. A política de desenvolvimento urbano, executada pelo Poder Público municipal, conforme diretrizes gerais fixadas em lei, tem por objetivo ordenar o pleno desenvolvimento das funções sociais da cidade e garantir o bem– estar de seus habitantes.

§ 1º. O plano diretor, aprovado pela Câmara Municipal, obrigatório para cidades com mais de vinte mil habitantes, é o instrumento básico da política de desenvolvimento e de expansão urbana.

§ 2º. A propriedade urbana cumpre sua função social quando atende às exigências fundamentais de ordenação da cidade expressas no plano diretor.

§ 3º. As desapropriações de imóveis urbanos serão feitas com prévia e justa indenização em dinheiro.

§ 4º. É facultado ao Poder Público municipal, mediante lei específica para área incluída no plano diretor, exigir, nos termos da lei federal, do proprietário do solo urbano não edificado, subutilizado ou não utilizado, que promova seu adequado aproveitamento, sob pena, sucessivamente, de:

I – parcelamento ou edificação compulsórios;

II – imposto sobre a propriedade predial e territorial urbana progressivo no tempo;

---

177. Redação dada ao artigo pela EC-7, de 15.8.1995. Texto anterior: "Art. 178. A lei disporá sobre: I – a ordenação dos transportes aéreo, aquático e terrestre; II – a predominância dos armadores nacionais e navios de bandeira e registros brasileiros e do país exportador ou importador; III – o transporte de granéis; IV – a utilização de embarcações de pesca e outras. § 1º. A ordenação do transporte internacional cumprirá os acordos firmados pela União, atendido o princípio da reciprocidade. § 2º. Serão brasileiros os armadores, os proprietários, os comandantes e dois terços, pelo menos, dos tripulantes de embarcações nacionais. § 3º. A navegação de cabotagem e a interior são privativas de embarcações nacionais, salvo caso de necessidade pública, segundo dispuser a lei".

III – desapropriação com pagamento mediante títulos da dívida pública de emissão previamente aprovada pelo Senado Federal, com prazo de resgate de até dez anos, em parcelas anuais, iguais e sucessivas, assegurados o valor real da indenização e os juros legais.

Art. 183. Aquele que possuir como sua área urbana de até duzentos e cinqüenta metros quadrados, por cinco anos, ininterruptamente e sem oposição, utilizando-a para sua moradia ou de sua família, adquirir-lhe-á o domínio, desde que não seja proprietário de outro imóvel urbano ou rural.

§ 1º. O título de domínio e a concessão de uso serão conferidos ao homem ou à mulher, ou a ambos, independentemente do estado civil.

§ 2º. Esse direito não será reconhecido ao mesmo possuidor mais de uma vez.

§ 3º. Os imóveis públicos não serão adquiridos por usucapião.

Capítulo III – DA POLÍTICA AGRÍCOLA E FUNDIÁRIA E DA REFORMA AGRÁRIA

Art. 184. Compete à União desapropriar por interesse social, para fins de reforma agrária, o imóvel rural que não esteja cumprindo sua função social, mediante prévia e justa indenização em títulos da dívida agrária, com cláusula de preservação do valor real, resgatáveis no prazo de até vinte anos, a partir do segundo ano de sua emissão, e cuja utilização será definida em lei.

§ 1º. As benfeitorias úteis e necessárias serão indenizadas em dinheiro.

§ 2º. O decreto que declarar o imóvel como de interesse social, para fins de reforma agrária, autoriza a União a propor a ação de desapropriação.

§ 3º. Cabe à lei complementar estabelecer procedimento contraditório especial, de rito sumário, para o processo judicial de desapropriação.

§ 4º. O orçamento fixará anualmente o volume total de títulos da dívida agrária, assim como o montante de recursos para atender ao programa de reforma agrária no exercício.

§ 5º. São isentas de impostos federais, estaduais e municipais as operações de transferência de imóveis desapropriados para fins de reforma agrária.

Art. 185. São insuscetíveis de desapropriação para fins de reforma agrária:

I – a pequena e média propriedade rural, assim definida em lei, desde que seu proprietário não possua outra;

II – a propriedade produtiva.

Parágrafo único. A lei garantirá tratamento especial à propriedade produtiva e fixará normas para o cumprimento dos requisitos relativos a sua função social.

Art. 186. A função social é cumprida quando a propriedade rural atende, simultaneamente, segundo critérios e graus de exigência estabelecidos em lei, aos seguintes requisitos:

I – aproveitamento racional e adequado;

II – utilização adequada dos recursos naturais disponíveis e preservação do meio ambiente;

III – observância das disposições que regulam as relações de trabalho;

IV – exploração que favoreça o bem-estar dos proprietários e dos trabalhadores.

Art. 187. A política agrícola será planejada e executada na forma da lei, com a participação efetiva do setor de produção, envolvendo produtores e trabalhadores rurais, bem como dos setores de comercialização, de armazenamento e de transportes, levando em conta, especialmente:

I – os instrumentos creditícios e fiscais;

II – os preços compatíveis com os custos de produção e a garantia de comercialização;

III – o incentivo à pesquisa e à tecnologia;

IV – a assistência técnica e extensão rural;

V – o seguro agrícola;

VI – o cooperativismo;

VII – a eletrificação rural e irrigação;

VIII – a habitação para o trabalhador rural.

§ 1º. Incluem-se no planejamento agrícola as atividades agro-industriais, agropecuárias, pesqueiras e florestais.

§ 2º. Serão compatibilizadas as ações de política agrícola e de reforma agrária.

Art. 188. A destinação de terras públicas e devolutas será compatibilizada com a política agrícola e com o plano nacional de reforma agrária.

§ 1º. A alienação ou a concessão, a qualquer título, de terras públicas com área superior a dois mil e quinhentos hectares a pessoa física ou jurídica, ainda que por interposta pessoa, dependerá de prévia aprovação do Congresso Nacional.

§ 2º. Excetuam-se do disposto no parágrafo anterior as alienações ou as concessões de terras públicas para fins de reforma agrária.

Art. 189. Os beneficiários da distribuição de imóveis rurais pela reforma agrária receberão títulos de domínio ou de concessão de uso, inegociáveis pelo prazo de dez anos.

Parágrafo único. O título de domínio e a concessão de uso serão conferidos ao homem ou à mulher, ou a ambos, independentemente do estado civil, nos termos e condições previstos em lei.

Art. 190. A lei regulará e limitará a aquisição ou o arrendamento de propriedade rural por pessoa física ou jurídica estrangeira e estabelecerá os casos que dependerão de autorização do Congresso Nacional.

Art. 191. Aquele que, não sendo proprietário de imóvel rural ou urbano, possua como seu, por cinco anos ininterruptos, sem oposição, área de terra, em zona rural, não superior a cinqüenta hectares, tornando-a produtiva por seu trabalho ou de sua família, tendo nela sua moradia, adquirir-lhe-á a propriedade.

Parágrafo único. Os imóveis públicos não serão adquiridos por usucapião.

Capítulo IV – DO SISTEMA FINANCEIRO NACIONAL

Art. 192. O sistema financeiro nacional, estruturado de forma a promover o desenvolvimento equilibrado do País e a servir aos interesses da coletividade, será regulado em lei complementar, que disporá, inclusive, sobre:

I – a autorização para o funcionamento das instituições financeiras, assegurado às instituições bancárias oficiais e privadas acesso a todos os instrumentos do mercado financeiro bancário, sendo vedada a essas instituições a participação em atividades não previstas na autorização de que trata este inciso;

II – autorização e funcionamento dos estabelecimentos de seguro, resseguro, previdência e capitalização, bem como do órgão oficial fiscalizador;[178]

III – as condições para a participação do capital estrangeiro nas instituições a que se referem os incisos anteriores, tendo em vista, especialmente:

a) os interesses nacionais;

b) os acordos internacionais;

IV – a organização, o funcionamento e as atribuições do Banco Central e demais instituições financeiras públicas e privadas;

V – os requisitos para a designação de membros da diretoria do Banco Central e demais instituições financeiras, bem como seus impedimentos após o exercício do cargo;

VI – a criação de fundo ou seguro, com o objetivo de proteger a economia popular, garantindo créditos, aplicações e depósitos até determinado valor, vedada a participação de recursos da União;

VII – os critérios restritivos da transferência de poupança de regiões com renda inferior à média nacional para outras de maior desenvolvimento;

VIII – o funcionamento das cooperativas de crédito e os requisitos para que possam ter condições de operacionalidade e estruturação próprias das instituições financeiras.

§ 1º. A autorização a que se referem os incisos I e II será inegociável e intransferível, permitida a transmissão do controle da pessoa jurídica titular, e concedida sem ônus, na forma da lei do sistema financeiro nacional, a pessoa jurídica cujos diretores tenham capacidade técnica e reputação ilibada, e que comprove capacidade econômica compatível com o empreendimento.

§ 2º. Os recursos financeiros relativos a programas e projetos de caráter regional, de responsabilidade da União, serão depositados em suas instituições regionais de crédito e por elas aplicados.

§ 3º. As taxas de juros reais, nelas incluídas comissões e quaisquer outras remunerações direta ou indiretamente referidas à concessão de crédito, não poderão ser

---

178. Redação dada pela EC-13, de 22.8.1996. Texto anterior: "II – autorização e funcionamento dos estabelecimentos de seguro, previdência e capitalização, bem como do órgão oficial fiscalizador e do órgão oficial ressegurador".

superiores a doze por cento ao ano; a cobrança acima deste limite será conceituada como crime de usura, punido, em todas as suas modalidades, nos termos que a lei determinar.

Título VIII – DA ORDEM SOCIAL

Capítulo I – DISPOSIÇÃO GERAL

Art. 193. A ordem social tem como base o primado do trabalho, e como objetivo o bem-estar e a justiça sociais.

Capítulo II – DA SEGURIDADE SOCIAL

Seção I – *Disposições Gerais*

Art. 194. A seguridade social compreende um conjunto integrado de ações de iniciativa dos Poderes Públicos e da sociedade, destinadas a assegurar os direitos relativos à saúde, à previdência e à assistência social.

Parágrafo único. Compete ao Poder Público, nos termos da lei, organizar a seguridade social, com base nos seguintes objetivos:

I – universalidade da cobertura e do atendimento;

II – uniformidade e equivalência dos benefícios e serviços às populações urbanas e rurais;

III – seletividade e distributividade na prestação dos benefícios e serviços;

IV – irredutibilidade do valor dos benefícios;

V – eqüidade na forma de participação no custeio;

VI – diversidade da base de financiamento;

VII – caráter democrático e descentralizado da administração, mediante gestão quadripartite, com participação dos trabalhadores, dos empregadores, dos aposentados e do Governo nos órgãos colegiados.[179]

Art. 195. A seguridade social será financiada por toda a sociedade, de forma direta e indireta, nos termos da lei, mediante recursos provenientes dos orçamentos da União, dos Estados, do Distrito Federal e dos Municípios, e das seguintes contribuições sociais:

I – do empregador, da empresa e da entidade a ela equiparada na forma da lei, incidentes sobre:

---

179. Redação dada pela EC-20, de 15.12.1998. Texto anterior: "VII – caráter democrático e descentralizado da gestão administrativa, com a participação da comunidade, em especial de trabalhadores, empresários e aposentados".

a) a folha de salários e demais rendimentos do trabalho pagos ou creditados, a qualquer título, à pessoa física que lhe preste serviço, mesmo sem vínculo empregatício;

b) a receita ou o faturamento;

c) o lucro;

II – do trabalhador e dos demais segurados da previdência social, não incidindo contribuição sobre aposentadoria e pensão concedidas pelo regime geral de previdência social de que trata o art. 201;[180]

III – sobre a receita de concursos de prognósticos.

§ 1º. As receitas dos Estados, do Distrito Federal e dos Municípios destinadas à seguridade social constarão dos respectivos orçamentos, não integrando o orçamento da União.

§ 2º. A proposta de orçamento da seguridade social será elaborada de forma integrada pelos órgãos responsáveis pela saúde, previdência social e assistência social, tendo em vista as metas e prioridades estabelecidas na lei de diretrizes orçamentárias, assegurada a cada área a gestão de seus recursos.

§ 3º. A pessoa jurídica em débito com o sistema da seguridade social, como estabelecido em lei, não poderá contratar com o Poder Público nem dele receber benefícios ou incentivos fiscais ou creditícios.

§ 4º. A lei poderá instituir outras fontes destinadas a garantir a manutenção ou expansão da seguridade social, obedecido o disposto no art. 154, I.

§ 5º. Nenhum benefício ou serviço da seguridade social poderá ser criado, majorado ou estendido sem a correspondente fonte de custeio total.

§ 6º. As contribuições sociais de que trata este artigo só poderão ser exigidas após decorridos noventa dias da data da publicação da lei que as houver instituído ou modificado, não se lhes aplicando o disposto no art. 150, III, "b".

§ 7º. São isentas de contribuição para a seguridade social as entidades beneficentes de assistência social que atendam às exigências estabelecidas em lei.

§ 8º. O produtor, o parceiro, o meeiro e o arrendatário rurais e o pescador artesanal, bem como os respectivos cônjuges, que exerçam suas atividades em regime de economia familiar, sem empregados permanentes, contribuirão para a seguridade social mediante a aplicação de uma alíquota sobre o resultado da comercialização da produção e farão jus aos benefícios nos termos da lei.[181]

§ 9º. As contribuições sociais previstas no inciso I deste artigo poderão ter alíquotas ou bases de cálculo diferenciadas, em razão da atividade econômica ou da utilização intensiva de mão-de-obra.

---

180. Redação dos incs. I e II dada pela EC-20, de 15.12.1998. Texto anterior: "I – dos empregadores, incidente sobre a folha de salários, o faturamento e o lucro; II – dos trabalhadores".

181. Redação dada pela EC-20, de 15.12.1998. Texto anterior: "§ 8º. O produtor, o parceiro, o meeiro e o arrendatário rurais, o garimpeiro e o pescador artesanal, bem como os respectivos cônjuges, que exerçam suas atividades em regime de economia familiar, sem empregados permanentes, contribuirão para a seguridade social mediante a aplicação de uma alíquota sobre o resultado da comercialização da produção e farão jus aos benefícios nos termos da lei".

§ 10. A lei definirá os critérios de transferência de recursos para o sistema único de saúde e ações de assistência social da União para os Estados, o Distrito Federal e os Municípios, e dos Estados para os Municípios, observada a respectiva contrapartida de recursos.

§ 11. É vedada a concessão de remissão ou anistia das contribuições sociais de que tratam os incisos I, a, e II deste artigo, para débitos em montante superior ao fixado em lei complementar.[182]

Seção II – *Da Saúde*

Art. 196. A saúde é direito de todos e dever do Estado, garantido mediante políticas sociais e econômicas que visem à redução do risco de doença e de outros agravos e ao acesso universal e igualitário às ações e serviços para sua promoção, proteção e recuperação.

Art. 197. São de relevância pública as ações e serviços de saúde, cabendo ao Poder Público dispor, nos termos da lei, sobre sua regulamentação, fiscalização e controle, devendo sua execução ser feita diretamente ou através de terceiros e, também, por pessoa física ou jurídica de direito privado.

Art. 198. As ações e serviços públicos de saúde integram uma rede regionalizada e hierarquizada e constituem um sistema único, organizado de acordo com as seguintes diretrizes:

I – descentralização, com direção única em cada esfera de governo;

II – atendimento integral, com prioridade para as atividades preventivas, sem prejuízo dos serviços assistenciais;

III – participação da comunidade.

§ 1º. O sistema único de saúde será financiado, nos termos do art. 195, com recursos do orçamento da seguridade social, da União, dos Estados, do Distrito Federal e dos Municípios, além de outras fontes.

§ 2º. A União, os Estados, o Distrito Federal e os Municípios aplicarão, anualmente, em ações e serviços públicos de saúde recursos mínimos derivados da aplicação de percentuais calculados sobre:

I – no caso da União, na forma definida nos termos da lei complementar prevista no § 3º;

II – no caso dos Estados e do Distrito Federal, o produto da arrecadação dos impostos a que se refere o art. 155 e dos recursos de que tratam os arts. 157 e 159, inciso I, alínea "a", e inciso II, deduzidas as parcelas que forem transferidas aos respectivos Municípios;

III – no caso dos Municípios e do Distrito Federal, o produto da arrecadação dos impostos a que se refere o art. 156 e dos recursos de que tratam os arts. 158 e 159, inciso I, alínea "b" e § 3º.

---

182. §§ 9º a 11 incluídos pela EC-20, de 15.12.1998.

§ 3º. Lei complementar, que será reavaliada pelo menos a cada cinco anos, estabelecerá:

I – os percentuais de que trata o § 2º;

II – os critérios de rateio dos recursos da União vinculados à saúde destinados aos Estados, ao Distrito Federal e aos Municípios, e dos Estados destinados a seus respectivos Municípios, objetivando a progressiva redução das disparidades regionais;

III – as normas de fiscalização, avaliação e controle das despesas com saúde nas esferas federal, estadual, distrital e municipal;

IV – as normas de cálculo do montante a ser aplicado pela União.[183]

Art. 199. A assistência à saúde é livre à iniciativa privada.

§ 1º. As instituições privadas poderão participar de forma complementar do sistema único de saúde, segundo diretrizes deste, mediante contrato de direito público ou convênio, tendo preferência as entidades filantrópicas e as sem fins lucrativos.

§ 2º. É vedada a destinação de recursos públicos para auxílios ou subvenções às instituições privadas com fins lucrativos.

§ 3º. É vedada a participação direta ou indireta de empresas ou capitais estrangeiros na assistência à saúde no País, salvo nos casos previstos em lei.

§ 4º. A lei disporá sobre as condições e os requisitos que facilitem a remoção de órgãos, tecidos e substâncias humanas para fins de transplante, pesquisa e tratamento, bem como a coleta, processamento e transfusão de sangue e seus derivados, sendo vedado todo tipo de comercialização.

Art. 200. Ao sistema único de saúde compete, além de outras atribuições, nos termos da lei:

I – controlar e fiscalizar procedimentos, produtos e substâncias de interesse para a saúde e participar da produção de medicamentos, equipamentos, imunobiológicos, hemoderivados e outros insumos;

II – executar as ações de vigilância sanitária e epidemiológica, bem como as de saúde do trabalhador;

III – ordenar a formação de recursos humanos na área de saúde;

IV – participar da formulação da política e da execução das ações de saneamento básico;

V – incrementar em sua área de atuação o desenvolvimento científico e tecnológico;

VI – fiscalizar e inspecionar alimentos, compreendido o controle de seu teor nutricional, bem como bebidas e águas para consumo humano;

VII – participar do controle e fiscalização da produção, transporte, guarda e utilização de substâncias e produtos psicoativos, tóxicos e radioativos;

VIII – colaborar na proteção do meio ambiente, nele compreendido o do trabalho.

183. §§ 2º e 3º incluídos pela EC-29, de 13.9.2000, renumerado o parágrafo único para § 1º.

Seção III – Da Previdência Social

Art. 201. A previdência social será organizada sob a forma de regime geral, de caráter contributivo e de filiação obrigatória, observados critérios que preservem o equilíbrio financeiro e atuarial, e atenderá, nos termos da lei, a:

I – cobertura dos eventos de doença, invalidez, morte e idade avançada;

II – proteção à maternidade, especialmente à gestante;

III – proteção ao trabalhador em situação de desemprego involuntário;

IV – salário-família e auxílio-reclusão para os dependentes dos segurados de baixa renda;

V – pensão por morte do segurado, homem ou mulher, ao cônjuge ou companheiro e dependentes, observado o disposto no § 2º.

§ 1º. É vedada a adoção de requisitos e critérios diferenciados para a concessão de aposentadoria aos beneficiários do regime geral de previdência social, ressalvados os casos de atividades exercidas sob condições especiais que prejudiquem a saúde ou a integridade física, definidos em lei complementar.

§ 2º. Nenhum benefício que substitua o salário de contribuição ou o rendimento do trabalho do segurado terá valor mensal inferior ao salário mínimo.

§ 3º. Todos os salários de contribuição considerados para o cálculo de benefício serão devidamente atualizados, na forma da lei.

§ 4º. É assegurado o reajustamento dos benefícios para preservar-lhes, em caráter permanente, o valor real, conforme critérios definidos em lei.

§ 5º. É vedada a filiação ao regime geral de previdência social, na qualidade de segurado facultativo, de pessoa participante de regime próprio de previdência.

§ 6º. A gratificação natalina dos aposentados e pensionistas terá por base o valor dos proventos do mês de dezembro de cada ano.

§ 7º. É assegurada aposentadoria no regime geral de previdência social, nos termos da lei, obedecidas as seguintes condições:

I – trinta e cinco anos de contribuição, se homem, e trinta anos de contribuição, se mulher;

II – sessenta e cinco anos de idade, se homem, e sessenta anos de idade, se mulher, reduzido em cinco anos o limite para os trabalhadores rurais de ambos os sexos e para os que exerçam suas atividades em regime de economia familiar, nestes incluídos o produtor rural, o garimpeiro e o pescador artesanal.

§ 8º. Os requisitos a que se refere o inciso I do parágrafo anterior serão reduzidos em cinco anos, para o professor que comprove exclusivamente tempo de efetivo exercício das funções de magistério na educação infantil e no ensino fundamental e médio.

§ 9º. Para efeito de aposentadoria, é assegurada a contagem recíproca do tempo de contribuição na administração pública e na atividade privada, rural e urbana, hipótese em que os diversos regimes de previdência social se compensarão financeiramente, segundo critérios estabelecidos em lei.

§ 10. Lei disciplinará a cobertura do risco de acidente do trabalho, a ser atendida concorrentemente pelo regime geral de previdência social e pelo setor privado.

§ 11. Os ganhos habituais do empregado, a qualquer título, serão incorporados ao salário para efeito de contribuição previdenciária e conseqüente repercussão em benefícios, nos casos e na forma da lei.[184]

Art. 202. O regime de previdência privada, de caráter complementar e organizado de forma autônoma em relação ao regime geral de previdência social, será facultativo, baseado na constituição de reservas que garantam o benefício contratado, e regulado por lei complementar.

§ 1º. A lei complementar de que trata este artigo assegurará ao participante de planos de benefícios de entidades de previdência privada o pleno acesso às informações relativas à gestão de seus respectivos planos.

§ 2º. As contribuições do empregador, os benefícios e as condições contratuais previstas nos estatutos, regulamentos e planos de benefícios das entidades de previdência privada não integram o contrato de trabalho dos participantes, assim como, à exceção dos benefícios concedidos, não integram a remuneração dos participantes, nos termos da lei.

§ 3º. É vedado o aporte de recursos a entidade de previdência privada pela União, Estados, Distrito Federal e Municípios, suas autarquias, fundações, empresas públicas, sociedades de economia mista e outras entidades públicas, salvo na qualidade de patrocinador, situação na qual, em hipótese alguma, sua contribuição normal poderá exceder a do segurado.

§ 4º. Lei complementar disciplinará a relação entre a União, Estados, Distrito Federal ou Municípios, inclusive suas autarquias, fundações, sociedades de economia mista e empresas controladas direta ou indiretamente, enquanto patrocinadoras de entidades fechadas de previdência privada, e suas respectivas entidades fechadas de previdência privada.

---

184. Redação dada ao artigo pela EC-20, de 15.12.1998. Texto anterior: "Art. 201. Os planos de previdência social, mediante contribuição, atenderão, nos termos da lei, a: I – cobertura dos eventos de doença, invalidez, morte, incluídos os resultantes de acidentes do trabalho, velhice e reclusão; II – ajuda à manutenção dos dependentes dos segurados de baixa renda; III – proteção à maternidade, especialmente à gestante; IV – proteção ao trabalhador em situação de desemprego involuntário; V – pensão por morte de segurado, homem ou mulher, ao cônjuge ou companheiro e dependentes, obedecido o disposto no § 5º e no art. 202. § 1º. Qualquer pessoa poderá participar dos benefícios da previdência social, mediante contribuição na forma dos planos previdenciários. § 2º. É assegurado o reajustamento dos benefícios para preservar-lhes, em caráter permanente, o valor real, conforme critérios definidos em lei. § 3º. Todos os salários de contribuição considerados no cálculo de benefício serão corrigidos monetariamente. § 4º. Os ganhos habituais do empregado, a qualquer título, serão incorporados ao salário para efeito de contribuição previdenciária e conseqüente repercussão em benefícios, nos casos e na forma da lei. § 5º. Nenhum benefício que substitua o salário de contribuição ou o rendimento do trabalho do segurado terá valor mensal inferior ao salário mínimo. § 6º. A gratificação natalina dos aposentados e pensionistas terá por base o valor dos proventos do mês de dezembro de cada ano. § 7º. A previdência social manterá seguro coletivo, de caráter complementar e facultativo, custeado por contribuições adicionais. § 8º. É vedado subvenção ou auxílio do Poder Público às entidades de previdência privada com fins lucrativos".

§ 5º. A lei complementar de que trata o parágrafo anterior aplicar-se-á, no que couber, às empresas privadas permissionárias ou concessionárias de prestação de serviços públicos, quando patrocinadoras de entidades fechadas de previdência privada.

§ 6º. A lei complementar a que se refere o § 4º deste artigo estabelecerá os requisitos para a designação dos membros das diretorias das entidades fechadas de previdência privada e disciplinará a inserção dos participantes nos colegiados e instâncias de decisão em que seus interesses sejam objeto de discussão e deliberação.[185]

Seção IV – *Da Assistência Social*

Art. 203. A assistência social será prestada a quem dela necessitar, independentemente de contribuição à seguridade social, e tem por objetivos:

I – a proteção à família, à maternidade, à infância, à adolescência e à velhice;

II – o amparo às crianças e adolescentes carentes;

III – a promoção da integração ao mercado de trabalho;

IV – a habilitação e reabilitação das pessoas portadoras de deficiência e a promoção de sua integração à vida comunitária;

V – a garantia de um salário mínimo de benefício mensal à pessoa portadora de deficiência e ao idoso que comprovem não possuir meios de prover à própria manutenção ou de tê-la provida por sua família, conforme dispuser a lei.

Art. 204. As ações governamentais na área da assistência social serão realizadas com recursos do orçamento da seguridade social, previstos no art. 195, além de outras fontes, e organizadas com base nas seguintes diretrizes:

I – descentralização político-administrativa, cabendo a coordenação e as normas gerais à esfera federal e a coordenação e a execução dos respectivos programas às esferas estadual e municipal, bem como a entidades beneficentes e de assistência social;

II – participação da população, por meio de organizações representativas, na formulação das políticas e no controle das ações em todos os níveis.

---

185. Redação dada pela EC-20, de 15.12.1998, incluídos os §§ 3º a 6º. Texto anterior: "Art. 202. É assegurada aposentadoria, nos termos da lei, calculando-se o benefício sobre a média dos trinta e seis últimos salários de contribuição, corrigidos monetariamente mês a mês, e comprovada a regularidade dos reajustes dos salários de contribuição de modo a preservar seus valores reais e obedecidas as seguintes condições: I – aos sessenta e cinco anos de idade, para o homem, e aos sessenta, para a mulher, reduzido em cinco anos o limite de idade para os trabalhadores rurais de ambos os sexos e para os que exerçam suas atividades em regime de economia familiar, neste incluídos o produtor rural, o garimpeiro e o pescador artesanal; II – após trinta e cinco anos de trabalho, ao homem, e, após trinta, à mulher, ou em tempo inferior, se sujeitos a trabalho sob condições especiais, que prejudiquem a saúde ou a integridade física, definidas em lei; III – após trinta anos, ao professor, e, após vinte e cinco, à professora, por efetivo exercício de função de magistério. § 1º. É facultada aposentadoria proporcional, após trinta anos de trabalho, ao homem, e, após vinte e cinco, à mulher. § 2º. Para efeito de aposentadoria, é assegurada a contagem recíproca do tempo de contribuição na administração pública e na atividade privada, rural e urbana, hipótese em que os diversos sistemas de previdência social se compensarão financeiramente, segundo critérios estabelecidos em lei".

Capítulo III – DA EDUCAÇÃO, DA CULTURA E DO DESPORTO

Seção I – *Da Educação*

Art. 205. A educação, direito de todos e dever do Estado e da família, será promovida e incentivada com a colaboração da sociedade, visando ao pleno desenvolvimento da pessoa, seu preparo para o exercício da cidadania e sua qualificação para o trabalho.

Art. 206. O ensino será ministrado com base nos seguintes princípios:

I – igualdade de condições para o acesso e permanência na escola;

II – liberdade de aprender, ensinar, pesquisar e divulgar o pensamento, a arte e o saber;

III – pluralismo de idéias e de concepções pedagógicas, e coexistência de instituições públicas e privadas de ensino;

IV – gratuidade do ensino público em estabelecimentos oficiais;

V – valorização dos profissionais do ensino, garantidos, na forma da lei, planos de carreira para o magistério público, com piso salarial profissional e ingresso exclusivamente por concurso público de provas e títulos;[186]

VI – gestão democrática do ensino público, na forma da lei;

VII – garantia de padrão de qualidade.

Art. 207. As universidades gozam de autonomia didático-científica, administrativa e de gestão financeira e patrimonial, e obedecerão ao princípio de indissociabilidade entre ensino, pesquisa e extensão.

§ 1º. É facultado às universidades admitir professores, técnicos e cientistas estrangeiros, na forma da lei.

§ 2º. O disposto neste artigo aplica-se às instituições de pesquisa científica e tecnológica.[187]

Art. 208. O dever do Estado com a educação será efetivado mediante a garantia de:

I – ensino fundamental, obrigatório e gratuito, assegurada, inclusive, sua oferta gratuita para todos os que a ele não tiveram acesso na idade própria;[188]

II – progressiva universalização do ensino médio gratuito;

III – atendimento educacional especializado aos portadores de deficiência, preferencialmente na rede regular de ensino;

---

186. Redação dada pela EC-19, de 4.6.1998. Texto anterior: "V – valorização dos profissionais do ensino, garantido, na forma da lei, plano de carreira para o magistério público, com piso salarial profissional e ingresso exclusivamente por concurso público de provas e títulos, assegurado regime jurídico único para todas as instituições mantidas pela União".
187. Parágrafos incluídos pela EC-11, de 30.4.1996.
188. Redação do incs. I e II dada pela EC-14, de 13.9.1996. Texto anterior: "I – ensino fundamental, obrigatório e gratuito, inclusive para os que a ele não tiveram acesso na idade própria; II – progressiva extensão da obrigatoriedade e gratuidade ao ensino médio".

IV – atendimento em creche e pré-escola às crianças de zero a seis anos de idade;

V – acesso aos níveis mais elevados do ensino, da pesquisa e da criação artística, segundo a capacidade de cada um;

VI – oferta de ensino noturno regular, adequado às condições do educando;

VII – atendimento ao educando, no ensino fundamental, através de programas suplementares de material didático-escolar, transporte, alimentação e assistência à saúde.

§ 1º. O acesso ao ensino obrigatório e gratuito é direito público subjetivo.

§ 2º. O não-oferecimento do ensino obrigatório pelo Poder Público, ou sua oferta irregular, importa responsabilidade da autoridade competente.

§ 3º. Compete ao Poder Público recensear os educandos no ensino fundamental, fazer-lhes a chamada e zelar, junto aos pais ou responsáveis, pela freqüência à escola.

Art. 209. O ensino é livre à iniciativa privada, atendidas as seguintes condições:

I – cumprimento das normas gerais da educação nacional;

II – autorização e avaliação de qualidade pelo Poder Público.

Art. 210. Serão fixados conteúdos mínimos para o ensino fundamental, de maneira a assegurar formação básica comum e respeito aos valores culturais e artísticos, nacionais e regionais.

§ 1º. O ensino religioso, de matrícula facultativa, constituirá disciplina dos horários normais das escolas públicas de ensino fundamental.

§ 2º. O ensino fundamental regular será ministrado em língua portuguesa, assegurada às comunidades indígenas também a utilização de suas línguas maternas e processos próprios de aprendizagem.

Art. 211. A União, os Estados, o Distrito Federal e os Municípios organizarão em regime de colaboração seus sistemas de ensino.

§ 1º. A União organizará o sistema federal de ensino e o dos Territórios, financiará as instituições de ensino públicas federais e exercerá, em matéria educacional, função redistributiva e supletiva, de forma a garantir equalização de oportunidades educacionais e padrão mínimo de qualidade do ensino mediante assistência técnica e financeira aos Estados, ao Distrito Federal e aos Municípios;

§ 2º. Os Municípios atuarão prioritariamente no ensino fundamental e na educação infantil.

§ 3º. Os Estados e o Distrito Federal atuarão prioritariamente no ensino fundamental e médio.

§ 4º. Na organização de seus sistemas de ensino, os Estados e os Municípios definirão formas de colaboração, de modo a assegurar a universalização do ensino obrigatório.[189]

---

189. Redação dos §§ 1º e 2º dada pela EC-14, de 13.9.1996, incluídos os §§ 3º e 4º. Texto anterior: "§ 1º. A União organizará e financiará o sistema federal de ensino e o dos Territórios, e prestará assistência técnica e financeira aos Estados, ao Distrito Federal e aos Municípios para o desenvolvimento de seus sistemas de ensino e o atendimento prioritário à escolaridade obrigatória. § 2º. Os Municípios atuarão prioritariamente no ensino fundamental e pré-escolar".

Art. 212. A União aplicará, anualmente, nunca menos de dezoito, e os Estados, o Distrito Federal e os Municípios vinte e cinco por cento, no mínimo, da receita resultante de impostos, compreendida a proveniente de transferências, na manutenção e desenvolvimento do ensino.

§ 1º. A parcela da arrecadação de impostos transferida pela União aos Estados, ao Distrito Federal e aos Municípios, ou pelos Estados aos respectivos Municípios, não é considerada, para efeito do cálculo previsto neste artigo, receita do governo que a transferir.

§ 2º. Para efeito do cumprimento do disposto no *caput* deste artigo, serão considerados os sistemas de ensino federal, estadual e municipal e os recursos aplicados na forma do art. 213.

§ 3º. A distribuição dos recursos públicos assegurará prioridade ao atendimento das necessidades do ensino obrigatório, nos termos do plano nacional de educação.

§ 4º. Os programas suplementares de alimentação e assistência à saúde previstos no art. 208, VII, serão financiados com recursos provenientes de contribuições sociais e outros recursos orçamentários.

§ 5º. O ensino fundamental público terá como fonte adicional de financiamento a contribuição social do salário-educação, recolhida pelas empresas, na forma da lei.[190]

Art. 213. Os recursos públicos serão destinados às escolas públicas, podendo ser dirigidos a escolas comunitárias, confessionais ou filantrópicas, definidas em lei, que:

I – comprovem finalidade não-lucrativa e apliquem seus excedentes financeiros em educação;

II – assegurem a destinação de seu patrimônio a outra escola comunitária, filantrópica ou confessional, ou ao Poder Público, no caso de encerramento de suas atividades.

§ 1º. Os recursos de que trata este artigo poderão ser destinados a bolsas de estudo para o ensino fundamental e médio, na forma da lei, para os que demonstrarem insuficiência de recursos, quando houver falta de vagas e cursos regulares da rede pública na localidade da residência do educando, ficando o Poder Público obrigado a investir prioritariamente na expansão de sua rede na localidade.

§ 2º. As atividades universitárias de pesquisa e extensão poderão receber apoio financeiro do Poder Público.

Art. 214. A lei estabelecerá o plano nacional de educação, de duração plurianual, visando à articulação e ao desenvolvimento do ensino em seus diversos níveis e à integração das ações do Poder Público que conduzam à:

I – erradicação do analfabetismo;

II – universalização do atendimento escolar;

III – melhoria da qualidade do ensino;

---

190. Redação dada pela EC-14, de 13.9.1996. Texto anterior: "§ 5º. O ensino fundamental público terá como fonte adicional de financiamento a contribuição social do salário-educação, recolhida, na forma da lei, pelas empresas, que dela poderão deduzir a aplicação realizada no ensino fundamental de seus empregados e dependentes".

IV – formação para o trabalho;

V – promoção humanística, científica e tecnológica do País.

Seção II – Da Cultura

Art. 215. O Estado garantirá a todos o pleno exercício dos direitos culturais e acesso às fontes da cultura nacional, e apoiará e incentivará a valorização e a difusão das manifestações culturais.

§ 1º. O Estado protegerá as manifestações das culturas populares, indígenas e afro-brasileiras, e das de outros grupos participantes do processo civilizatório nacional.

§ 2º. A lei disporá sobre a fixação de datas comemorativas de alta significação para os diferentes segmentos étnicos nacionais.

Art. 216. Constituem patrimônio cultural brasileiro os bens de natureza material e imaterial, tomados individualmente ou em conjunto, portadores de referência à identidade, à ação, à memória dos diferentes grupos formadores da sociedade brasileira, nos quais se incluem:

I – as formas de expressão;

II – os modos de criar, fazer e viver;

III – as criações científicas, artísticas e tecnológicas;

IV – as obras, objetos, documentos, edificações e demais espaços destinados às manifestações artístico-culturais;

V – os conjuntos urbanos e sítios de valor histórico, paisagístico, artístico, arqueológico, paleontológico, ecológico e científico.

§ 1º. O Poder Público, com a colaboração da comunidade, promoverá e protegerá o patrimônio cultural brasileiro, por meio de inventários, registros, vigilância, tombamento e desapropriação, e de outras formas de acautelamento e preservação.

§ 2º. Cabem à administração pública, na forma da lei, a gestão da documentação governamental e as providências para franquear sua consulta a quantos dela necessitem.

§ 3º. A lei estabelecerá incentivos para a produção e o conhecimento de bens e valores culturais.

§ 4º. Os danos e ameaças ao patrimônio cultural serão punidos, na forma da lei.

§ 5º. Ficam tombados todos os documentos e os sítios detentores de reminiscências históricas dos antigos quilombos.

Seção III – Do Desporto

Art. 217. É dever do Estado fomentar práticas desportivas formais e não-formais, como direito de cada um, observados:

I – a autonomia das entidades desportivas dirigentes e associações, quanto a sua organização e funcionamento;

II – a destinação de recursos públicos para a promoção prioritária do desporto educacional e, em casos específicos, para a do desporto de alto rendimento;

III – o tratamento diferenciado para o desporto profissional e o não– profissional;

IV – a proteção e o incentivo às manifestações desportivas de criação nacional.

§ 1º. O Poder Judiciário só admitirá ações relativas à disciplina e às competições desportivas após esgotarem-se as instâncias da justiça desportiva, regulada em lei.

§ 2º. A justiça desportiva terá o prazo máximo de sessenta dias, contados da instauração do processo, para proferir decisão final.

§ 3º. O Poder Público incentivará o lazer, como forma de promoção social.

Capítulo IV – DA CIÊNCIA E TECNOLOGIA

Art. 218. O Estado promoverá e incentivará o desenvolvimento científico, a pesquisa e a capacitação tecnológicas.

§ 1º. A pesquisa científica básica receberá tratamento prioritário do Estado, tendo em vista o bem público e o progresso das ciências.

§ 2º. A pesquisa tecnológica voltar-se-á preponderantemente para a solução dos problemas brasileiros e para o desenvolvimento do sistema produtivo nacional e regional.

§ 3º. O Estado apoiará a formação de recursos humanos nas áreas de ciência, pesquisa e tecnologia, e concederá aos que delas se ocupem meios e condições especiais de trabalho.

§ 4º. A lei apoiará e estimulará as empresas que invistam em pesquisa, criação de tecnologia adequada ao País, formação e aperfeiçoamento de seus recursos humanos e que pratiquem sistemas de remuneração que assegurem ao empregado, desvinculada do salário, participação nos ganhos econômicos resultantes da produtividade de seu trabalho.

§ 5º. É facultado aos Estados e ao Distrito Federal vincular parcela de sua receita orçamentária a entidades públicas de fomento ao ensino e à pesquisa científica e tecnológica.

Art. 219. O mercado interno integra o patrimônio nacional e será incentivado de modo a viabilizar o desenvolvimento cultural e sócio-econômico, o bem-estar da população e a autonomia tecnológica do País, nos termos de lei federal.

Capítulo V – DA COMUNICAÇÃO SOCIAL

Art. 220. A manifestação do pensamento, a criação, a expressão e a informação, sob qualquer forma, processo ou veículo não sofrerão qualquer restrição, observado o disposto nesta Constituição.

§ 1º. Nenhuma lei conterá dispositivo que possa constituir embaraço à plena liberdade de informação jornalística em qualquer veículo de comunicação social, observado o disposto no art. 5º, IV, V, X, XIII e XIV.

§ 2º. É vedada toda e qualquer censura de natureza política, ideológica e artística.

§ 3º. Compete à lei federal:

I – regular as diversões e espetáculos públicos, cabendo ao Poder Público informar sobre a natureza deles, as faixas etárias a que não se recomendem, locais e horários em que sua apresentação se mostre inadequada;

II – estabelecer os meios legais que garantam à pessoa e à família a possibilidade de se defenderem de programas ou programações de rádio e televisão que contrariem o disposto no art. 221, bem como da propaganda de produtos, práticas e serviços que possam ser nocivos à saúde e ao meio ambiente.

§ 4º. A propaganda comercial de tabaco, bebidas alcoólicas, agrotóxicos, medicamentos e terapias estará sujeita a restrições legais, nos termos do inciso II do parágrafo anterior, e conterá, sempre que necessário, advertência sobre os malefícios decorrentes de seu uso.

§ 5º. Os meios de comunicação social não podem, direta ou indiretamente, ser objeto de monopólio ou oligopólio.

§ 6º. A publicação de veículo impresso de comunicação independe de licença de autoridade.

Art. 221. A produção e a programação das emissoras de rádio e televisão atenderão aos seguintes princípios:

I – preferência a finalidades educativas, artísticas, culturais e informativas;

II – promoção da cultura nacional e regional e estímulo à produção independente que objetive sua divulgação;

III – regionalização da produção cultural, artística e jornalística, conforme percentuais estabelecidos em lei;

IV – respeito aos valores éticos e sociais da pessoa e da família.

Art. 222. A propriedade de empresa jornalística e de radiodifusão sonora e de sons e imagens é privativa de brasileiros natos ou naturalizados há mais de dez anos, ou de pessoas jurídicas constituídas sob as leis brasileiras e que tenham sede no País.

§ 1º. Em qualquer caso, pelo menos setenta por cento do capital total e do capital votante das empresas jornalísticas e de radiodifusão sonora e de sons e imagens deverá pertencer, direta ou indiretamente, a brasileiros natos ou naturalizados há mais de dez anos, que exercerão obrigatoriamente a gestão das atividades e estabelecerão o conteúdo da programação.

§ 2º. A responsabilidade editorial e as atividades de seleção e direção da programação veiculada são privativas de brasileiros natos ou naturalizados há mais de dez anos, em qualquer meio de comunicação social.

§ 3º. Os meios de comunicação social eletrônica, independentemente da tecnologia utilizada para a prestação do serviço, deverão observar os princípios enunciados no art. 221, na forma de lei específica, que também garantirá a prioridade de profissionais brasileiros na execução de produções nacionais.

§ 4º. Lei disciplinará a participação de capital estrangeiro nas empresas de que trata o § 1º.

§ 5º. As alterações de controle societário das empresas de que trata o § 1º serão comunicadas ao Congresso Nacional.[191]

Art. 223. Compete ao Poder Executivo outorgar e renovar concessão, permissão e autorização para o serviço de radiodifusão sonora e de sons e imagens, observado o princípio da complementaridade dos sistemas privado, público e estatal.

§ 1º. O Congresso Nacional apreciará o ato no prazo do art. 64, § 2º e § 4º, a contar do recebimento da mensagem.

§ 2º. A não renovação da concessão ou permissão dependerá de aprovação de, no mínimo, dois quintos do Congresso Nacional, em votação nominal.

§ 3º. O ato de outorga ou renovação somente produzirá efeitos legais após deliberação do Congresso Nacional, na forma dos parágrafos anteriores.

§ 4º. O cancelamento da concessão ou permissão, antes de vencido o prazo, depende de decisão judicial.

§ 5º. O prazo da concessão ou permissão será de dez anos para as emissoras de rádio e de quinze para as de televisão.

Art. 224. Para os efeitos do disposto neste capítulo, o Congresso Nacional instituirá, como seu órgão auxiliar, o Conselho de Comunicação Social, na forma da lei.

Capítulo VI – DO MEIO AMBIENTE

Art. 225. Todos têm direito ao meio ambiente ecologicamente equilibrado, bem de uso comum do povo e essencial à sadia qualidade de vida, impondo-se ao Poder Público e à coletividade o dever de defendê-lo e preservá-lo para as presentes e futuras gerações.

§ 1º. Para assegurar a efetividade desse direito, incumbe ao Poder Público:

I – preservar e restaurar os processos ecológicos essenciais e prover o manejo ecológico das espécies e ecossistemas;

II – preservar a diversidade e a integridade do patrimônio genético do País e fiscalizar as entidades dedicadas à pesquisa e manipulação de material genético;

III – definir, em todas as unidades da Federação, espaços territoriais e seus componentes a serem especialmente protegidos, sendo a alteração e a supressão permitidas somente através de lei, vedada qualquer utilização que comprometa a integridade dos atributos que justifiquem sua proteção;

---

191. Redação dada pela EC-38, de 28.5.2002. Texto anterior: "Art. 222. A propriedade de empresa jornalística e de radiodifusão sonora e de sons e imagens é privativa de brasileiros natos ou naturalizados há mais de dez anos, aos quais caberá a responsabilidade por sua administração e orientação intelectual. § 1º. É vedada a participação de pessoa jurídica no capital social de empresa jornalística ou de radiodifusão, exceto a de partido político e de sociedades cujo capital pertença exclusiva e nominalmente a brasileiros. § 2º. A participação referida no parágrafo anterior só se efetuará através de capital sem direito a voto e não poderá exceder a trinta por cento do capital social".

IV – exigir, na forma da lei, para instalação de obra ou atividade potencialmente causadora de significativa degradação do meio ambiente, estudo prévio de impacto ambiental, a que se dará publicidade;

V – controlar a produção, a comercialização e o emprego de técnicas, métodos e substâncias que comportem risco para a vida, a qualidade de vida e o meio ambiente;

VI – promover a educação ambiental em todos os níveis de ensino e a conscientização pública para a preservação do meio ambiente;

VII – proteger a fauna e a flora, vedadas, na forma da lei, as práticas que coloquem em risco sua função ecológica, provoquem a extinção de espécies ou submetam os animais a crueldade.

§ 2º. Aquele que explorar recursos minerais fica obrigado a recuperar o meio ambiente degradado, de acordo com solução técnica exigida pelo órgão público competente, na forma da lei.

§ 3º. As condutas e atividades consideradas lesivas ao meio ambiente sujeitarão os infratores, pessoas físicas ou jurídicas, a sanções penais e administrativas, independentemente da obrigação de reparar os danos causados.

§ 4º. A Floresta Amazônica brasileira, a Mata Atlântica, a Serra do Mar, o Pantanal Mato-Grossense e a Zona Costeira são patrimônio nacional, e sua utilização far-se-á, na forma da lei, dentro de condições que assegurem a preservação do meio ambiente, inclusive quanto ao uso dos recursos naturais.

§ 5º. São indisponíveis as terras devolutas ou arrecadadas pelos Estados, por ações discriminatórias, necessárias à proteção dos ecossistemas naturais.

§ 6º. As usinas que operem com reator nuclear deverão ter sua localização definida em lei federal, sem o que não poderão ser instaladas.

Capítulo VII – DA FAMÍLIA, DA CRIANÇA, DO ADOLESCENTE E DO IDOSO

Art. 226. A família, base da sociedade, tem especial proteção do Estado.

§ 1º. O casamento é civil e gratuita a celebração.

§ 2º. O casamento religioso tem efeito civil, nos termos da lei.

§ 3º. Para efeito da proteção do Estado, é reconhecida a união estável entre o homem e a mulher como entidade familiar, devendo a lei facilitar sua conversão em casamento.

§ 4º. Entende-se, também, como entidade familiar a comunidade formada por qualquer dos pais e seus descendentes.

§ 5º. Os direitos e deveres referentes à sociedade conjugal são exercidos igualmente pelo homem e pela mulher.

§ 6º. O casamento civil pode ser dissolvido pelo divórcio, após prévia separação judicial por mais de um ano nos casos expressos em lei, ou comprovada separação de fato por mais de dois anos.

§ 7º. Fundado nos princípios da dignidade da pessoa humana e da paternidade responsável, o planejamento familiar é livre decisão do casal, competindo ao Estado propiciar recursos educacionais e científicos para o exercício desse direito, vedada qualquer forma coercitiva por parte de instituições oficiais ou privadas.

§ 8º. O Estado assegurará a assistência à família na pessoa de cada um dos que a integram, criando mecanismos para coibir a violência no âmbito de suas relações.

Art. 227. É dever da família, da sociedade e do Estado assegurar à criança e ao adolescente, com absoluta prioridade, o direito à vida, à saúde, à alimentação, à educação, ao lazer, à profissionalização, à cultura, à dignidade, ao respeito, à liberdade e à convivência familiar e comunitária, além de colocá-los a salvo de toda forma de negligência, discriminação, exploração, violência, crueldade e opressão.

§ 1º. O Estado promoverá programas de assistência integral à saúde da criança e do adolescente, admitida a participação de entidades não governamentais e obedecendo os seguintes preceitos:

I – aplicação de percentual dos recursos públicos destinados à saúde na assistência materno-infantil;

II – criação de programas de prevenção e atendimento especializado para os portadores de deficiência física, sensorial ou mental, bem como de integração social do adolescente portador de deficiência, mediante o treinamento para o trabalho e a convivência, e a facilitação do acesso aos bens e serviços coletivos, com a eliminação de preconceitos e obstáculos arquitetônicos.

§ 2º. A lei disporá sobre normas de construção dos logradouros e dos edifícios de uso público e de fabricação de veículos de transporte coletivo, a fim de garantir acesso adequado às pessoas portadoras de deficiência.

§ 3º. O direito a proteção especial abrangerá os seguintes aspectos:

I – idade mínima de quatorze anos para admissão ao trabalho, observado o disposto no art. 7º, XXXIII;

II – garantia de direitos previdenciários e trabalhistas;

III – garantia de acesso do trabalhador adolescente à escola;

IV – garantia de pleno e formal conhecimento da atribuição de ato infracional, igualdade na relação processual e defesa técnica por profissional habilitado, segundo dispuser a legislação tutelar específica;

V – obediência aos princípios de brevidade, excepcionalidade e respeito à condição peculiar de pessoa em desenvolvimento, quando da aplicação de qualquer medida privativa da liberdade;

VI – estímulo do Poder Público, através de assistência jurídica, incentivos fiscais e subsídios, nos termos da lei, ao acolhimento, sob a forma de guarda, de criança ou adolescente órfão ou abandonado;

VII – programas de prevenção e atendimento especializado à criança e ao adolescente dependente de entorpecentes e drogas afins.

§ 4º. A lei punirá severamente o abuso, a violência e a exploração sexual da criança e do adolescente.

§ 5º. A adoção será assistida pelo Poder Público, na forma da lei, que estabelecerá casos e condições de sua efetivação por parte de estrangeiros.

§ 6º. Os filhos, havidos ou não da relação do casamento, ou por adoção, terão os mesmos direitos e qualificações, proibidas quaisquer designações discriminatórias relativas à filiação.

§ 7º. No atendimento dos direitos da criança e do adolescente levar-se-á em consideração o disposto no art. 204.

Art. 228. São penalmente inimputáveis os menores de dezoito anos, sujeitos às normas da legislação especial.

Art. 229. Os pais têm o dever de assistir, criar e educar os filhos menores, e os filhos maiores têm o dever de ajudar e amparar os pais na velhice, carência ou enfermidade.

Art. 230. A família, a sociedade e o Estado têm o dever de amparar as pessoas idosas, assegurando sua participação na comunidade, defendendo sua dignidade e bem-estar e garantindo-lhes o direito à vida.

§ 1º. Os programas de amparo aos idosos serão executados preferencialmente em seus lares.

§ 2º. Aos maiores de sessenta e cinco anos é garantida a gratuidade dos transportes coletivos urbanos.

Capítulo VIII – DOS ÍNDIOS

Art. 231. São reconhecidos aos índios sua organização social, costumes, línguas, crenças e tradições, e os direitos originários sobre as terras que tradicionalmente ocupam, competindo à União demarcá-las, proteger e fazer respeitar todos os seus bens.

§ 1º. São terras tradicionalmente ocupadas pelos índios as por eles habitadas em caráter permanente, as utilizadas para suas atividades produtivas, as imprescindíveis à preservação dos recursos ambientais necessários a seu bem-estar e as necessárias a sua reprodução física e cultural, segundo seus usos, costumes e tradições.

§ 2º. As terras tradicionalmente ocupadas pelos índios destinam-se a sua posse permanente, cabendo-lhes o usufruto exclusivo das riquezas do solo, dos rios e dos lagos nelas existentes.

§ 3º. O aproveitamento dos recursos hídricos, incluídos os potenciais energéticos, a pesquisa e a lavra das riquezas minerais em terras indígenas só podem ser efetivados com autorização do Congresso Nacional, ouvidas as comunidades afetadas, ficando-lhes assegurada participação nos resultados da lavra, na forma da lei.

§ 4º. As terras de que trata este artigo são inalienáveis e indisponíveis, e os direitos sobre elas, imprescritíveis.

§ 5º. É vedada a remoção dos grupos indígenas de suas terras, salvo, "ad referendum" do Congresso Nacional, em caso de catástrofe ou epidemia que ponha em risco sua população, ou no interesse da soberania do País, após deliberação do Congresso Nacional, garantido, em qualquer hipótese, o retorno imediato logo que cesse o risco.

§ 6º. São nulos e extintos, não produzindo efeitos jurídicos, os atos que tenham por objeto a ocupação, o domínio e a posse das terras a que se refere este artigo, ou a exploração das riquezas naturais do solo, dos rios e dos lagos nelas existentes, ressalvado relevante interesse público da União, segundo o que dispuser lei complementar, não gerando a nulidade e a extinção direito a indenização ou a ações contra a União, salvo, na forma da lei, quanto às benfeitorias derivadas da ocupação de boa-fé.

§ 7º. Não se aplica às terras indígenas o disposto no art. 174, § 3º e § 4º.

Art. 232. Os índios, suas comunidades e organizações são partes legítimas para ingressar em juízo em defesa de seus direitos e interesses, intervindo o Ministério Público em todos os atos do processo.

TÍTULO IX – DAS DISPOSIÇÕES CONSTITUCIONAIS GERAIS

Art. 233 e parágrafos (Revogados pela EC-28, de 25.5.2000)[192]

Art. 234. É vedado à União, direta ou indiretamente, assumir, em decorrência da criação de Estado, encargos referentes a despesas com pessoal inativo e com encargos e amortizações da dívida interna ou externa da administração pública, inclusive da indireta.

Art. 235. Nos dez primeiros anos da criação de Estado, serão observadas as seguintes normas básicas:

I – a Assembléia Legislativa será composta de dezessete Deputados se a população do Estado for inferior a seiscentos mil habitantes, e de vinte e quatro, se igual ou superior a esse número, até um milhão e quinhentos mil;

II – o Governo terá no máximo dez Secretarias;

III – o Tribunal de Contas terá três membros, nomeados, pelo Governador eleito, dentre brasileiros de comprovada idoneidade e notório saber;

IV – o Tribunal de Justiça terá sete Desembargadores;

V – os primeiros Desembargadores serão nomeados pelo Governador eleito, escolhidos da seguinte forma:

a) cinco dentre os magistrados com mais de trinta e cinco anos de idade, em exercício na área do novo Estado ou do Estado originário;

b) dois dentre promotores, nas mesmas condições, e advogados de comprovada idoneidade e saber jurídico, com dez anos, no mínimo, de exercício profissional, obedecido o procedimento fixado na Constituição;

---

192. Texto revogado: "Art. 233. Para efeito do art. 7º, XXIX, o empregador rural comprovará, de cinco em cinco anos, perante a Justiça do Trabalho, o cumprimento das suas obrigações trabalhistas para com o empregado rural, na presença deste e de seu representante sindical. § 1º. Uma vez comprovado o cumprimento das obrigações mencionadas neste artigo, fica o empregador isento de qualquer ônus decorrente daquelas obrigações no período respectivo. Caso o empregado e seu representante não concordem com a comprovação do empregador, caberá à Justiça do Trabalho a solução da controvérsia. § 2º. Fica ressalvado ao empregado, em qualquer hipótese, o direito de postular, judicialmente, os créditos que entender existir, relativamente aos últimos cinco anos. § 3º. A comprovação mencionada neste artigo poderá ser feita em prazo inferior a cinco anos, a critério do empregador".

VI – no caso de Estado proveniente de Território Federal, os cinco primeiros Desembargadores poderão ser escolhidos dentre juízes de direito de qualquer parte do País;

VII – em cada Comarca, o primeiro Juiz de Direito, o primeiro Promotor de Justiça e o primeiro Defensor Público serão nomeados pelo Governador eleito após concurso público de provas e títulos;

VIII – até a promulgação da Constituição Estadual, responderão pela Procuradoria-Geral, pela Advocacia-Geral e pela Defensoria-Geral do Estado advogados de notório saber, com trinta e cinco anos de idade, no mínimo, nomeados pelo Governador eleito e demissíveis "ad nutum";

IX – se o novo Estado for resultado de transformação de Território Federal, a transferência de encargos financeiros da União para pagamento dos servidores optantes que pertenciam à Administração Federal ocorrerá da seguinte forma:

a) no sexto ano de instalação, o Estado assumirá vinte por cento dos encargos financeiros para fazer face ao pagamento dos servidores públicos, ficando ainda o restante sob a responsabilidade da União;

b) no sétimo ano, os encargos do Estado serão acrescidos de trinta por cento e, no oitavo, dos restantes cinqüenta por cento;

X – as nomeações que se seguirem às primeiras, para os cargos mencionados neste artigo, serão disciplinadas na Constituição Estadual;

XI – as despesas orçamentárias com pessoal não poderão ultrapassar cinqüenta por cento da receita do Estado.

Art. 236. Os serviços notariais e de registro são exercidos em caráter privado, por delegação do Poder Público.

§ 1º. Lei regulará as atividades, disciplinará a responsabilidade civil e criminal dos notários, dos oficiais de registro e de seus prepostos, e definirá a fiscalização de seus atos pelo Poder Judiciário.

§ 2º. Lei federal estabelecerá normas gerais para fixação de emolumentos relativos aos atos praticados pelos serviços notariais e de registro.

§ 3º. O ingresso na atividade notarial e de registro depende de concurso público de provas e títulos, não se permitindo que qualquer serventia fique vaga, sem abertura de concurso de provimento ou de remoção, por mais de seis meses.

Art. 237. A fiscalização e o controle sobre o comércio exterior, essenciais à defesa dos interesses fazendários nacionais, serão exercidos pelo Ministério da Fazenda.

Art. 238. A lei ordenará a venda e revenda de combustíveis de petróleo, álcool carburante e outros combustíveis derivados de matérias-primas renováveis, respeitados os princípios desta Constituição.

Art. 239. A arrecadação decorrente das contribuições para o Programa de Integração Social, criado pela Lei Complementar n. 7, de 7 de setembro de 1970, e para o Programa de Formação do Patrimônio do Servidor Público, criado pela Lei Complementar n. 8, de 3 de dezembro de 1970, passa, a partir da promulgação desta Constituição, a financiar, nos termos que a lei dispuser, o programa do seguro-desemprego e o abono de que trata o § 3º deste artigo.

§ 1º. Dos recursos mencionados no *caput* deste artigo, pelo menos quarenta por cento serão destinados a financiar programas de desenvolvimento econômico, através do Banco Nacional de Desenvolvimento Econômico e Social, com critérios de remuneração que lhes preservem o valor.

§ 2º. Os patrimônios acumulados do Programa de Integração Social e do Programa de Formação do Patrimônio do Servidor Público são preservados, mantendo-se os critérios de saque nas situações previstas nas leis específicas, com exceção da retirada por motivo de casamento, ficando vedada a distribuição da arrecadação de que trata o *caput* deste artigo, para depósito nas contas individuais dos participantes.

§ 3º. Aos empregados que percebam de empregadores que contribuem para o Programa de Integração Social ou para o Programa de Formação do Patrimônio do Servidor Público, até dois salários mínimos de remuneração mensal, é assegurado o pagamento de um salário mínimo anual, computado neste valor o rendimento das contas individuais, no caso daqueles que já participavam dos referidos programas, até a data da promulgação desta Constituição.

§ 4º. O financiamento do seguro-desemprego receberá uma contribuição adicional da empresa cujo índice de rotatividade da força de trabalho superar o índice médio da rotatividade do setor, na forma estabelecida por lei.

Art. 240. Ficam ressalvadas do disposto no art. 195 as atuais contribuições compulsórias dos empregadores sobre a folha de salários, destinadas às entidades privadas de serviço social e de formação profissional vinculadas ao sistema sindical.

Art. 241. A União, os Estados, o Distrito Federal e os Municípios disciplinarão por meio de lei os consórcios públicos e os convênios de cooperação entre os entes federados, autorizando a gestão associada de serviços públicos, bem como a transferência total ou parcial de encargos, serviços, pessoal e bens essenciais à continuidade dos serviços transferidos.[193]

Art. 242. O princípio do art. 206, IV, não se aplica às instituições educacionais oficiais criadas por lei estadual ou municipal e existentes na data da promulgação desta Constituição, que não sejam total ou preponderantemente mantidas com recursos públicos.

§ 1º. O ensino da História do Brasil levará em conta as contribuições das diferentes culturas e etnias para a formação do povo brasileiro.

§ 2º. O Colégio Pedro II, localizado na cidade do Rio de Janeiro, será mantido na órbita federal.

Art. 243. As glebas de qualquer região do País onde forem localizadas culturas ilegais de plantas psicotrópicas serão imediatamente expropriadas e especificamente destinadas ao assentamento de colonos, para o cultivo de produtos alimentícios e medicamentosos, sem qualquer indenização ao proprietário e sem prejuízo de outras sanções previstas em lei.

Parágrafo único. Todo e qualquer bem de valor econômico apreendido em decorrência do tráfico ilícito de entorpecentes e drogas afins será confiscado e rever-

---

193. Redação dada pela EC-19, de 4.6.1998. Texto anterior: "Art. 241. Aos delegados de polícia de carreira aplica-se o princípio do art. 39, § 1º, correspondente às carreiras disciplinadas no art. 135 desta Constituição".

terá em benefício de instituições e pessoal especializados no tratamento e recuperação de viciados e no aparelhamento e custeio de atividades de fiscalização, controle, prevenção e repressão do crime de tráfico dessas substâncias.

Art. 244. A lei disporá sobre a adaptação dos logradouros, dos edifícios de uso público e dos veículos de transporte coletivo atualmente existentes a fim de garantir acesso adequado às pessoas portadoras de deficiência, conforme o disposto no art. 227, § 2º.

Art. 245. A lei disporá sobre as hipóteses e condições em que o Poder Público dará assistência aos herdeiros e dependentes carentes de pessoas vitimadas por crime doloso, sem prejuízo da responsabilidade civil do autor do ilícito.

Art. 246. É vedada a adoção de medida provisória na regulamentação de artigo da Constituição cuja redação tenha sido alterada por meio de emenda promulgada entre 1º de janeiro de 1995 até a promulgação desta emenda, inclusive.[194]

Art. 247. As leis previstas no inciso III do § 1º do art. 41 e no § 7º do art. 169 estabelecerão critérios e garantias especiais para a perda do cargo pelo servidor público estável que, em decorrência das atribuições de seu cargo efetivo, desenvolva atividades exclusivas de Estado.

Parágrafo único. Na hipótese de insuficiência de desempenho, a perda do cargo somente ocorrerá mediante processo administrativo em que lhe sejam assegurados o contraditório e a ampla defesa.[195]

Art. 248. Os benefícios pagos, a qualquer título, pelo órgão responsável pelo regime geral de previdência social, ainda que à conta do Tesouro Nacional, e os não sujeitos ao limite máximo de valor fixado para os benefícios concedidos por esse regime observarão os limites fixados no art. 37, XI.[196]

Art. 249. Com o objetivo de assegurar recursos para o pagamento de proventos de aposentadoria e pensões concedidas aos respectivos servidores e seus dependentes, em adição aos recursos dos respectivos tesouros, a União, os Estados, o Distrito Federal e os Municípios poderão constituir fundos integrados pelos recursos provenientes de contribuições e por bens, direitos e ativos de qualquer natureza, mediante lei que disporá sobre a natureza e administração desses fundos.[197]

Art. 250. Com o objetivo de assegurar recursos para o pagamento dos benefícios concedidos pelo regime geral de previdência social, em adição aos recursos de sua arrecadação, a União poderá constituir fundo integrado por bens, direitos e ativos de qualquer natureza, mediante lei que disporá sobre a natureza e administração desse fundo.[198]

---

194. Redação dada pela EC-32, de 11.9.2001. Texto anterior incluído pela EC-6, de 15.8.1995 e pela EC-7, de 16.8.1995: "Art. 246. É vedada a adoção de medida provisória na regulamentação de artigo da Constituição cuja redação tenha sido alterada por meio de emenda promulgada a partir de 1995".
195. Artigo incluído pela EC-19, de 4.6.1998.
196. Artigo incluído pela EC-20, de 15.12.1998.
197. Artigo incluído pela EC-20, de 15.12.1998.
198. Artigo incluído pela EC-20, de 15.12.1998.

ATO DAS DISPOSIÇÕES CONSTITUCIONAIS TRANSITÓRIAS

Art. 1º. O Presidente da República, o Presidente do Supremo Tribunal Federal e os membros do Congresso Nacional prestarão o compromisso de manter, defender e cumprir a Constituição, no ato e na data de sua promulgação.

Art. 2º. No dia 7 de setembro de 1993 o eleitorado definirá, através de plebiscito, a forma (república ou monarquia constitucional) e o sistema de governo (parlamentarismo ou presidencialismo) que devem vigorar no País.

§ 1º. Será assegurada gratuidade na livre divulgação dessas formas e sistemas, através dos meios de comunicação de massa cessionários de serviço público.

§ 2º. O Tribunal Superior Eleitoral, promulgada a Constituição, expedirá as normas regulamentadoras deste artigo.

Art. 3º. A revisão constitucional será realizada após cinco anos, contados da promulgação da Constituição, pelo voto da maioria absoluta dos membros do Congresso Nacional, em sessão unicameral.

Art. 4º. O mandato do atual Presidente da República terminará em 15 de março de 1990.

§ 1º. A primeira eleição para Presidente da República após a promulgação da Constituição será realizada no dia 15 de novembro de 1989, não se lhe aplicando o disposto no art. 16 da Constituição.

§ 2º. É assegurada a irredutibilidade da atual representação dos Estados e do Distrito Federal na Câmara dos Deputados.

§ 3º. Os mandatos dos Governadores e dos Vice-Governadores eleitos em 15 de novembro de 1986 terminarão em 15 de março de 1991.

§ 4º. Os mandatos dos atuais Prefeitos, Vice-Prefeitos e Vereadores terminarão no dia 1º de janeiro de 1989, com a posse dos eleitos.

Art. 5º. Não se aplicam às eleições previstas para 15 de novembro de 1988 o disposto no art. 16 e as regras do art. 77 da Constituição.

§ 1º. Para as eleições de 15 de novembro de 1988 será exigido domicílio eleitoral na circunscrição pelo menos durante os quatro meses anteriores ao pleito, podendo os candidatos que preencham este requisito, atendidas as demais exigências da lei, ter seu registro efetivado pela Justiça Eleitoral após a promulgação da Constituição.

§ 2º. Na ausência de norma legal específica, caberá ao Tribunal Superior Eleitoral editar as normas necessárias à realização das eleições de 1988, respeitada a legislação vigente.

§ 3º. Os atuais parlamentares federais e estaduais eleitos Vice-Prefeitos, se convocados a exercer a função de Prefeito, não perderão o mandato parlamentar.

§ 4º. O número de vereadores por município será fixado, para a representação a ser eleita em 1988, pelo respectivo Tribunal Regional Eleitoral, respeitados os limites estipulados no art. 29, IV, da Constituição.

§ 5º. Para as eleições de 15 de novembro de 1988, ressalvados os que já exercem mandato eletivo, são inelegíveis para qualquer cargo, no território de jurisdição do titular, o cônjuge e os parentes por consangüinidade ou afinidade, até o segundo grau, ou por adoção, do Presidente da República, do Governador de Estado, do Governador do Distrito Federal e do Prefeito que tenham exercido mais da metade do mandato.

Art. 6º. Nos seis meses posteriores à promulgação da Constituição, parlamentares federais, reunidos em número não inferior a trinta, poderão requerer ao Tribunal Superior Eleitoral o registro de novo partido político, juntando ao requerimento o manifesto, o estatuto e o programa devidamente assinados pelos requerentes.

§ 1º. O registro provisório, que será concedido de plano pelo Tribunal Superior Eleitoral, nos termos deste artigo, defere ao novo partido todos os direitos, deveres e prerrogativas dos atuais, entre eles o de participar, sob legenda própria, das eleições que vierem a ser realizadas nos doze meses seguintes a sua formação.

§ 2º. O novo partido perderá automaticamente seu registro provisório se, no prazo de vinte e quatro meses, contados de sua formação, não obtiver registro definitivo no Tribunal Superior Eleitoral, na forma que a lei dispuser.

Art. 7º. O Brasil propugnará pela formação de um tribunal internacional dos direitos humanos.

Art. 8º. É concedida anistia aos que, no período de 18 de setembro de 1946 até a data da promulgação da Constituição, foram atingidos, em decorrência de motivação exclusivamente política, por atos de exceção, institucionais ou complementares, aos que foram abrangidos pelo Decreto Legislativo n. 18, de 15 de dezembro de 1961, e aos atingidos pelo Decreto-lei n. 864, de 12 de setembro de 1969, asseguradas as promoções, na inatividade, ao cargo, emprego, posto ou graduação a que teriam direito se estivessem em serviço ativo, obedecidos os prazos de permanência em atividade previstos nas leis e regulamentos vigentes, respeitadas as características e peculiaridades das carreiras dos servidores públicos civis e militares e observados os respectivos regimes jurídicos.

§ 1º. O disposto neste artigo somente gerará efeitos financeiros a partir da promulgação da Constituição, vedada a remuneração de qualquer espécie em caráter retroativo.

§ 2º. Ficam assegurados os benefícios estabelecidos neste artigo aos trabalhadores do setor privado, dirigentes e representantes sindicais que, por motivos exclusivamente políticos, tenham sido punidos, demitidos ou compelidos ao afastamento das atividades remuneradas que exerciam, bem como aos que foram impedidos de exercer atividades profissionais em virtude de pressões ostensivas ou expedientes oficiais sigilosos.

§ 3º. Aos cidadãos que foram impedidos de exercer, na vida civil, atividade profissional específica, em decorrência das Portarias Reservadas do Ministério da Aeronáutica n. S-50-GM5, de 19 de junho de 1964, e n. S-285-GM5 será concedida reparação de natureza econômica, na forma que dispuser lei de iniciativa do Congresso Nacional e a entrar em vigor no prazo de doze meses a contar da promulgação da Constituição.

§ 4º. Aos que, por força de atos institucionais, tenham exercido gratuitamente mandato eletivo de vereador serão computados, para efeito de aposentadoria no serviço público e previdência social, os respectivos períodos.

§ 5º. A anistia concedida nos termos deste artigo aplica-se aos servidores públicos civis e aos empregados em todos os níveis de governo ou em suas fundações, empresas públicas ou empresas mistas sob controle estatal, exceto nos Ministérios militares, que tenham sido punidos ou demitidos por atividades profissionais interrompidas em virtude de decisão de seus trabalhadores, bem como em decorrência do Decreto-lei n. 1.632, de 4 de agosto de 1978, ou por motivos exclusivamente políticos, assegurada a readmissão dos que foram atingidos a partir de 1979, observado o disposto no § 1º.

Art. 9º. Os que, por motivos exclusivamente políticos, foram cassados ou tiveram seus direitos políticos suspensos no período de 15 de julho a 31 de dezembro de 1969, por ato do então Presidente da República, poderão requerer ao Supremo Tribunal Federal o reconhecimento dos direitos e vantagens interrompidos pelos atos punitivos, desde que comprovem terem sido estes eivados de vício grave.

Parágrafo único. O Supremo Tribunal Federal proferirá a decisão no prazo de cento e vinte dias, a contar do pedido do interessado.

Art. 10. Até que seja promulgada a lei complementar a que se refere o art. 7º, I, da Constituição:

I – fica limitada a proteção nele referida ao aumento, para quatro vezes, da porcentagem prevista no art. 6º, *caput* e § 1º, da Lei n. 5.107, de 13 de setembro de 1966;

II – fica vedada a dispensa arbitrária ou sem justa causa:

a) do empregado eleito para cargo de direção de comissões internas de prevenção de acidentes, desde o registro de sua candidatura até um ano após o final de seu mandato;

b) da empregada gestante, desde a confirmação da gravidez até cinco meses após o parto.

§ 1º. Até que a lei venha a disciplinar o disposto no art. 7º, XIX, da Constituição, o prazo da licença-paternidade a que se refere o inciso é de cinco dias.

§ 2º. Até ulterior disposição legal, a cobrança das contribuições para o custeio das atividades dos sindicatos rurais será feita juntamente com a do imposto territorial rural, pelo mesmo órgão arrecadador.

§ 3º. Na primeira comprovação do cumprimento das obrigações trabalhistas pelo empregador rural, na forma do art. 233, após a promulgação da Constituição, será certificada perante a Justiça do Trabalho a regularidade do contrato e das atualizações das obrigações trabalhistas de todo o período.

Art. 11. Cada Assembléia Legislativa, com poderes constituintes, elaborará a Constituição do Estado, no prazo de um ano, contado da promulgação da Constituição Federal, obedecidos os princípios desta.

Parágrafo único. Promulgada a Constituição do Estado, caberá à Câmara Municipal, no prazo de seis meses, votar a Lei Orgânica respectiva, em dois turnos de discussão e votação, respeitado o disposto na Constituição Federal e na Constituição Estadual.

Art. 12. Será criada, dentro de noventa dias da promulgação da Constituição, Comissão de Estudos Territoriais, com dez membros indicados pelo Congresso Nacional e cinco pelo Poder Executivo, com a finalidade de apresentar estudos sobre o território nacional e anteprojetos relativos a novas unidades territoriais, notadamente na Amazônia Legal e em áreas pendentes de solução.

§ 1º. No prazo de um ano, a Comissão submeterá ao Congresso Nacional os resultados de seus estudos para, nos termos da Constituição, serem apreciados nos doze meses subseqüentes, extinguindo-se logo após.

§ 2º. Os Estados e os Municípios deverão, no prazo de três anos, a contar da promulgação da Constituição, promover, mediante acordo ou arbitramento, a demarcação de suas linhas divisórias atualmente litigiosas, podendo para isso fazer alterações e compensações de área que atendam aos acidentes naturais, critérios históricos, conveniências administrativas e comodidade das populações limítrofes.

§ 3º. Havendo solicitação dos Estados e Municípios interessados, a União poderá encarregar-se dos trabalhos demarcatórios.

§ 4º. Se, decorrido o prazo de três anos, a contar da promulgação da Constituição, os trabalhos demarcatórios não tiverem sido concluídos, caberá à União determinar os limites das áreas litigiosas.

§ 5º. Ficam reconhecidos e homologados os atuais limites do Estado do Acre com os Estados do Amazonas e de Rondônia, conforme levantamentos cartográficos e geodésicos realizados pela Comissão Tripartite integrada por representantes dos Estados e dos serviços técnico-especializados do Instituto Brasileiro de Geografia e Estatística.

Art. 13. É criado o Estado do Tocantins, pelo desmembramento da área descrita neste artigo, dando-se sua instalação no quadragésimo sexto dia após a eleição prevista no § 3º, mas não antes de 1º de janeiro de 1989.

§ 1º. O Estado do Tocantins integra a Região Norte e limita-se com o Estado de Goiás pelas divisas norte dos Municípios de São Miguel do Araguaia, Porangatu, Formoso, Minaçu, Cavalcante, Monte Alegre de Goiás e Campos Belos, conservando a leste, norte e oeste as divisas atuais de Goiás com os Estados da Bahia, Piauí, Maranhão, Pará e Mato Grosso.

§ 2º. O Poder Executivo designará uma das cidades do Estado para sua Capital provisória até a aprovação da sede definitiva do governo pela Assembléia Constituinte.

§ 3º. O Governador, o Vice-Governador, os Senadores, os Deputados Federais e os Deputados Estaduais serão eleitos, em um único turno, até setenta e cinco dias após a promulgação da Constituição, mas não antes de 15 de novembro de 1988, a critério do Tribunal Superior Eleitoral, obedecidas, entre outras, as seguintes normas:

I – o prazo de filiação partidária dos candidatos será encerrado setenta e cinco dias antes da data das eleições;

II – as datas das convenções regionais partidárias destinadas a deliberar sobre coligações e escolha de candidatos, de apresentação de requerimento de registro dos candidatos escolhidos e dos demais procedimentos legais serão fixadas, em calendário especial, pela Justiça Eleitoral;

III – são inelegíveis os ocupantes de cargos estaduais ou municipais que não se tenham deles afastado, em caráter definitivo, setenta e cinco dias antes da data das eleições previstas neste parágrafo;

IV – ficam mantidos os atuais diretórios regionais dos partidos políticos do Estado de Goiás, cabendo às comissões executivas nacionais designar comissões provisórias no Estado do Tocantins, nos termos e para os fins previstos na lei.

§ 4º. Os mandatos do Governador, do Vice-Governador, dos Deputados Federais e Estaduais eleitos na forma do parágrafo anterior extinguir-se-ão concomitantemente aos das demais unidades da Federação; o mandato do Senador eleito menos votado extinguir-se-á nessa mesma oportunidade, e os dos outros dois, juntamente com os dos Senadores eleitos em 1986 nos demais Estados.

§ 5º. A Assembléia Estadual Constituinte será instalada no quadragésimo sexto dia da eleição de seus integrantes, mas não antes de 1º de janeiro de 1989, sob a presidência do Presidente do Tribunal Regional Eleitoral do Estado de Goiás, e dará posse, na mesma data, ao Governador e ao Vice-Governador eleitos.

§ 6º. Aplicam-se à criação e instalação do Estado do Tocantins, no que couber, as normas legais disciplinadoras da divisão do Estado de Mato Grosso, observado o disposto no art. 234 da Constituição.

§ 7º. Fica o Estado de Goiás liberado dos débitos e encargos decorrentes de empreendimentos no território do novo Estado, e autorizada a União, a seu critério, a assumir os referidos débitos.

Art. 14. Os Territórios Federais de Roraima e do Amapá são transformados em Estados Federados, mantidos seus atuais limites geográficos.

§ 1º. A instalação dos Estados dar-se-á com a posse dos governadores eleitos em 1990.

§ 2º. Aplicam-se à transformação e instalação dos Estados de Roraima e Amapá as normas e critérios seguidos na criação do Estado de Rondônia, respeitado o disposto na Constituição e neste Ato.

§ 3º. O Presidente da República, até quarenta e cinco dias após a promulgação da Constituição, encaminhará à apreciação do Senado Federal os nomes dos governadores dos Estados de Roraima e do Amapá que exercerão o Poder Executivo até a instalação dos novos Estados com a posse dos governadores eleitos.

§ 4º. Enquanto não concretizada a transformação em Estados, nos termos deste artigo, os Territórios Federais de Roraima e do Amapá serão beneficiados pela transferência de recursos prevista nos arts. 159, I, "a", da Constituição, e 34, § 2º, II, deste Ato.

Art. 15. Fica extinto o Território Federal de Fernando de Noronha, sendo sua área reincorporada ao Estado de Pernambuco.

Art. 16. Até que se efetive o disposto no art. 32, § 2º, da Constituição, caberá ao Presidente da República, com a aprovação do Senado Federal, indicar o Governador e o Vice-Governador do Distrito Federal.

§ 1º. A competência da Câmara Legislativa do Distrito Federal, até que se instale, será exercida pelo Senado Federal.

§ 2º. A fiscalização contábil, financeira, orçamentária, operacional e patrimonial do Distrito Federal, enquanto não for instalada a Câmara Legislativa, será exercida pelo Senado Federal, mediante controle externo, com o auxílio do Tribunal de Contas do Distrito Federal, observado o disposto no art. 72 da Constituição.

§ 3º. Incluem-se entre os bens do Distrito Federal aqueles que lhe vierem a ser atribuídos pela União na forma da lei.

Art. 17. Os vencimentos, a remuneração, as vantagens e os adicionais, bem como os proventos de aposentadoria que estejam sendo percebidos em desacordo com a Constituição serão imediatamente reduzidos aos limites dela decorrentes, não se admitindo, neste caso, invocação de direito adquirido ou percepção de excesso a qualquer título.

§ 1º. É assegurado o exercício cumulativo de dois cargos ou empregos privativos de médico que estejam sendo exercidos por médico militar na administração pública direta ou indireta.

§ 2º. É assegurado o exercício cumulativo de dois cargos ou empregos privativos de profissionais de saúde que estejam sendo exercidos na administração pública direta ou indireta.

Art. 18. Ficam extintos os efeitos jurídicos de qualquer ato legislativo ou administrativo, lavrado a partir da instalação da Assembléia Nacional Constituinte, que tenha por objeto a concessão de estabilidade a servidor admitido sem concurso público, da administração direta ou indireta, inclusive das fundações instituídas e mantidas pelo Poder Público.

Art. 19. Os servidores públicos civis da União, dos Estados, do Distrito Federal e dos Municípios, da administração direta, autárquica e das fundações públicas, em exercício na data da promulgação da Constituição, há pelo menos cinco anos continuados, e que não tenham sido admitidos na forma regulada no art. 37, da Constituição, são considerados estáveis no serviço público.

§ 1º. O tempo de serviço dos servidores referidos neste artigo será contado como título quando se submeterem a concurso para fins de efetivação, na forma da lei.

§ 2º. O disposto neste artigo não se aplica aos ocupantes de cargos, funções e empregos de confiança ou em comissão, nem aos que a lei declare de livre exoneração, cujo tempo de serviço não será computado para os fins do *caput* deste artigo, exceto se tratar de servidor.

§ 3º. O disposto neste artigo não se aplica aos professores de nível superior, nos termos da lei.

Art. 20. Dentro de cento e oitenta dias, proceder-se-á à revisão dos direitos dos servidores públicos inativos e pensionistas e à atualização dos proventos e pensões a eles devidos, a fim de ajustá-los ao disposto na Constituição.

Art. 21. Os juízes togados de investidura limitada no tempo, admitidos mediante concurso público de provas e títulos e que estejam em exercício na data da promulgação da Constituição, adquirem estabilidade, observado o estágio probatório, e passam a compor quadro em extinção, mantidas as competências, prerrogativas e restrições da legislação a que se achavam submetidos, salvo as inerentes à transitoriedade da investidura.

Parágrafo único. A aposentadoria dos juízes de que trata este artigo regular-se-á pelas normas fixadas para os demais juízes estaduais.

Art. 22. É assegurado aos defensores públicos investidos na função até a data de instalação da Assembléia Nacional Constituinte o direito de opção pela carreira, com a observância das garantias e vedações previstas no art. 134, parágrafo único, da Constituição.

Art. 23. Até que se edite a regulamentação do art. 21, XVI, da Constituição, os atuais ocupantes do cargo de censor federal continuarão exercendo funções com este compatíveis, no Departamento de Polícia Federal, observadas as disposições constitucionais.

Parágrafo único. A lei referida disporá sobre o aproveitamento dos Censores Federais, nos termos deste artigo.

Art. 24. A União, os Estados, o Distrito Federal e os Municípios editarão leis que estabeleçam critérios para a compatibilização de seus quadros de pessoal ao disposto no art. 39 da Constituição e à reforma administrativa dela decorrente, no prazo de dezoito meses, contados da sua promulgação.

Art. 25. Ficam revogados, a partir de cento e oitenta dias da promulgação da Constituição, sujeito este prazo a prorrogação por lei, todos os dispositivos legais que atribuam ou deleguem a órgão do Poder Executivo competência assinalada pela Constituição ao Congresso Nacional, especialmente no que tange a:

I – ação normativa;

II – alocação ou transferência de recursos de qualquer espécie.

§ 1º. Os decretos-lei em tramitação no Congresso Nacional e por este não apreciados até a promulgação da Constituição terão seus efeitos regulados da seguinte forma:

I – se editados até 2 de setembro de 1988, serão apreciados pelo Congresso Nacional no prazo de até cento e oitenta dias a contar da promulgação da Constituição, não computado o recesso parlamentar;

II – decorrido o prazo definido no inciso anterior, e não havendo apreciação, os decretos-lei alí mencionados serão considerados rejeitados;

III – nas hipóteses definidas nos incisos I e II, terão plena validade os atos praticados na vigência dos respectivos decretos-lei, podendo o Congresso Nacional, se necessário, legislar sobre os efeitos deles remanescentes.

§ 2º. Os decretos-lei editados entre 3 de setembro de 1988 e a promulgação da Constituição serão convertidos, nesta data, em medidas provisórias, aplicando-se-lhes as regras estabelecidas no art. 62, parágrafo único.

Art. 26. No prazo de um ano a contar da promulgação da Constituição, o Congresso Nacional promoverá, através de Comissão mista, exame analítico e pericial dos atos e fatos geradores do endividamento externo brasileiro.

§ 1º. A Comissão terá a força legal de Comissão parlamentar de inquérito para os fins de requisição e convocação, e atuará com o auxílio do Tribunal de Contas da União.

§ 2º. Apurada irregularidade, o Congresso Nacional proporá ao Poder Executivo a declaração de nulidade do ato e encaminhará o processo ao Ministério Público Federal, que formalizará, no prazo de sessenta dias, a ação cabível.

Art. 27. O Superior Tribunal de Justiça será instalado sob a Presidência do Supremo Tribunal Federal.

§ 1º. Até que se instale o Superior Tribunal de Justiça, o Supremo Tribunal Federal exercerá as atribuições e competências definidas na ordem constitucional precedente.

§ 2º. A composição inicial do Superior Tribunal de Justiça far-se-á:

I – pelo aproveitamento dos Ministros do Tribunal Federal de Recursos;

II – pela nomeação dos Ministros que sejam necessários para completar o número estabelecido na Constituição.

§ 3º. Para os efeitos do disposto na Constituição, os atuais Ministros do Tribunal Federal de Recursos serão considerados pertencentes à classe de que provieram, quando de sua nomeação.

§ 4º. Instalado o Tribunal, os Ministros aposentados do Tribunal Federal de Recursos tornar-se-ão, automaticamente, Ministros aposentados do Superior Tribunal de Justiça.

§ 5º. Os Ministros a que se refere o § 2º, II, serão indicados em lista tríplice pelo Tribunal Federal de Recursos, observado o disposto no art. 104, parágrafo único, da Constituição.

§ 6º. Ficam criados cinco Tribunais Regionais Federais, a serem instalados no prazo de seis meses a contar da promulgação da Constituição, com a jurisdição e sede que lhes fixar o Tribunal Federal de Recursos, tendo em conta o número de processos e sua localização geográfica.

§ 7º. Até que se instalem os Tribunais Regionais Federais, o Tribunal Federal de Recursos exercerá a competência a eles atribuída em todo o território nacional, cabendo-lhe promover sua instalação e indicar os candidatos a todos os cargos da composição inicial, mediante lista tríplice, podendo desta constar juízes federais de qualquer região, observado o disposto no § 9º.

§ 8º. É vedado, a partir da promulgação da Constituição, o provimento de vagas de Ministros do Tribunal Federal de Recursos.

§ 9º. Quando não houver juiz federal que conte o tempo mínimo previsto no art. 101, II, da Constituição, a promoção poderá contemplar juiz com menos de cinco anos no exercício do cargo.

§ 10. Compete à Justiça Federal julgar as ações nela propostas até a data da promulgação da Constituição, e aos Tribunais Regionais Federais bem como ao Superior Tribunal de Justiça julgar as ações rescisórias das decisões até então proferidas pela Justiça Federal, inclusive daquelas cuja matéria tenha passado à competência de outro ramo do Judiciário.

Art. 28. Os juízes federais de que trata o art. 123, § 2º, da Constituição de 1967, com a redação dada pela Emenda Constitucional n. 7, de 1977, ficam investidos na titularidade de varas na Seção Judiciária para a qual tenham sido nomeados ou designados; na inexistência de vagas, proceder-se-á ao desdobramento das varas existentes.

Parágrafo único. Para efeito de promoção por antigüidade, o tempo de serviço desses juízes será computado a partir do dia de sua posse.

Art. 29. Enquanto não aprovadas as leis complementares relativas ao Ministério Público e à Advocacia-Geral da União, o Ministério Público Federal, a Procuradoria-Geral da Fazenda Nacional, as Consultorias Jurídicas dos Ministérios, as Procuradorias e Departamentos Jurídicos de autarquias federais com representação própria e os membros das Procuradorias das Universidades fundacionais públicas continuarão a exercer suas atividades na área das respectivas atribuições.

§ 1º. O Presidente da República, no prazo de cento e vinte dias, encaminhará ao Congresso Nacional projeto de lei complementar dispondo sobre a organização e o funcionamento da Advocacia-Geral da União.

§ 2º. Aos atuais Procuradores da República, nos termos da lei complementar, será facultada a opção, de forma irretratável, entre as carreiras do Ministério Público Federal e da Advocacia-Geral da União.

§ 3º. Poderá optar pelo regime anterior, no que respeita às garantias e vantagens, o membro do Ministério Público admitido antes da promulgação da Constituição, observando-se, quanto às vedações, a situação jurídica na data desta.

§ 4º. Os atuais integrantes do quadro suplementar dos Ministérios Públicos do Trabalho e Militar que tenham adquirido estabilidade nessas funções passam a integrar o quadro da respectiva carreira.

§ 5º. Cabe à atual Procuradoria-Geral da Fazenda Nacional, diretamente ou por delegação, que pode ser ao Ministério Público Estadual, representar judicialmente a União nas causas de natureza fiscal, na área da respectiva competência, até a promulgação das leis complementares previstas neste artigo.

Art. 30. A legislação que criar a justiça de paz manterá os atuais juízes de paz até a posse dos novos titulares, assegurando-lhes os direitos e atribuições conferidos a estes, e designará o dia para a eleição prevista no art. 98, II, da Constituição.

Art. 31. Serão estatizadas as serventias do foro judicial, assim definidas em lei, respeitados os direitos dos atuais titulares.

Art. 32. O disposto no art. 236 não se aplica aos serviços notariais e de registro que já tenham sido oficializados pelo Poder Público, respeitando-se o direito de seus servidores.

Art. 33. Ressalvados os créditos de natureza alimentar, o valor dos precatórios judiciais pendentes de pagamento na data da promulgação da Constituição, incluído o remanescente de juros e correção monetária, poderá ser pago em moeda corrente, com atualização, em prestações anuais, iguais e sucessivas, no prazo máximo de oito anos, a partir de 1º de julho de 1989, por decisão editada pelo Poder Executivo até cento e oitenta dias da promulgação da Constituição.

Parágrafo único. Poderão as entidades devedoras, para o cumprimento do disposto neste artigo, emitir, em cada ano, no exato montante do dispêndio, títulos de dívida pública não computáveis para efeito do limite global de endividamento.

Art. 34. O sistema tributário nacional entrará em vigor a partir do primeiro dia do quinto mês seguinte ao da promulgação da Constituição, mantido, até então, o da Constituição de 1967, com a redação dada pela Emenda n. 1, de 1969, e pelas posteriores.

§ 1º. Entrarão em vigor com a promulgação da Constituição os arts. 148, 149, 150, 154, I, 156, III, e 159, I, "c", revogadas as disposições em contrário da Constituição de 1967 e das Emendas que a modificaram, especialmente de seu art. 25, III.

§ 2º. O Fundo de Participação dos Estados e do Distrito Federal e o Fundo de Participação dos Municípios obedecerão às seguintes determinações:

I – a partir da promulgação da Constituição, os percentuais serão, respectivamente, de dezoito por cento e de vinte por cento, calculados sobre o produto da arrecadação dos impostos referidos no art. 153, III e IV, mantidos os atuais critérios de rateio até a entrada em vigor da lei complementar a que se refere o art. 161, II;

II – o percentual relativo ao Fundo de Participação dos Estados e do Distrito Federal será acrescido de um ponto percentual no exercício financeiro de 1989 e, a partir de 1990, inclusive, à razão de meio ponto por exercício, até 1992, inclusive, atingindo em 1993 o percentual estabelecido no art. 159, I, "a";

III – o percentual relativo ao Fundo de Participação dos Municípios, a partir de 1989, inclusive, será elevado à razão de meio ponto percentual por exercício financeiro, até atingir o estabelecido no art. 159, I, "b".

§ 3º. Promulgada a Constituição, a União, os Estados, o Distrito Federal e os Municípios poderão editar as leis necessárias à aplicação do sistema tributário nacional nela previsto.

§ 4º. As leis editadas nos termos do parágrafo anterior produzirão efeitos a partir da entrada em vigor do sistema tributário nacional previsto na Constituição.

§ 5º. Vigente o novo sistema tributário nacional, fica assegurada a aplicação da legislação anterior, no que não seja incompatível com ele e com a legislação referida nos § 3º e § 4º.

§ 6º. Até 31 de dezembro de 1989, o disposto no art. 150, III, "b", não se aplica aos impostos de que tratam os arts. 155, I, "a" e "b", e 156, II e III, que podem ser cobrados trinta dias após a publicação da lei que os tenha instituído ou aumentado.

§ 7º. Até que sejam fixadas em lei complementar, as alíquotas máximas do imposto municipal sobre vendas a varejo de combustíveis líquidos e gasosos não excederão a três por cento.

§ 8º. Se, no prazo de sessenta dias contados da promulgação da Constituição, não for editada a lei complementar necessária à instituição do imposto de que trata o art. 155, I, "b", os Estados e o Distrito Federal, mediante convênio celebrado nos termos da Lei Complementar n. 24, de 7 de janeiro de 1975, fixarão normas para regular provisoriamente a matéria.

§ 9º. Até que lei complementar disponha sobre a matéria, as empresas distribuidoras de energia elétrica, na condição de contribuintes ou de substitutos tributários, serão as responsáveis, por ocasião da saída do produto de seus estabelecimentos, ainda que destinado a outra unidade da Federação, pelo pagamento do imposto sobre operações relativas à circulação de mercadorias incidente sobre energia elétrica, desde a produção ou importação até a última operação, calculado o imposto sobre o preço então praticado na operação final e assegurado seu recolhimento ao Estado ou ao Distrito Federal, conforme o local onde deva ocorrer essa operação.

§ 10. Enquanto não entrar em vigor a lei prevista no art. 159, I, "c", cuja promulgação se fará até 31 de dezembro de 1989, é assegurada a aplicação dos recursos previstos naquele dispositivo da seguinte maneira:

I – seis décimos por cento na Região Norte, através do Banco da Amazônia S.A.;

II – um inteiro e oito décimos por cento na Região Nordeste, através do Banco do Nordeste do Brasil S.A.;

III – seis décimos por cento na Região Centro-Oeste, através do Banco do Brasil S.A.

§ 11. Fica criado, nos termos da lei, o Banco de Desenvolvimento do Centro-Oeste, para dar cumprimento, na referida região, ao que determinam os arts. 159, I, "c", e 192, § 2º, da Constituição.

§ 12. A urgência prevista no art. 148, II, não prejudica a cobrança do empréstimo compulsório instituído, em benefício das Centrais Elétricas Brasileiras S.A. (Eletrobrás), pela Lei n. 4.156, de 28 de novembro de 1962, com as alterações posteriores.

Art. 35. O disposto no art. 165, § 7º, será cumprido de forma progressiva, no prazo de até dez anos, distribuindo-se os recursos entre as regiões macroeconômicas em razão proporcional à população, a partir da situação verificada no biênio 1986-87.

§ 1º. Para aplicação dos critérios de que trata este artigo, excluem-se das despesas totais as relativas:

I – aos projetos considerados prioritários no plano plurianual;

II – à segurança e defesa nacional;

III – à manutenção dos órgãos federais no Distrito Federal;

IV – ao Congresso Nacional, ao Tribunal de Contas da União e ao Poder Judiciário;

V – ao serviço da dívida da administração direta e indireta da União, inclusive fundações instituídas e mantidas pelo Poder Público federal.

§ 2º. Até a entrada em vigor da lei complementar a que se refere o art. 165, § 9º, I e II, serão obedecidas as seguintes normas:

I – o projeto do plano plurianual, para vigência até o final do primeiro exercício financeiro do mandato presidencial subseqüente, será encaminhado até quatro meses antes do encerramento do primeiro exercício financeiro e devolvido para sanção até o encerramento da sessão legislativa;

II – o projeto de lei de diretrizes orçamentárias será encaminhado até oito meses e meio antes do encerramento do exercício financeiro e devolvido para sanção até o encerramento do primeiro período da sessão legislativa;

III – o projeto de lei orçamentária da União será encaminhado até quatro meses antes do encerramento do exercício financeiro e devolvido para sanção até o encerramento da sessão legislativa.

Art. 36. Os fundos existentes na data da promulgação da Constituição, excetuados os resultantes de isenções fiscais que passem a integrar patrimônio privado e os que interessem à defesa nacional, extinguir-se-ão, se não forem ratificados pelo Congresso Nacional no prazo de dois anos.

Art. 37. A adaptação ao que estabelece o art. 167, III, deverá processar-se no prazo de cinco anos, reduzindo-se o excesso à base de, pelo menos, um quinto por ano.

Art. 38. Até a promulgação da lei complementar referida no art. 169, a União, os Estados, o Distrito Federal e os Municípios não poderão despender com pessoal mais do que sessenta e cinco por cento do valor das respectivas receitas correntes.

Parágrafo único. A União, os Estados, o Distrito Federal e os Municípios, quando a respectiva despesa de pessoal exceder o limite previsto neste artigo, deverão retornar àquele limite, reduzindo o percentual excedente à razão de um quinto por ano.

Art. 39. Para efeito do cumprimento das disposições constitucionais que impliquem variações de despesas e receitas da União, após a promulgação da Constituição, o Poder Executivo deverá elaborar e o Poder Legislativo apreciar projeto de revisão da lei orçamentária referente ao exercício financeiro de 1989.

Parágrafo único. O Congresso Nacional deverá votar no prazo de doze meses a lei complementar prevista no art. 161, II.

Art. 40. É mantida a Zona Franca de Manaus, com suas características de área livre de comércio, de exportação e importação, e de incentivos fiscais, pelo prazo de vinte e cinco anos, a partir da promulgação da Constituição.

Parágrafo único. Somente por lei federal podem ser modificados os critérios que disciplinaram ou venham a disciplinar a aprovação dos projetos na Zona Franca de Manaus.

Art. 41. Os Poderes Executivos da União, dos Estados, do Distrito Federal e dos Municípios reavaliarão todos os incentivos fiscais de natureza setorial ora em vigor, propondo aos Poderes Legislativos respectivos as medidas cabíveis.

§ 1º. Considerar-se-ão revogados após dois anos, a partir da data da promulgação da Constituição, os incentivos que não forem confirmados por lei.

§ 2º. A revogação não prejudicará os direitos que já tiverem sido adquiridos, àquela data, em relação a incentivos concedidos sob condição e com prazo certo.

§ 3º. Os incentivos concedidos por convênio entre Estados, celebrados nos termos do art. 23, § 6º, da Constituição de 1967, com a redação da Emenda Constitucional n. 1, de 17 de outubro de 1969, também deverão ser reavaliados e reconfirmados nos prazos deste artigo.

Art. 42. Durante quinze anos, a União aplicará, dos recursos destinados à irrigação:

I – vinte por cento na Região Centro-Oeste;

II – cinqüenta por cento na Região Nordeste, preferencialmente no semi-árido.

Art. 43. Na data da promulgação da lei que disciplinar a pesquisa e a lavra de recursos e jazidas minerais, ou no prazo de um ano, a contar da promulgação da Constituição, tornar-se-ão sem efeito as autorizações, concessões e demais títulos atributivos de direitos minerários, caso os trabalhos de pesquisa ou de lavra não hajam sido comprovadamente iniciados nos prazos legais ou estejam inativos.

Art. 44. As atuais empresas brasileiras titulares de autorização de pesquisa, concessão de lavra de recursos minerais e de aproveitamento dos potenciais de energia hidráulica em vigor terão quatro anos, a partir da promulgação da Constituição, para cumprir os requisitos do art. 176, § 1º.

§ 1º. Ressalvadas as disposições de interesse nacional previstas no texto constitucional, as empresas brasileiras ficarão dispensadas do cumprimento do disposto no art. 176, § 1º, desde que, no prazo de até quatro anos da data da promulgação da Constituição, tenham o produto de sua lavra e beneficiamento destinado a industrialização no território nacional, em seus próprios estabelecimentos ou em empresa industrial controladora ou controlada.

§ 2º. Ficarão também dispensadas do cumprimento do disposto no art. 176, § 1º, as empresas brasileiras titulares de concessão de energia hidráulica para uso em seu processo de industrialização.

§ 3º. As empresas brasileiras referidas no § 1º somente poderão ter autorizações de pesquisa e concessões de lavra ou potenciais de energia hidráulica, desde que a energia e o produto da lavra sejam utilizados nos respectivos processos industriais.

Art. 45. Ficam excluídas do monopólio estabelecido pelo art. 177, II, da Constituição as refinarias em funcionamento no País amparadas pelo art. 43 e nas condições do art. 45 da Lei n. 2.004, de 3 de outubro de 1953.

Parágrafo único. Ficam ressalvados da vedação do art. 177, § 1º, os contratos de risco feitos com a Petróleo Brasileiro S.A. (Petrobrás), para pesquisa de petróleo, que estejam em vigor na data da promulgação da Constituição.

Art. 46. São sujeitos à correção monetária desde o vencimento, até seu efetivo pagamento, sem interrupção ou suspensão, os créditos junto a entidades submetidas aos regimes de intervenção ou liquidação extrajudicial, mesmo quando esses regimes sejam convertidos em falência.

Parágrafo único. O disposto neste artigo aplica-se também:

I – às operações realizadas posteriormente à decretação dos regimes referidos no *caput* deste artigo;

II – às operações de empréstimo, financiamento, refinanciamento, assistência financeira de liquidez, cessão ou sub-rogação de créditos ou cédulas hipotecárias, efetivação de garantia de depósitos do público ou de compra de obrigações passivas, inclusive as realizadas com recursos de fundos que tenham essas destinações;

III – aos créditos anteriores à promulgação da Constituição;

IV – aos créditos das entidades da administração pública anteriores à promulgação da Constituição, não liquidados até 1 de janeiro de 1988.

Art. 47. Na liquidação dos débitos, inclusive suas renegociações e composições posteriores, ainda que ajuizados, decorrentes de quaisquer empréstimos concedidos por bancos e por instituições financeiras, não existirá correção monetária desde que o empréstimo tenha sido concedido:

I – aos micro e pequenos empresários ou seus estabelecimentos no período de 28 de fevereiro de 1986 a 28 de fevereiro de 1987;

II – ao mini, pequenos e médios produtores rurais no período de 28 de fevereiro de 1986 a 31 de dezembro de 1987, desde que relativos a crédito rural.

§ 1º. Consideram-se, para efeito deste artigo, microempresas as pessoas jurídicas e as firmas individuais com receitas anuais de até dez mil Obrigações do Tesouro Nacional, e pequenas empresas as pessoas jurídicas e as firmas individuais com receita anual de até vinte e cinco mil Obrigações do Tesouro Nacional.

§ 2º. A classificação de mini, pequeno e médio produtor rural será feita obedecendo-se às normas de crédito rural vigentes à época do contrato.

§ 3º. A isenção da correção monetária a que se refere este artigo só será concedida nos seguintes casos:

I – se a liquidação do débito inicial, acrescido de juros legais e taxas judiciais, vier a ser efetivada no prazo de noventa dias, a contar da data da promulgação da Constituição;

II – se a aplicação dos recursos não contrariar a finalidade do financiamento, cabendo o ônus da prova à instituição credora;

III – se não for demonstrado pela instituição credora que o mutuário dispõe de meios para o pagamento de seu débito, excluído desta demonstração seu estabelecimento, a casa de moradia e os instrumentos de trabalho e produção;

IV – se o financiamento inicial não ultrapassar o limite de cinco mil Obrigações do Tesouro Nacional;

V – se o beneficiário não for proprietário de mais de cinco módulos rurais.

§ 4º. Os benefícios de que trata este artigo não se estendem aos débitos já quitados e aos devedores que sejam constituintes.

§ 5º. No caso de operações com prazos de vencimento posteriores à data-limite de liquidação da dívida, havendo interesse do mutuário, os bancos e as instituições financeiras promoverão, por instrumento próprio, alteração nas condições contratuais originais de forma a ajustá-las ao presente benefício.

§ 6º. A concessão do presente benefício por bancos comerciais privados em nenhuma hipótese acarretará ônus para o Poder Público, ainda que através de refinanciamento e repasse de recursos pelo Banco Central.

§ 7º. No caso de repasse a agentes financeiros oficiais ou cooperativas de crédito, o ônus recairá sobre a fonte de recursos originária.

Art. 48. O Congresso Nacional, dentro de cento e vinte dias da promulgação da Constituição, elaborará código de defesa do consumidor.

Art. 49. A lei disporá sobre o instituto da enfiteuse em imóveis urbanos, sendo facultada aos foreiros, no caso de sua extinção, a remição dos aforamentos mediante aquisição do domínio direto, na conformidade do que dispuserem os respectivos contratos.

§ 1º. Quando não existir cláusula contratual, serão adotados os critérios e bases hoje vigentes na legislação especial dos imóveis da União.

§ 2º. Os direitos dos atuais ocupantes inscritos ficam assegurados pela aplicação de outra modalidade de contrato.

§ 3º. A enfiteuse continuará sendo aplicada aos terrenos de marinha e seus acrescidos, situados na faixa de segurança, a partir da orla marítima.

§ 4º. Remido o foro, o antigo titular do domínio direto deverá, no prazo de noventa dias, sob pena de responsabilidade, confiar à guarda do registro de imóveis competente toda a documentação a ele relativa.

Art. 50. Lei agrícola a ser promulgada no prazo de um ano disporá, nos termos da Constituição, sobre os objetivos e instrumentos de política agrícola, prioridades, planejamento de safras, comercialização, abastecimento interno, mercado externo e instituição de crédito fundiário.

Art. 51. Serão revistos pelo Congresso Nacional, através de Comissão mista, nos três anos a contar da data da promulgação da Constituição, todas as doações, vendas e concessões de terras públicas com área superior a três mil hectares, realizadas no período de 1º de janeiro de 1962 a 31 de dezembro de 1987.

§ 1º. No tocante às vendas, a revisão será feito com base exclusivamente no critério de legalidade da operação.

§ 2º. No caso de concessões e doações, a revisão obedecerá aos critérios de legalidade e de conveniência do interesse público.

§ 3º. Nas hipóteses previstas nos parágrafos anteriores, comprovada a ilegalidade, ou havendo interesse público, as terras reverterão ao patrimônio da União, dos Estados, do Distrito Federal ou dos Municípios.

Art. 52. Até que sejam fixadas as condições a que se refere o art. 192, III, são vedados:

I – a instalação, no País, de novas agências de instituições financeiras domiciliadas no exterior;

II – o aumento do percentual de participação, no capital de instituições financeiras com sede no País, de pessoas físicas ou jurídicas residentes ou domiciliadas no exterior.

Parágrafo único. A vedação a que se refere este artigo não se aplica às autorizações resultantes de acordos internacionais, de reciprocidade, ou de interesse do Governo brasileiro.

Art. 53. Ao ex-combatente que tenha efetivamente participado de operações bélicas durante a Segunda Guerra Mundial, nos termos da Lei n. 5.315, de 12 de setembro de 1967, serão assegurados os seguintes direitos:

I – aproveitamento no serviço público, sem a exigência de concurso, com estabilidade;

II – pensão especial correspondente à deixada por segundo-tenente das Forças Armadas, que poderá ser requerida a qualquer tempo, sendo inacumulável com quaisquer rendimentos recebidos dos cofres públicos, exceto os benefícios previdenciários, ressalvado o direito de opção;

III – em caso de morte, pensão à viúva ou companheira ou dependente, de forma proporcional, de valor igual à do inciso anterior;

IV – assistência médica, hospitalar e educacional gratuita, extensiva aos dependentes;

V – aposentadoria com proventos integrais aos vinte e cinco anos de serviço efetivo, em qualquer regime jurídico;

VI – prioridade na aquisição da casa própria, para os que não a possuam ou para suas viúvas ou companheiras.

Parágrafo único. A concessão da pensão especial do inciso II substitui, para todos os efeitos legais, qualquer outra pensão já concedida ao ex-combatente.

Art. 54. Os seringueiros recrutados nos termos do Decreto-lei n. 5.813, de 14 de setembro de 1943, e amparados pelo Decreto-lei n. 9.882, de 16 de setembro de 1946, receberão, quando carentes, pensão mensal vitalícia no valor de dois salários mínimos.

§ 1º. O benefício é estendido aos seringueiros que, atendendo a apelo do Governo brasileiro, contribuíram para o esforço de guerra, trabalhando na produção de borracha, na Região Amazônica, durante a Segunda Guerra Mundial.

§ 2º. Os benefícios estabelecidos neste artigo são transferíveis aos dependentes reconhecidamente carentes.

§ 3º. A concessão do benefício far-se-á conforme lei a ser proposta pelo Poder Executivo dentro de cento e cinqüenta dias da promulgação da Constituição.

Art. 55. Até que seja aprovada a lei de diretrizes orçamentárias, trinta por cento, no mínimo, do orçamento da seguridade social, excluído o seguro-desemprego, serão destinados ao setor de saúde.

Art. 56. Até que a lei disponha sobre o art. 195, I, a arrecadação decorrente de, no mínimo, cinco dos seis décimos percentuais correspondentes à alíquota da contribuição de que trata o Decreto-lei n. 1.940, de 25 de maio de 1982, alterada pelo Decreto-lei n. 2.049, de 1º de agosto de 1983, pelo Decreto n. 91.236, de 8 de maio de 1985, e pela Lei n. 7.611, de 8 de julho de 1987, passa a integrar a receita da seguridade social, ressalvados, exclusivamente no exercício de 1988, os compromissos assumidos com programas e projetos em andamento.

Art. 57. Os débitos dos Estados e dos Municípios relativos às contribuições previdenciárias até 30 de junho de 1988 serão liquidados, com correção monetária, em cento e vinte parcelas mensais, dispensados os juros e multas sobre eles incidentes, desde que os devedores requeiram o parcelamento e iniciem seu pagamento no prazo de cento e oitenta dias a contar da promulgação da Constituição.

§ 1º. O montante a ser pago em cada um dos dois primeiros anos não será inferior a cinco por cento do total do débito consolidado e atualizado, sendo o restante dividido em parcelas mensais de igual valor.

§ 2º. A liquidação poderá incluir pagamentos na forma de cessão de bens e prestação de serviços, nos termos da Lei n. 7.578, de 23 de dezembro de 1986.

§ 3º. Em garantia do cumprimento do parcelamento, os Estados e os Municípios consignarão, anualmente, nos respectivos orçamentos as dotações necessárias ao pagamento de seus débitos.

§ 4º. Descumprida qualquer das condições estabelecidas para concessão do parcelamento, o débito será considerado vencido em sua totalidade, sobre ele incidindo juros de mora; nesta hipótese, parcela dos recursos correspondentes aos Fundos de Participação, destinada aos Estados e Municípios devedores, será bloqueada e repassada à previdência social para pagamento de seus débitos.

Art. 58. Os benefícios de prestação continuada, mantidos pela previdência social na data da promulgação da Constituição, terão seus valores revistos, a fim de que seja restabelecido o poder aquisitivo, expresso em número de salários mínimos, que tinham na data de sua concessão, obedecendo-se a esse critério de atualização até a implantação do plano de custeio e benefícios referidos no artigo seguinte.

Parágrafo único. As prestações mensais dos benefícios atualizadas de acordo com este artigo serão devidas e pagas a partir do sétimo mês a contar da promulgação da Constituição.

Art. 59. Os projetos de lei relativos à organização da seguridade social e aos planos de custeio e de benefício serão apresentados no prazo máximo de seis meses da promulgação da Constituição ao Congresso Nacional, que terá seis meses para apreciá-los.

Parágrafo único. Aprovados pelo Congresso Nacional, os planos serão implantados progressivamente nos dezoito meses seguintes.

Art. 60. Nos dez primeiros anos da promulgação desta Emenda, os Estados, o Distrito Federal e os Municípios destinarão não menos de sessenta por cento dos recursos a que se refere o *caput* do art. 212 da Constituição Federal, à manutenção e ao desenvolvimento do ensino fundamental, com o objetivo de assegurar a universalização de seu atendimento e a remuneração condigna do magistério.

§ 1º. A distribuição de responsabilidades e recursos entre os Estados e seus Municípios a ser concretizada com parte dos recursos definidos neste artigo, na forma do disposto no art. 211 da Constituição Federal, é assegurada mediante a criação, no âmbito de cada Estado e do Distrito Federal, de um Fundo de Manutenção e Desenvolvimento do Ensino Fundamental e de Valorização do Magistério, de natureza contábil.

§ 2º. O Fundo referido no parágrafo anterior será constituído por, pelo menos, quinze por cento dos recursos a que se referem os arts. 155, inciso II; 158, inciso IV; e 159, inciso I, alíneas "a" e "b"; e inciso II, da Constituição Federal, e será distribuído entre cada Estado e seus Municípios, proporcionalmente ao número de alunos nas respectivas redes de ensino fundamental.

§ 3º. A União complementará os recursos dos Fundos a que se refere o § 1º, sempre que, em cada Estado e no Distrito Federal, seu valor por aluno não alcançar o mínimo definido nacionalmente.

§ 4º. A União, os Estados, o Distrito Federal e os Municípios ajustarão progressivamente, em um prazo de cinco anos, suas contribuições ao Fundo, de forma a garantir um valor por aluno correspondente a um padrão mínimo de qualidade de ensino, definido nacionalmente.

§ 5º. Uma proporção não inferior a sessenta por cento dos recursos de cada Fundo referido no § 1º será destinada ao pagamento dos professores do ensino fundamental em efetivo exercício no magistério.

§ 6º. A União aplicará na erradicação do analfabetismo e na manutenção e no desenvolvimento do ensino fundamental, inclusive na complementação a que se refere o § 3º, nunca menos que o equivalente a trinta por cento dos recursos a que se refere o *caput* do art. 212 da Constituição Federal.

§ 7º. A lei disporá sobre a organização dos Fundos, a distribuição proporcional de seus recursos, sua fiscalização e controle, bem como sobre a forma de cálculo do valor mínimo nacional por aluno.[199]

---

199. Redação dada ao artigo pela EC-14, de 13.9.1996, incluídos os §§. Texto anterior: "Art. 60. Nos dez primeiros anos da promulgação da Constituição, o Poder Público desenvolverá esforços, com a mobilização de todos os setores organizados da sociedade e com a aplicação de, pelo menos, cinqüenta por cento dos recursos a que se refere o art. 212 da Constituição, para eliminar o analfabetismo e universalizar o ensino fundamental. Parágrafo único. Em igual prazo, as universidades públicas descentralizarão suas atividades, de modo a estender suas unidades de ensino superior às cidades de maior densidade populacional".

Art. 61. As entidades educacionais a que se refere o art. 213, bem como as fundações de ensino e pesquisa cuja criação tenha sido autorizada por lei, que preencham os requisitos dos incisos I e II do referido artigo e que, nos últimos três anos, tenham recebido recursos públicos, poderão continuar a recebê-los, salvo disposição legal em contrário.

Art. 62. A lei criará o Serviço Nacional de Aprendizagem Rural (SENAR) nos moldes da legislação relativa ao Serviço Nacional de Aprendizagem Industrial (SENAI) e ao Serviço Nacional de Aprendizagem do Comércio (SENAC), sem prejuízo das atribuições dos órgãos públicos que atuam na área.

Art. 63. É criada uma Comissão composta de nove membros, sendo três do Poder Legislativo, três do Poder Judiciário e três do Poder Executivo, para promover as comemorações do centenário da proclamação da República e da promulgação da primeira Constituição republicana do País, podendo, a seu critério, desdobrar-se em tantas subcomissões quantas forem necessárias.

Parágrafo único. No desenvolvimento de suas atribuições, a Comissão promoverá estudos, debates e avaliações sobre a evolução política, social, econômica e cultural do País, podendo articular-se com os governos estaduais e municipais e com instituições públicas e privadas que desejem participar dos eventos.

Art. 64. A Imprensa Nacional e demais gráficas da União, dos Estados, do Distrito Federal e dos Municípios, da administração direta ou indireta, inclusive fundações instituídas e mantidas pelo Poder Público, promoverão edição popular do texto integral da Constituição, que será posta à disposição das escolas e dos cartórios, dos sindicatos, dos quartéis, das igrejas e de outras instituições representativas da comunidade, gratuitamente, de modo que cada cidadão brasileiro possa receber do Estado um exemplar da Constituição do Brasil.

Art. 65. O Poder Legislativo regulamentará, no prazo de doze meses, o art. 220, § 4º.

Art. 66. São mantidas as concessões de serviços públicos de telecomunicações atualmente em vigor, nos termos da lei.

Art. 67. A União concluirá a demarcação das terras indígenas no prazo de cinco anos a partir da promulgação da Constituição.

Art. 68. Aos remanescentes das comunidades dos quilombos que estejam ocupando suas terras é reconhecida a propriedade definitiva, devendo o Estado emitir-lhes os títulos respectivos.

Art. 69. Será permitido aos Estados manter consultorias jurídicas separadas de suas Procuradorias-Gerais ou Advocacias-Gerais, desde que, na data da promulgação da Constituição, tenham órgãos distintos para as respectivas funções.

Art. 70. Fica mantida atual competência dos tribunais estaduais até a mesma seja definida na Constituição do Estado, nos termos do art. 125, § 1º, da Constituição.

Art. 71. É instituído, nos exercícios financeiros de 1994 e 1995, bem assim nos períodos de 1.1.1996 a 30.6.1997 e 1.7.1997 a 31.12.1999, o Fundo Social de Emergência, com o objetivo de saneamento financeiro da Fazenda Pública Federal e de estabilização econômica, cujos recursos serão aplicados prioritariamente no custeio das ações dos sistemas de saúde e educação, incluindo a complementação de recursos de que trata o § 3º do art. 60 do Ato das Disposições Constitucionais Transitórias, benefícios previdenciários e auxílios assistenciais de prestação continuada, inclusive liquidação de passivo previdenciário, e despesas orçamentárias associadas a programas de relevante interesse econômico e social.[200]

§ 1º. Ao Fundo criado por este artigo não se aplica o disposto na parte final do inciso II do § 9º do art. 165 da Constituição.[201]

§ 2º. O Fundo criado por este artigo passa a ser denominado Fundo de Estabilização Fiscal a partir do início do exercício financeiro de 1996.

§ 3º. O Poder Executivo publicará demonstrativo da execução orçamentária, de periodicidade bimestral, no qual se discriminarão as fontes e usos do Fundo criado por este artigo.

Art. 72. Integram o Fundo Social de Emergência[202]

I – o produto da arrecadação do imposto sobre renda e proventos de qualquer natureza incidente na fonte sobre pagamentos efetuados, a qualquer título pela União, inclusive suas autarquias e fundações;

II – a parcela do produto da arrecadação do imposto sobre renda e proventos de qualquer natureza e do imposto sobre operações de crédito, câmbio e seguro, ou relativas a títulos e valores mobiliários, decorrente das alterações produzidas pela Lei n. 8.894, de 21 de junho de 1994, e pelas Leis ns. 8.849 e 8.848, ambas de 28 de janeiro de 1994, e modificações posteriores;

III – a parcela do produto da arrecadação resultante da elevação da alíquota da contribuição social sobre o lucro dos contribuintes a que se refere o § 1º do art. 22 da Lei n. 8.212, de 24 de julho de 1991, a qual, nos exercícios financeiros de 1994 e 1995, bem assim no período de 1º de janeiro de 1996 a 30 de junho de 1997, passa a ser de trinta por cento, sujeita a alteração por lei ordinária, mantidas as demais normas da Lei n. 7.689, de 15 de dezembro de 1988;

---

200. Redação dada pela EC-17, de 22.11.1997. Texto anterior proveniente da EC-10, de 4.3.1996: "Art. 71. Fica instituído, nos exercícios financeiros de 1994 e 1995, bem assim no período de 1º de janeiro de 1996 a 30 de junho de 1997, o Fundo Social de Emergência, com o objetivo de saneamento financeiro da Fazenda Pública Federal e de estabilização econômica, cujos recursos serão aplicados prioritariamente no custeio das ações dos sistemas de saúde e educação, benefícios previdenciários e auxílios assistenciais de prestação continuada, inclusive liquidação de passivo previdenciário, e despesas orçamentárias associadas a programas de relevante interesse econômico e social". Texto primitivo incluído pela EC de Revisão n. 1, de 1.3.1994: "Art. 71. Fica instituído, nos exercícios financeiros de 1994 e 1995, bem assim no período de 1º de janeiro de 1996 a 30 de junho de 1997, o Fundo Social de Emergência, com o objetivo de saneamento financeiro da Fazenda Pública Federal e de estabilização econômica, cujos recursos serão aplicados prioritariamente no custeio das ações dos sistemas de saúde e educação, benefícios previdenciários e auxílios assistenciais de prestação continuada, inclusive liquidação de passivo previdenciário, e despesas orçamentárias associadas a programas de relevante interesse econômico e social".

201. Parágrafo único transformado em § 1º pela EC-10, de 4.3.1996, que incluiu os §§ 2º a 3º.

202. Artigo, incisos e parágrafos incluídos pela EC de Revisão n. 1, de 1.3.1994.

IV – vinte por cento do produto da arrecadação de todos os impostos e contribuições da União, já instituídos ou a serem criados, excetuado o previsto nos incisos I, II e III, observado o disposto nos §§ 3º e 4º;[203]

V – a parcela do produto da arrecadação da contribuição de que trata a Lei Complementar n. 7, de 7 de setembro de 1970, devida pelas pessoas jurídicas a que se refere o inciso III deste artigo, a qual será calculada, nos exercícios financeiros de 1994 a 1995, bem assim nos períodos de 1º de janeiro de 1996 a 30 de junho de 1997 e de 1º de julho de 1997 a 31 de dezembro de 1999, mediante a aplicação da alíquota de setenta e cinco centésimos por cento, sujeita a alteração por lei ordinária posterior, sobre a receita bruta operacional, como definida na legislação do imposto sobre renda e proventos de qualquer natureza;[204]

VI – outras receitas previstas em lei específica.

§ 1º. As alíquotas e a base de cálculo previstas nos incisos III e V aplicar-se-ão a partir do primeiro dia do mês seguinte aos noventa dias posteriores à promulgação desta emenda.

§ 2º. As parcelas de que tratam os incisos I, II, III e V serão previamente deduzidas da base de cálculo de qualquer vinculação ou participação constitucional ou legal, não se lhes aplicando o disposto nos artigos, 159, 212 e 239 da Constituição.

§ 3º. A parcela de que trata o inciso IV será previamente deduzida da base de cálculo das vinculações ou participações constitucionais previstas nos artigos 153, § 5º, 157, II, 212 e 239 da Constituição.

203. Redação dos incs. II a IV dada pela EC-10, de 4.3.1996. Textos anteriores incluídos pela EC de Revisão n. 1, de 1.3.1994: "II – a parcela do produto da arrecadação do imposto sobre propriedade territorial rural, do imposto sobre renda e proventos de qualquer natureza e do imposto sobre operações de crédito, câmbio e seguro, ou relativas a títulos ou valores mobiliários, decorrente das alterações produzidas pela Medida Provisória n. 419 e pelas Leis ns. 8.847, 8.849 e 8.848, todas de 28 de janeiro de 1994, estendendo-se a vigência da última delas até 31 de dezembro de 1995; III – a parcela do produto da arrecadação resultante da elevação da alíquota da contribuição social sobre o lucro dos contribuintes a que se refere o § 1º do art. 22 da Lei n. 8.212, de 24 de julho de 1991, a qual, nos exercícios financeiros de 1994 e 1995, passa a ser de trinta por cento, mantidas as demais normas da Lei n. 7.689, de 15 de dezembro de 1988; IV – vinte por cento do produto da arrecadação de todos os impostos e contribuições da União, excetuado o previsto nos incs. I, II e III".

204. Redação dada pela EC-17, de 22.11.1997. Texto anterior proveniente da EC-10, de 4.3.1996: "V – a parcela do produto da arrecadação da contribuição de que trata a Lei Complementar n. 7, de 7 de setembro de 1970, devida pelas pessoas jurídicas a que se refere o inciso III deste artigo, a qual será calculada, nos exercícios financeiros de 1994 e 1995, bem assim no período de 1º de janeiro de 1996 a 30 de junho de 1997, mediante a aplicação da alíquota de setenta e cinco centésimos por cento, sujeita a alteração por lei ordinária, sobre a receita bruta operacional, como definida na legislação do imposto sobre renda e proventos de qualquer natureza; e". Texto primitivo incluído pela EC de Revisão n. 1, de 1.3.1994 (cf. nota 198 supra): "V – a parcela do produto da arrecadação da contribuição de que trata a Lei Complementar n. 7, de 7 de setembro de 1970, devida pelas pessoas jurídicas a que se refere o inciso III deste artigo, a qual será calculada, nos exercícios financeiros de 1994 e 1995, mediante a aplicação da alíquota de setenta e cinco centésimos por cento sobre a receita bruta operacional, como definida na legislação do imposto sobre renda e proventos de qualquer natureza".

§ 4º. O disposto no parágrafo anterior não se aplica aos recursos previstos nos artigos 158, II e 159 da Constituição.

§ 5º. A parcela dos recursos provenientes do imposto sobre renda e proventos de qualquer natureza, destinada ao Fundo Social de Emergência, nos termos do inciso II deste artigo, não poderá exceder a cinco inteiros e seis décimos por cento do total do produto da sua arrecadação.[205]

Art. 73. Na regulação do Fundo Social de emergência não poderá ser utilizado instrumento previsto o inciso V do Art. 59 da Constituição.[206]

Art. 74. A União poderá instituir contribuição provisória sobre movimentação ou transmissão de valores e de créditos e direitos de natureza financeira.

§ 1º. A alíquota da contribuição de que trata este artigo não excederá a vinte e cinco centésimos por cento, facultado ao Poder Executivo reduzi-la ou restabelecê-la, total ou parcialmente, nas condições e limites fixados em lei.

§ 2º. A contribuição de que trata este artigo não se aplica o disposto nos arts. 153, § 5º, e 154, I, da Constituição.

§ 3º. O produto da arrecadação da contribuição de que trata este artigo será destinado integralmente ao Fundo Nacional de Saúde, para financiamento das ações e serviços de saúde.

§ 4º. A contribuição de que trata este artigo terá sua exigibilidade subordinada ao disposto no art. 195, § 6º, da Constituição, e não poderá ser cobrada por prazo superior a dois anos.[207]

Art. 75. É prorrogada, por trinta e seis meses, a cobrança da contribuição provisória sobre movimentação ou transmissão de valores e de créditos e direitos de natureza financeira de que trata o art. 74, instituída pela Lei n. 9.311, de 24 de outubro de 1996, modificada pela Lei n. 9.539, de 12 de dezembro de 1997, cuja vigência é também prorrogada por idêntico prazo.

§ 1º. Observado o disposto no § 6º do art. 195 da Constituição Federal, a alíquota da contribuição será de trinta e oito centésimos por cento, nos primeiros doze meses, e de trinta centésimos, nos meses subseqüentes, facultado ao Poder Executivo reduzi-la total ou parcialmente, nos limites aqui definidos.

---

205. Redação dos §§ 2º a 5º dada pela EC-10, de 4.3.1996. Textos anteriores incluídos pela EC de Revisão n. 1, de 1.3.1994 (cf. nota 198 supra): "§ 2º. As parcelas de que tratam os incisos I, II, III e V serão previamente deduzidas da base de cálculo de qualquer vinculação ou participação constitucional ou legal, não se lhes aplicando o disposto nos arts. 158, II, 159, 212 e 239 da Constituição. § 3º. A parcela de que trata o inciso IV será previamente deduzida da base de cálculo das vinculações ou participações constitucionais previstas nos arts. 153, § 5º, 157, II, 158, II, 212 e 239 da Constituição. § 4º. O disposto no parágrafo anterior não se aplica aos recursos previstos no art. 159 da Constituição. § 5º. A parcela dos recursos provenientes do imposto sobre propriedade territorial rural e do imposto sobre renda e proventos de qualquer natureza, destinada ao Fundo Social de Emergência, nos termos do inciso II deste artigo, não poderá exceder: I – no caso do imposto sobre propriedade territorial rural, a oitenta e seis inteiros e dois décimos por cento do total do produto da sua arrecadação. II – no caso do imposto sobre renda e proventos de qualquer natureza, a cinco inteiros e seis décimos por cento do total do produto da sua arrecadação".

206. Artigo incluído pela EC de Revisão n. 1, de 1.3.1994.

207. Artigo incluído pela EC-12, de 16.8.1996.

§ 2º. O resultado do aumento da arrecadação, decorrente da alteração da alíquota, nos exercícios financeiros de 1999, 2000 e 2001, será destinado ao custeio da previdência social.

§ 3º. É a União autorizada a emitir títulos da dívida pública interna, cujos recursos serão destinados ao custeio da saúde e da previdência social, em montante equivalente ao produto da arrecadação da contribuição, prevista e não realizada em 1999.[208]

Art. 76. É desvinculado de órgão, fundo ou despesa, no período de 2000 a 2003, vinte por cento da arrecadação de impostos e contribuições sociais da União, já instituídos ou que vierem a ser criados no referido período, seus adicionais e respectivos acréscimos legais.

§ 1º. O disposto no *caput* deste artigo não reduzirá a base de cálculo das transferências a Estados, Distrito Federal e Municípios na forma dos arts. 153, § 5º; 157, I; 158, I e II; e 159, I, "a" e "b", e II, da Constituição, bem como a base de cálculo das aplicações em programas de financiamento ao setor produtivo das regiões Norte, Nordeste e Centro-Oeste a que se refere o art. 159, I, "c", da Constituição.

§ 2º. Excetua-se da desvinculação de que trata o *caput* deste artigo a arrecadação da contribuição social do salário-educação a que se refere o art. 212, § 5º, da Constituição.[209]

Art. 77. Até o exercício financeiro de 2004, os recursos mínimos aplicados nas ações e serviços públicos de saúde serão equivalentes:

I – no caso da União:

a) no ano 2000, o montante empenhado em ações e serviços públicos de saúde no exercício financeiro de 1999 acrescido de, no mínimo, cinco por cento;

b) do ano 2001 ao ano 2004, o valor apurado no ano anterior, corrigido pela variação nominal do Produto Interno Bruto – PIB;

II – no caso dos Estados e do Distrito Federal, doze por cento do produto da arrecadação dos impostos a que se refere o art. 155 e dos recursos de que tratam os arts. 157 e 159, inciso I, alínea "a", e inciso II, deduzidas as parcelas que forem transferidas aos respectivos Municípios; e

III – no caso dos Municípios e do Distrito Federal, quinze por cento do produto da arrecadação dos impostos a que se refere o art. 156 e dos recursos de que tratam os arts. 158 e 159, inciso I, alínea "b" e § 3º.

§ 1º. Os Estados, o Distrito Federal e os Municípios que apliquem percentuais inferiores aos fixados nos incisos II e III deverão elevá-los gradualmente, até o exercício financeiro de 2004, reduzida a diferença à razão de, pelo menos, um quinto por ano, sendo que, a partir de 2000, a aplicação será de pelo menos sete por cento.

§ 2º. Dos recursos da União apurados nos termos deste artigo, quinze por cento, no mínimo, serão aplicados nos Municípios, segundo o critério populacional, em ações e serviços básicos de saúde, na forma da lei.

---

208. Artigo incluído pela EC-21, de 18.3.1999.
209. Artigo incluído pela EC-27, de 21.3.2000.

§ 3º. Os recursos dos Estados, do Distrito Federal e dos Municípios destinados às ações e serviços públicos de saúde e os transferidos pela União para a mesma finalidade serão aplicados por meio de Fundo de Saúde que será acompanhado e fiscalizado por Conselho de Saúde, sem prejuízo do disposto no art. 74 da Constituição Federal.

§ 4º. Na ausência da lei complementar a que se refere o art. 198, § 3º, a partir do exercício financeiro de 2005, aplicar-se-á à União, aos Estados, ao Distrito Federal e aos Municípios o disposto neste artigo.[210]

Art. 78. Ressalvados os créditos definidos em lei como de pequeno valor, os de natureza alimentícia, os de que trata o art. 33 deste Ato das Disposições Constitucionais Transitórias e suas complementações e os que já tiverem os seus respectivos recursos liberados ou depositados em juízo, os precatórios pendentes na data de promulgação desta Emenda e os que decorram de ações iniciais ajuizadas até 31 de dezembro de 1999 serão liquidados pelo seu valor real, em moeda corrente, acrescido de juros legais, em prestações anuais, iguais e sucessivas, no prazo máximo de dez anos, permitida a cessão dos créditos.

§ 1º. É permitida a decomposição de parcelas, a critério do credor.

§ 2º. As prestações anuais a que se refere o *caput* deste artigo terão, se não liquidadas até o final do exercício a que se referem, poder liberatório do pagamento de tributos da entidade devedora.

§ 3º. O prazo referido no *caput* deste artigo fica reduzido para dois anos, nos casos de precatórios judiciais originários de desapropriação de imóvel residencial do credor, desde que comprovadamente único à época da imissão na posse.

§ 4º. O Presidente do Tribunal competente deverá, vencido o prazo ou em caso de omissão no orçamento, ou preterição ao direito de precedência, a requerimento do credor, requisitar ou determinar o seqüestro de recursos financeiros da entidade executada, suficientes à satisfação da prestação.[211]

Art. 79. É instituído, para vigorar até o ano de 2010, no âmbito do Poder Executivo Federal, o Fundo de Combate a Erradicação da Pobreza, a ser regulado por lei complementar com o objetivo de viabilizar a todos os brasileiros acesso a níveis dignos de subsistência, cujos recursos serão aplicados em ações suplementares de nutrição, habitação, educação, saúde, reforço de renda familiar e outros programas de relevante interesse social voltados para melhoria da qualidade de vida.

Parágrafo único. O Fundo previsto neste artigo terá Conselho Consultivo e de Acompanhamento que conte com a participação de representantes da sociedade civil, nos termos da lei.[212]

Art. 80. Compõem o Fundo de Combate e Erradicação da Pobreza:

I – a parcela do produto da arrecadação correspondente a um adicional de oito centésimos por cento, aplicável de 18 de junho de 2000 a 17 de junho de 2002, na alíquota da contribuição social de que trata o art. 75 do Ato das Disposições Constitucionais Transitórias;

---

210. Artigo incluído pela EC-29, de 13.9.2000.
211. Artigo incluído pela EC-30, de 13.9.2000.
212. Artigo incluído pela EC-31, de 14.12.2000.

II – a parcela do produto da arrecadação correspondente a um adicional de cinco pontos percentuais na alíquota do Imposto sobre Produtos Industrializados – IPI, ou do imposto que vier a substituí-lo, incidente sobre produtos supérfluos e aplicável até a extinção do Fundo;

III – o produto da arrecadação do imposto de que trata o art. 153, inciso VII, da Constituição;

IV – dotações orçamentárias;

V – doações, de qualquer natureza, de pessoas físicas ou jurídicas do País ou do exterior;

VI – outras receitas, a serem definidas na regulamentação do referido Fundo.

§ 1º. Aos recursos integrantes do Fundo de que trata este artigo não se aplica o disposto nos arts. 159 e 167, inciso IV, da Constituição, assim como qualquer desvinculação de recursos orçamentários.

§ 2º. A arrecadação decorrente do disposto no inciso I deste artigo, no período compreendido entre 18 de junho de 2000 e o início da vigência da lei complementar a que se refere a art. 79, será integralmente repassada ao Fundo, preservado o seu valor real, em títulos públicos federais, progressivamente resgatáveis após 18 de junho de 2002, na forma da lei.[213]

Art. 81. É instituído Fundo constituído pelos recursos recebidos pela União em decorrência da desestatização de sociedades de economia mista ou empresas públicas por ela controladas, direta ou indiretamente, quando a operação envolver a alienação do respectivo controle acionário a pessoa ou entidade não integrante da Administração Pública, ou de participação societária remanescente após a alienação, cujos rendimentos, gerados a partir de 18 de junho de 2002, reverterão ao Fundo de Combate e Erradicação de Pobreza.

§ 1º. Caso o montante anual previsto nos rendimentos transferidos ao Fundo de Combate e Erradicação da Pobreza, na forma deste artigo, não alcance o valor de quatro bilhões de reais. far-se-à complementação na forma do art. 80, inciso IV, do Ato das disposições Constitucionais Transitórias.

§ 2º. Sem prejuízo do disposto no § 1º, o Poder Executivo poderá destinar ao Fundo a que se refere este artigo outras receitas decorrentes da alienação de bens da União.

§ 3º. A constituição do Fundo a que se refere o *caput*, a transferência de recursos ao Fundo de Combate e Erradicação da Pobreza e as demais disposições referentes ao § 1º deste artigo serão disciplinadas em lei, não se aplicando o disposto no art. 165, § 9º, inciso II, da Constituição.[214]

Art. 82. Os Estados, o Distrito Federal e os Municípios devem instituir Fundos de Combate á Pobreza, com os recursos de que trata este artigo e outros que vierem a destinar, devendo os referidos Fundos ser geridos por entidades que contem com a participação da sociedade civil.

§ 1º. Para o financiamento dos Fundos Estaduais e Distrital, poderá ser criado adicional de até dois pontos percentuais na alíquota do Imposto sobre Circulação de

---

213. Artigo incluído pela EC-31, de 14.12.2000.
214. Artigo incluído pela EC-31, de 14.12.2000.

Mercadorias e Serviços – ICMS, ou do imposto que vier a substituí-lo, sobre os produtos e serviços supérfluos, não se aplicando, sobre este adicional, o disposto no art. 158, inciso IV, da Constituição.

§ 2º. Para o financiamento dos Fundos Municipais, poderá ser criado adicional de até meio ponto percentual na alíquota do Imposto sobre serviços ou do imposto que vier a substituí-lo, sobre serviços supérfluos.[215]

Art. 83. Lei federal definirá os produtos e serviços supérfluos a que se referem os arts. 80, inciso II, e 82, §§ 1º e 2º.[216]

Art. 84. A contribuição provisória sobre movimentação ou transmissão de valores e de créditos e direitos de natureza financeira, prevista nos arts. 74, 75 e 80, I, deste Ato das Disposições Constitucionais Transitórias, será cobrada até 31 de dezembro de 2004.

§ 1º. Fica prorrogada, até a data referida no *caput* deste artigo, a vigência da Lei n. 9.311, de 24 de outubro de 1996, e suas alterações.

§ 2º. Do produto da arrecadação da contribuição social de que trata este artigo será destinada a parcela correspondente à alíquota de:

I – vinte centésimos por cento ao Fundo Nacional de Saúde, para financiamento das ações e serviços de saúde;

II – dez centésimos por cento ao custeio da previdência social;

III – oito centésimos por cento ao Fundo de Combate e Erradicação da Pobreza, de que tratam os arts. 80 e 81 deste Ato das Disposições Constitucionais Transitórias.

§ 3º. A alíquota da contribuição de que trata este artigo será de:

I – trinta e oito centésimos por cento, nos exercícios financeiros de 2002 e 2003;

II – oito centésimos por cento, no exercício financeiro de 2004, quando será integralmente destinada ao Fundo de Combate e Erradicação da Pobreza, de que tratam os arts. 80 e 81 deste Ato das Disposições Constitucionais Transitórias.[217]

Art. 85. A contribuição a que se refere o art. 84 deste Ato das Disposições Constitucionais Transitórias não incidirá, a partir do trigésimo dia da data de publicação desta Emenda Constitucional, nos lançamentos:

I – em contas correntes de depósito especialmente abertas e exclusivamente utilizadas para operações de:

a) câmaras e prestadoras de serviços de compensação e de liquidação de que trata o parágrafo único do art. 2º da Lei n. 10.214, de 27 de março de 2001;

b) companhias securitizadoras de que trata a Lei n. 9.514, de 20 de novembro de 1997;

c) sociedades anônimas que tenham por objeto exclusivo a aquisição de créditos oriundos de operações praticadas no mercado financeiro;

II – em contas correntes de depósito, relativos a:

---

215. Artigo incluído pela EC-31, de 14.12.2000.
216. Artigo incluído pela EC-31, de 14.12.2000.
217. Artigo incluído pela EC-37, de 12.6.2002.

a) operações de compra e venda de ações, realizadas em recintos ou sistemas de negociação de bolsas de valores e no mercado de balcão organizado;

b) contratos referenciados em ações ou índices de ações, em suas diversas modalidades, negociados em bolsas de valores, de mercadorias e de futuros;

III – em contas de investidores estrangeiros, relativos a entradas no País e a remessas para o exterior de recursos financeiros empregados, exclusivamente, em operações e contratos referidos no inciso II deste artigo.

§ 1º. O Poder Executivo disciplinará o disposto neste artigo no prazo de trinta dias da data de publicação desta Emenda Constitucional.

§ 2º. O disposto no inciso I deste artigo aplica-se somente às operações relacionadas em ato do Poder Executivo, dentre aquelas que constituam o objeto social das referidas entidades.

§ 3º. O disposto no inciso II deste artigo aplica-se somente a operações e contratos efetuados por intermédio de instituições financeiras, sociedades corretoras de títulos e valores mobiliários, sociedades distribuidoras de títulos e valores mobiliários e sociedades corretoras de mercadorias.[218]

Art. 86. Serão pagos conforme disposto no art. 100 da Constituição Federal, não se lhes aplicando a regra de parcelamento estabelecida no *caput* do art. 78 deste Ato das Disposições Constitucionais Transitórias, os débitos da Fazenda Federal, Estadual, Distrital ou Municipal oriundos de sentenças transitadas em julgado, que preencham, cumulativamente, as seguintes condições:

I – ter sido objeto de emissão de precatórios judiciários;

II – ter sido definidos como de pequeno valor pela lei de que trata o § 3º do art. 100 da Constituição Federal ou pelo art. 87 deste Ato das Disposições Constitucionais Transitórias;

III – estar, total ou parcialmente, pendentes de pagamento na data da publicação desta Emenda Constitucional.

§ 1º. Os débitos a que se refere o *caput* deste artigo, ou os respectivos saldos, serão pagos na ordem cronológica de apresentação dos respectivos precatórios, com precedência sobre os de maior valor.

§ 2º. Os débitos a que se refere o *caput* deste artigo, se ainda não tiverem sido objeto de pagamento parcial, nos termos do art. 78 deste Ato das Disposições Constitucionais Transitórias, poderão ser pagos em duas parcelas anuais, se assim dispuser a lei.

§ 3º. Observada a ordem cronológica de sua apresentação, os débitos de natureza alimentícia previstos neste artigo terão precedência para pagamento sobre todos os demais.

Art. 87. Para efeito do que dispõem o § 3º do art. 100 da Constituição Federal e o art. 78 deste Ato das Disposições Constitucionais Transitórias serão considerados de pequeno valor, até que se dê a publicação oficial das respectivas leis definidoras pelos entes da Federação, observado o disposto no § 4º do art. 100 da Constituição

---

218. Artigo incluído pela EC-37, de 12.6.2002.

Federal, os débitos ou obrigações consignados em precatório judiciário, que tenham valor igual ou inferior a:

I – quarenta salários-mínimos, perante a Fazenda dos Estados e do Distrito Federal;

II – trinta salários-mínimos, perante a Fazenda dos Municípios.

Parágrafo único. Se o valor da execução ultrapassar o estabelecido neste artigo, o pagamento far-se-á, sempre, por meio de precatório, sendo facultada à parte exeqüente a renúncia ao crédito do valor excedente, para que possa optar pelo pagamento do saldo sem o precatório, da forma prevista no § 3º do art. 100.[219]

Art. 88. Enquanto lei complementar não disciplinar o disposto nos incisos I e III do § 3º do art. 156 da Constituição Federal, o imposto a que se refere o inciso III do *caput* do mesmo artigo:

I – terá alíquota mínima de dois por cento, exceto para os serviços a que se referem os itens 32, 33 e 34 da Lista de Serviços anexa ao Decreto-lei n. 406, de 31 de dezembro de 1968;

II – não será objeto de concessão de isenções, incentivos e benefícios fiscais, que resulte, direta ou indiretamente, na redução da alíquota mínima estabelecida no inciso I.[220]

Art. 89. Os integrantes da carreira policial militar do ex-Território Federal de Rondônia, que comprovadamente se encontravam no exercício regular de suas funções prestando serviços àquele ex-Território na data em que foi transformado em Estado, bem como os Policiais Militares admitidos por força de lei federal, custeados pela União, constituirão quadro em extinção da administração federal, asseguradas os direitos e vantagens a eles inerentes, vedado o pagamento, a qualquer título, de diferenças remuneratórias, bem como ressarcimentos ou indenizações de qualquer espécie, anteriores à promulgação desta Emenda.

Parágrafo único. Os servidores da carreira policial militar continuarão prestando serviços ao Estado de Rondônia na condição de cedidos, submetidos às disposições legais e regulamentares a que estão sujeitas as corporações da respectiva Polícia Militar, observadas as atribuições de função compatíveis com seu grau hierárquico.[221]

---

219. Artigo incluído pela EC-37, de 12.6.2002.
220. Artigo incluído pela EC-37, de 12.6.2002.
221. Artigo incluído pela EC-37, de 12.6.2002.

Impressão e acabamento:
GRÁFICA PAYM
Tel. (011) 4392-3344